Porte-manteau

GILLES COLLETTE

ALRAYM PUBLISHING

Publisher's Note 6 4 7 2 4 7 7
This is a work of fine art.
Any resemblance to any persons,
living or dead is
entirely coincidental.

http://www.gcoll.com/

Porte-manteau

A single line, wrought in metal, becomes a human profile. Turn it slightly and the character of the profile changes, from angry to pensive, from surprised to sullen. Made of the humblest material, recycled wire hangers, Gilles Collette's Porte-manteau sculptures combine wire, light, space and the viewer's vantage point to form quasi-kinetic portraits. From the primordial line emerges a multitude of shapes and expressions, delicately delineated in space, forming the thin separation between absence and fullness of form. Expressive portraits from one viewpoint, some of the figures become abstract from another: arabesques in light and shadow, dancing figures, fantastic flora. Some portraits change genders from one shot to the next; others emerge from what appeared to be a straight line. Others still switch genres, evolving from a Daumier-like caricature to a cubist deconstruction.

Inspired by Jean Cocteau's spare line drawings and Calder's mobiles, Collette combines the two in three dimensions. As Cocteau's are portraits with a surreal twist, so are Collette's –with a Dada twist.

Anne COLLETTE

Porte-manteau

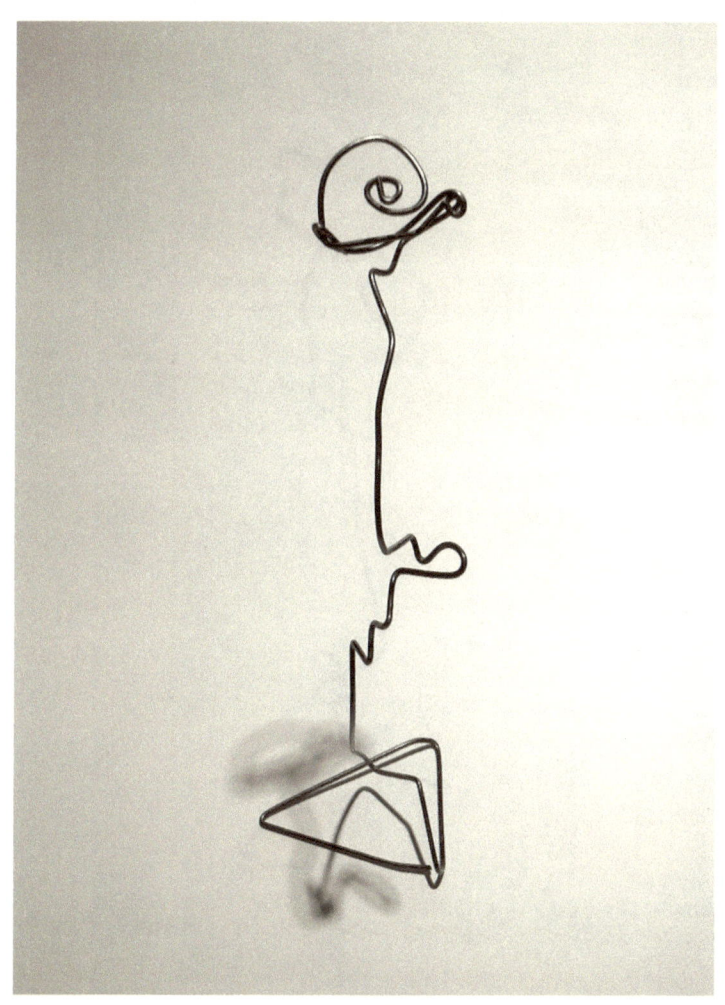

Gilles COLLETTE

1

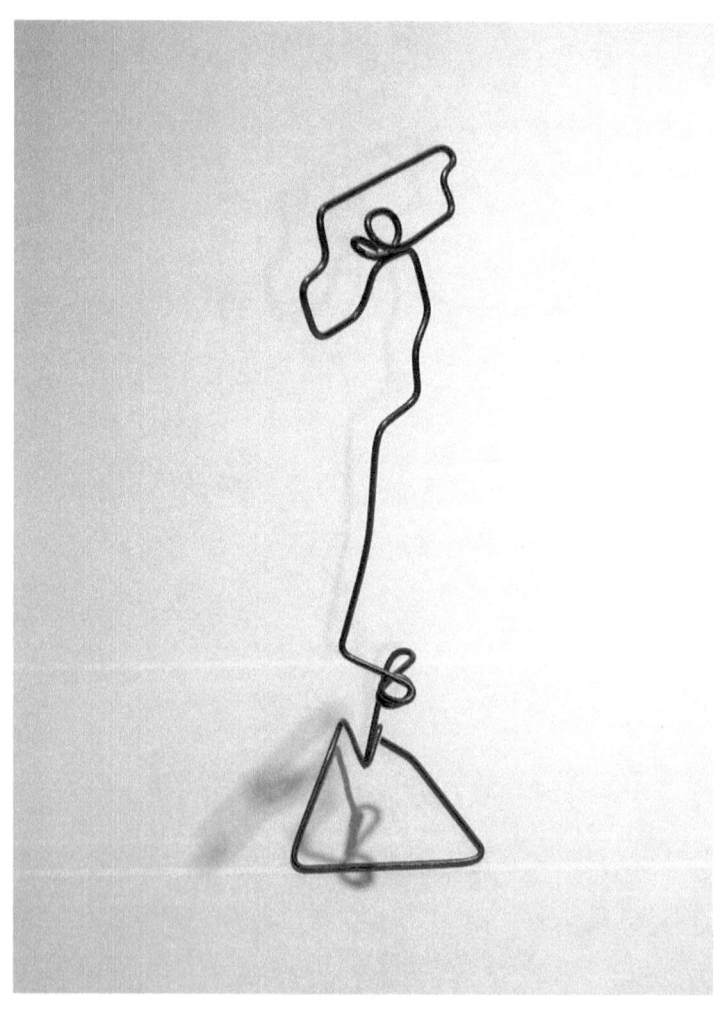

2   Porte-manteau

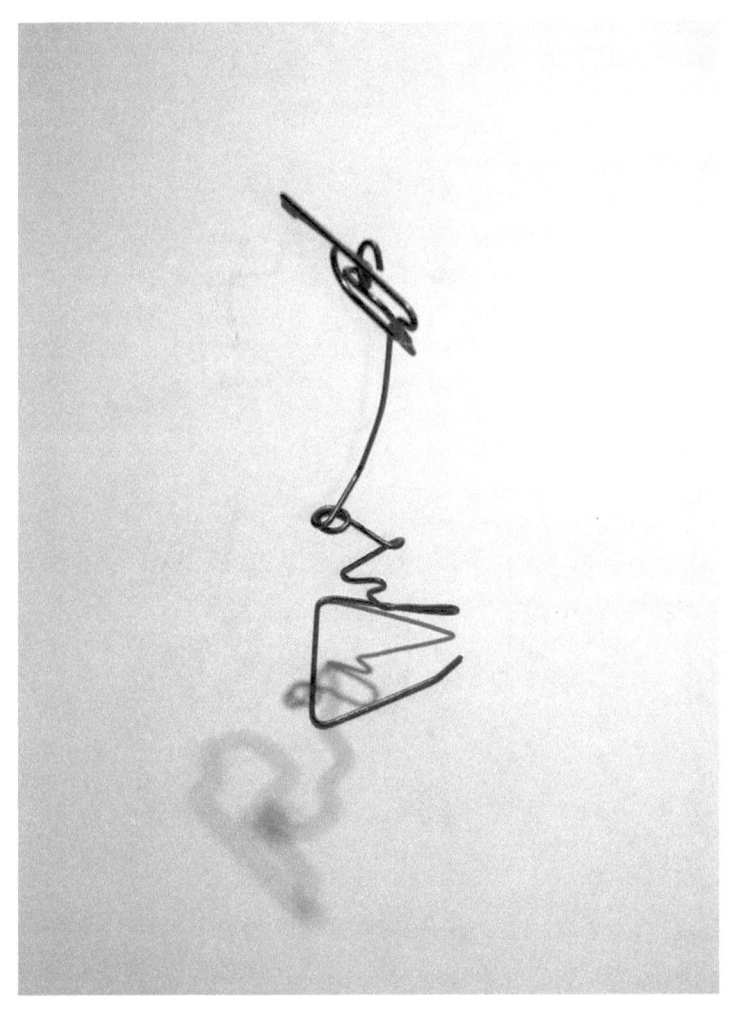

Gilles COLLETTE

3

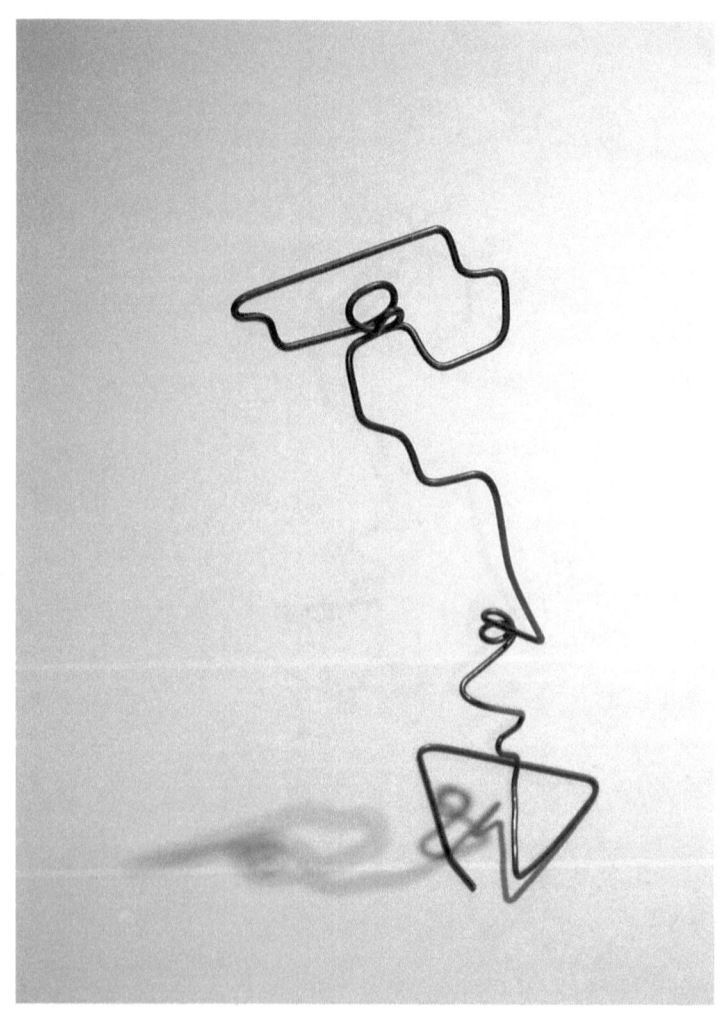

4   Porte-manteau

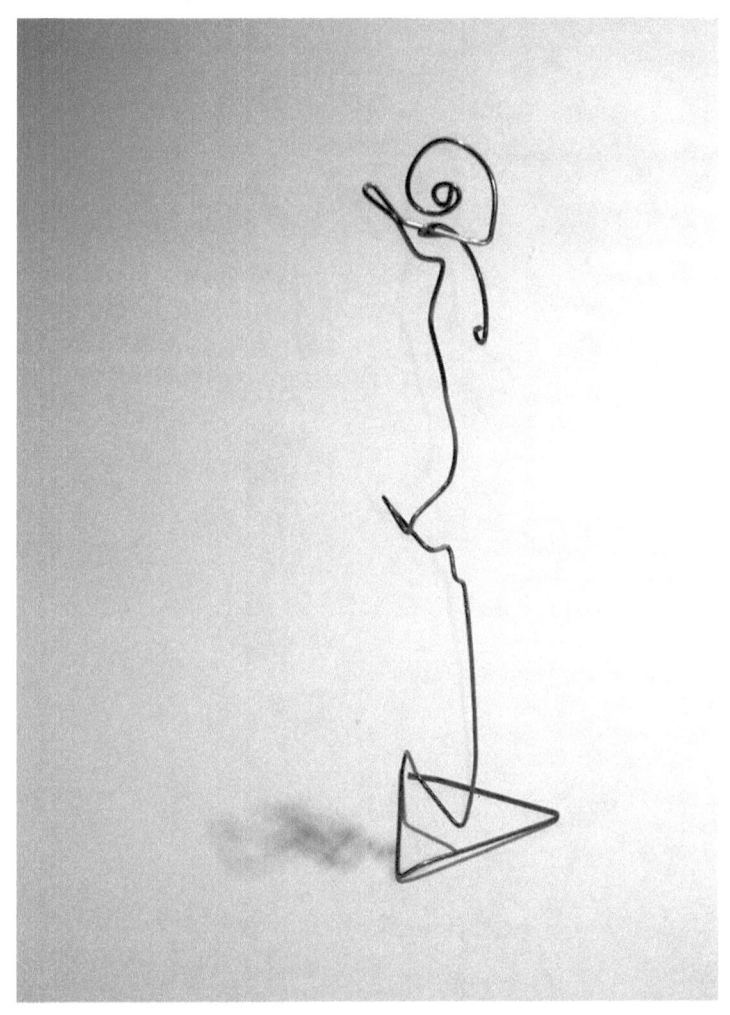

Gilles COLLETTE

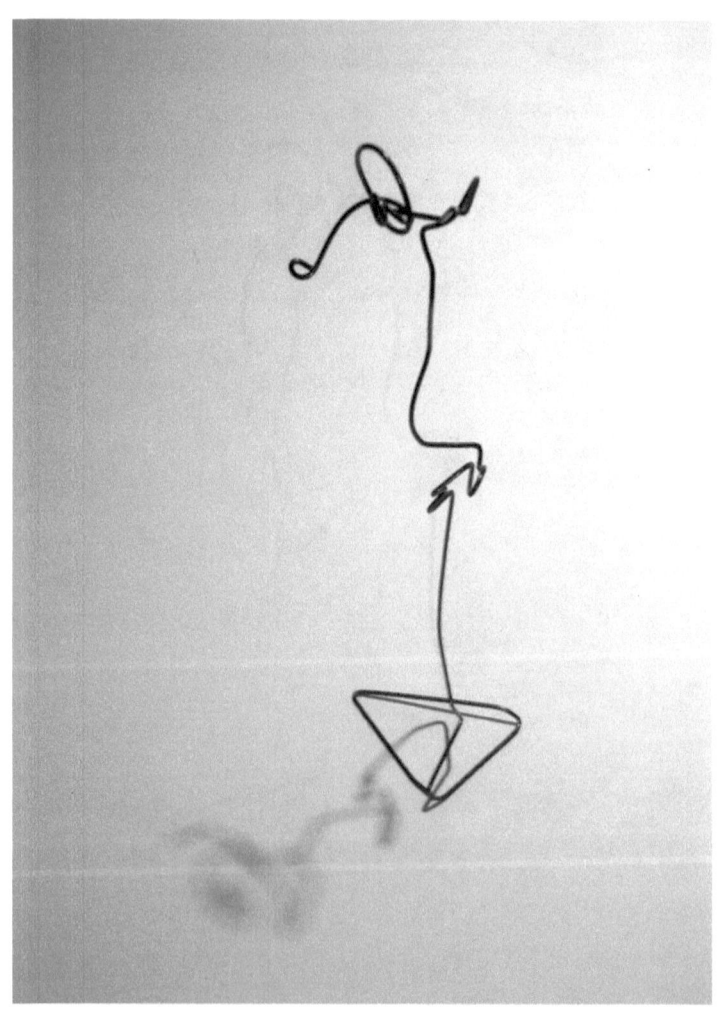

6   Porte-manteau

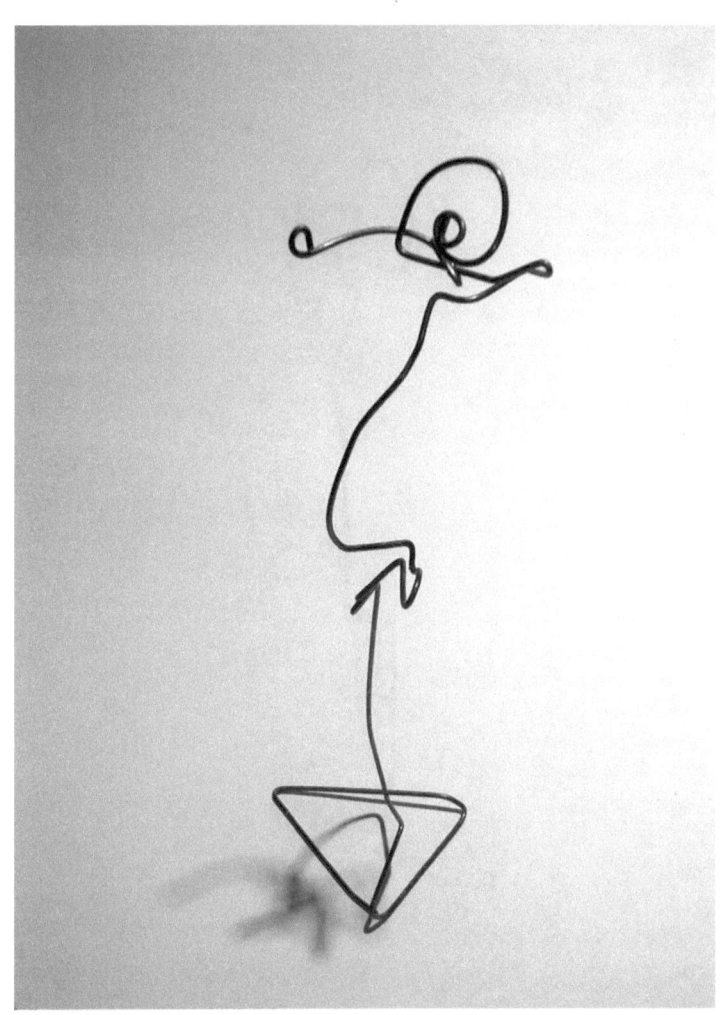

Gilles COLLETTE

7

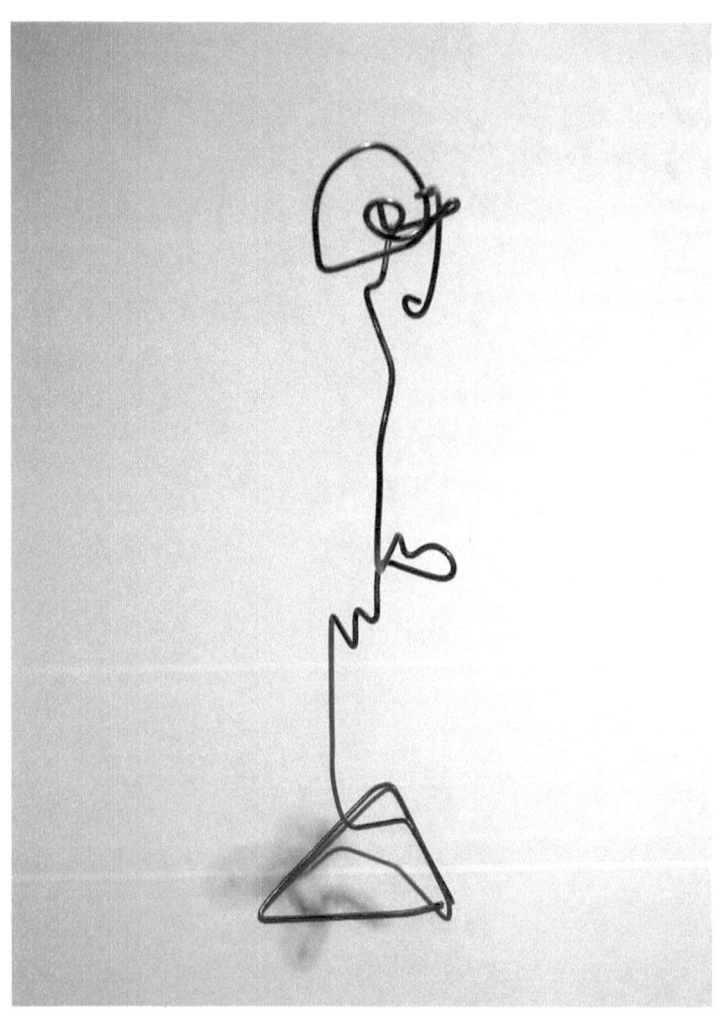

8   Porte-manteau

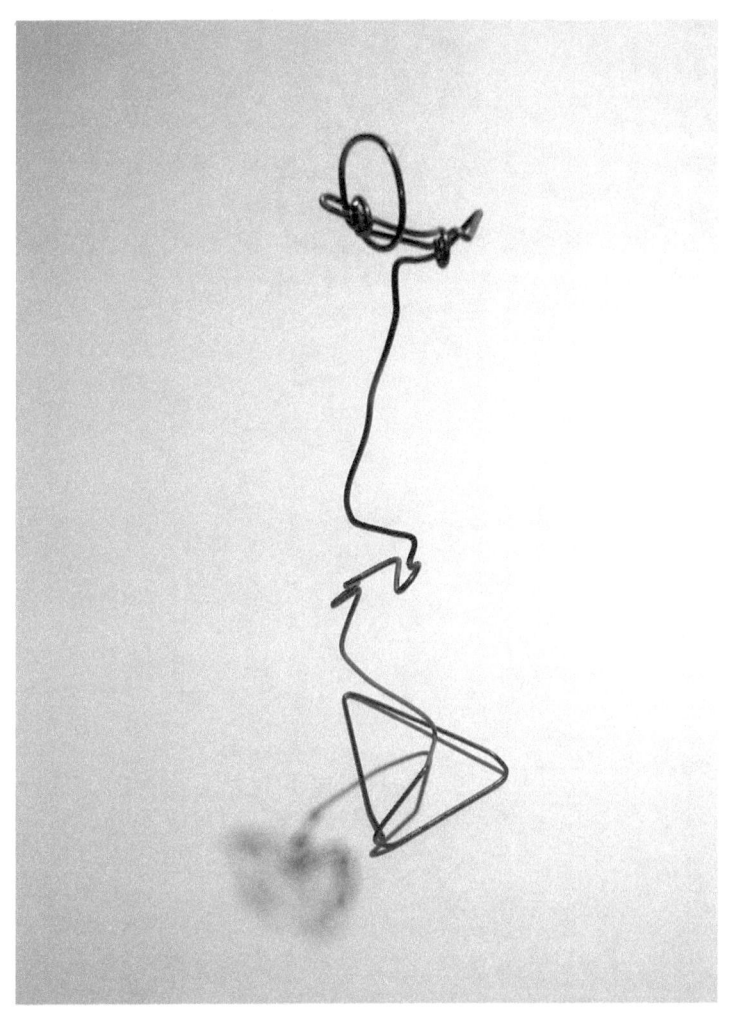

Gilles COLLETTE

9

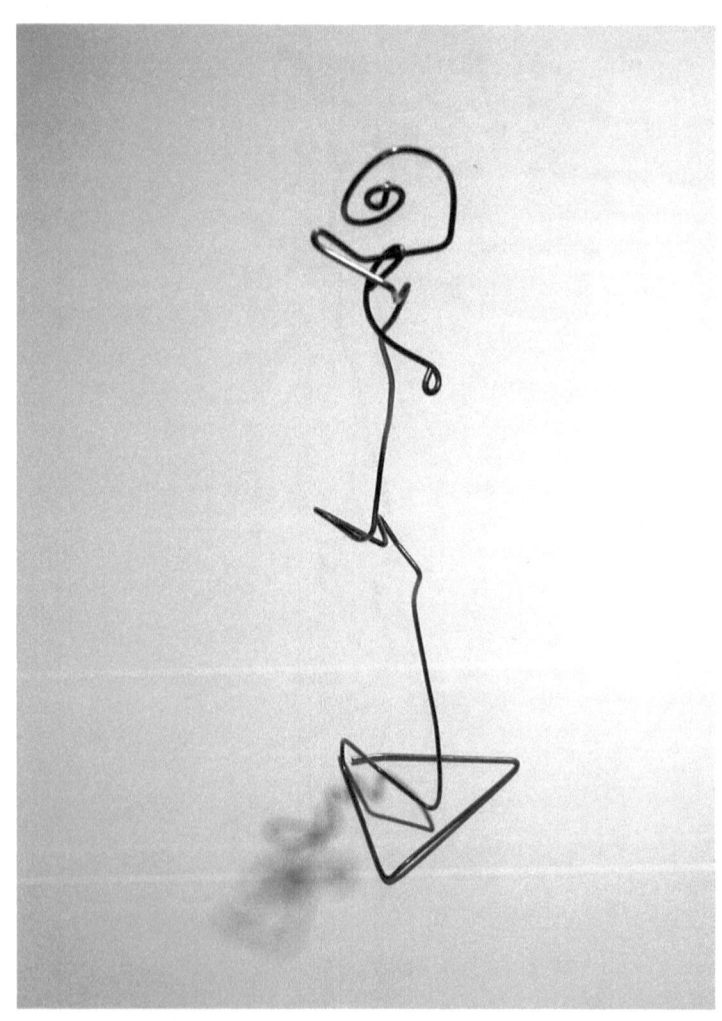

10

Porte-manteau

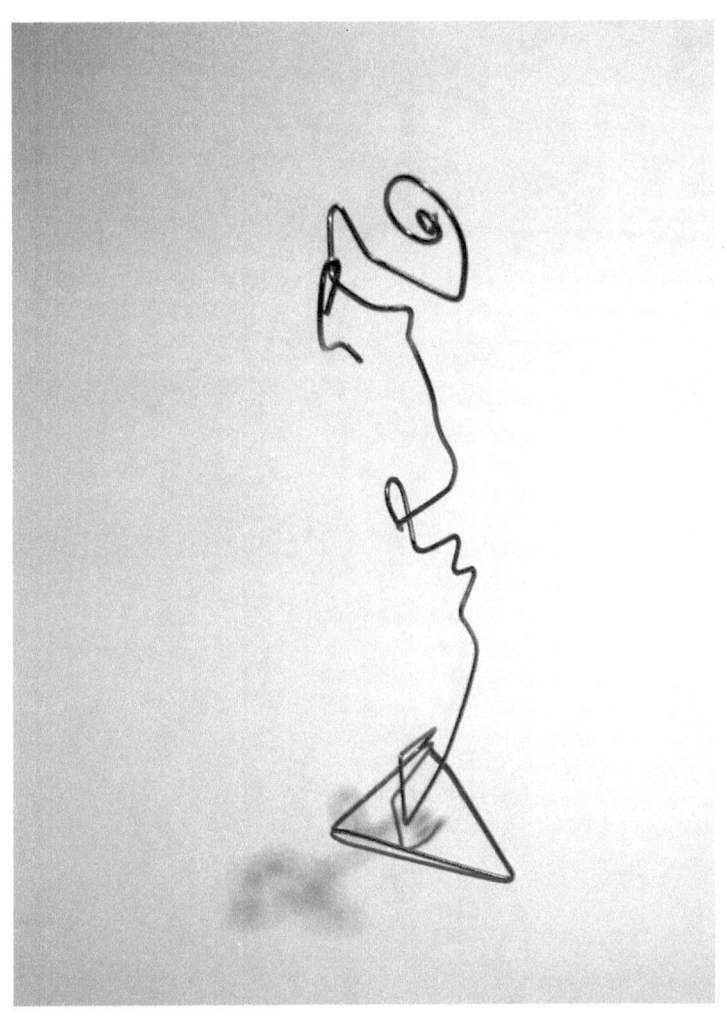

Gilles COLLETTE

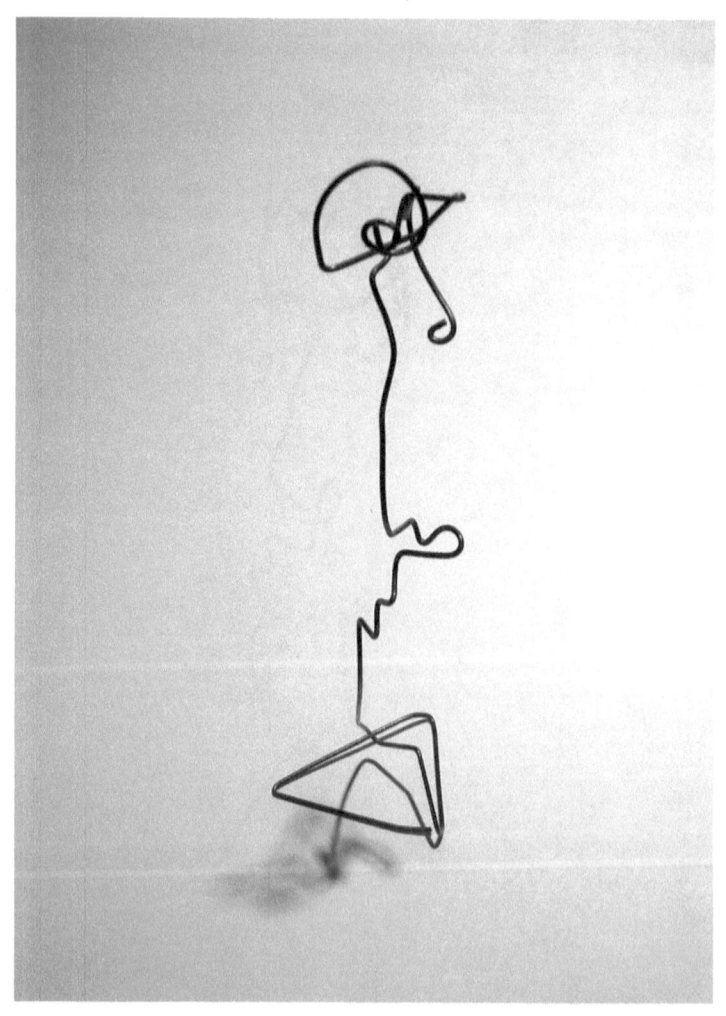

Porte-manteau

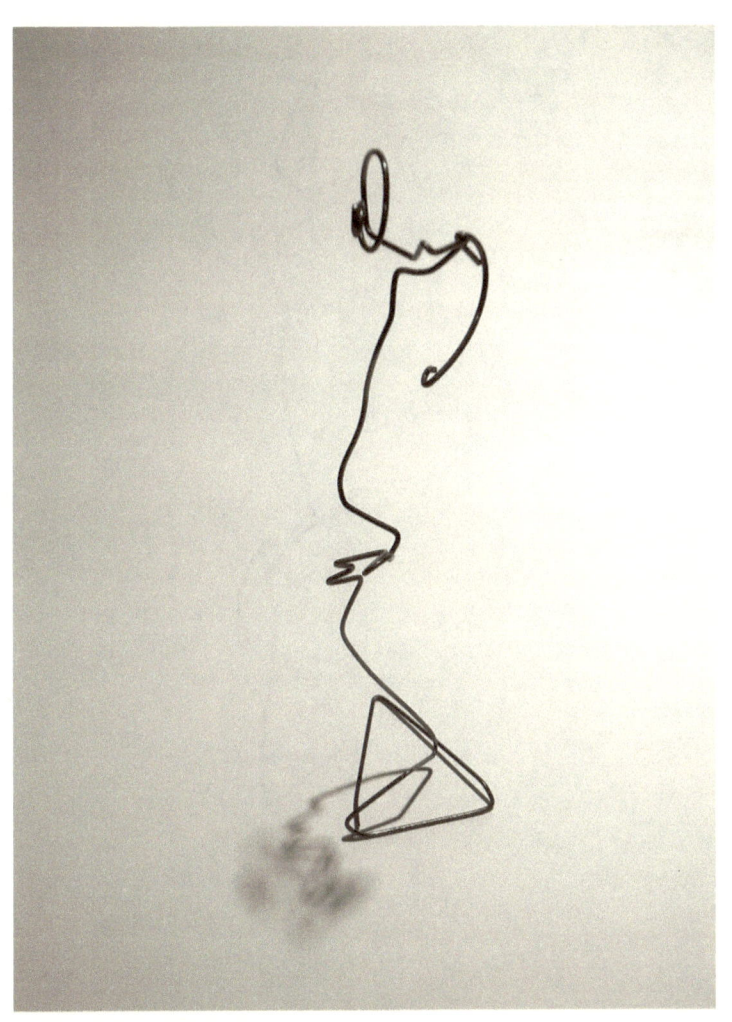

Gilles COLLETTE

13

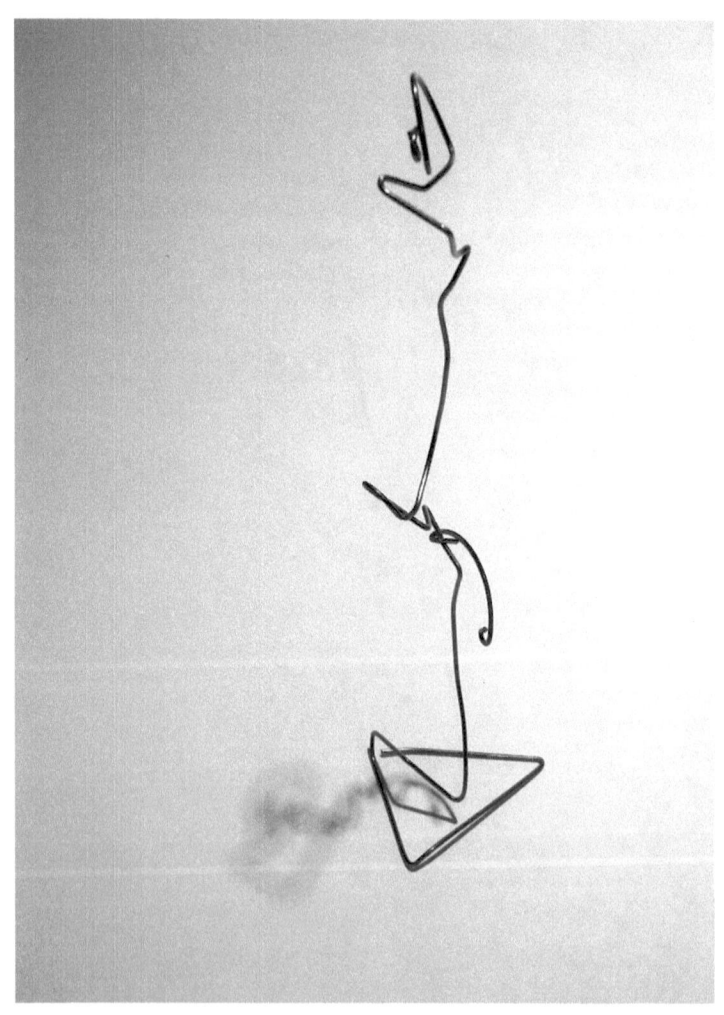

14   Porte-manteau

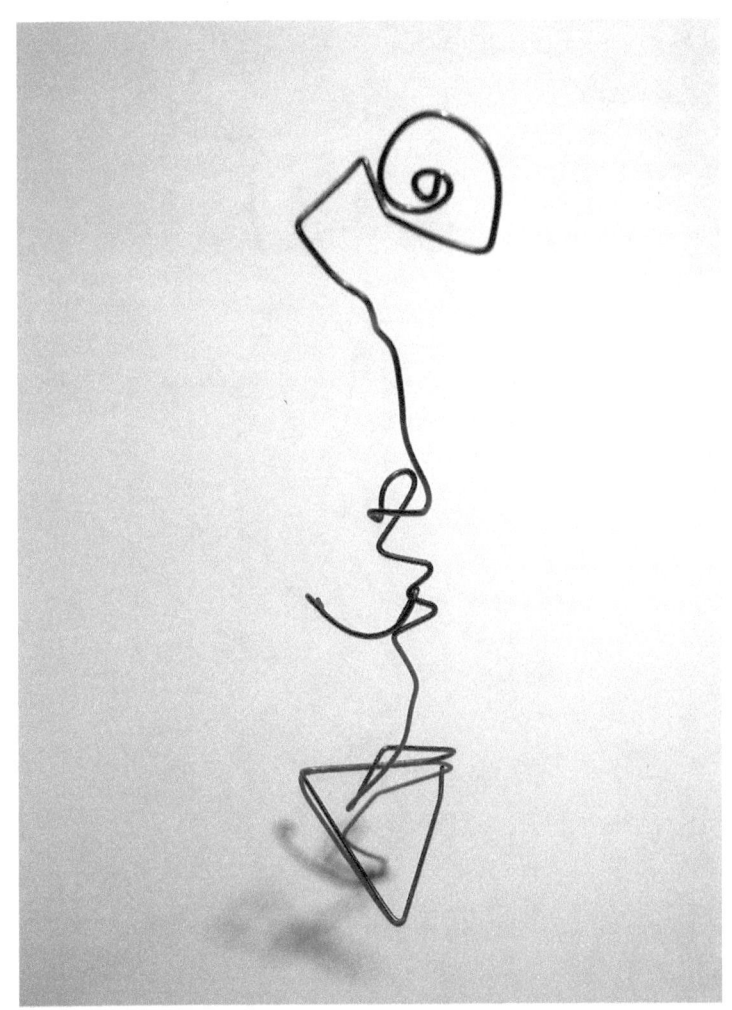

Gilles COLLETTE

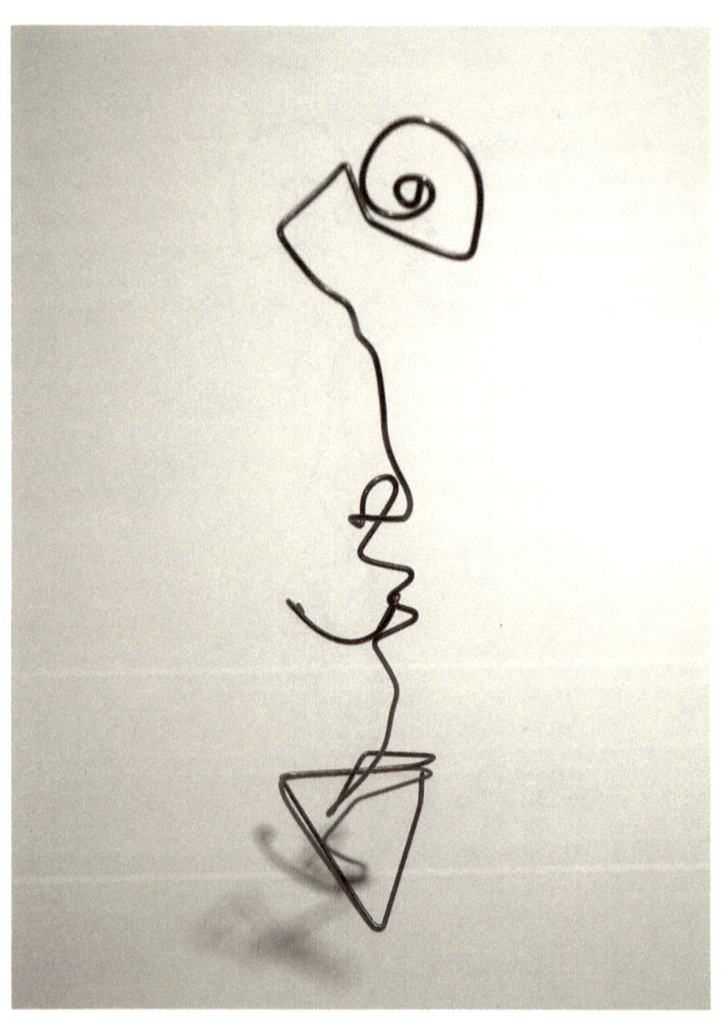

16   Porte-manteau

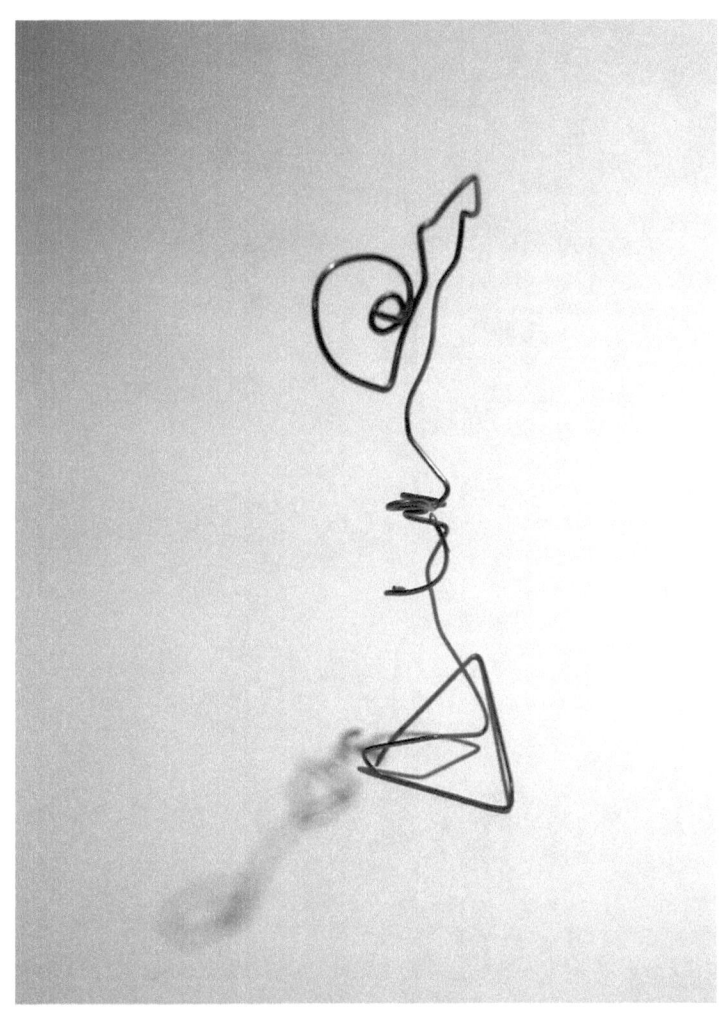

Gilles COLLETTE

17

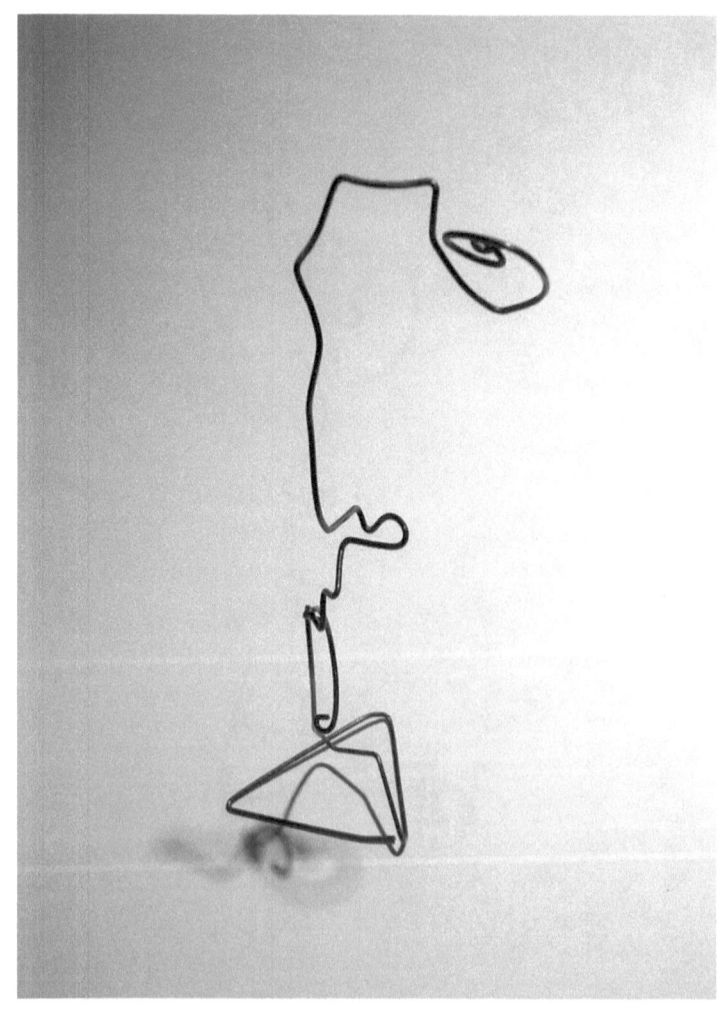

18   Porte-manteau

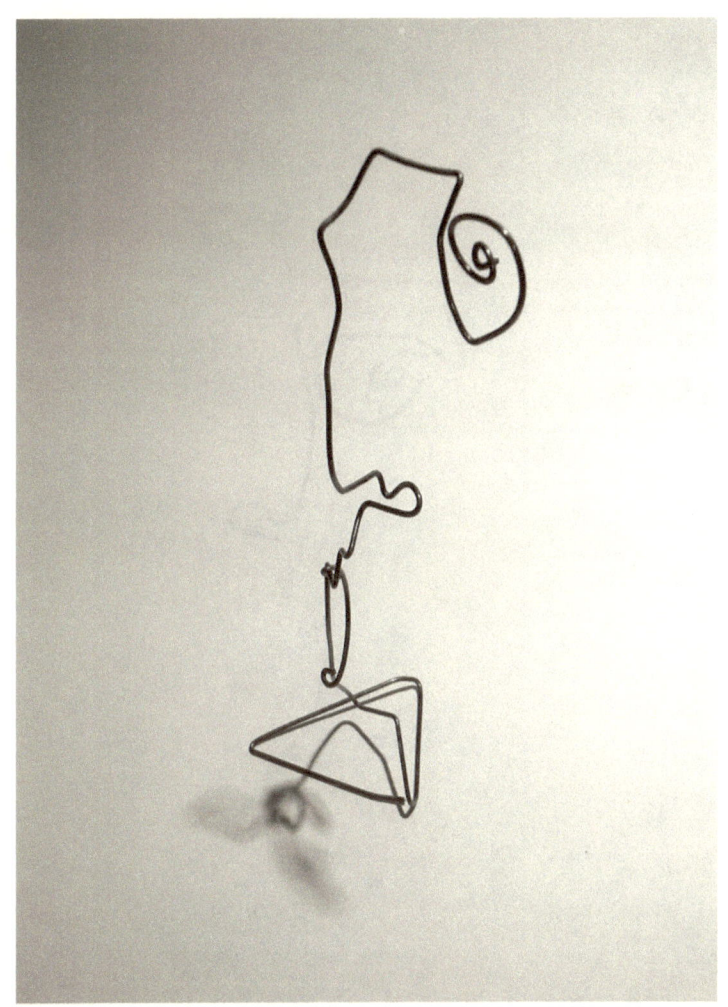

Gilles COLLETTE

19

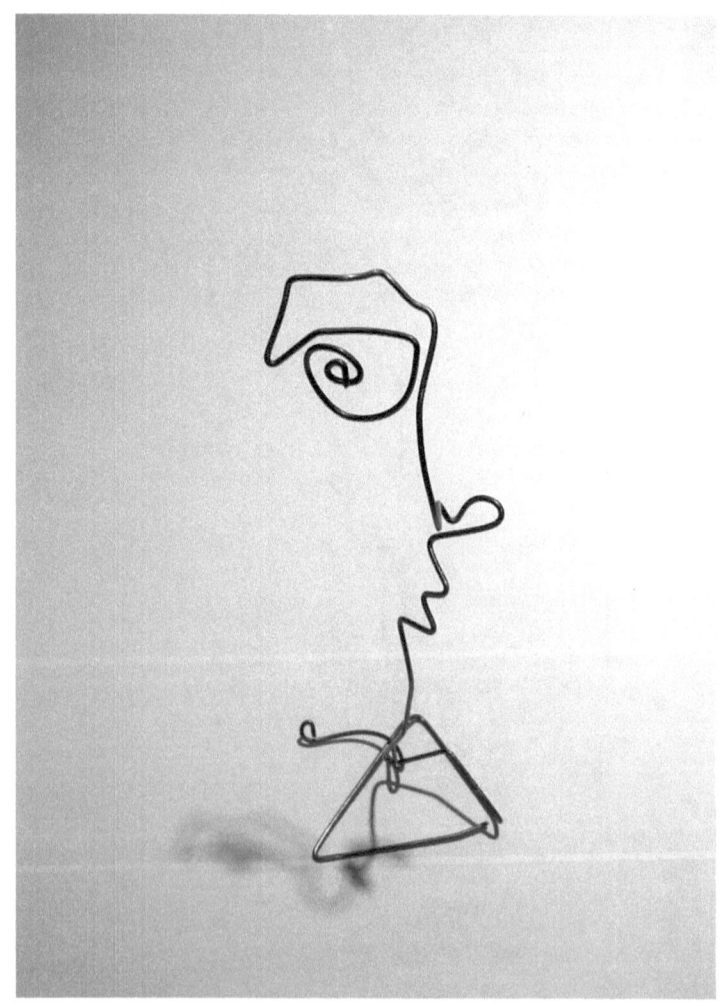

Porte-manteau

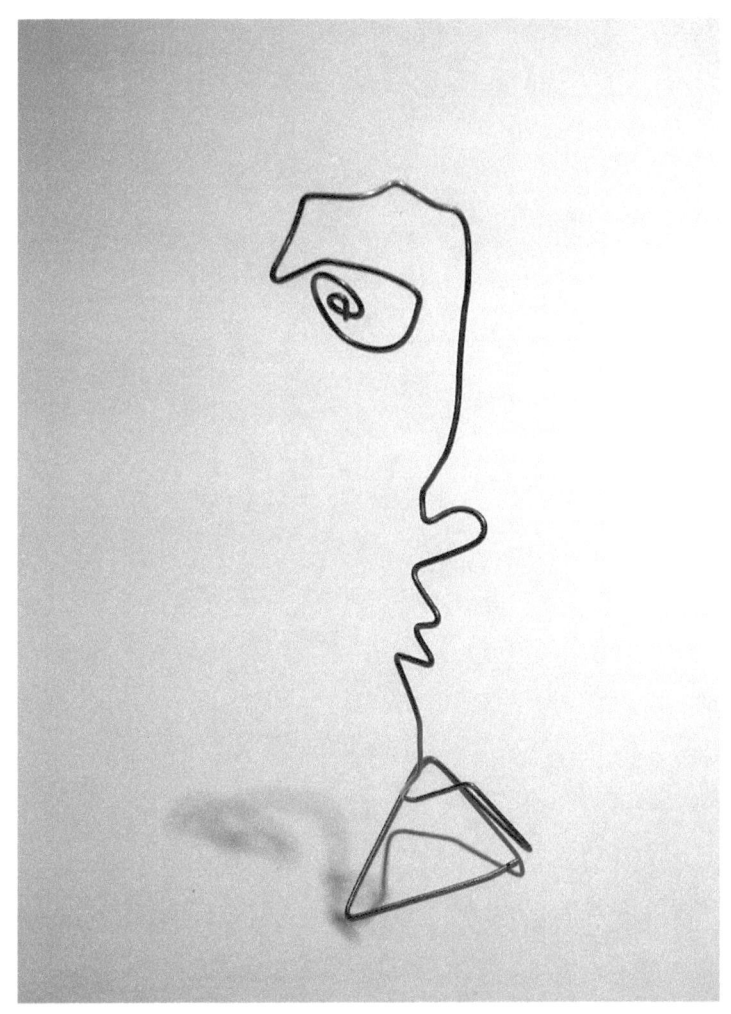

Gilles COLLETTE

21

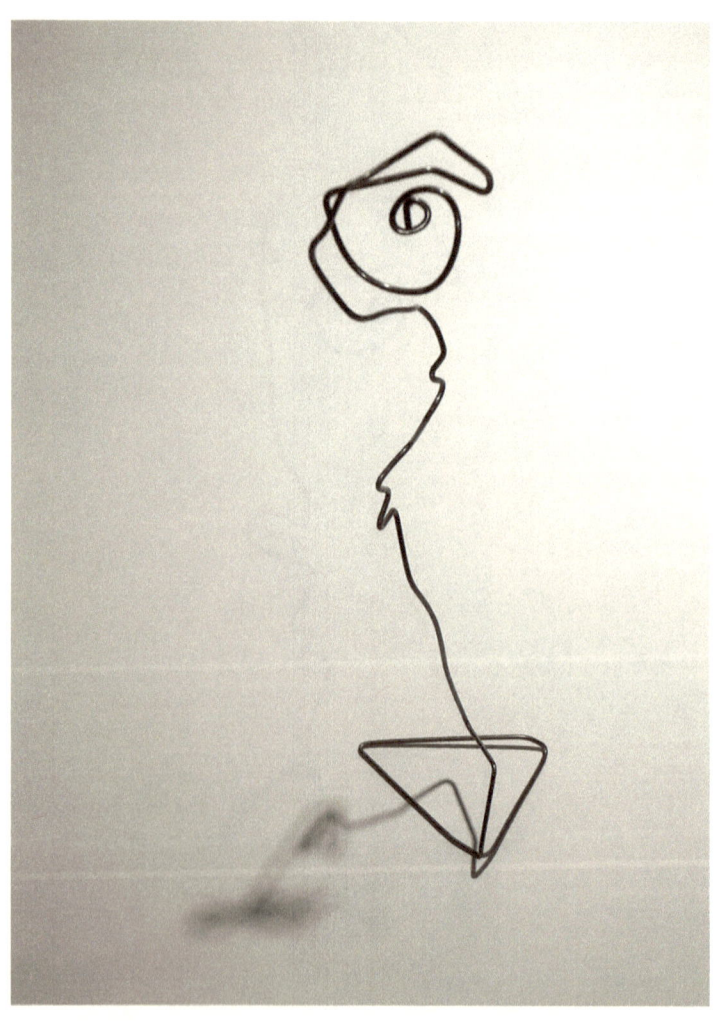

22   Porte-manteau

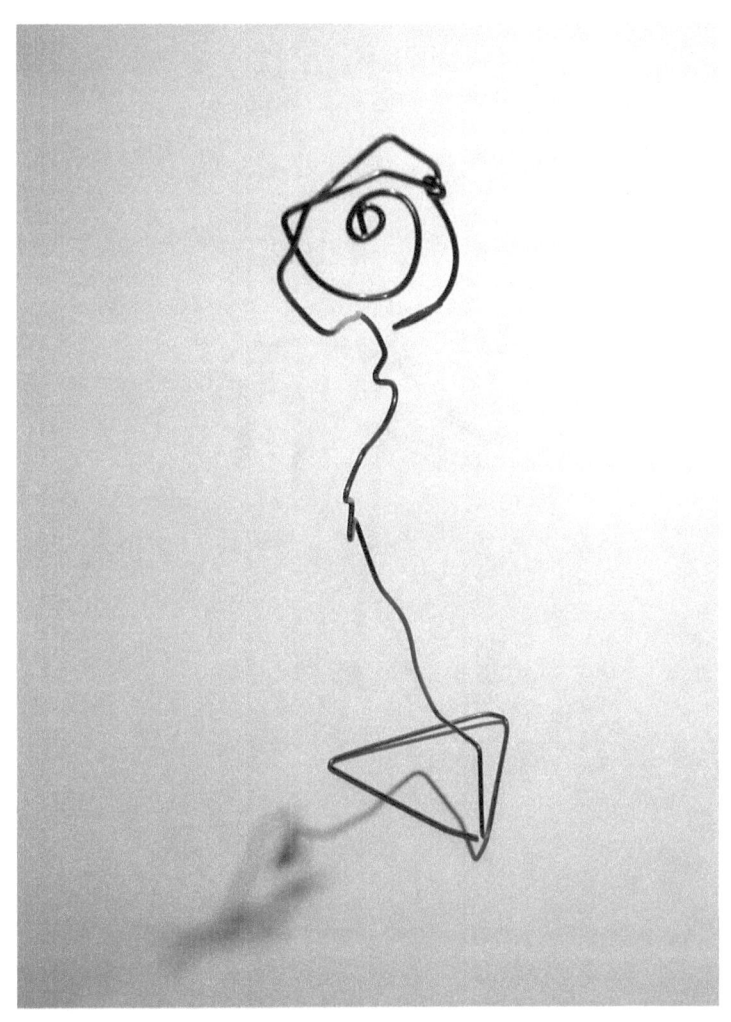

Gilles COLLETTE

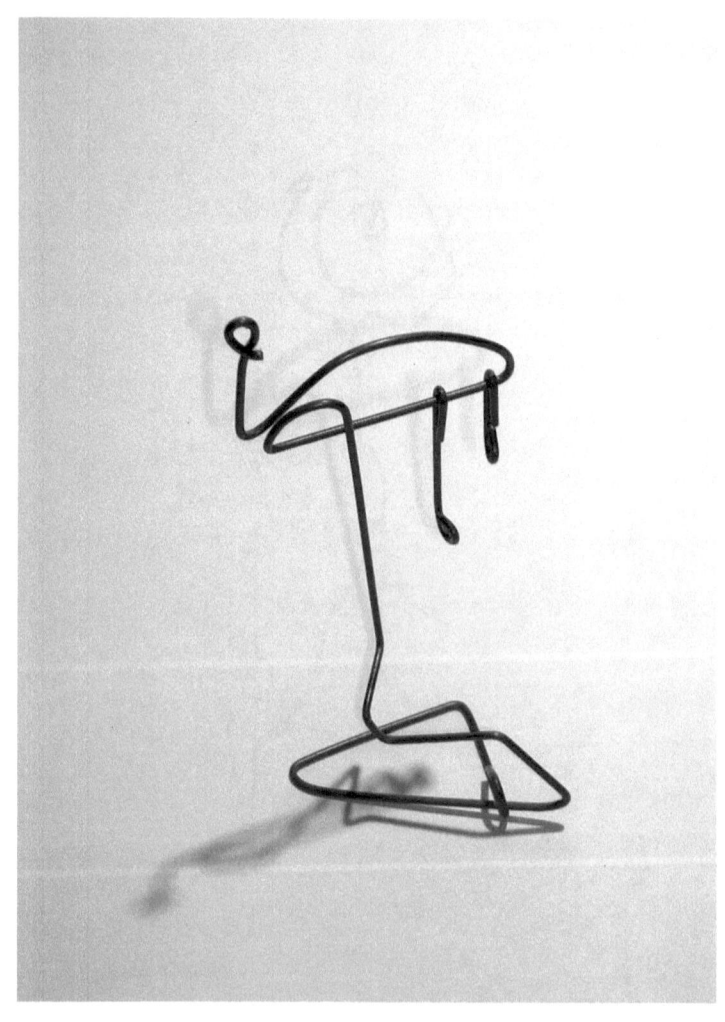

24 Porte-manteau

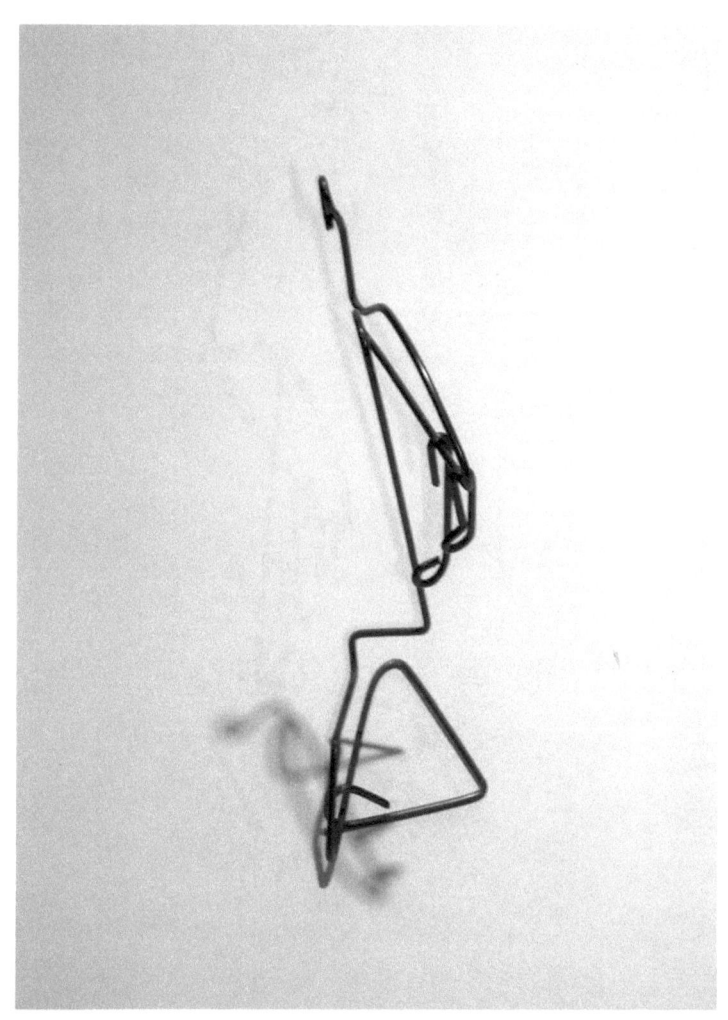

Gilles COLLETTE

25

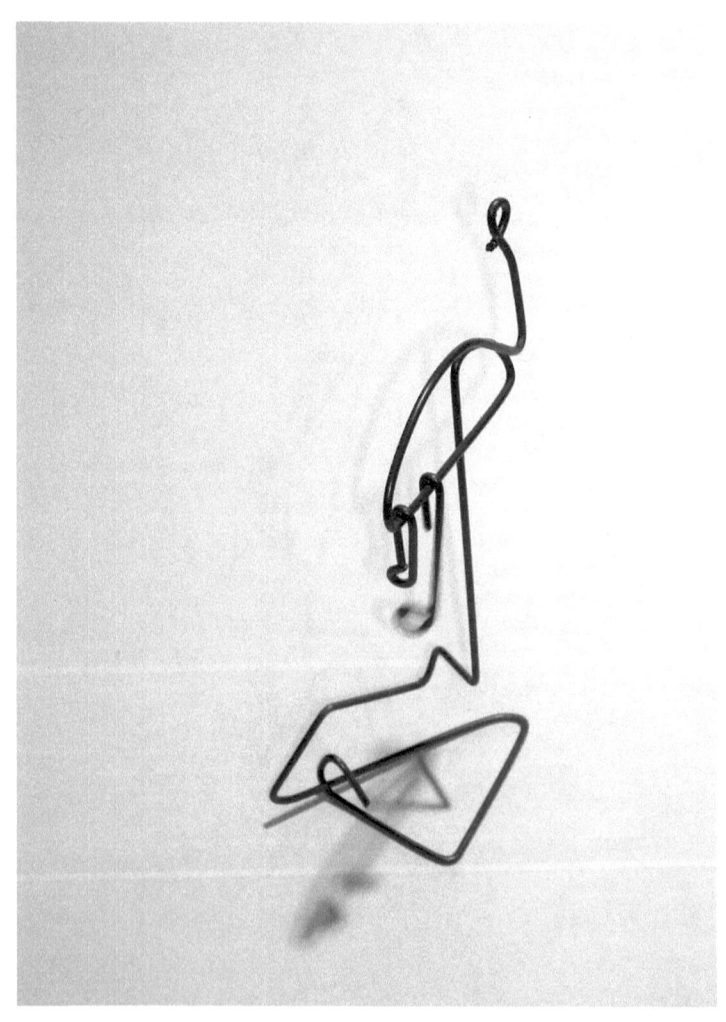

Porte-manteau

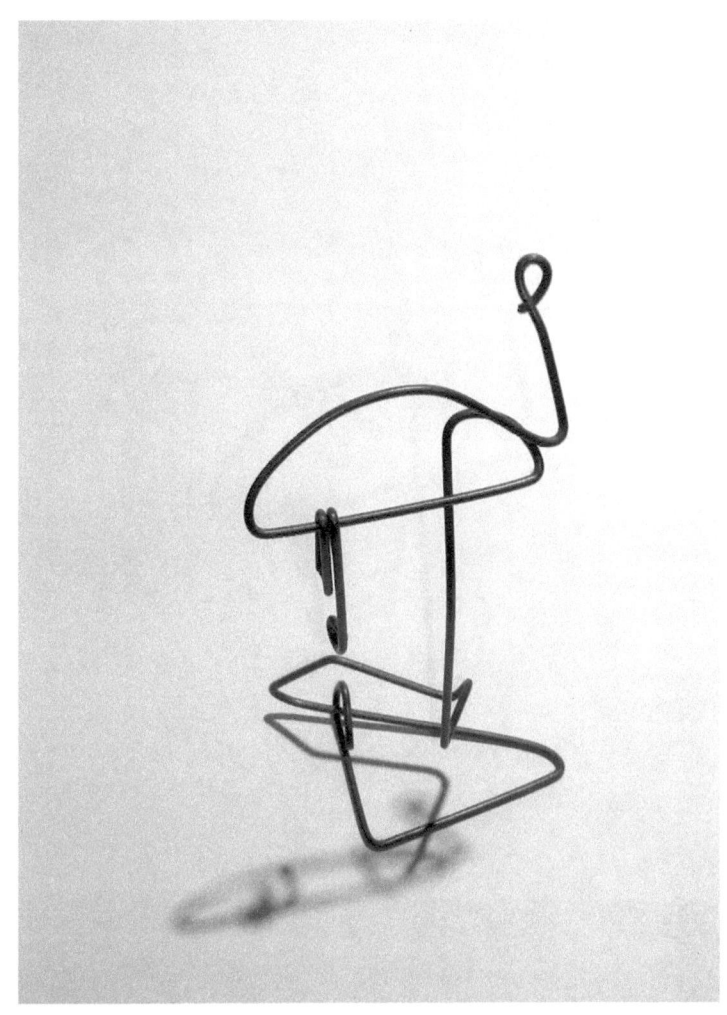

Gilles COLLETTE

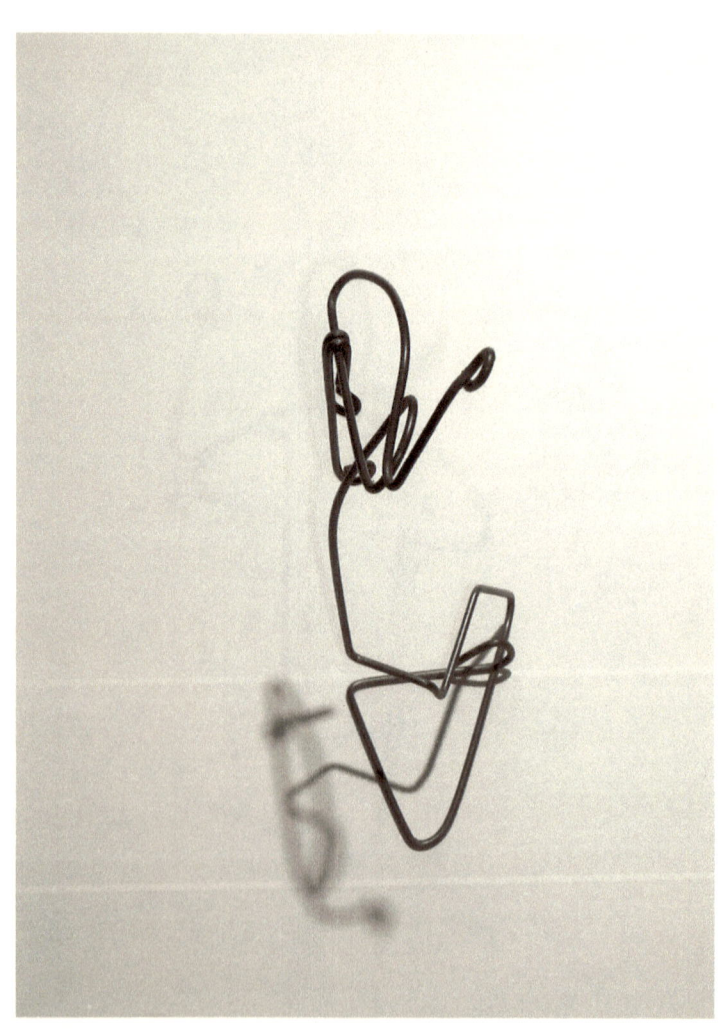

28   Porte-manteau

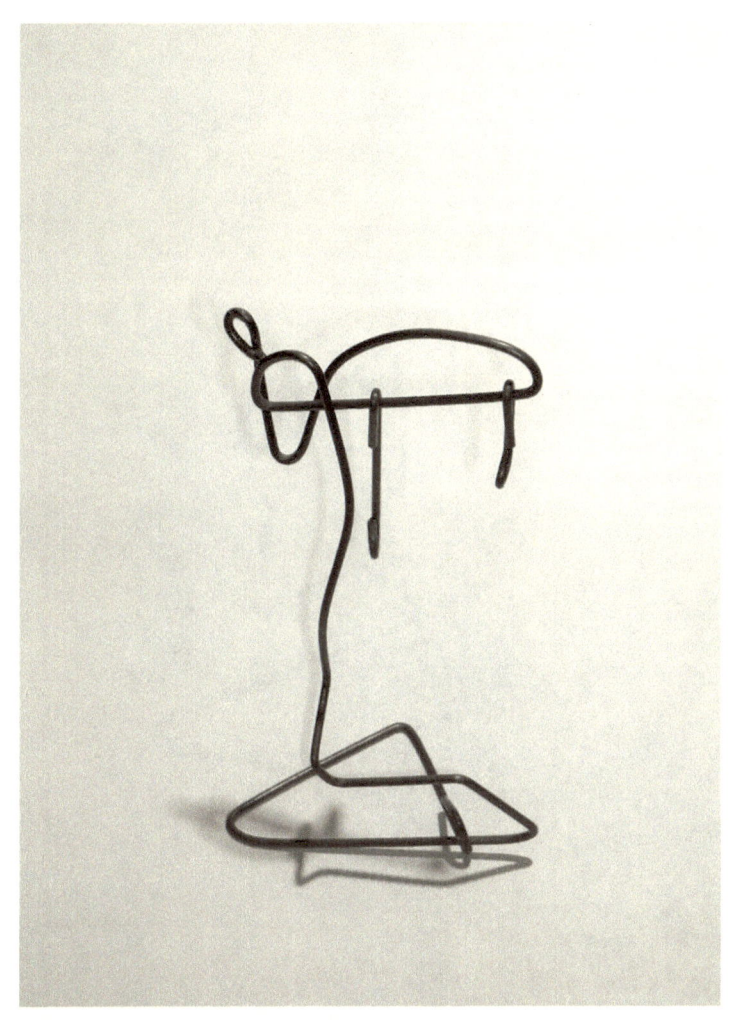

Gilles COLLETTE   29

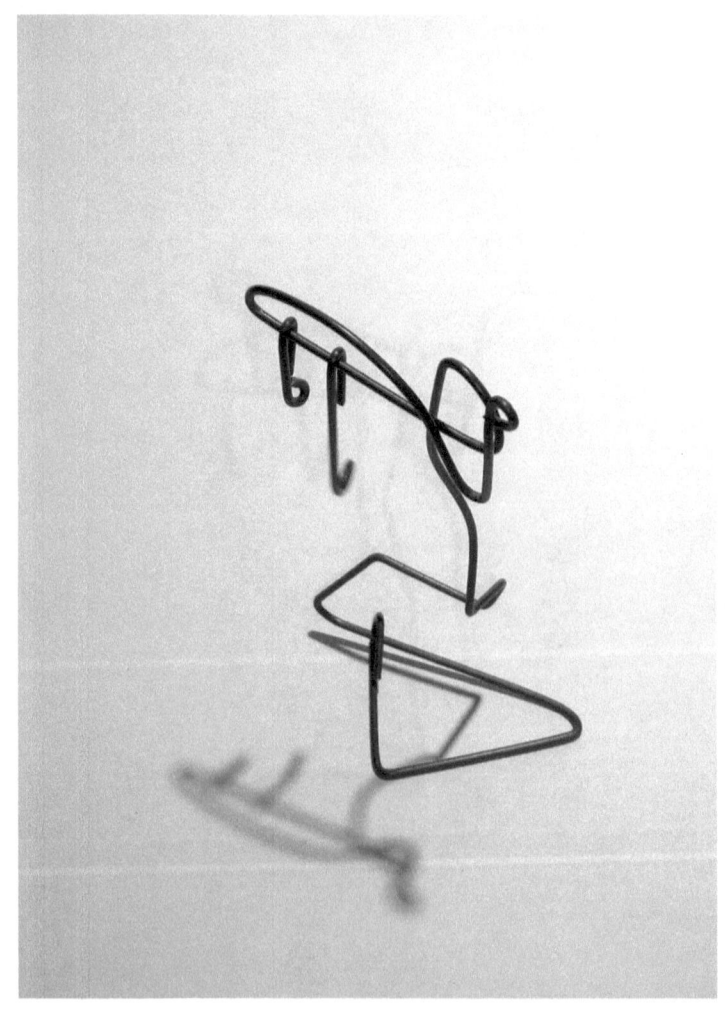

Porte-manteau

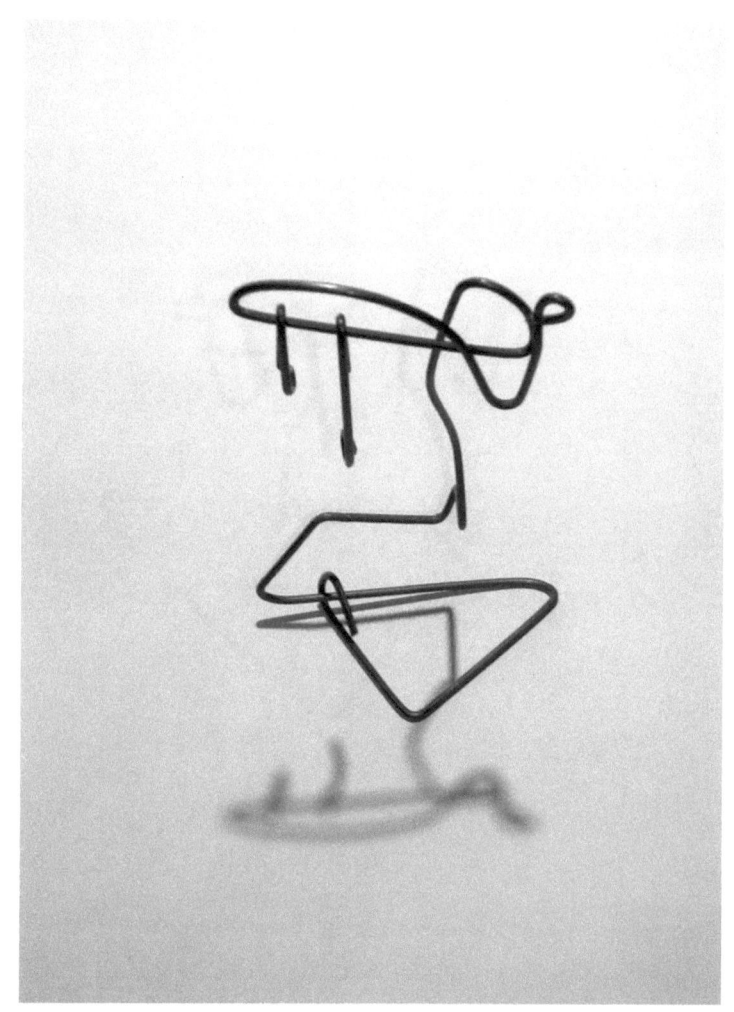

Gilles COLLETTE

31

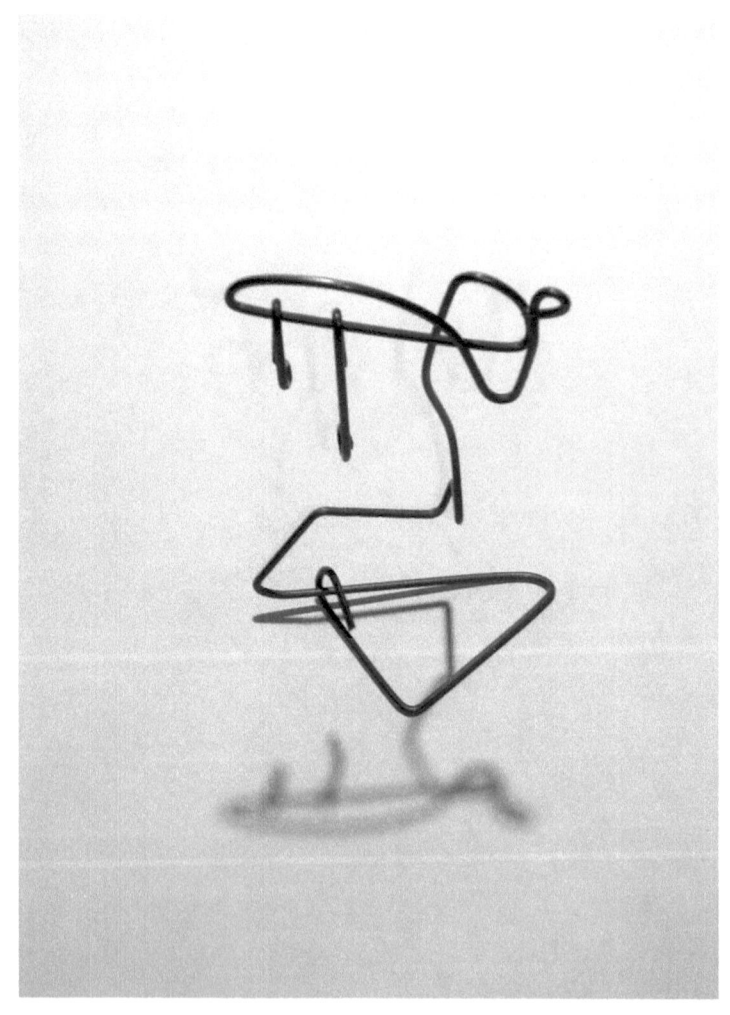

Porte-manteau

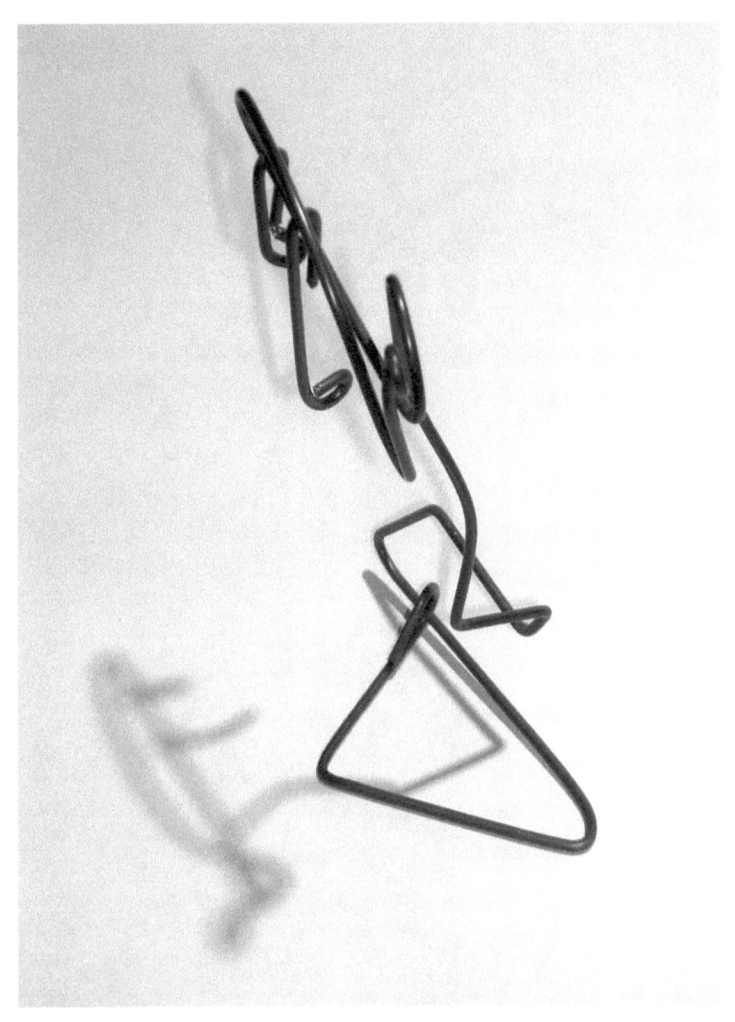

Gilles COLLETTE

33

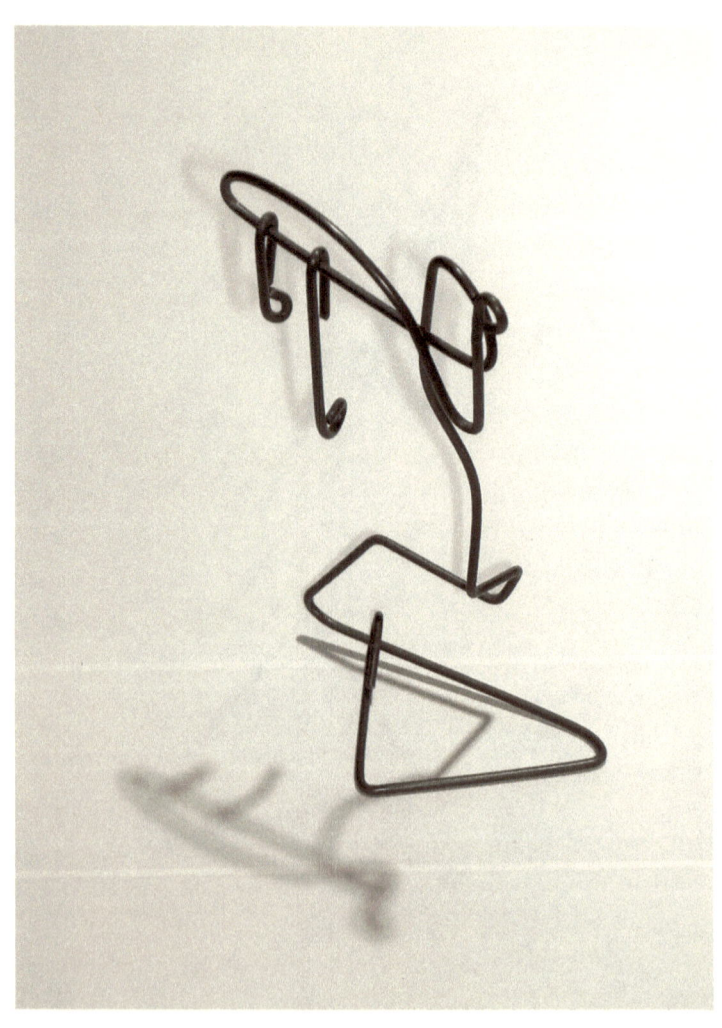

34   Porte-manteau

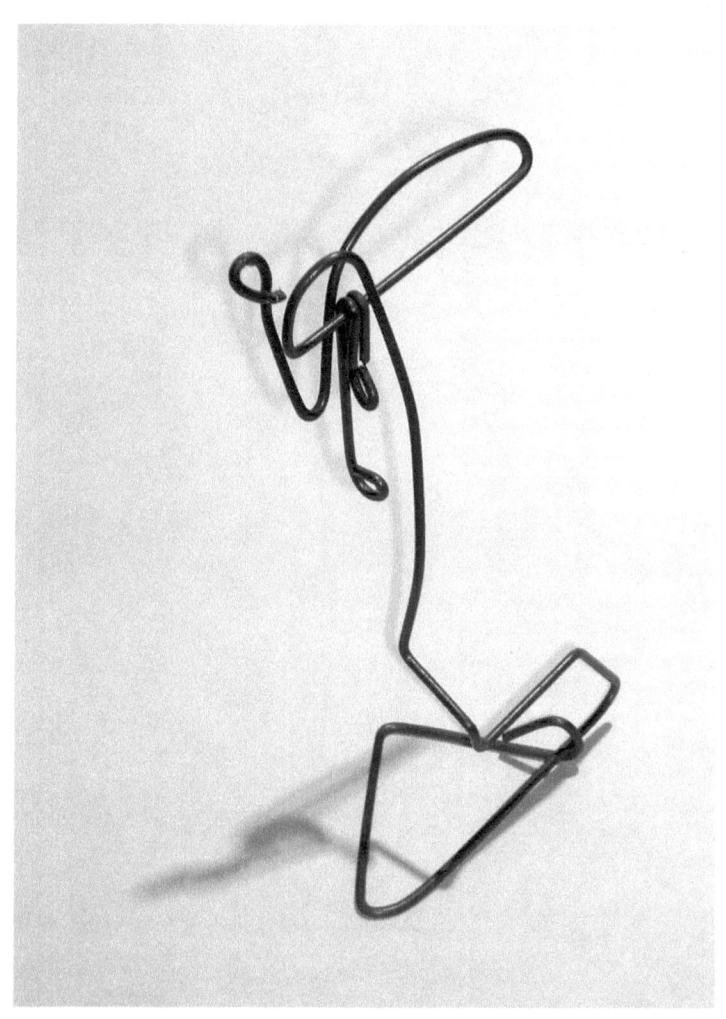

Gilles COLLETTE

35

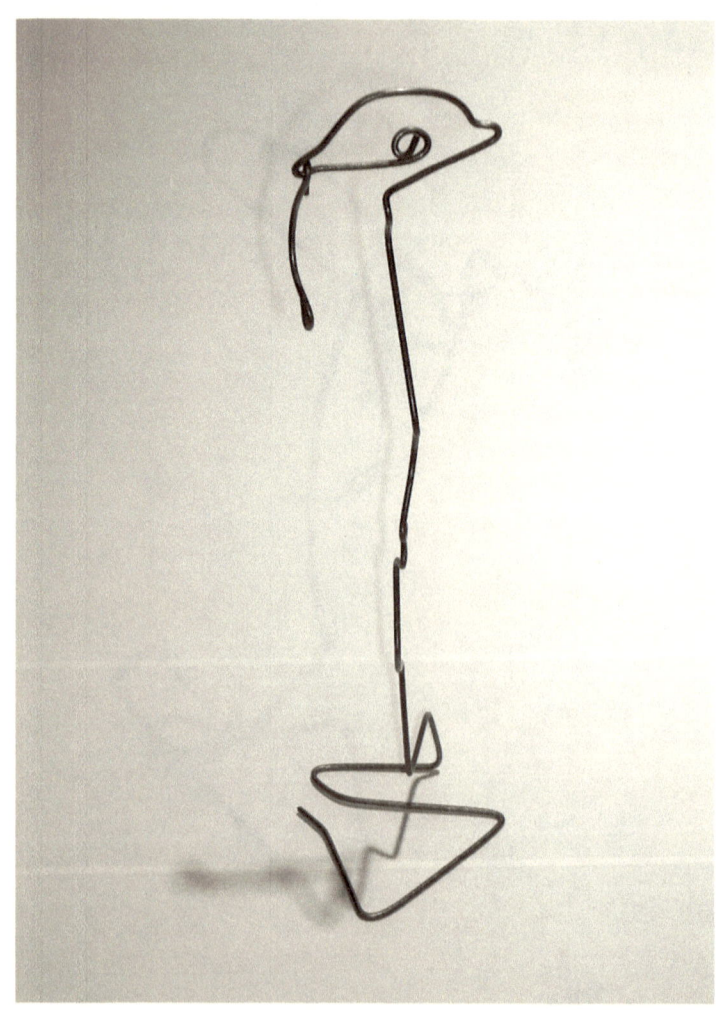

Porte-manteau

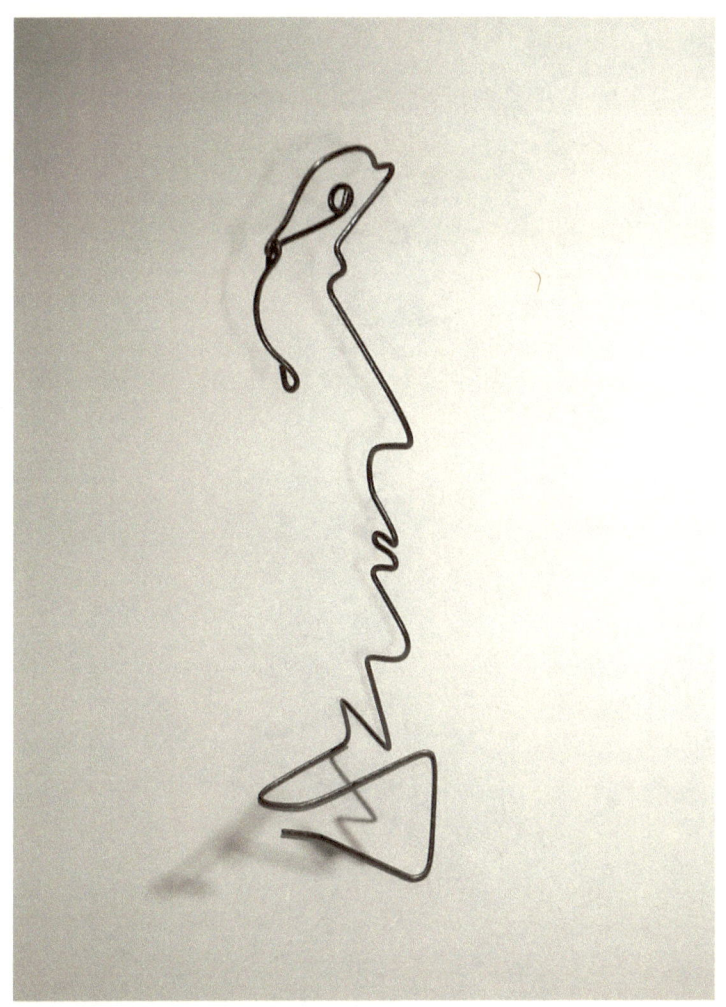

Gilles COLLETTE

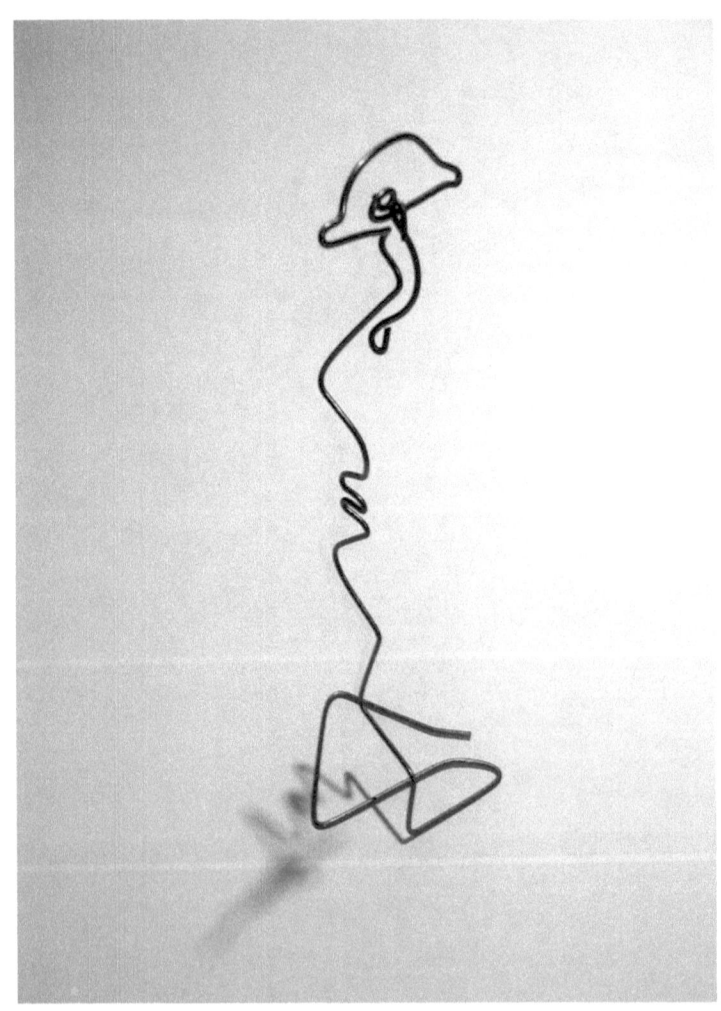

Porte-manteau

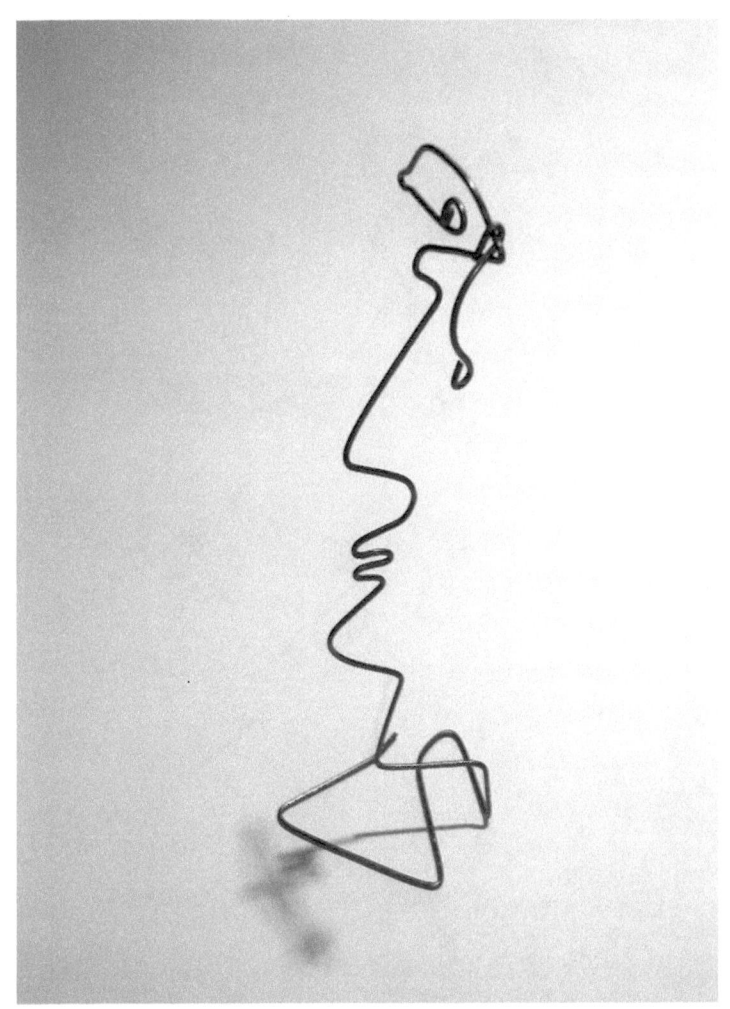

Gilles COLLETTE

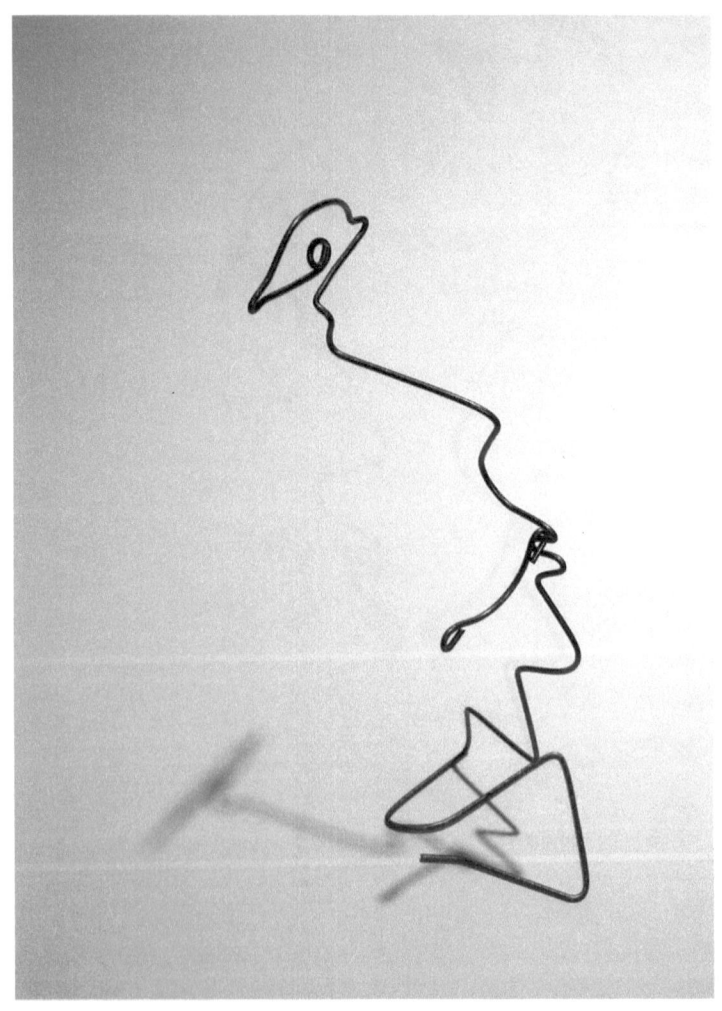

Porte-manteau

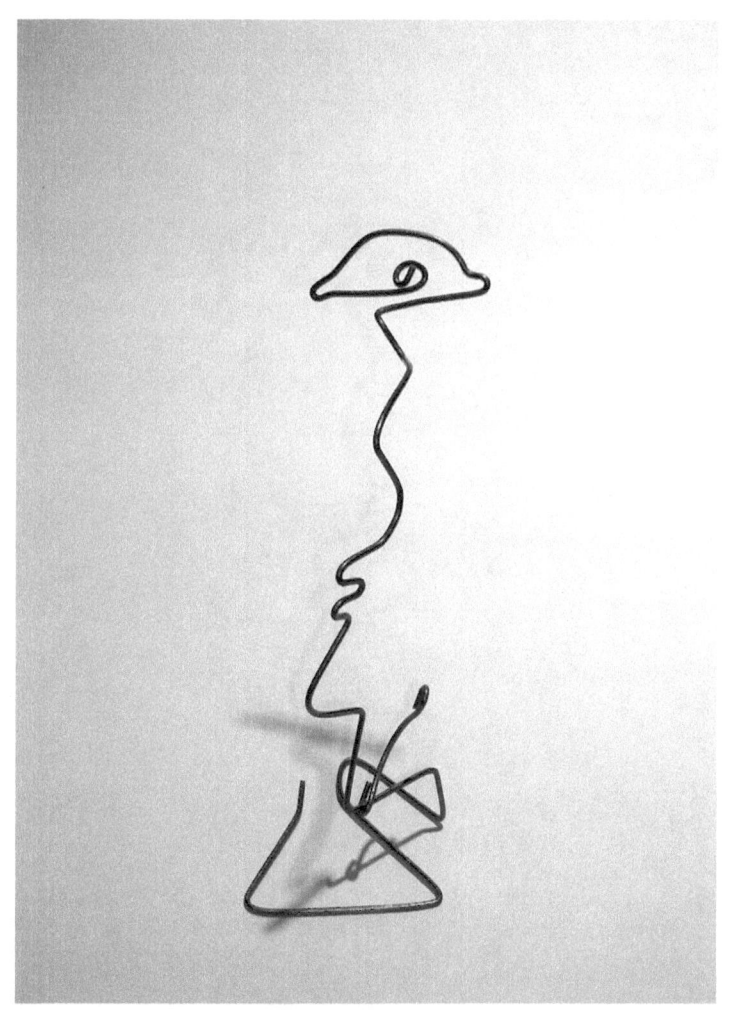

Gilles COLLETTE

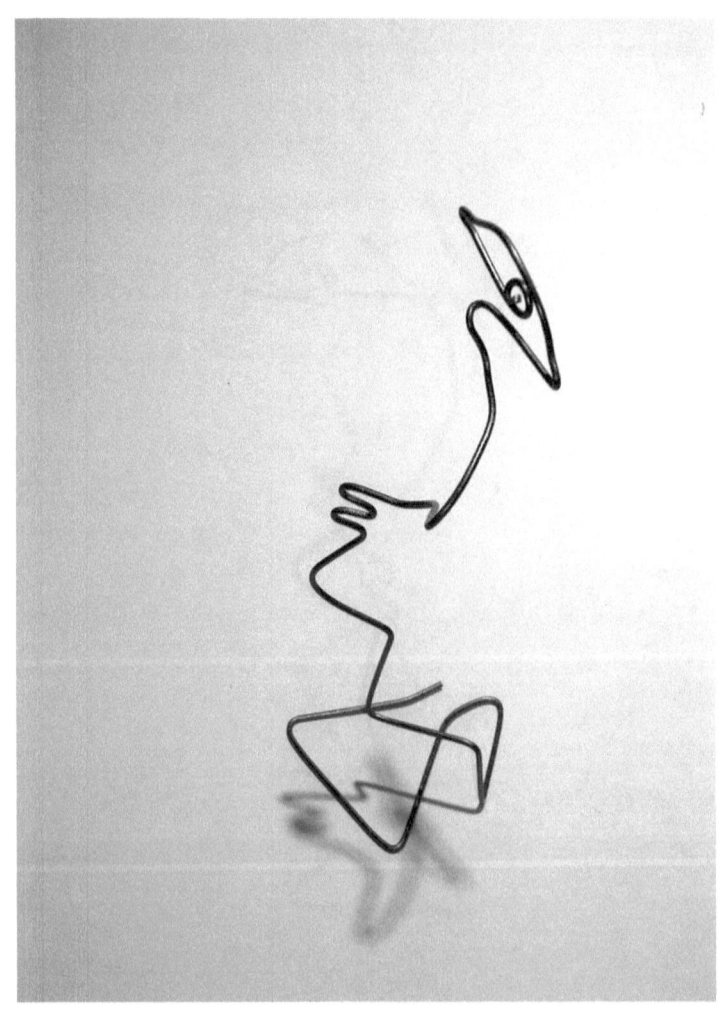

42   Porte-manteau

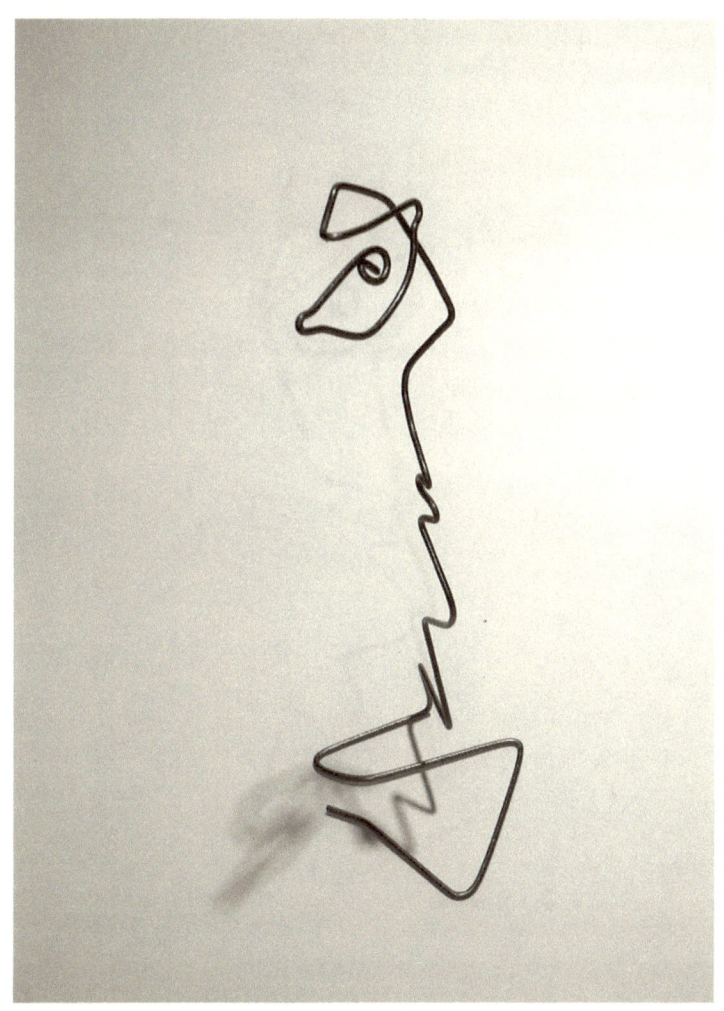

Gilles COLLETTE   43

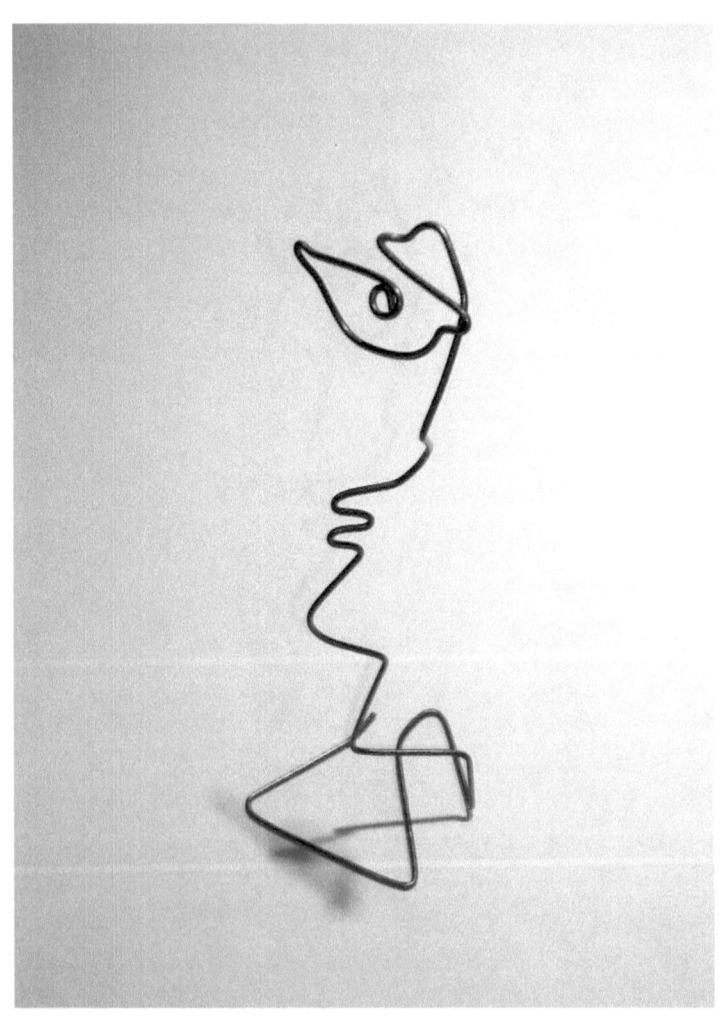

44   Porte-manteau

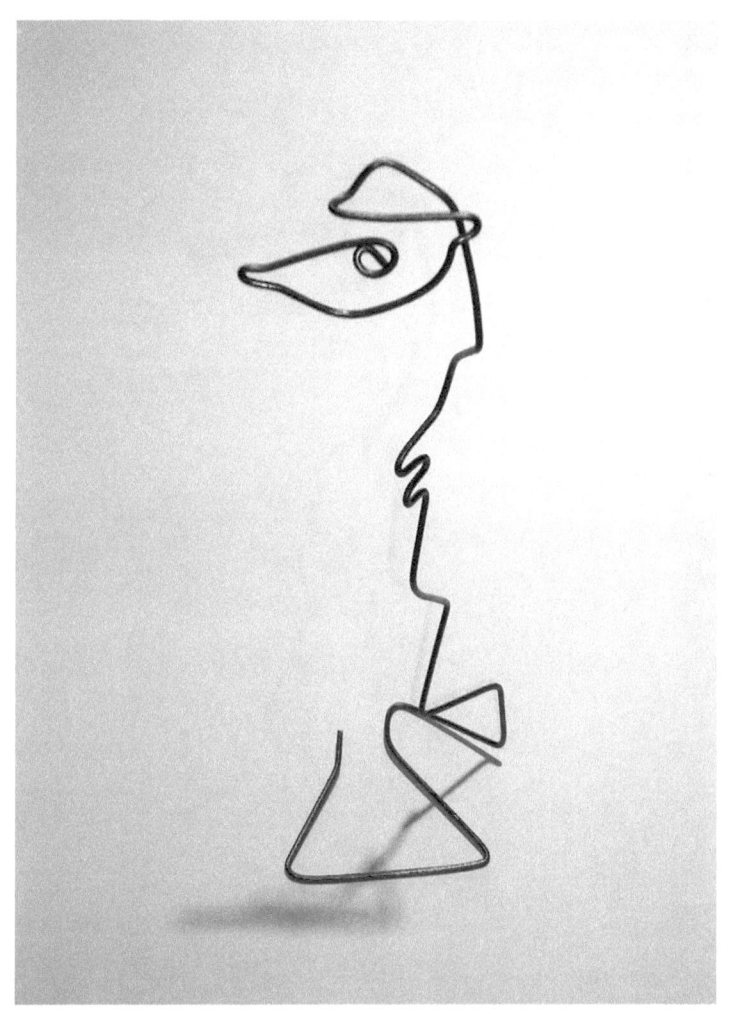

Gilles COLLETTE

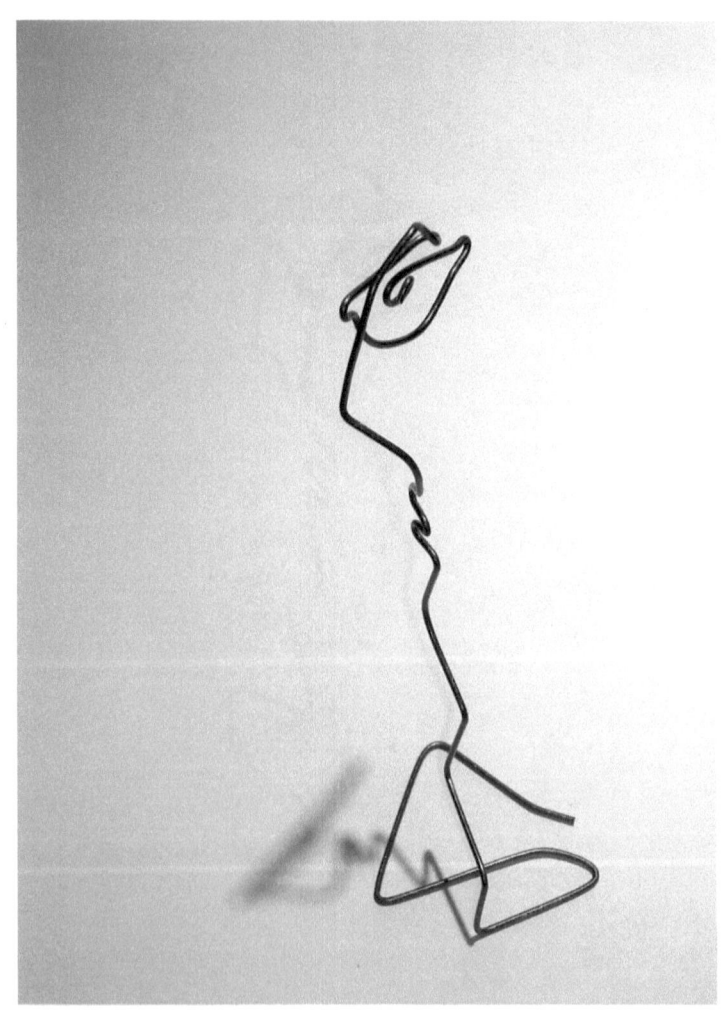

Porte-manteau

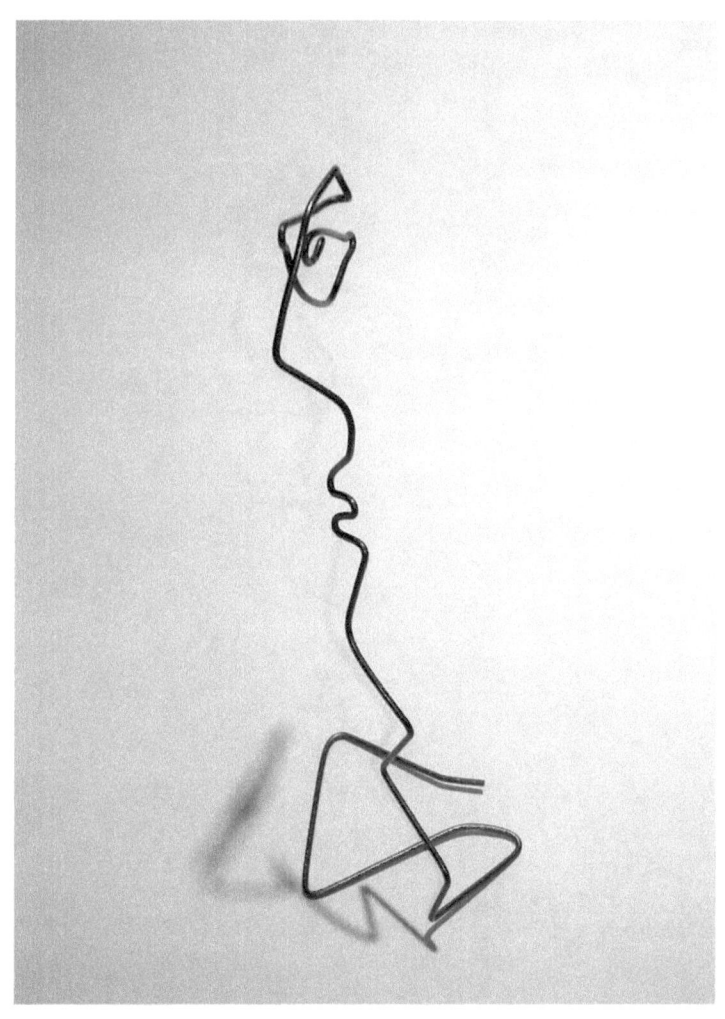

Gilles COLLETTE

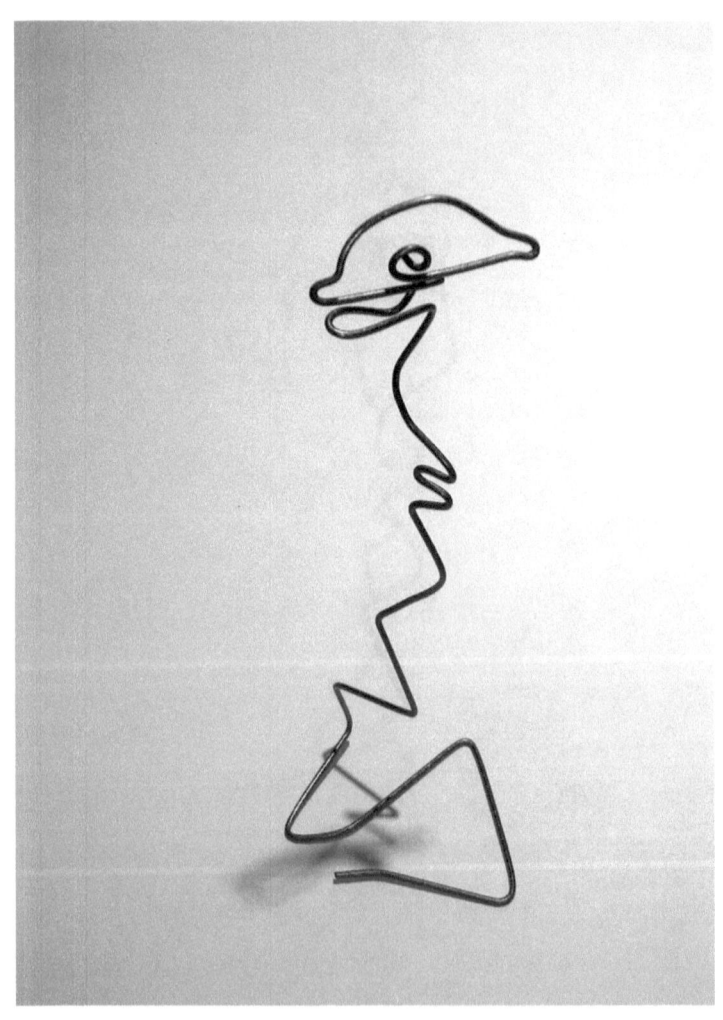

Porte-manteau

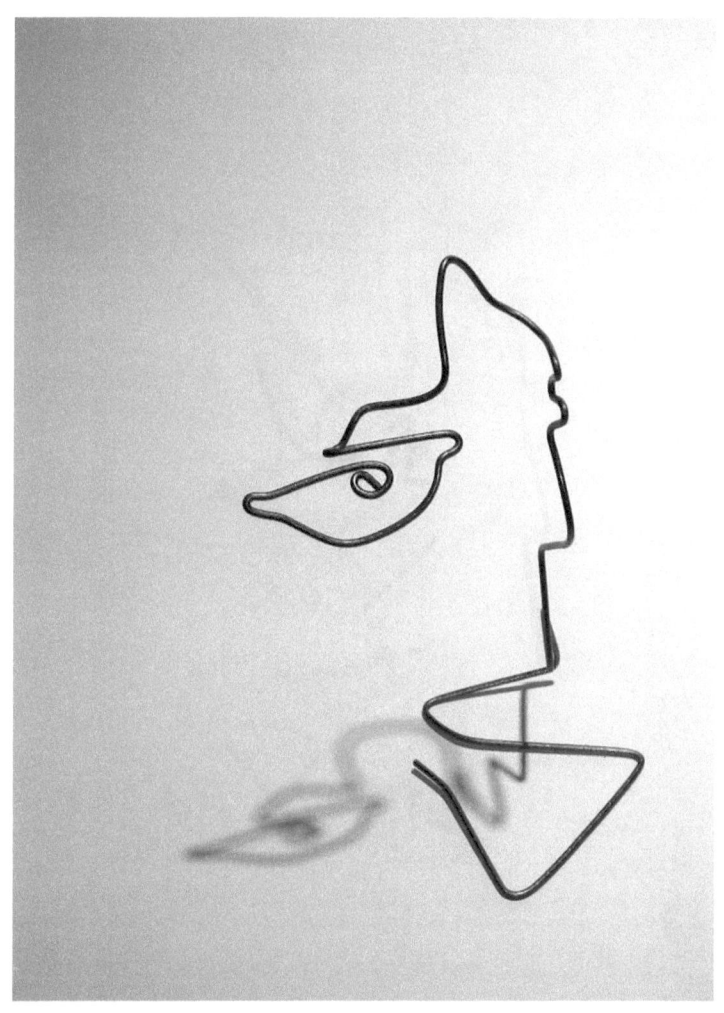

Gilles COLLETTE

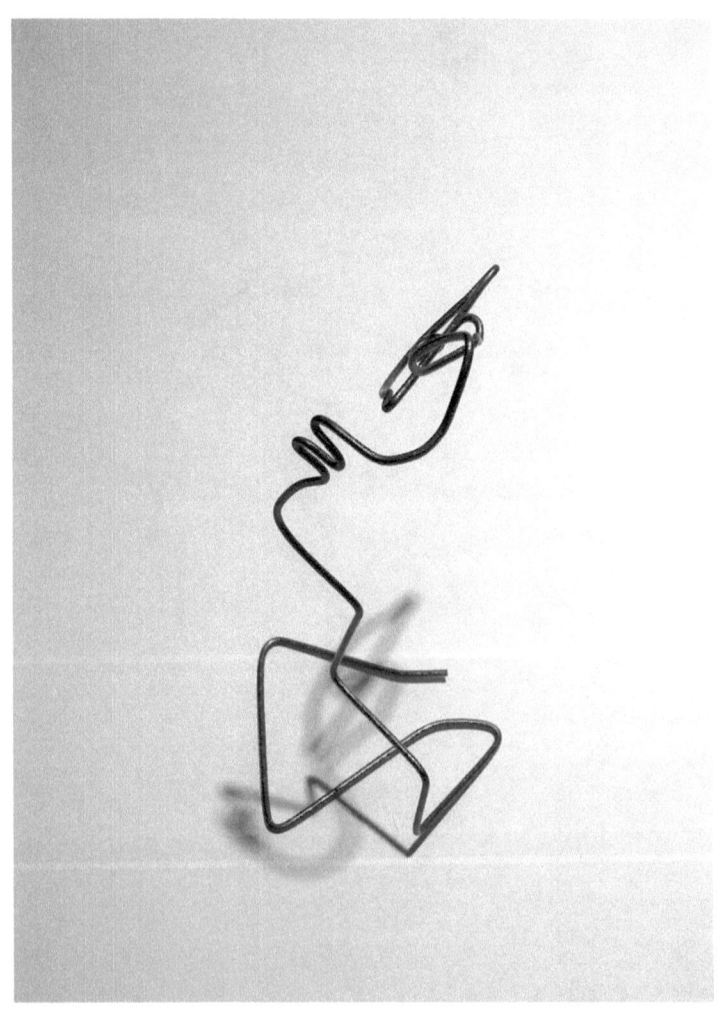

50   Porte-manteau

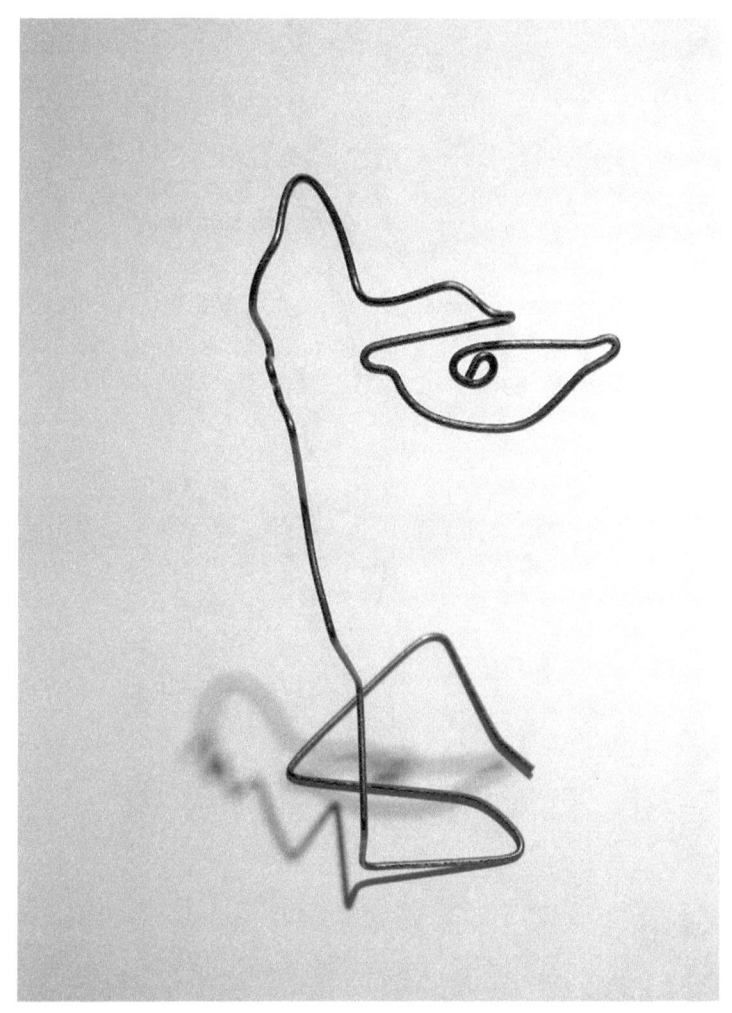

Gilles COLLETTE

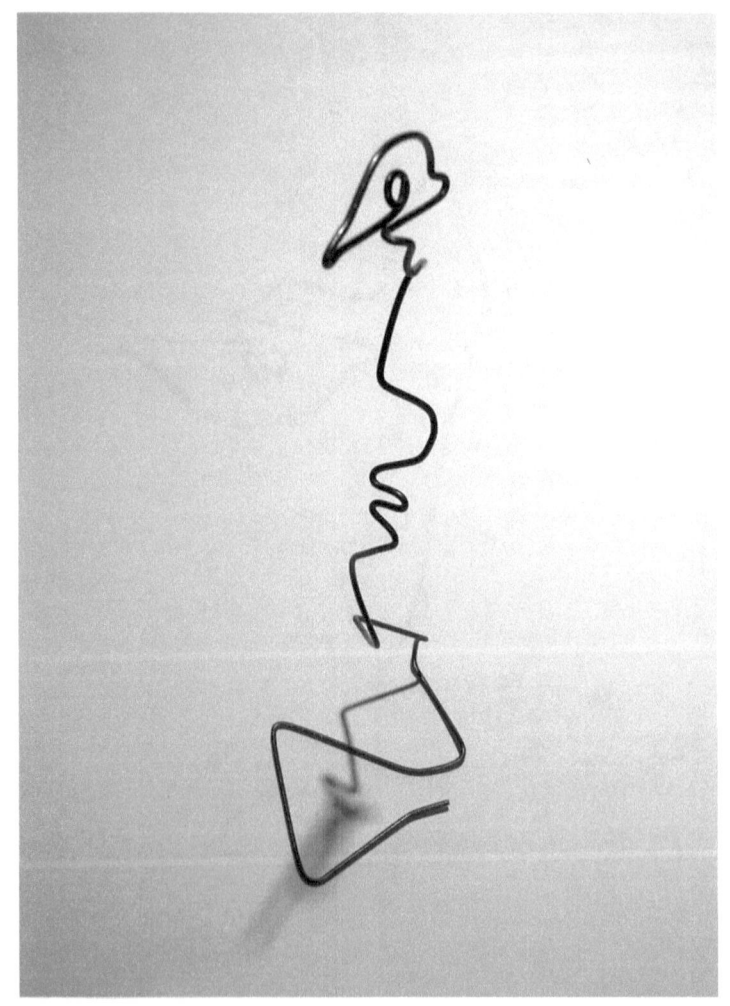

Porte-manteau

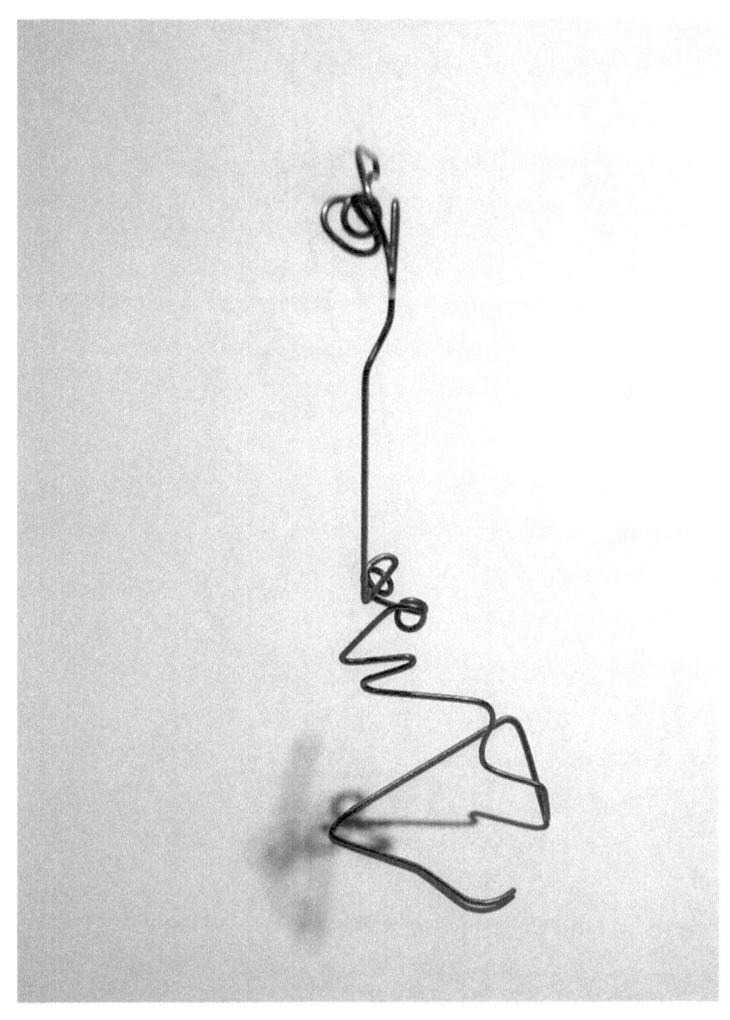

Gilles COLLETTE

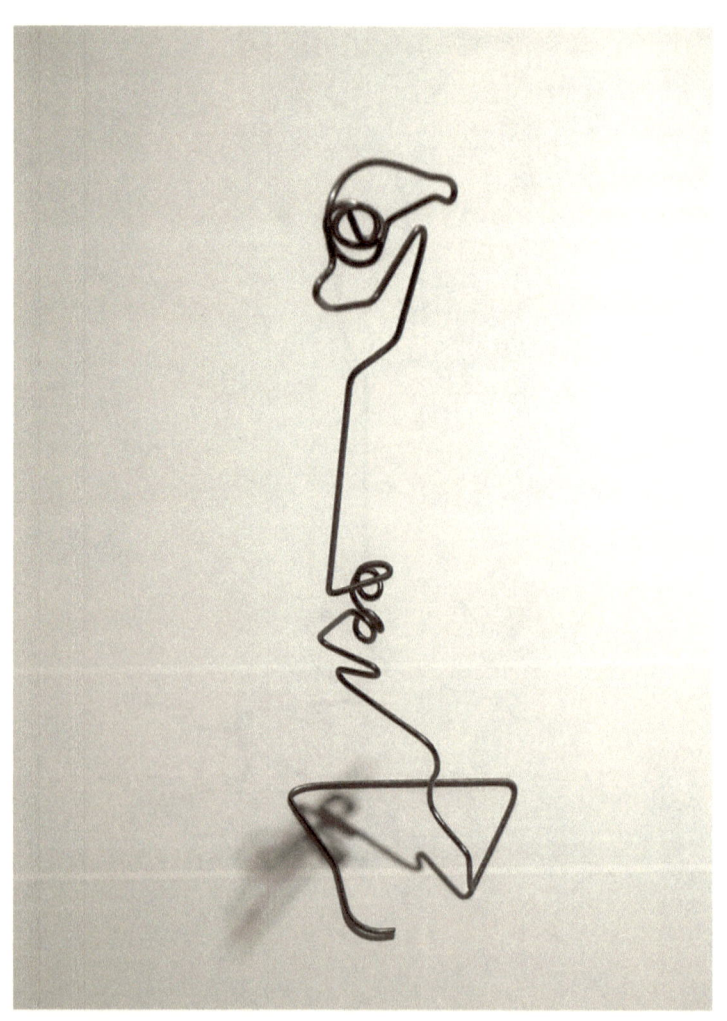

54   Porte-manteau

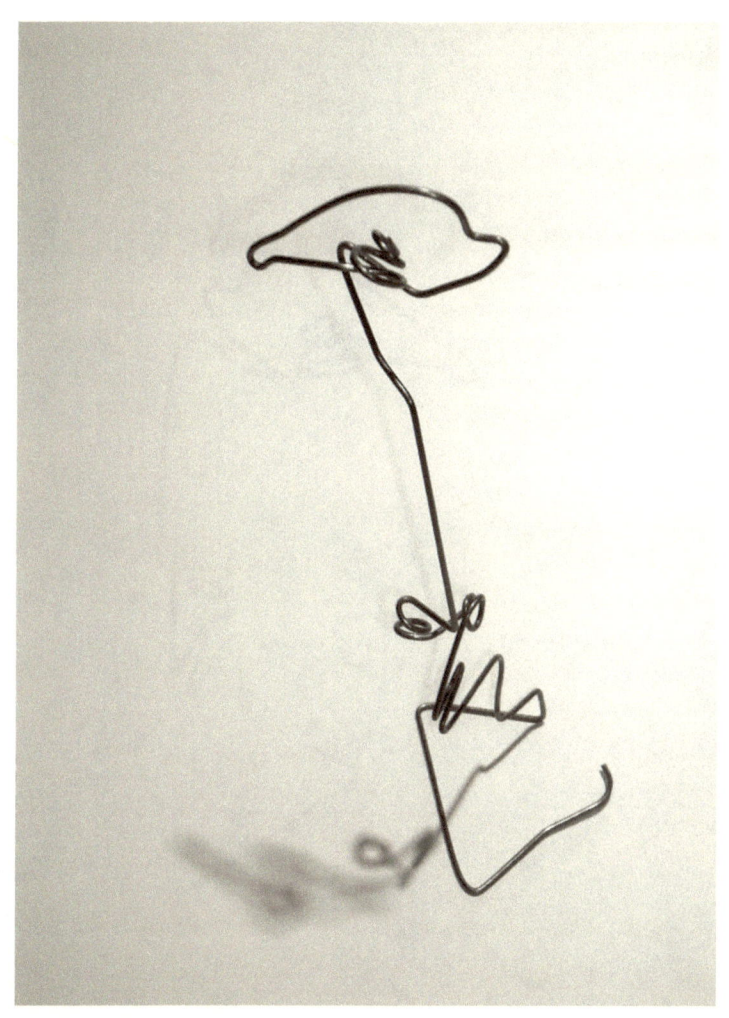

Gilles COLLETTE   55

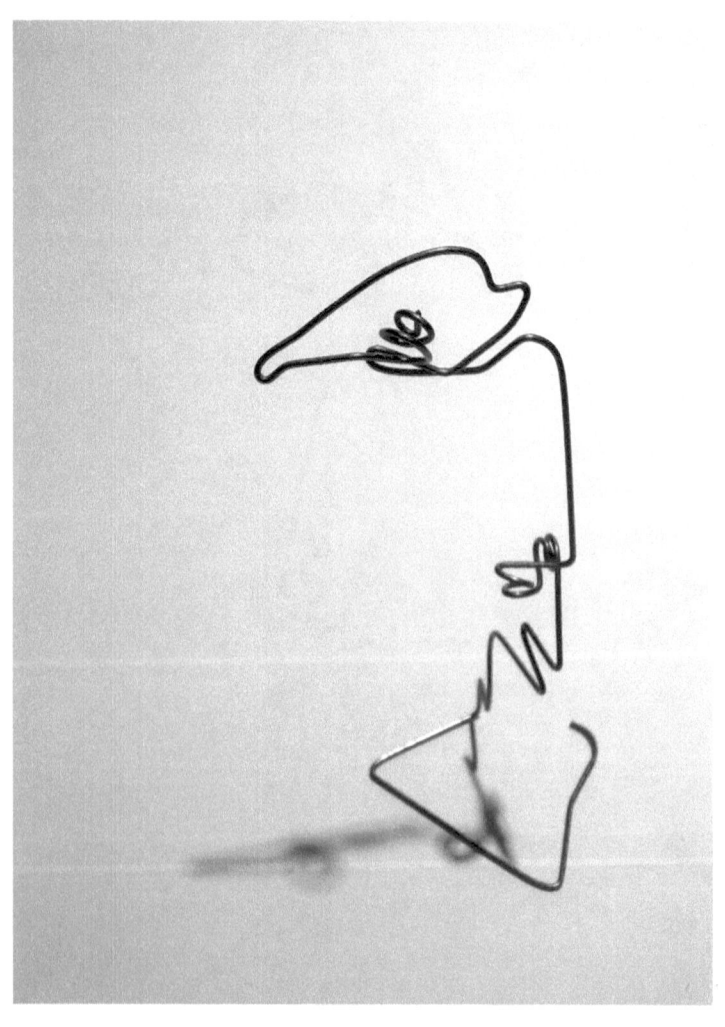

56   Porte-manteau

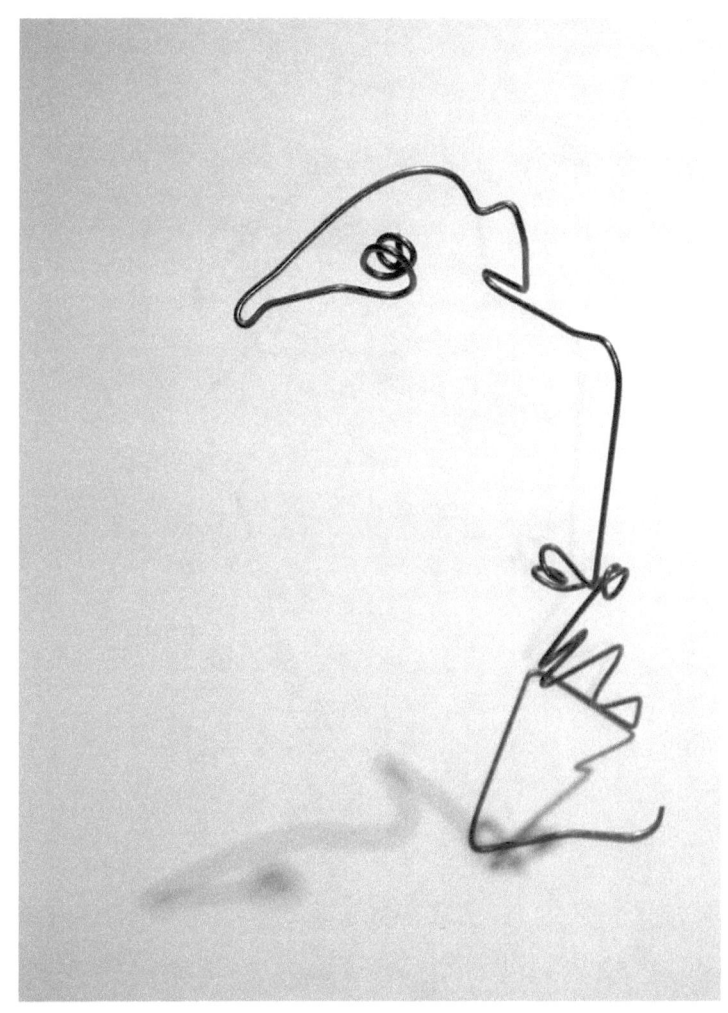

Gilles COLLETTE

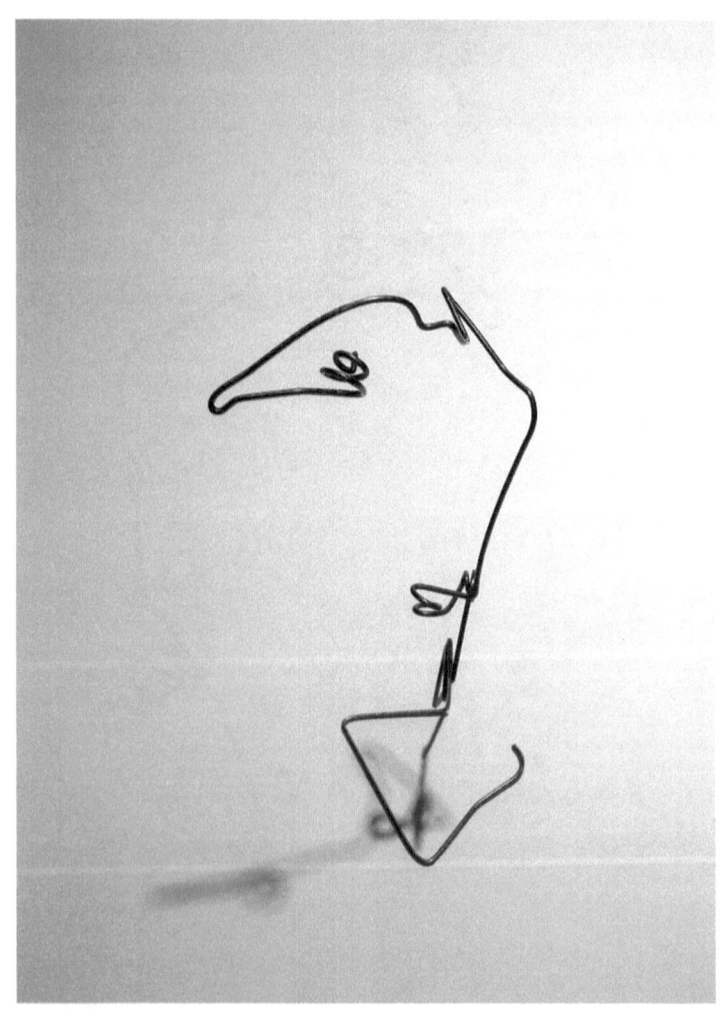

Porte-manteau

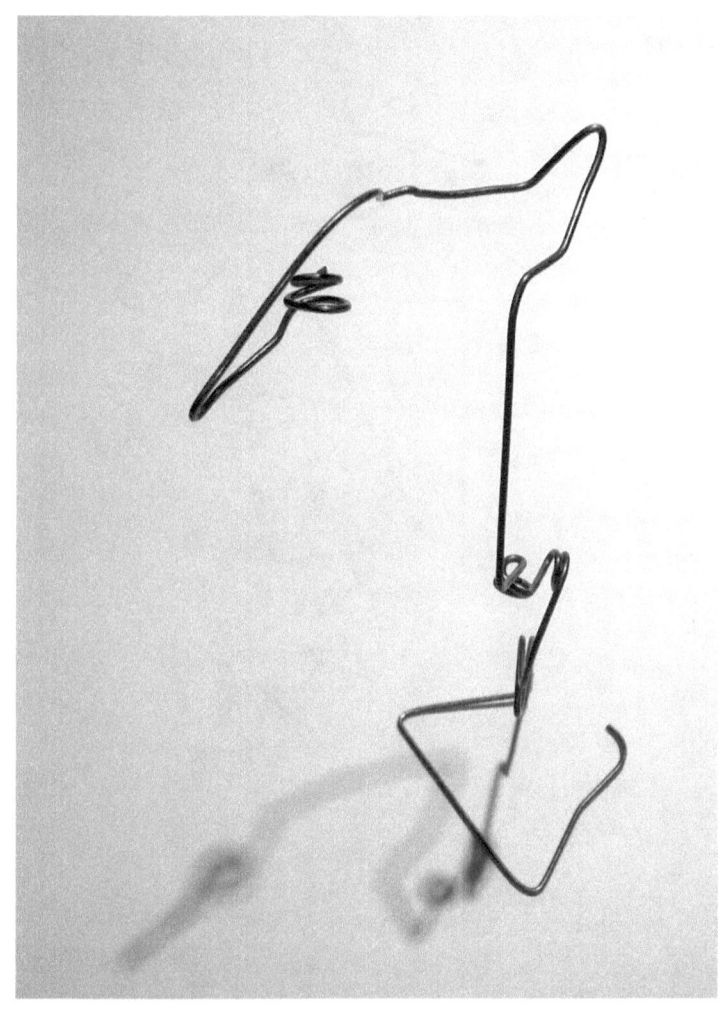

Gilles COLLETTE

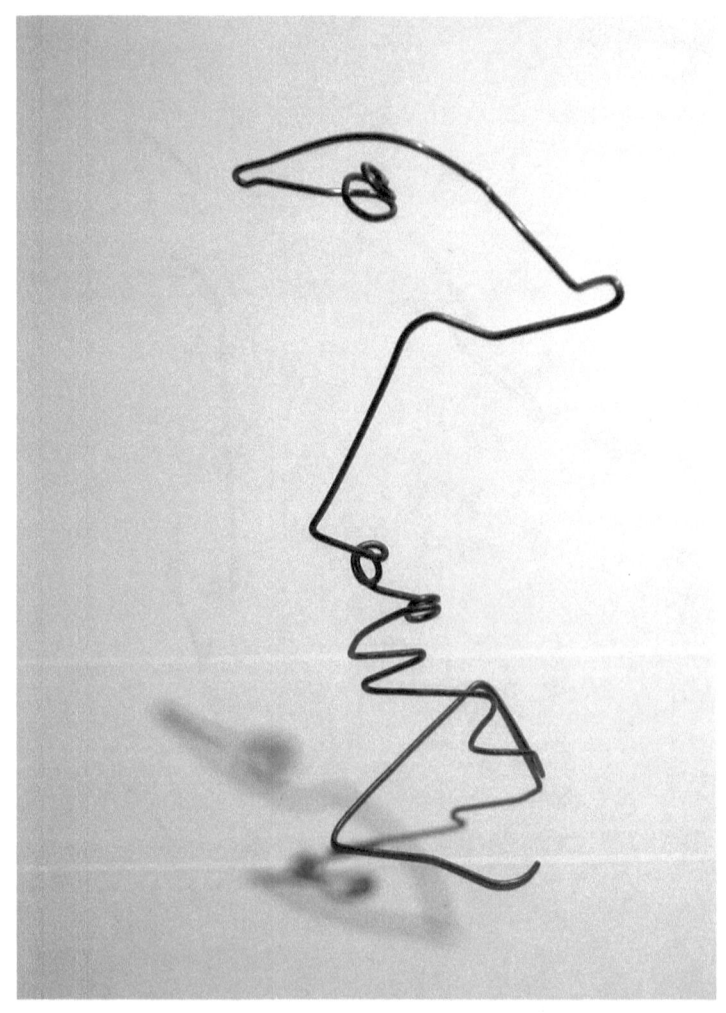

Porte-manteau

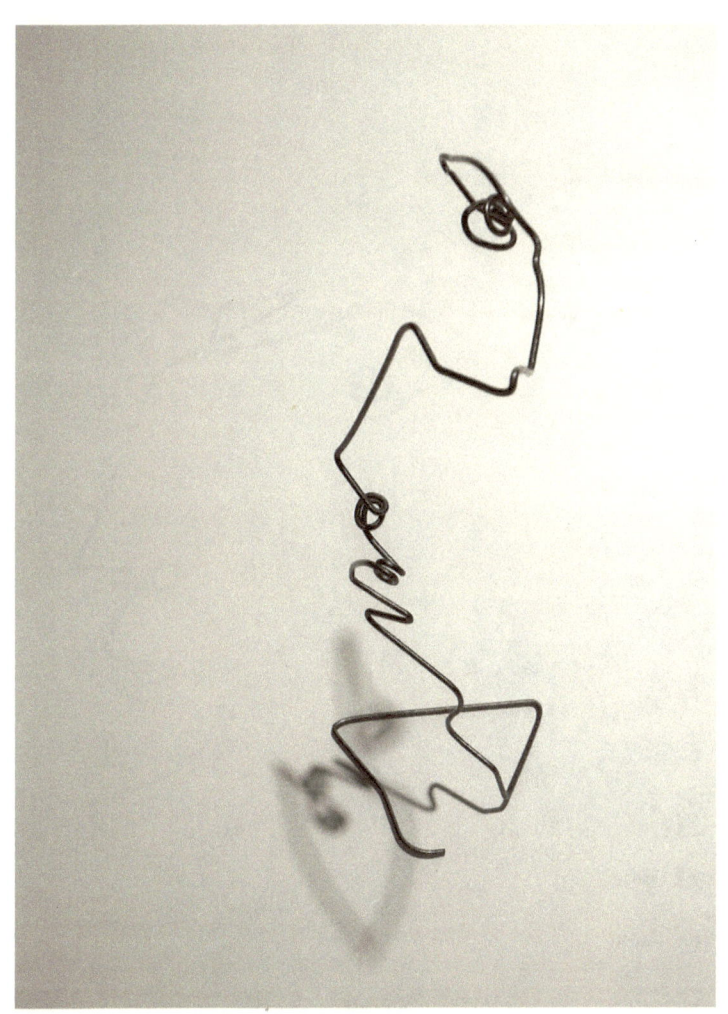

Gilles COLLETTE

61

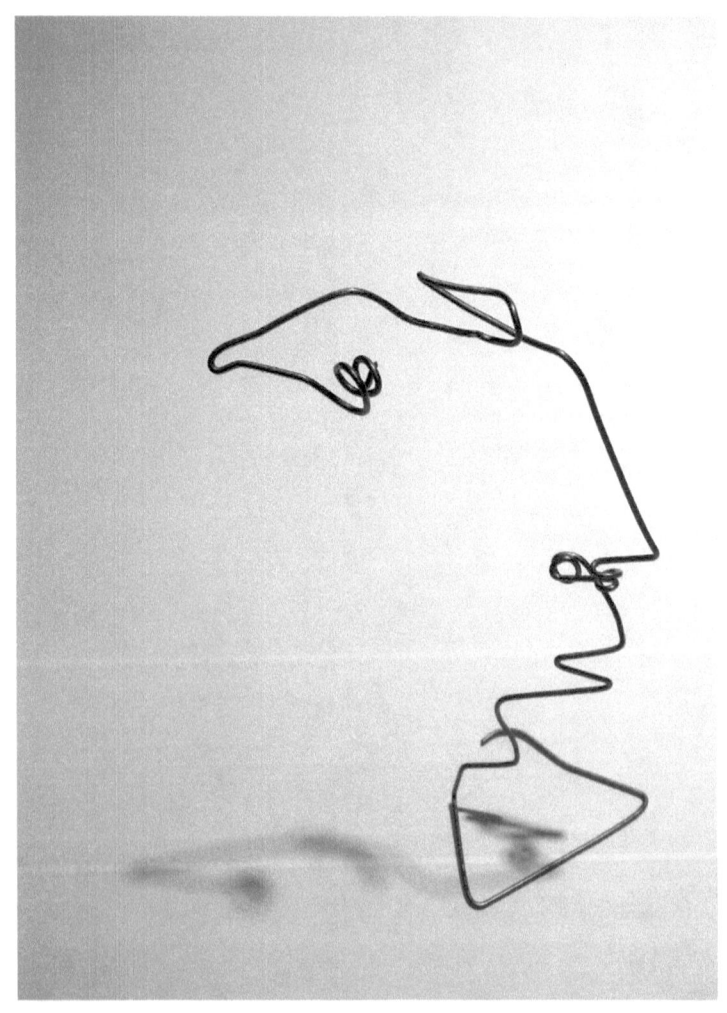

62   Porte-manteau

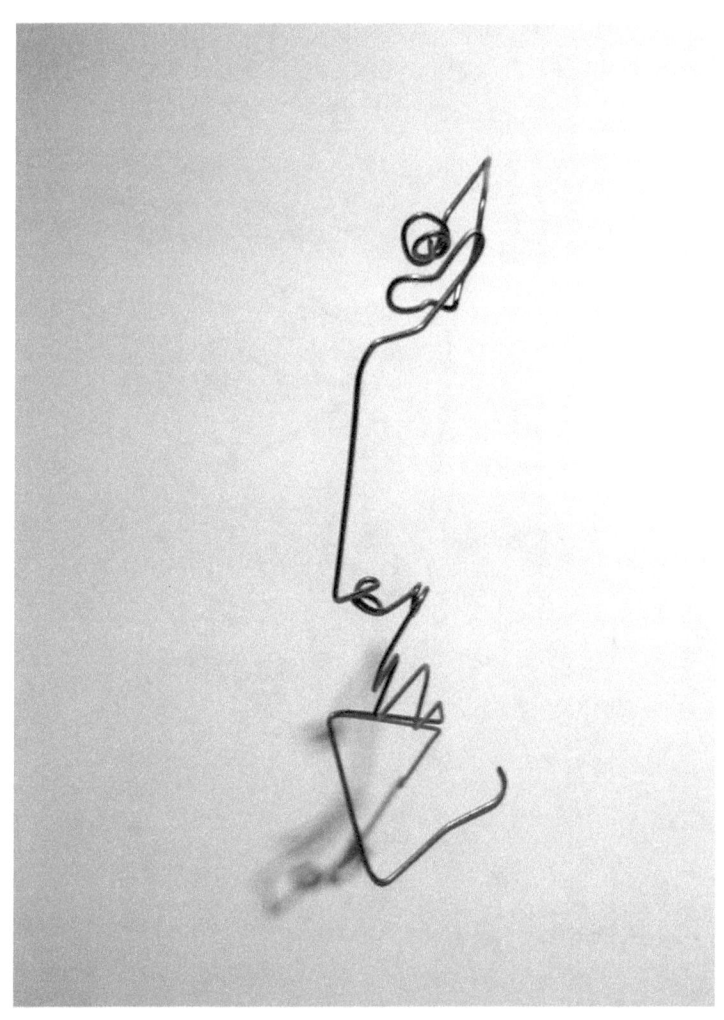

Gilles COLLETTE

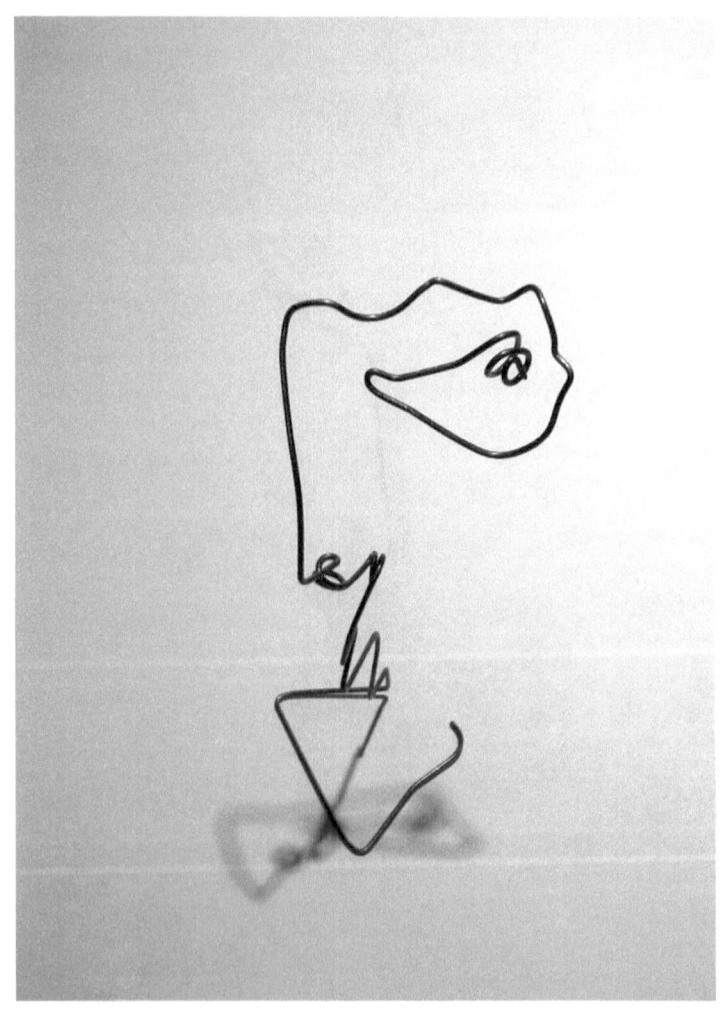

64   Porte-manteau

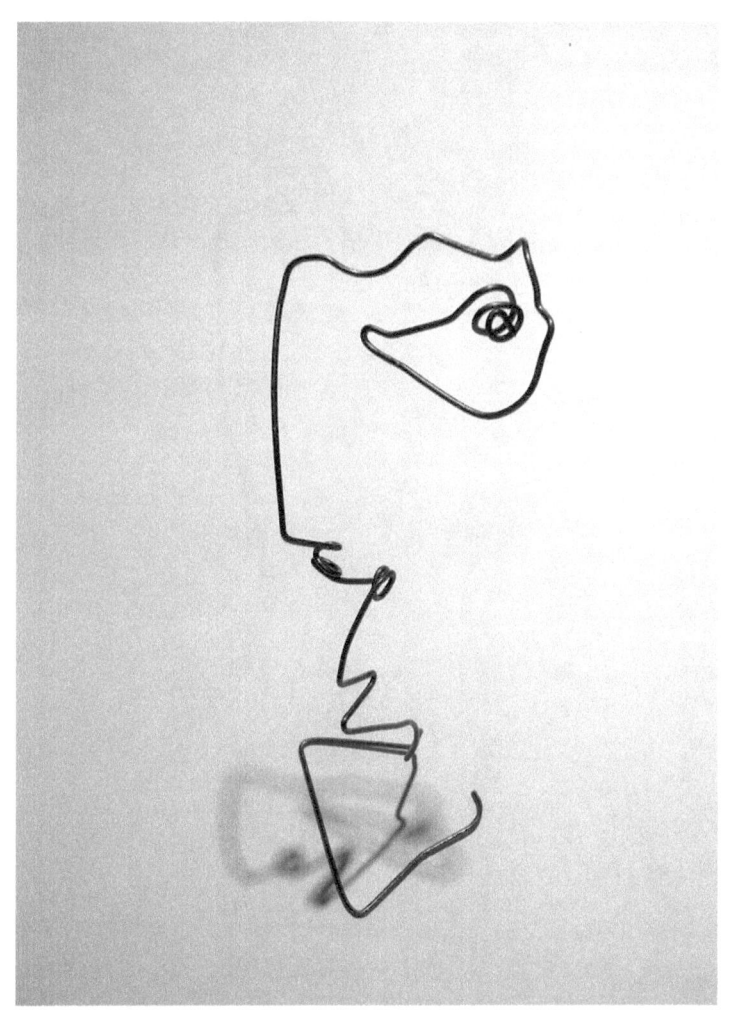

Gilles COLLETTE

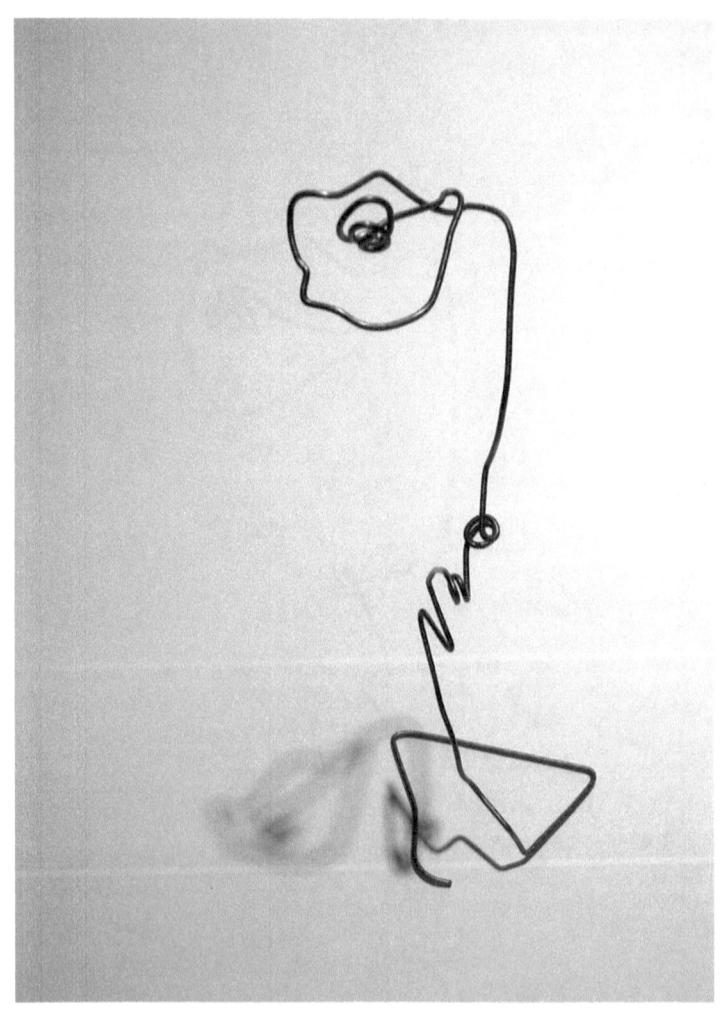

66   Porte-manteau

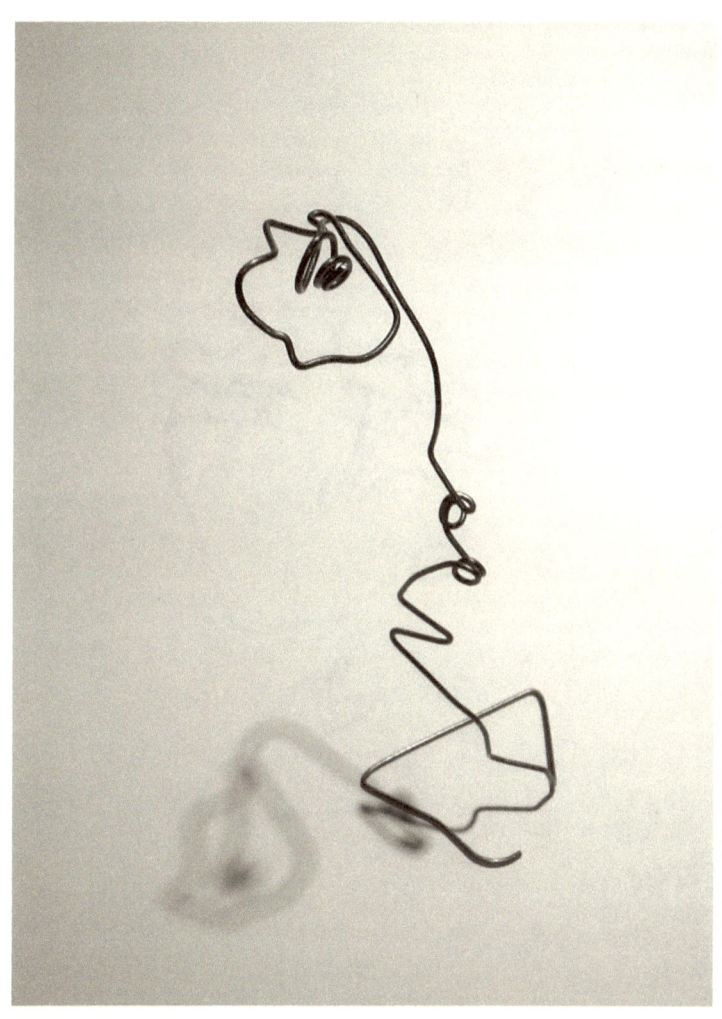

Gilles COLLETTE

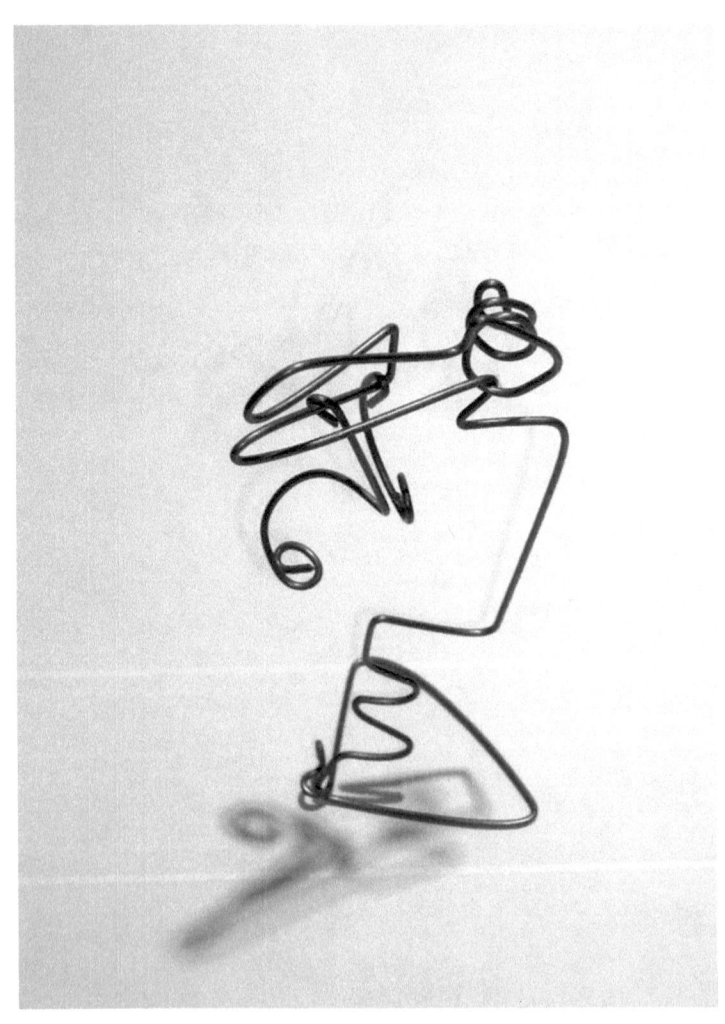

Porte-manteau

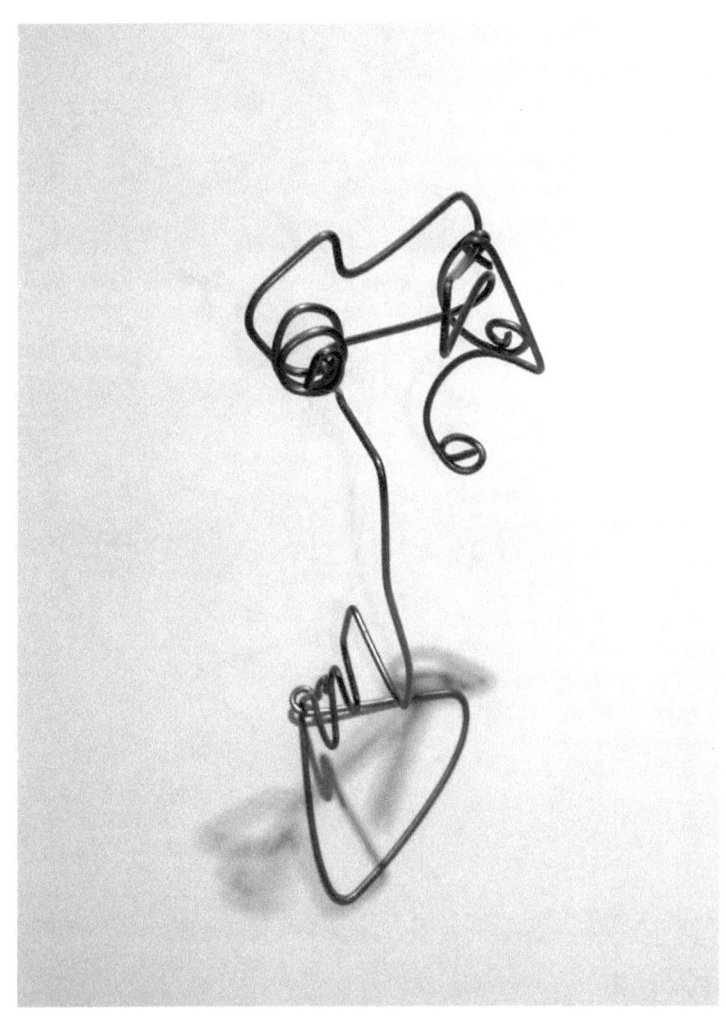

Gilles COLLETTE

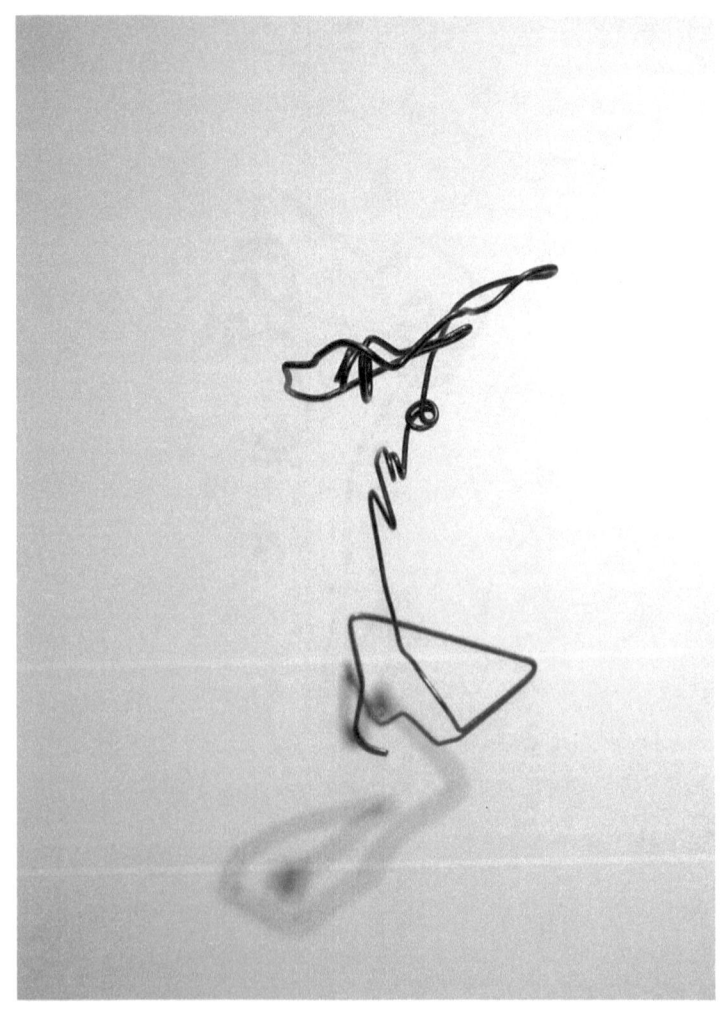

70   Porte-manteau

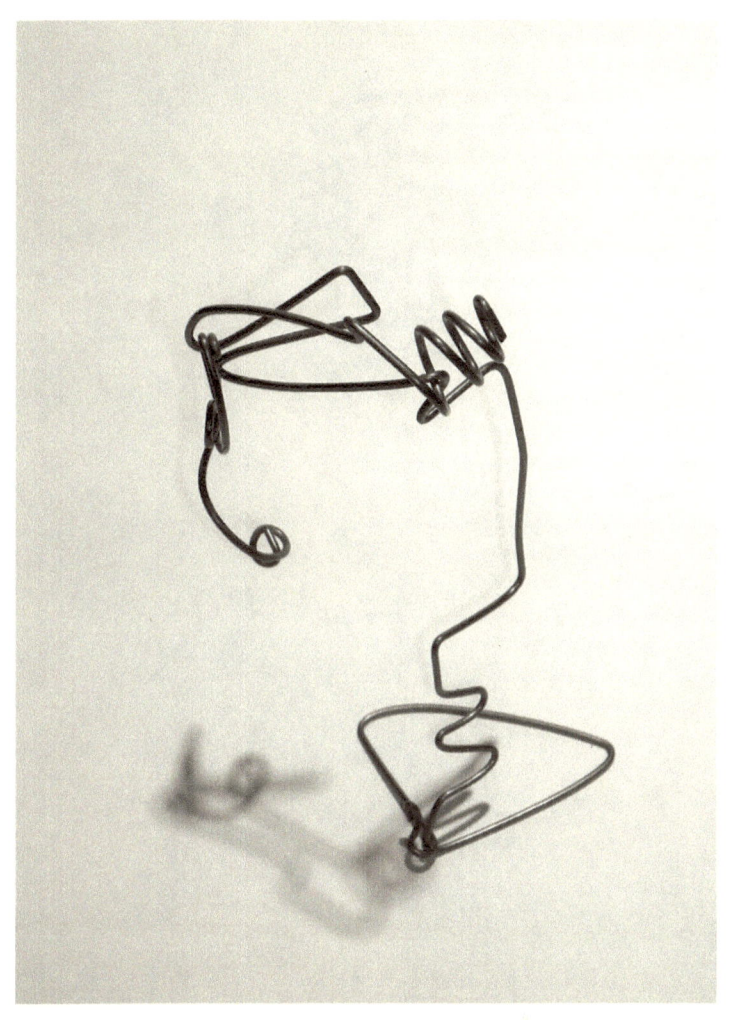

Gilles COLLETTE

71

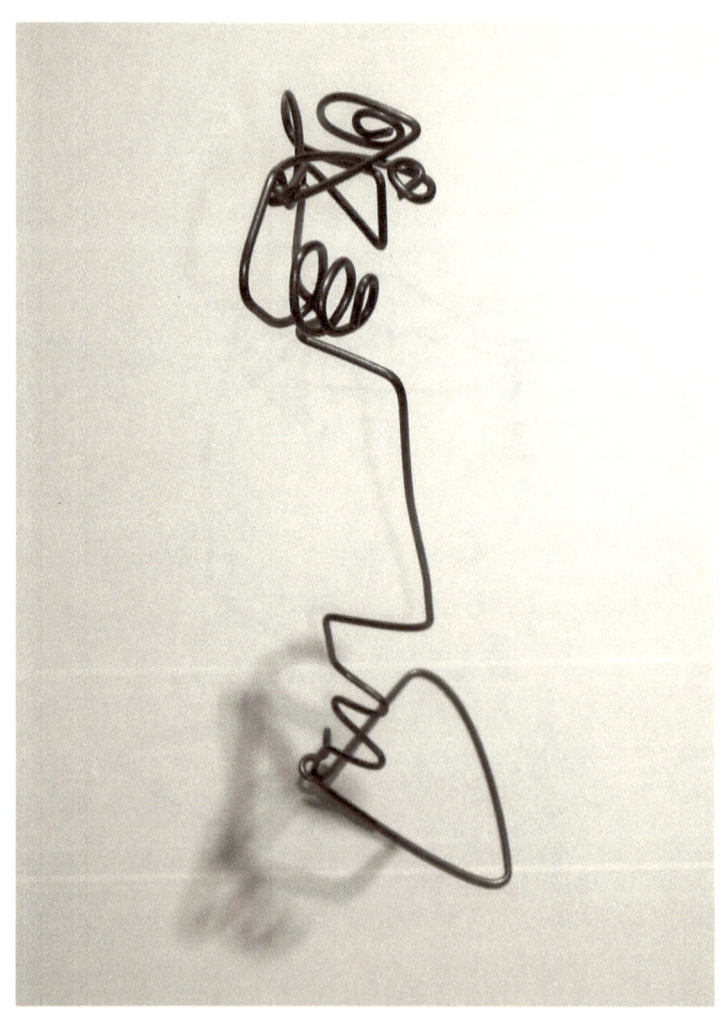

72   Porte-manteau

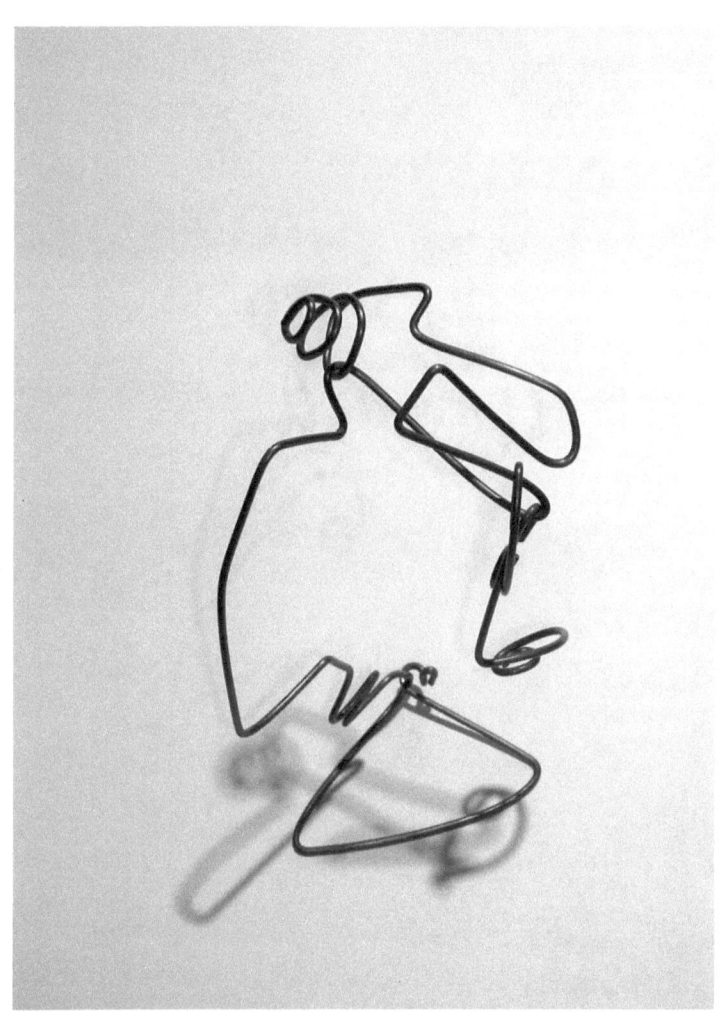

Gilles COLLETTE

73

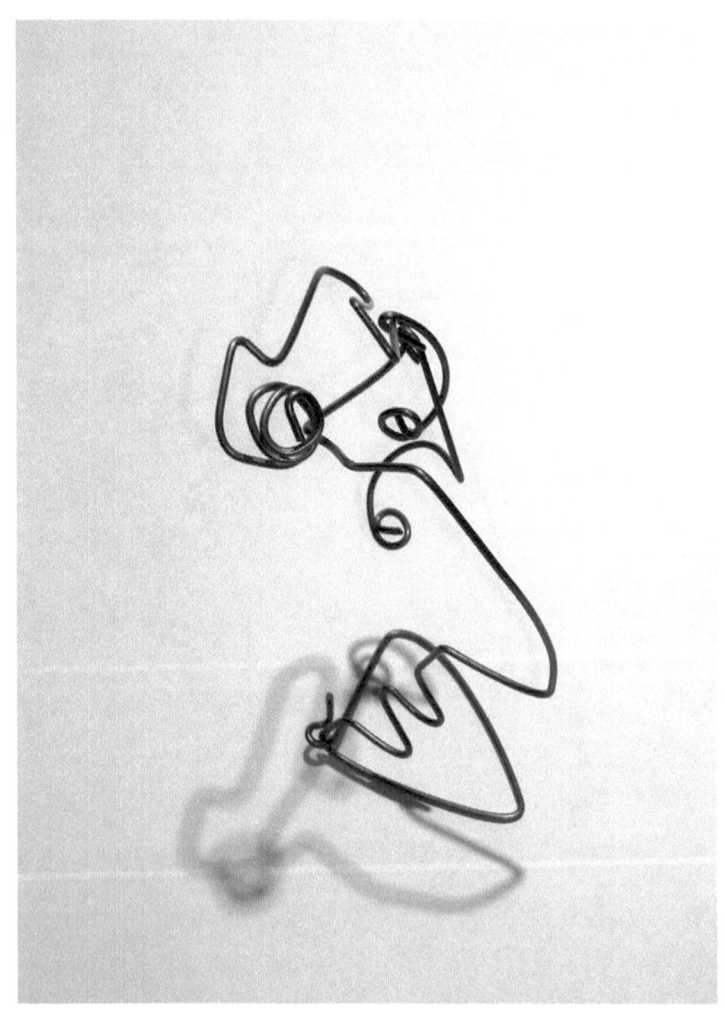

74   Porte-manteau

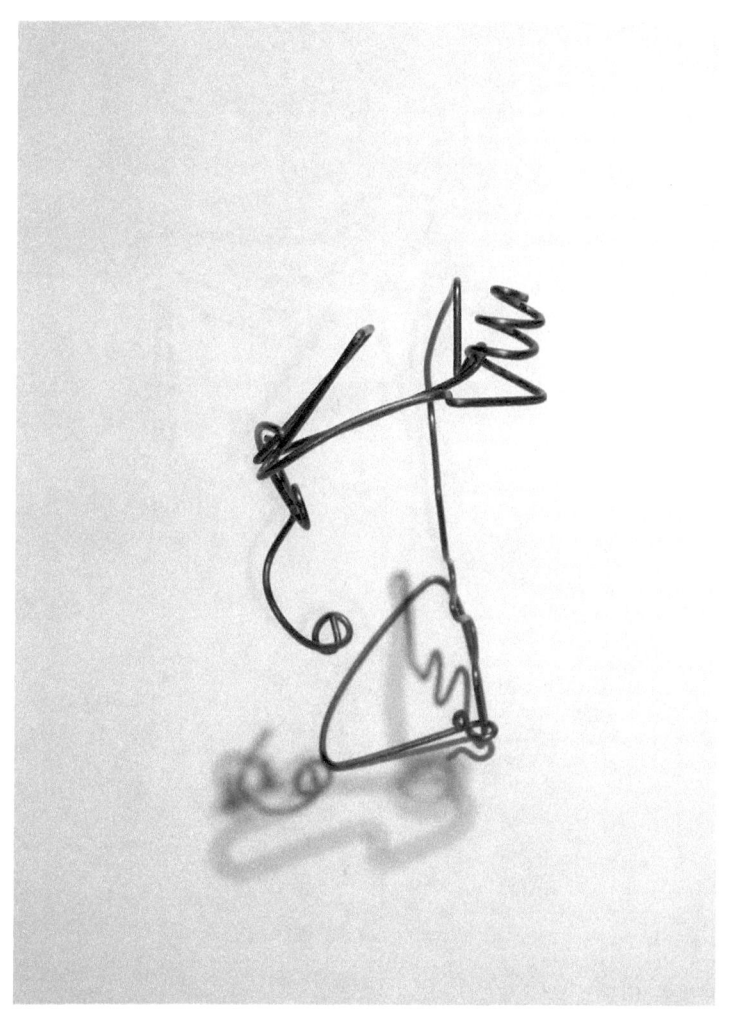

Gilles COLLETTE

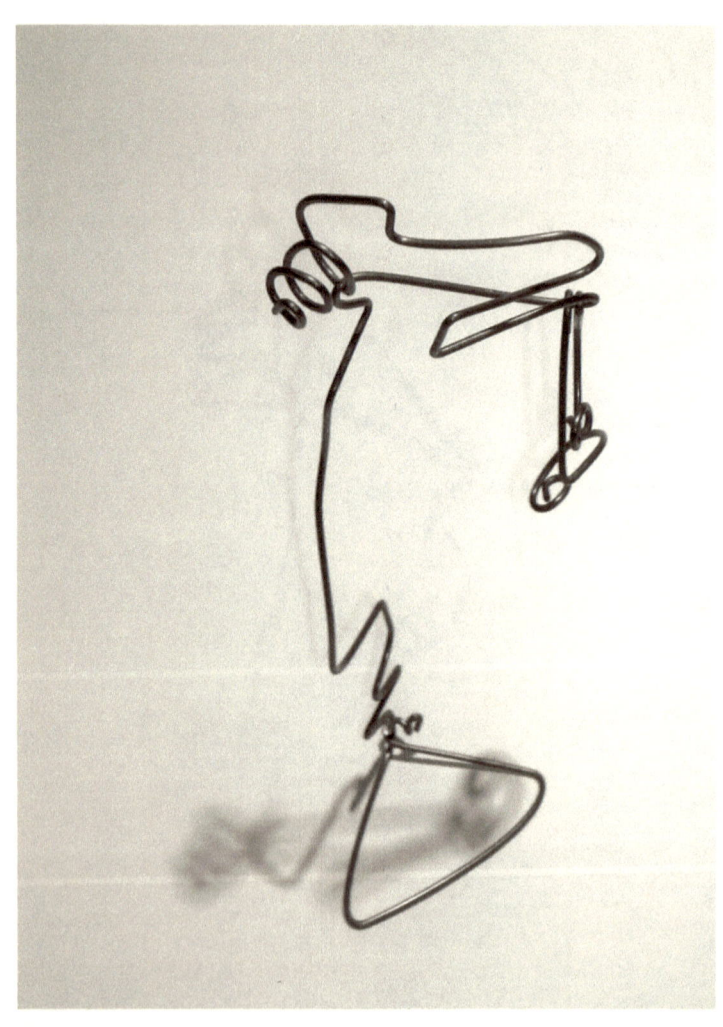

76   Porte-manteau

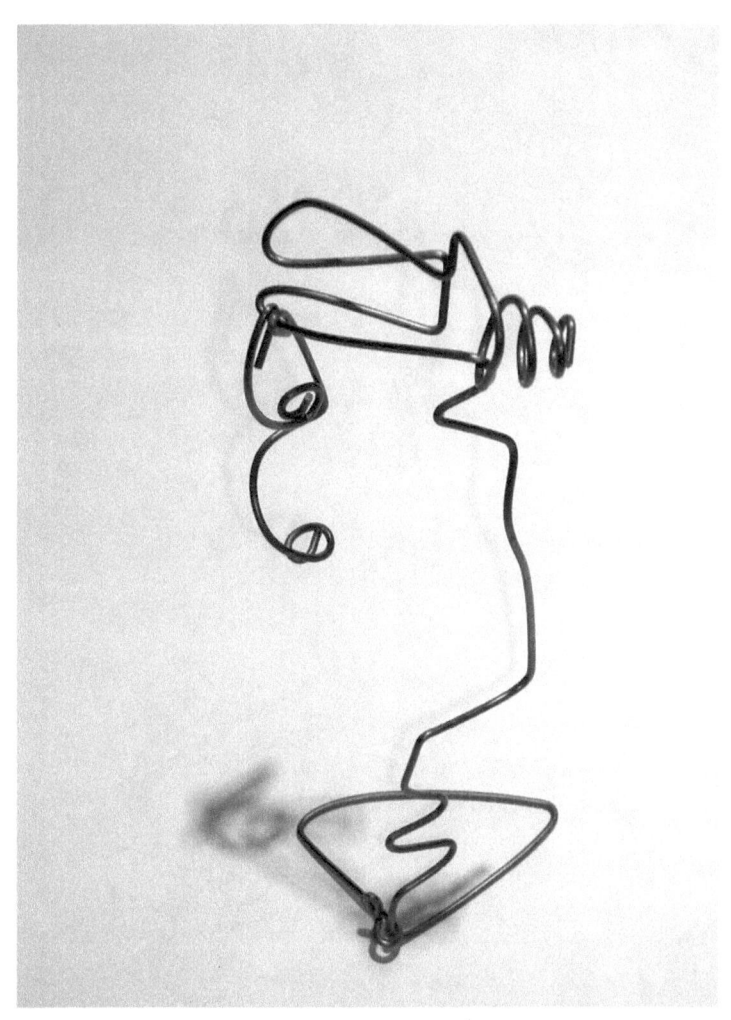

Gilles COLLETTE

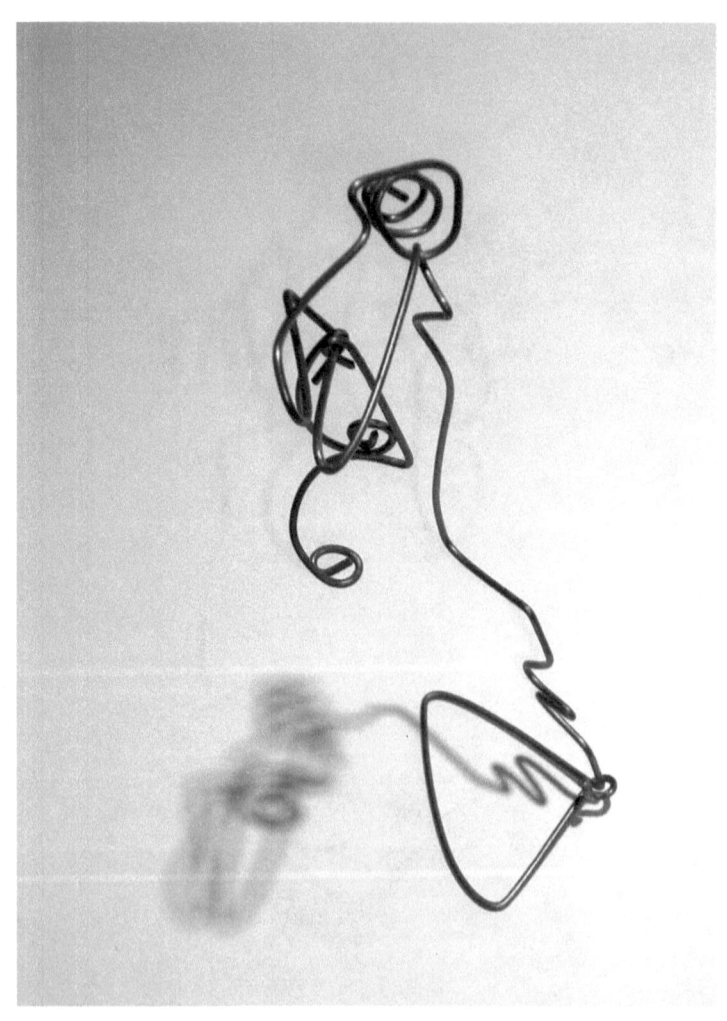

78   Porte-manteau

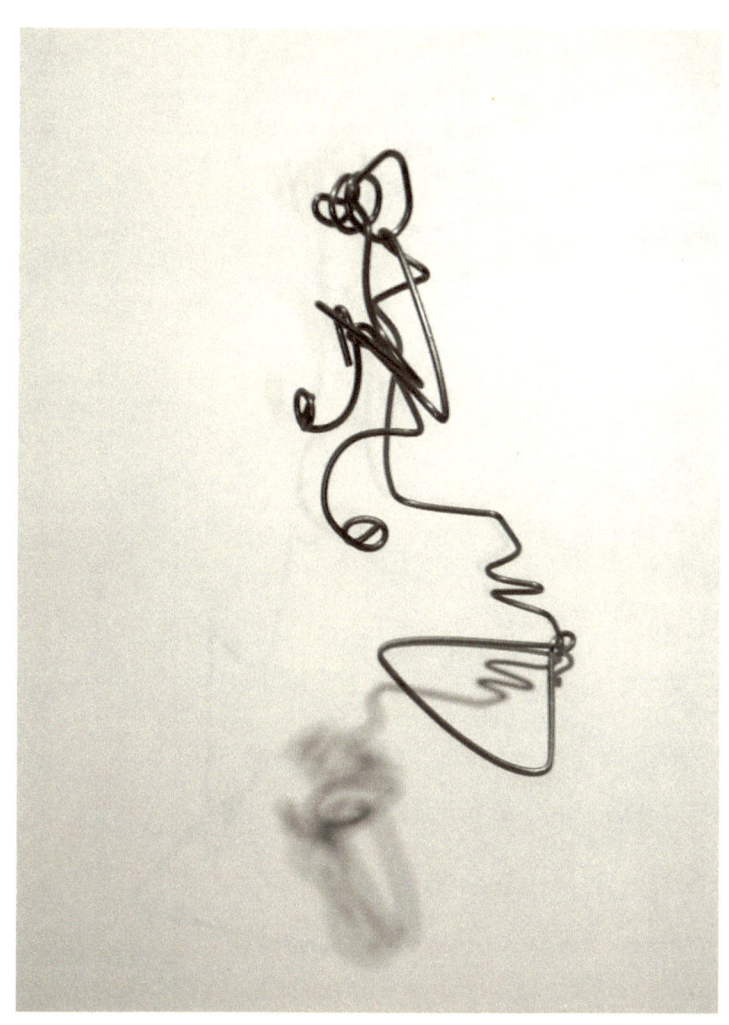

Gilles COLLETTE

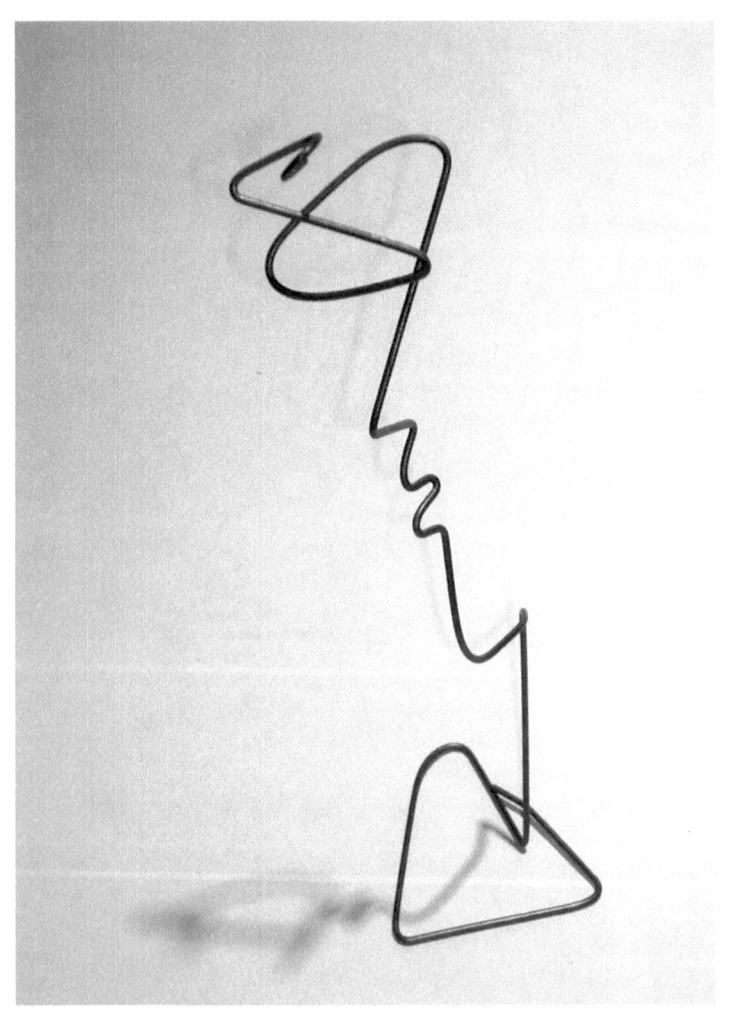

Porte-manteau

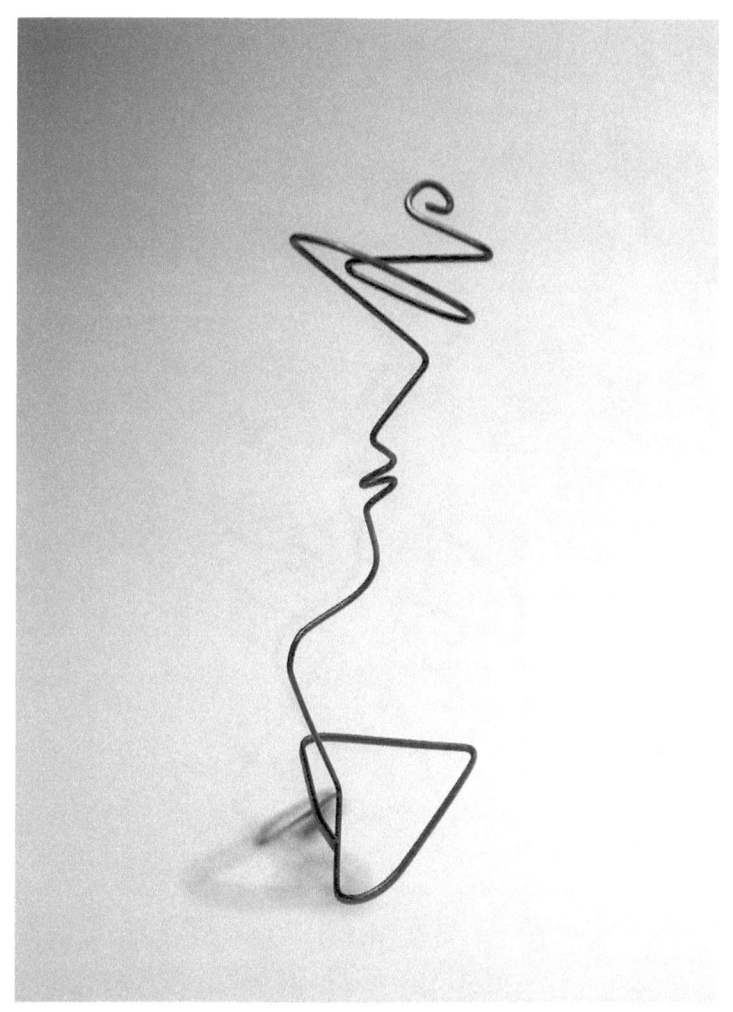

Gilles COLLETTE

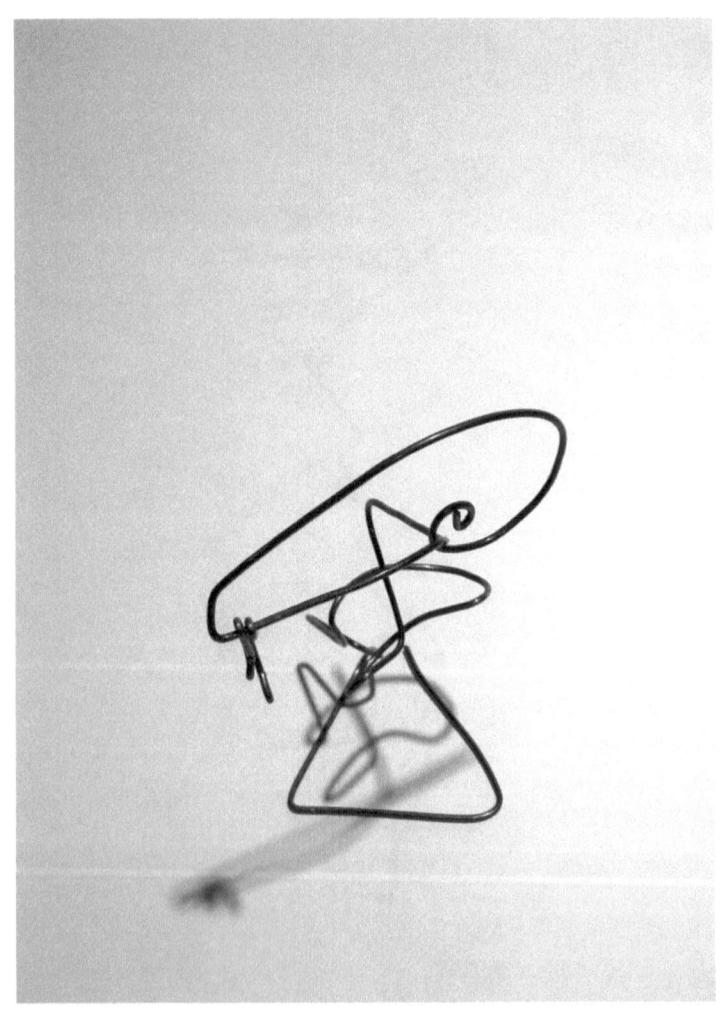

82   Porte-manteau

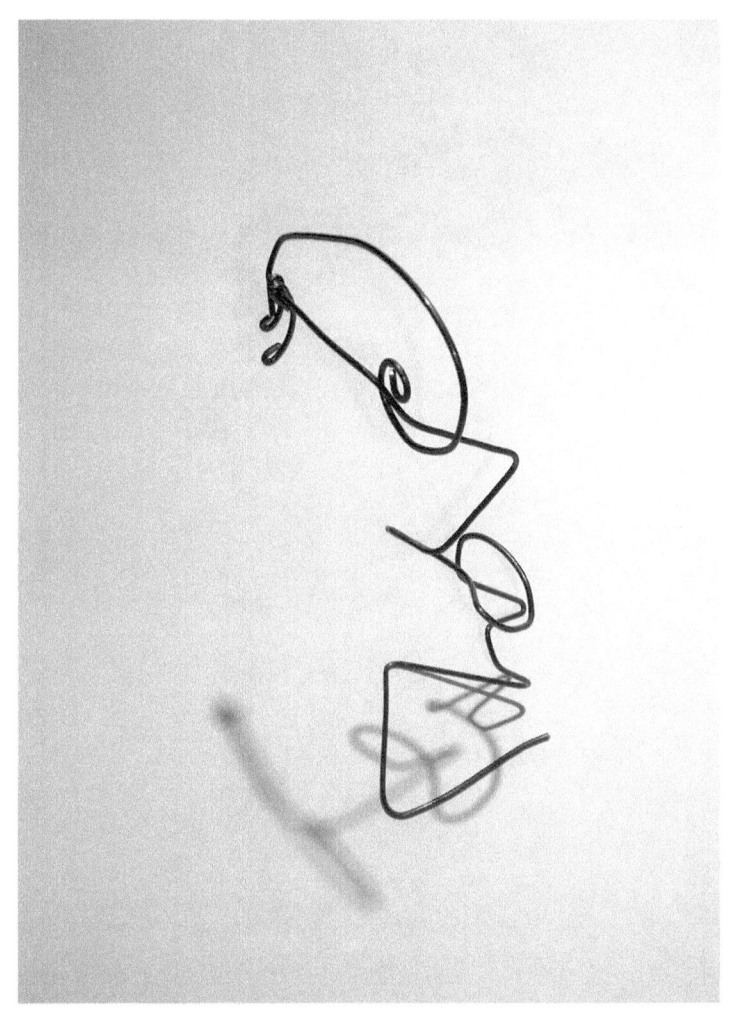

Gilles COLLETTE

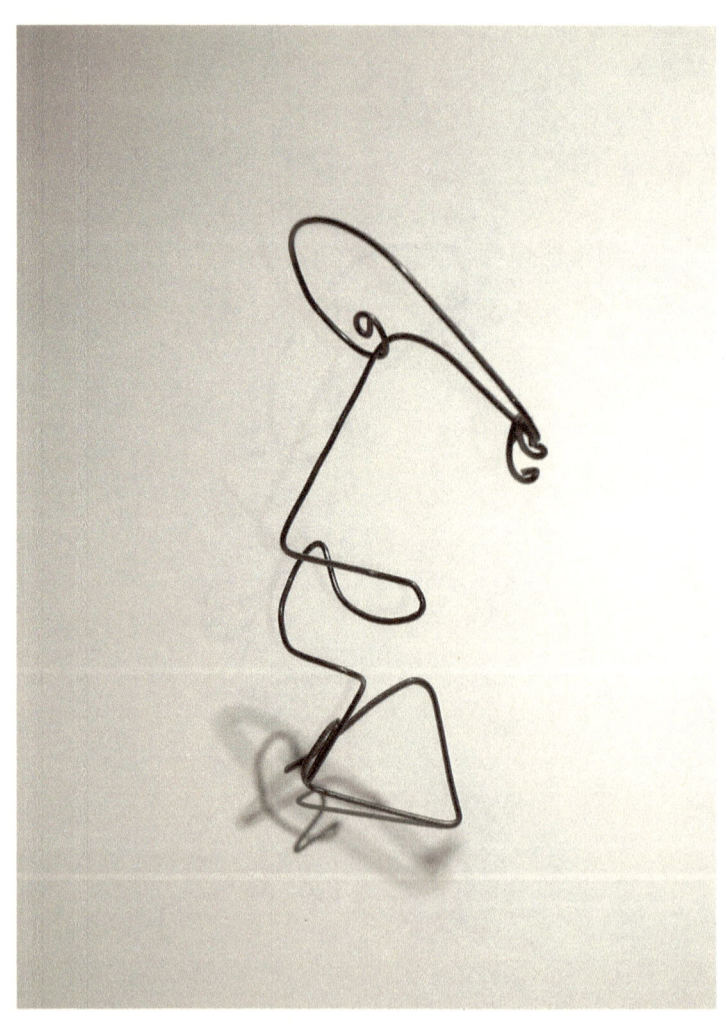

Porte-manteau

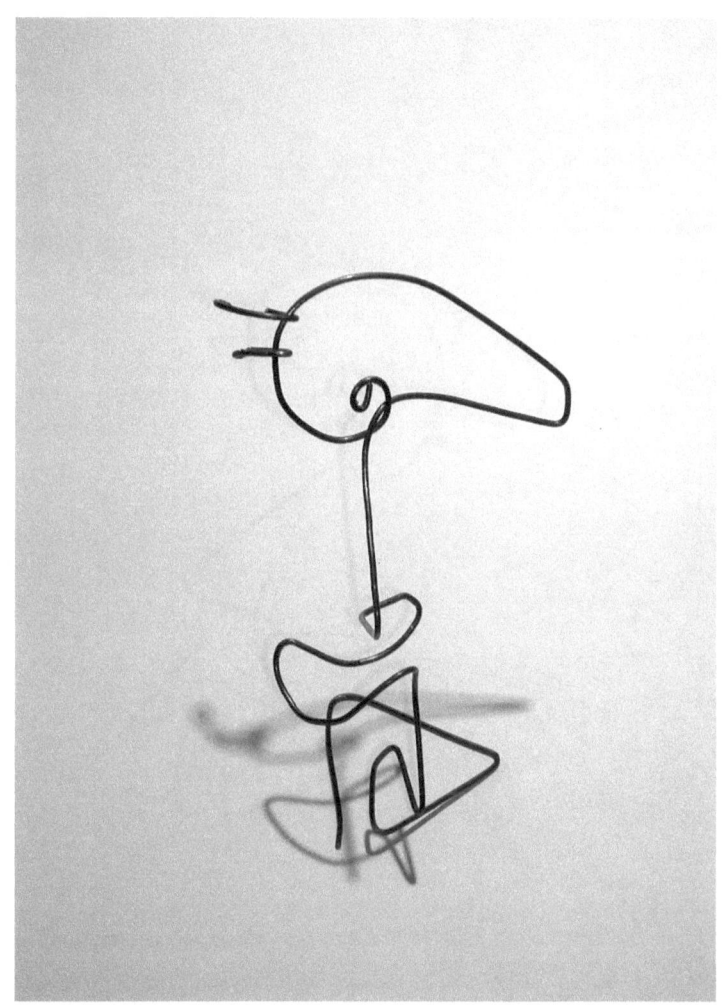

Gilles COLLETTE

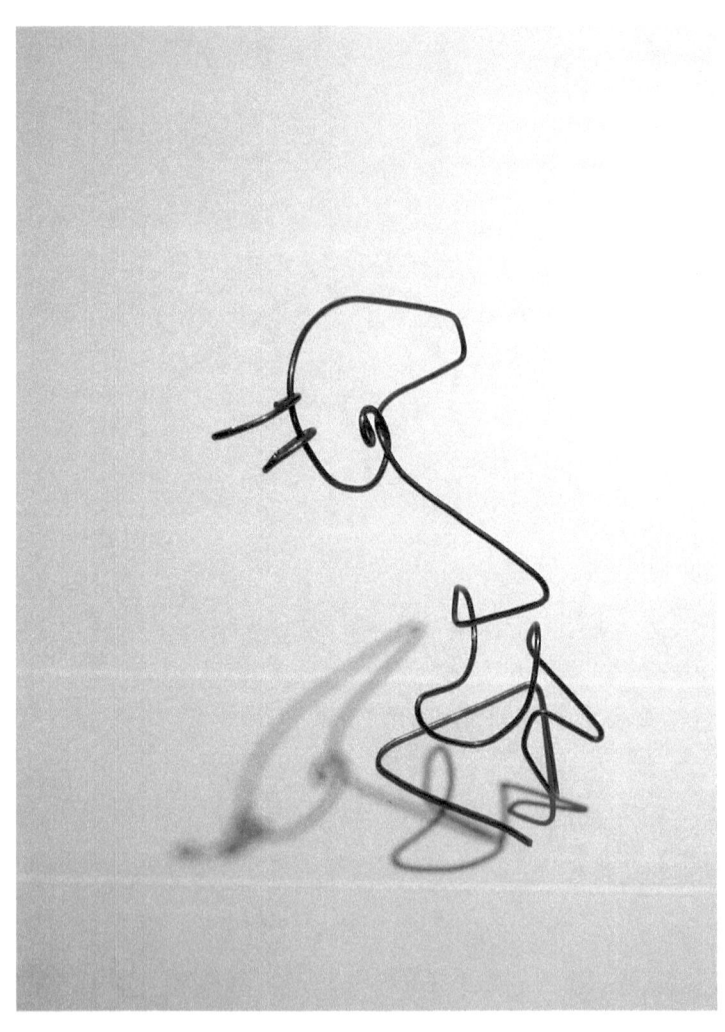

Porte-manteau

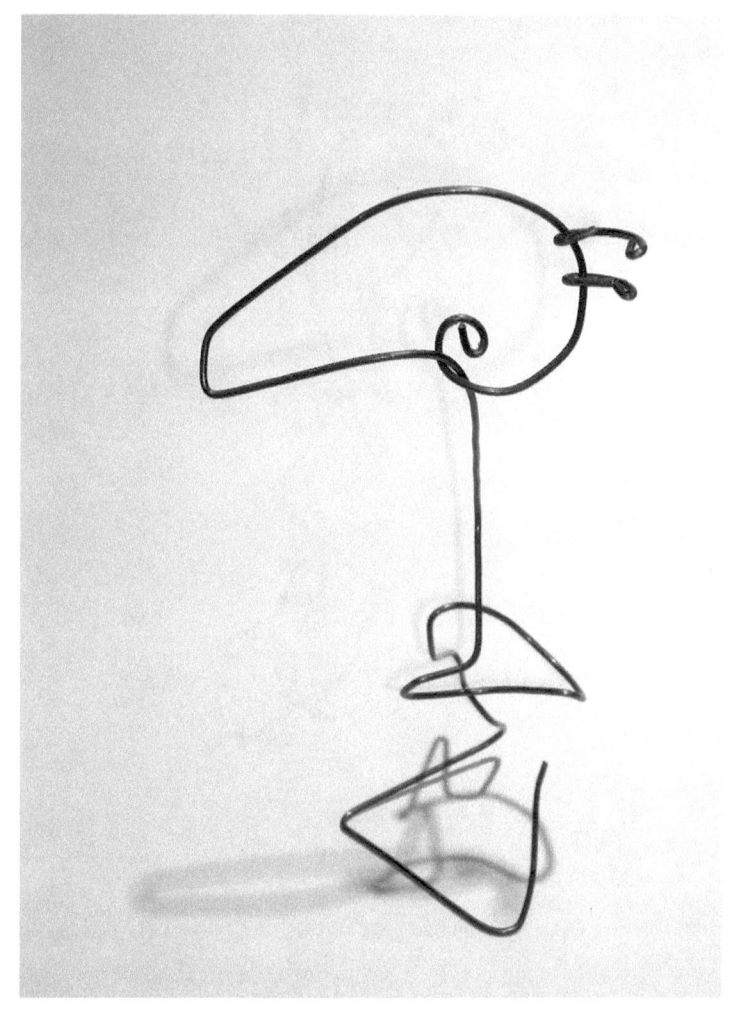

Gilles COLLETTE

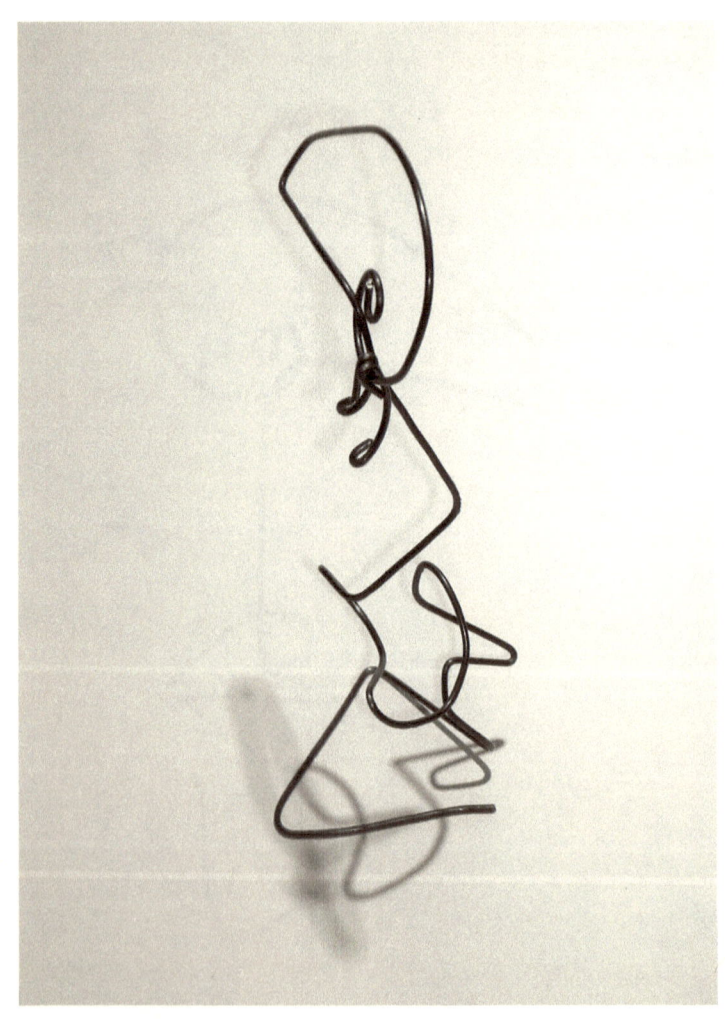

88   Porte-manteau

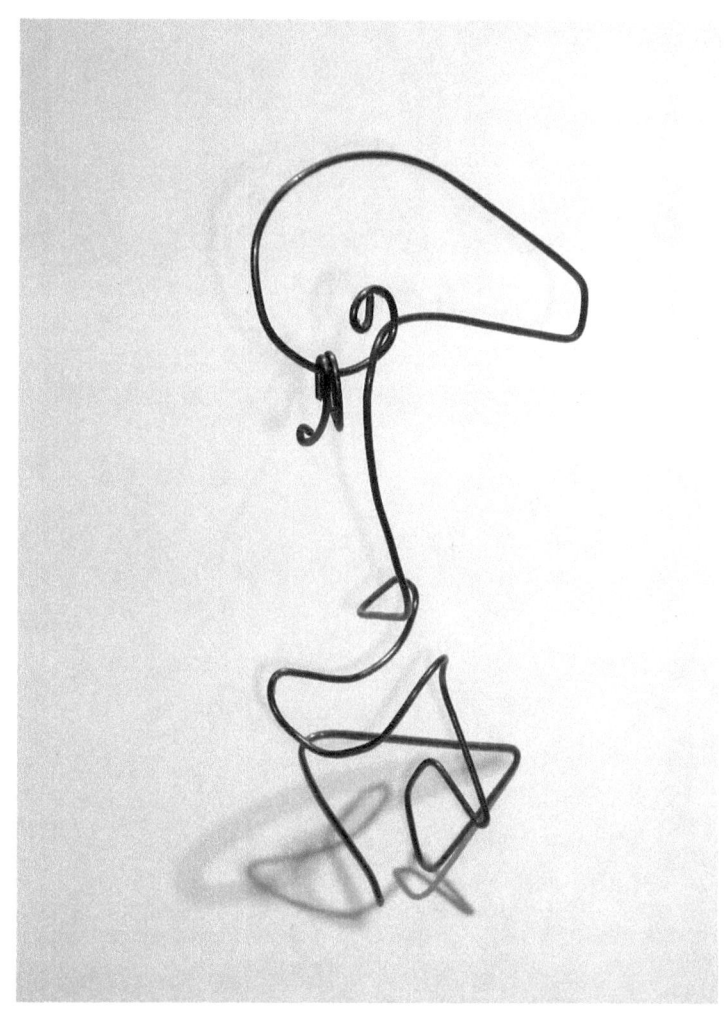

Gilles COLLETTE

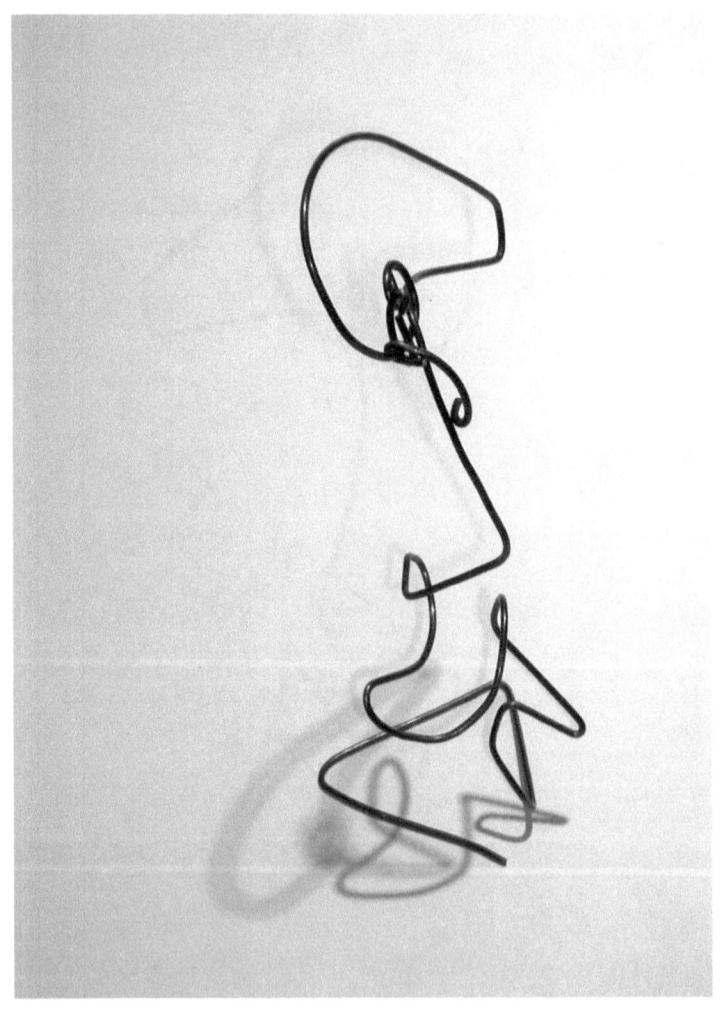

90   Porte-manteau

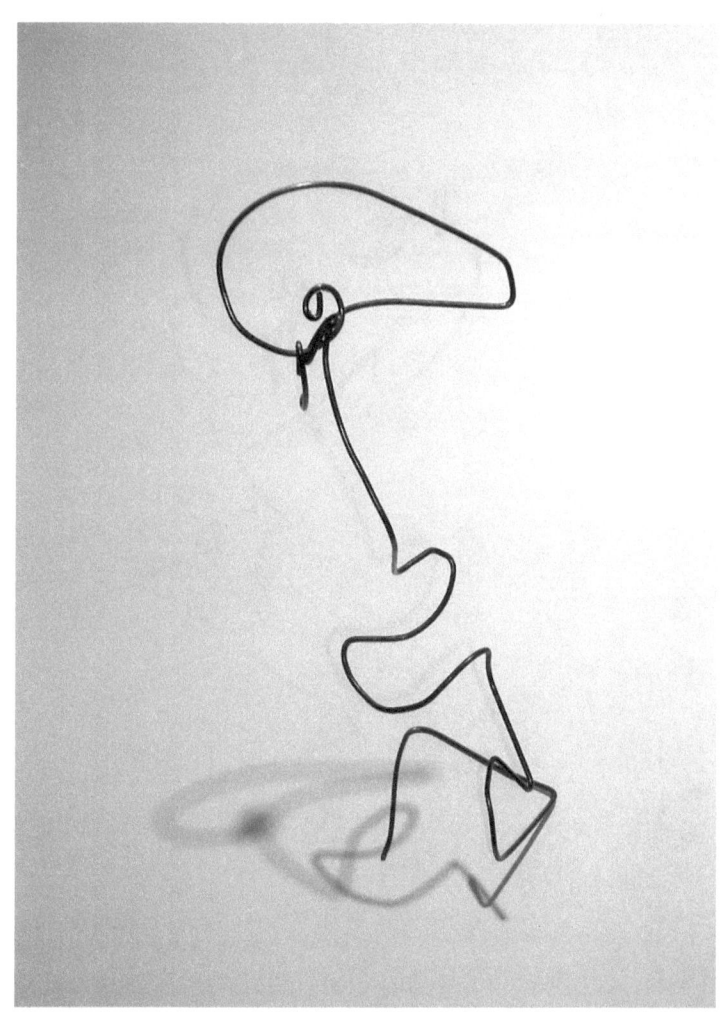

Gilles COLLETTE

91

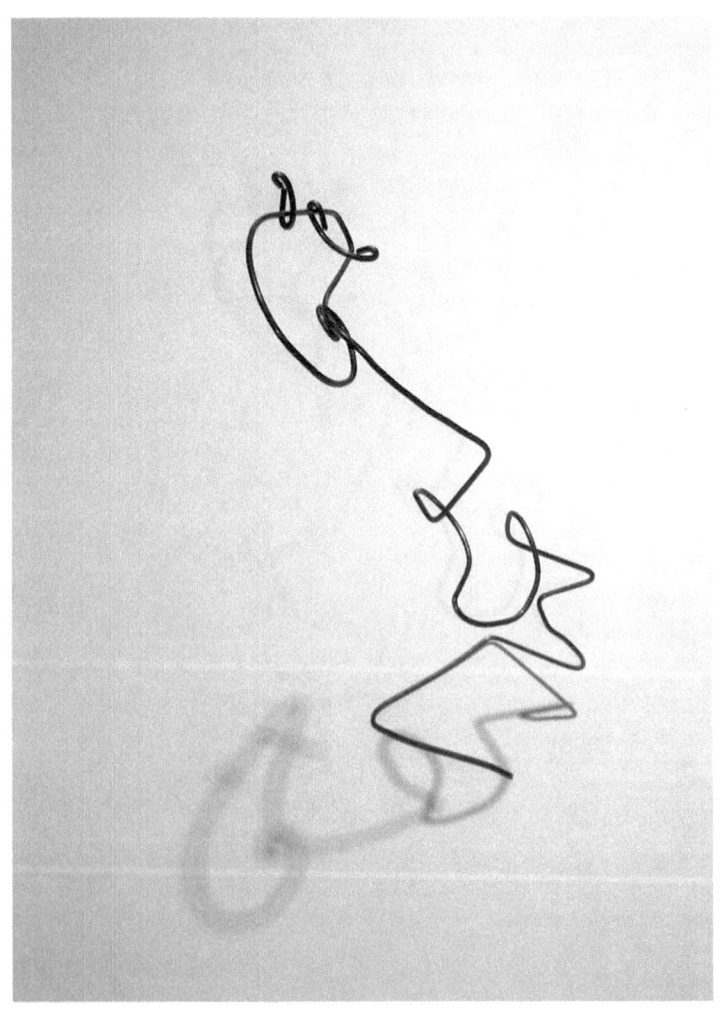

92   Porte-manteau

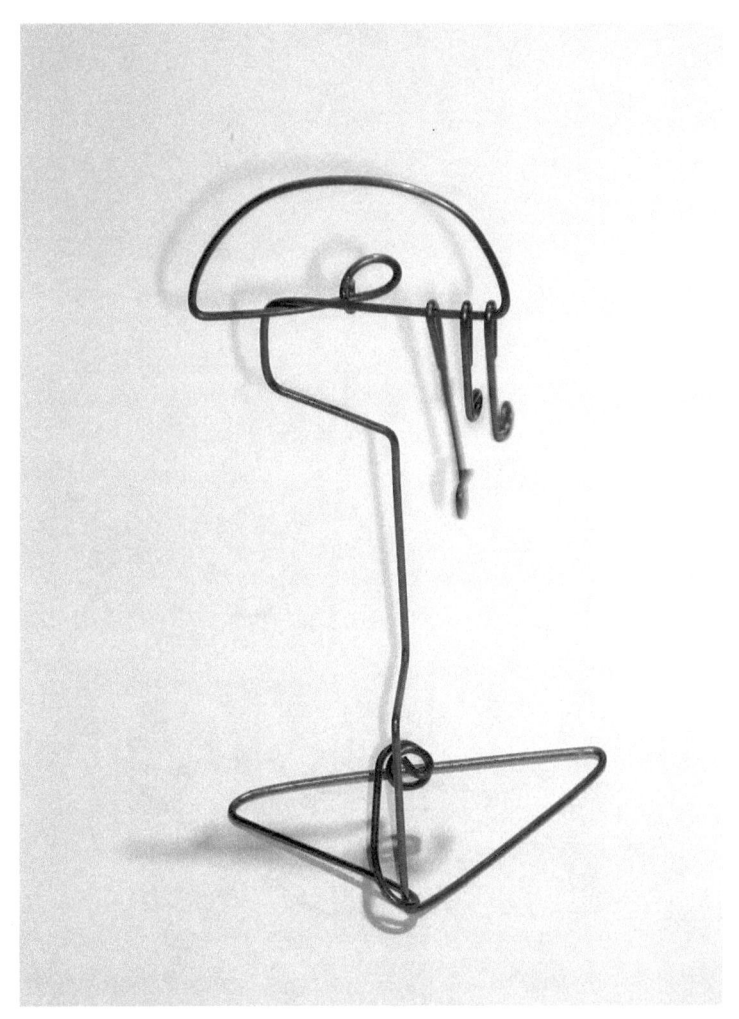

Gilles COLLETTE

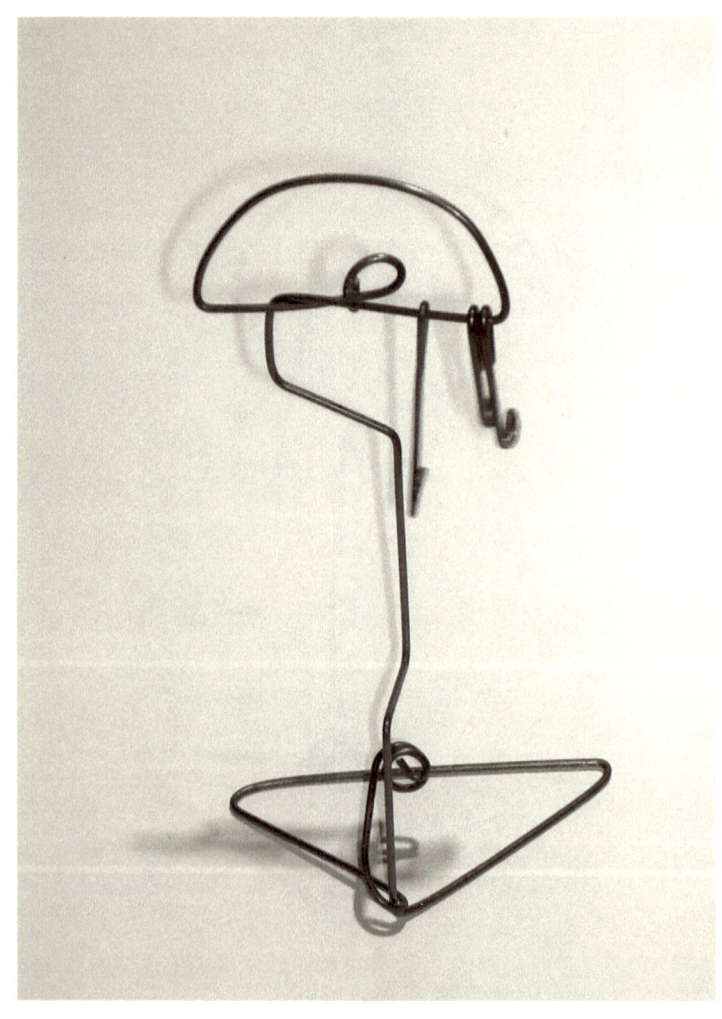

94   Porte-manteau

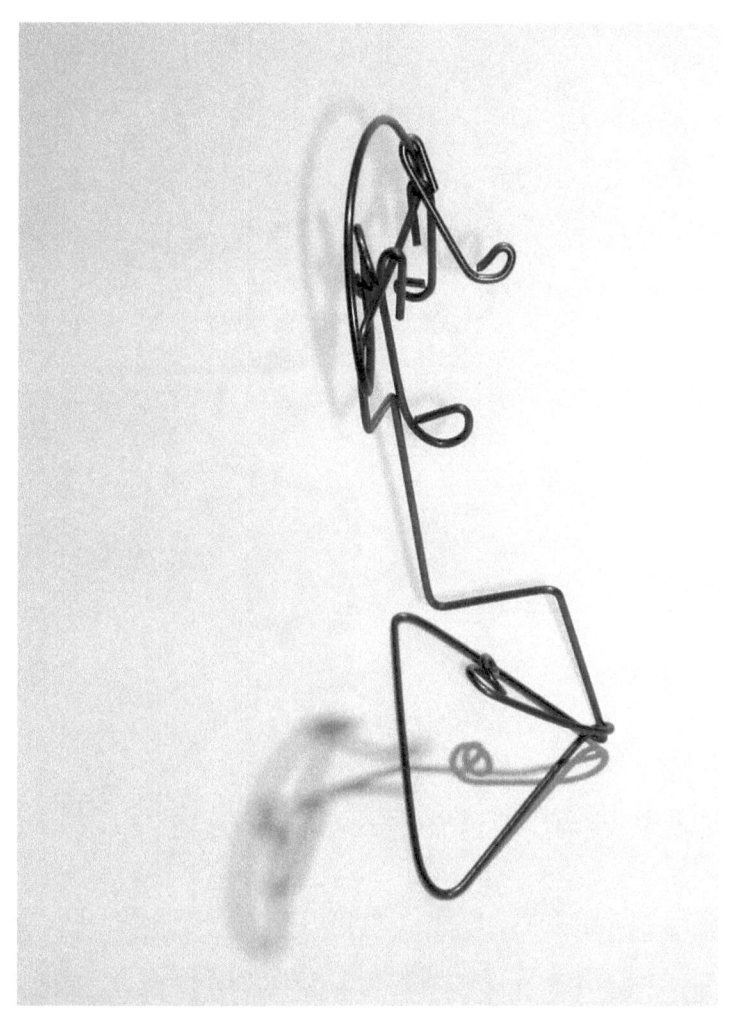

Gilles COLLETTE

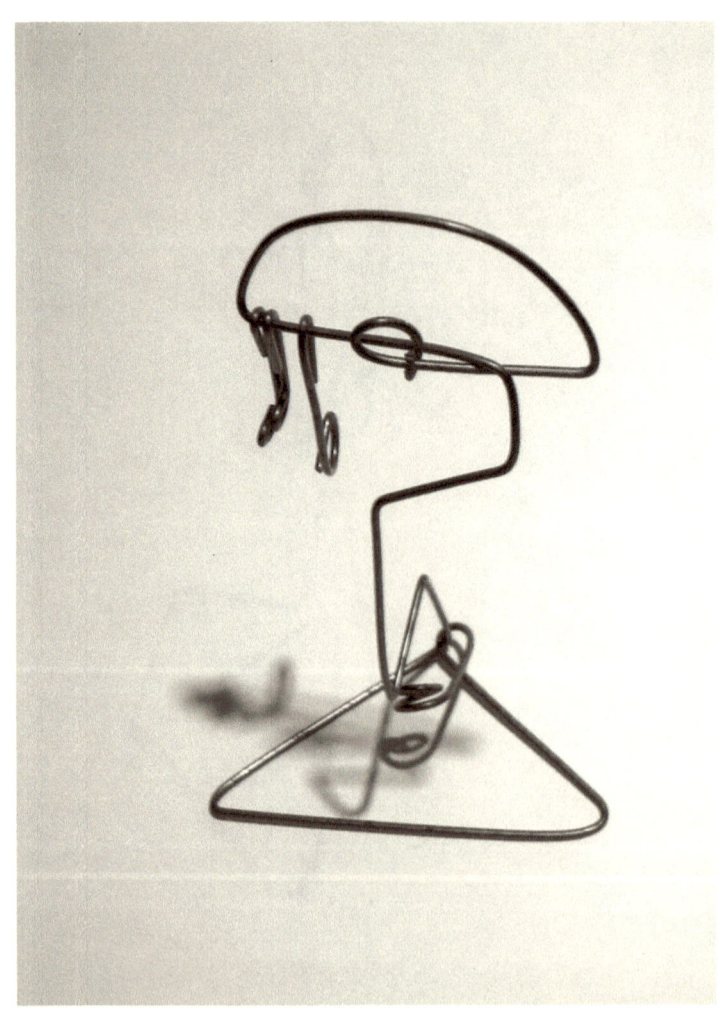

96   Porte-manteau

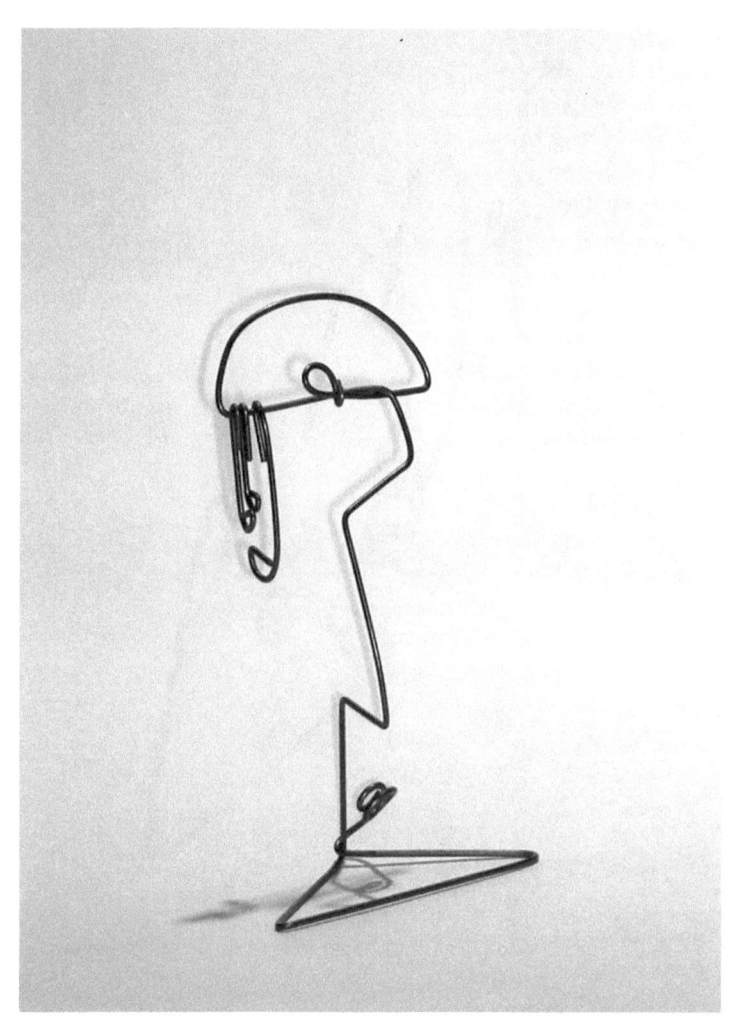

Gilles COLLETTE

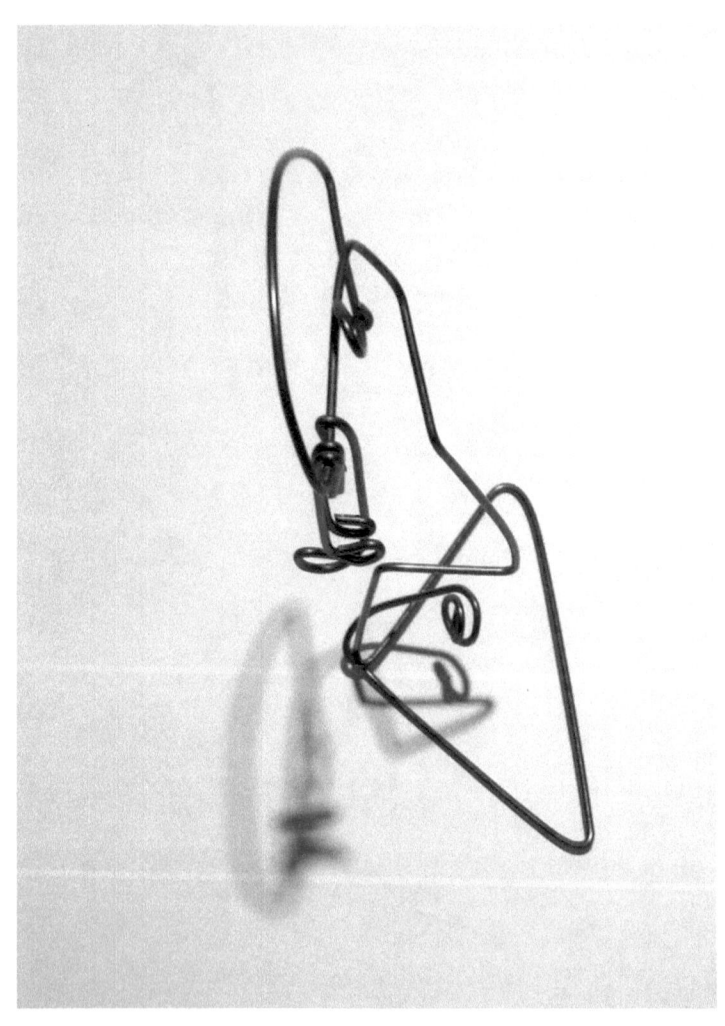

Porte-manteau

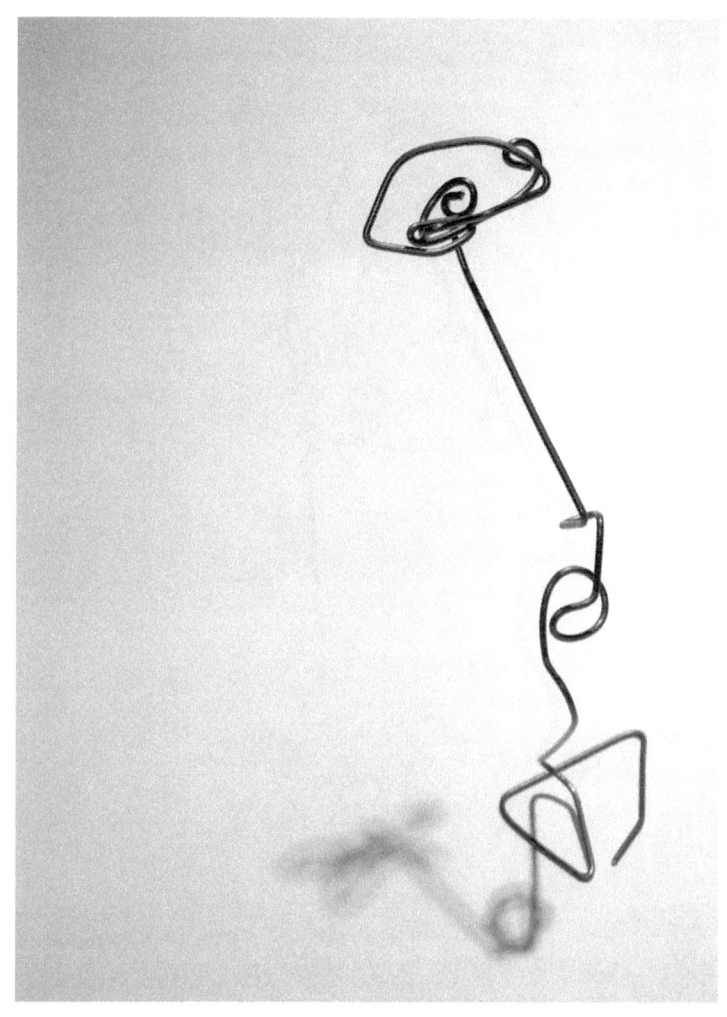

Gilles COLLETTE

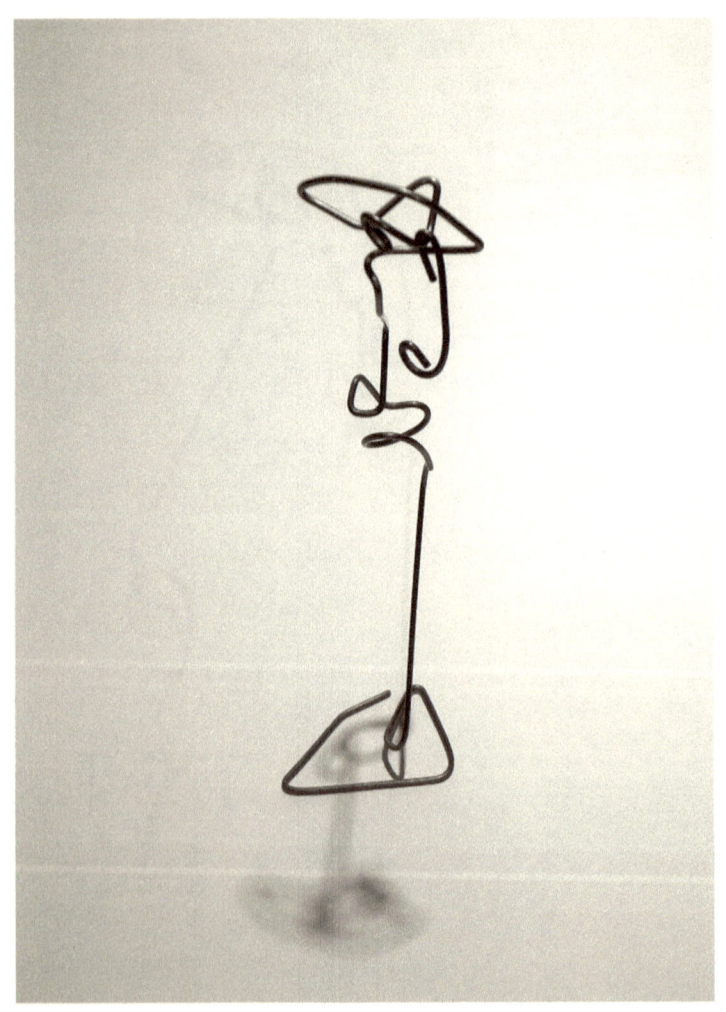

100   Porte-manteau

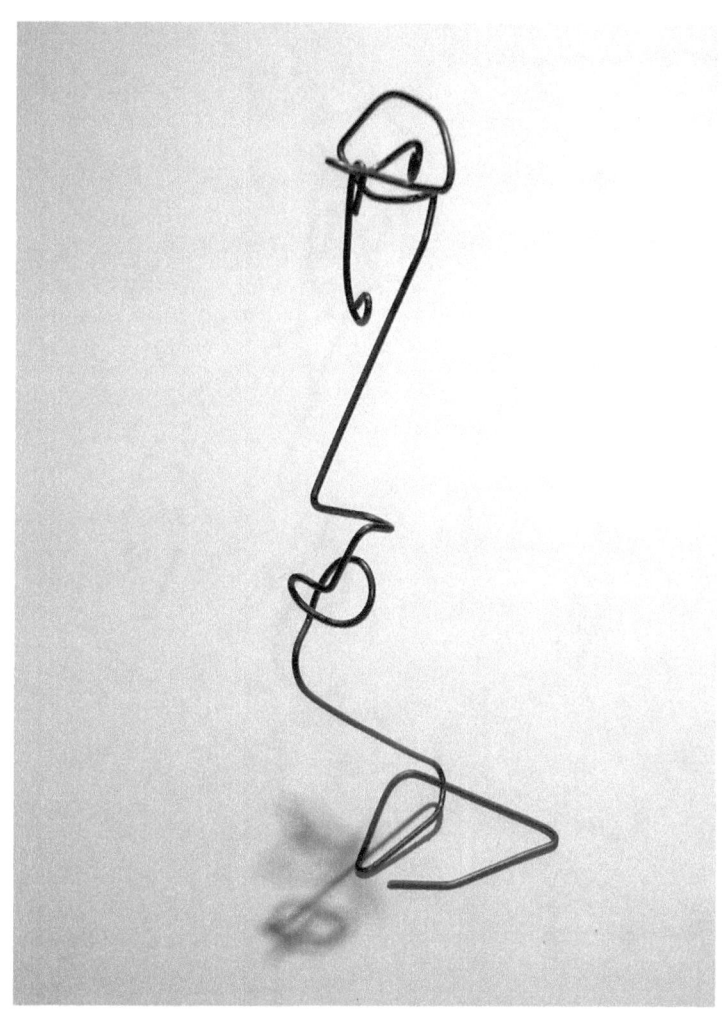

Gilles COLLETTE

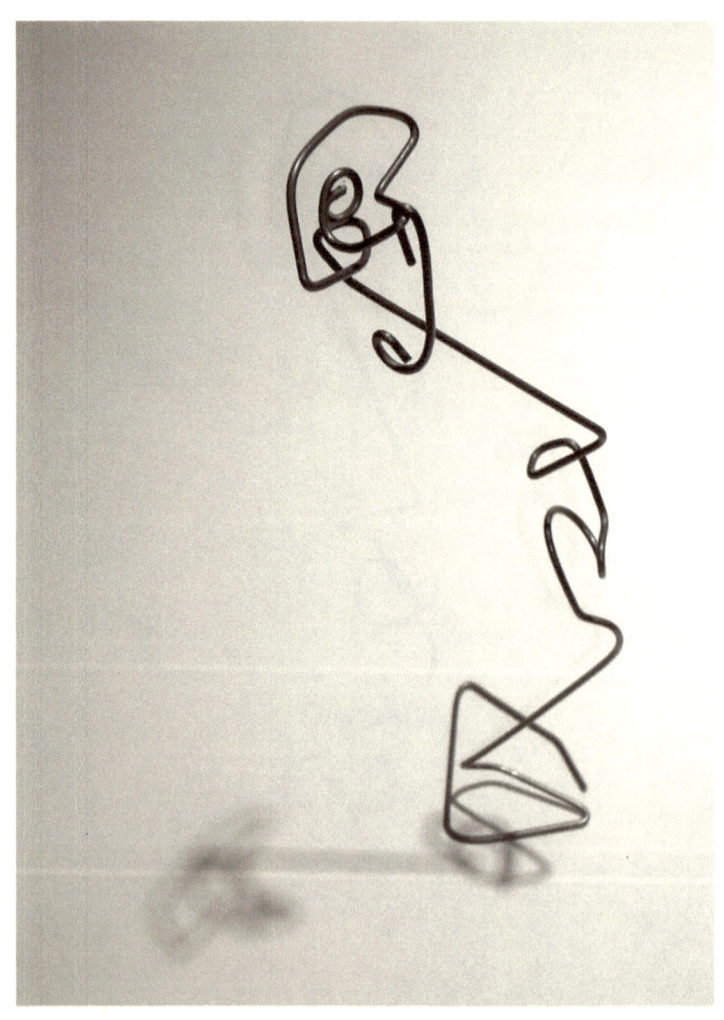

Porte-manteau

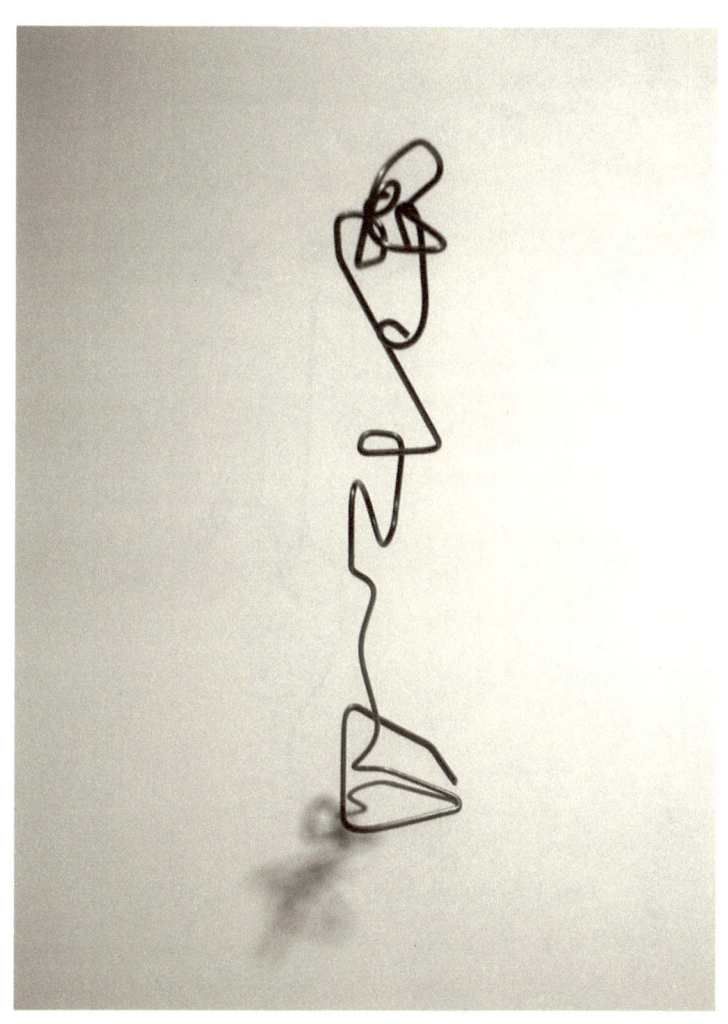

Gilles COLLETTE

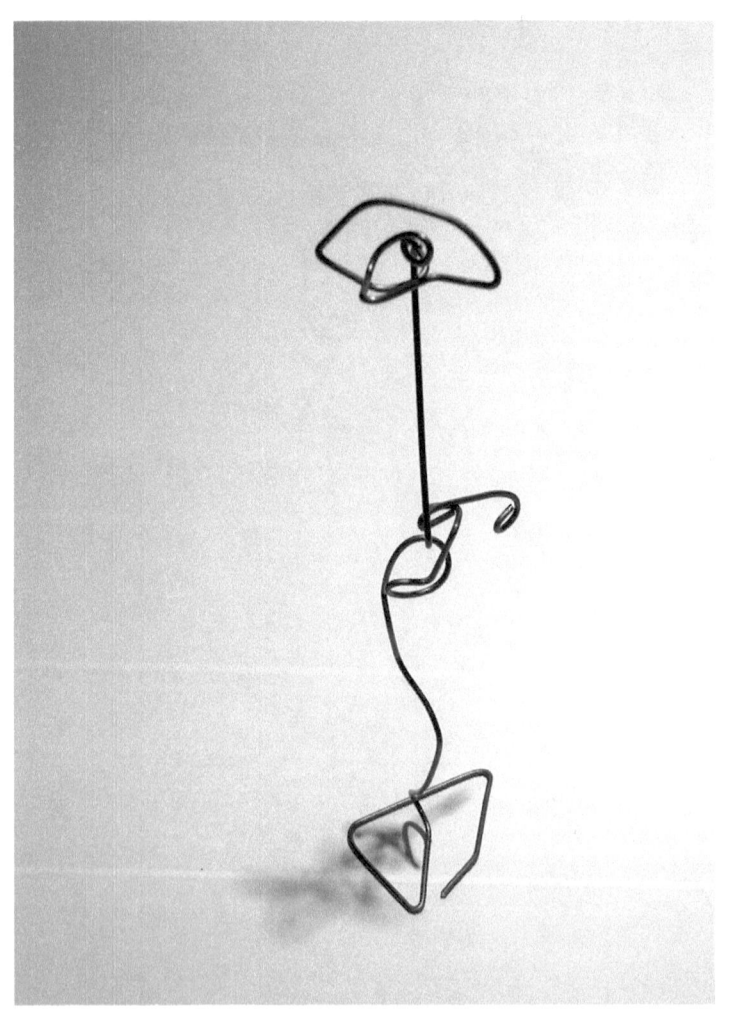

Porte-manteau

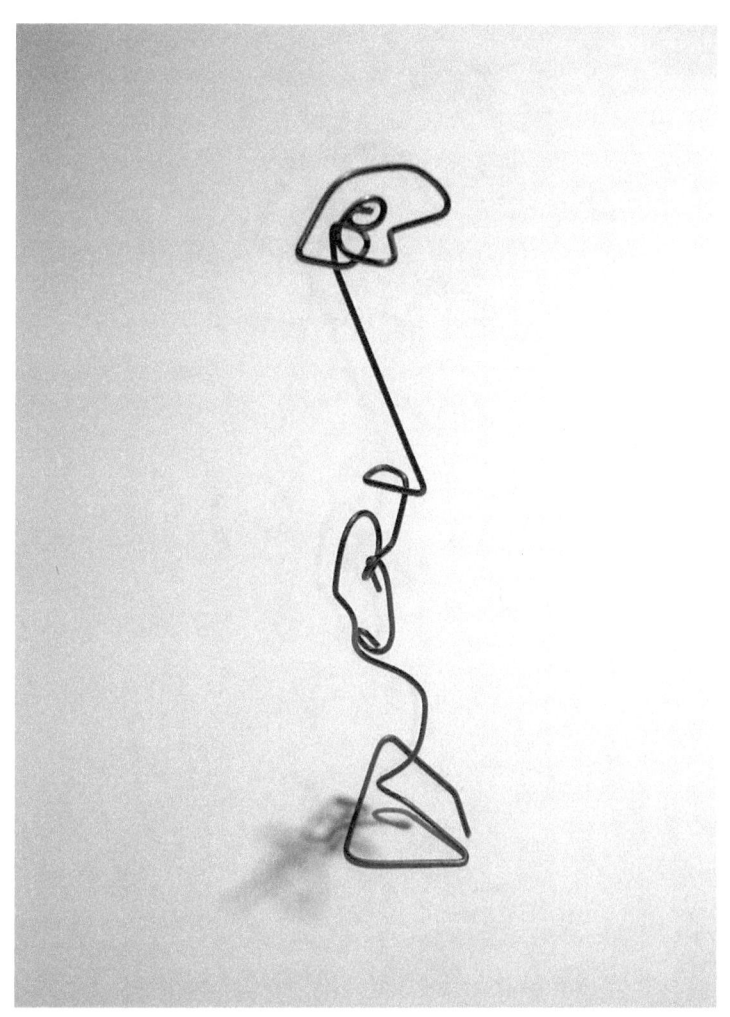

Gilles COLLETTE

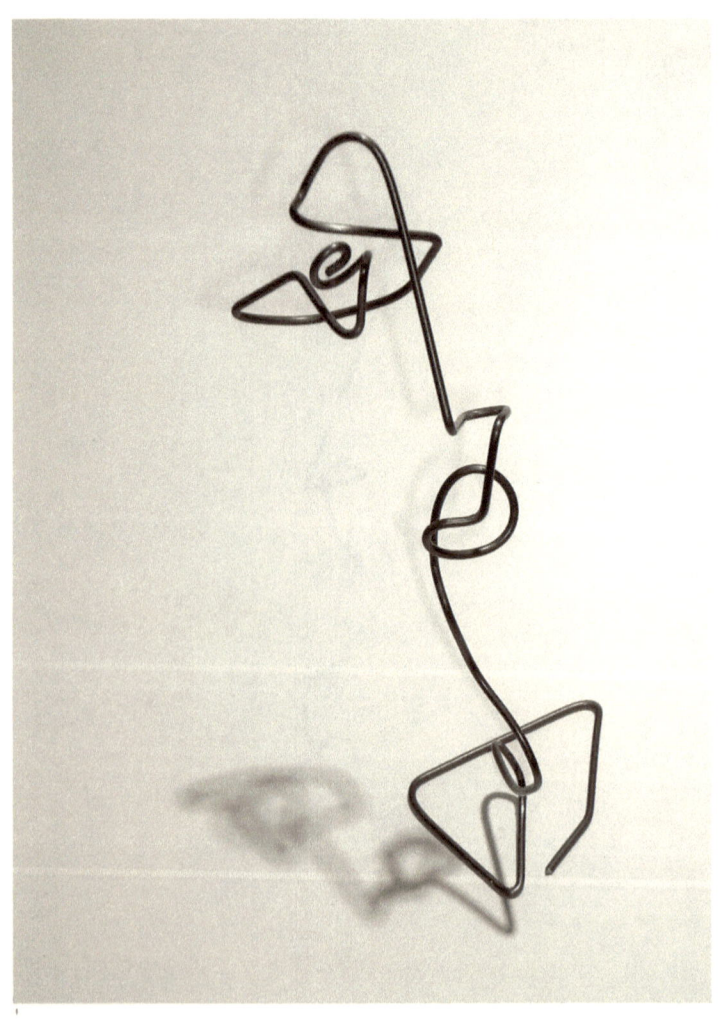

Porte-manteau

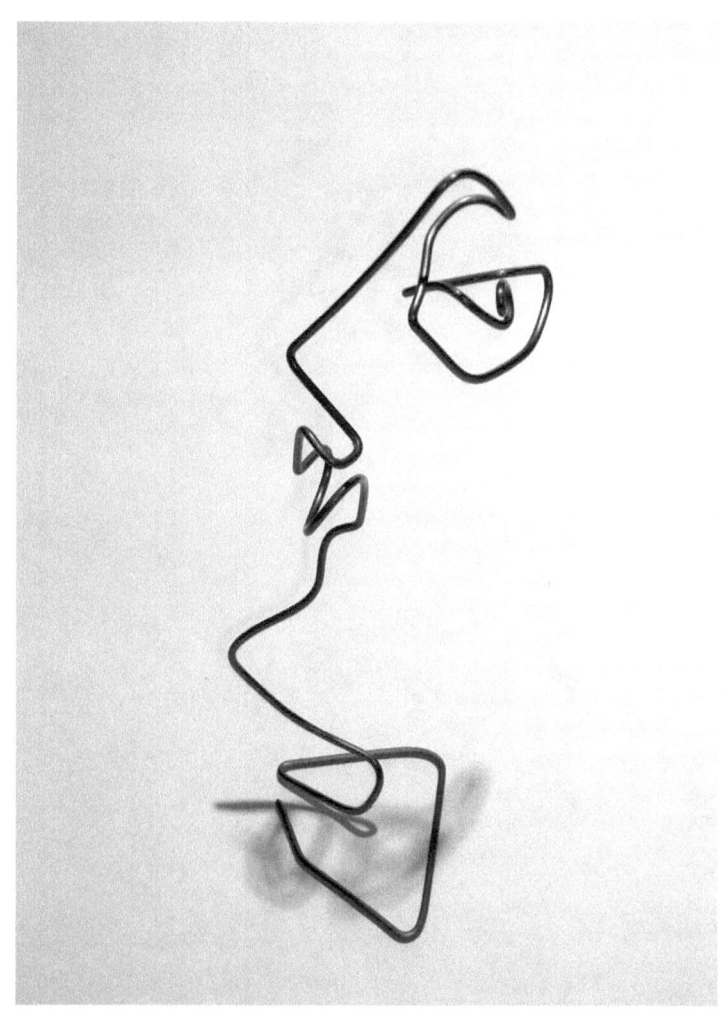

Gilles COLLETTE

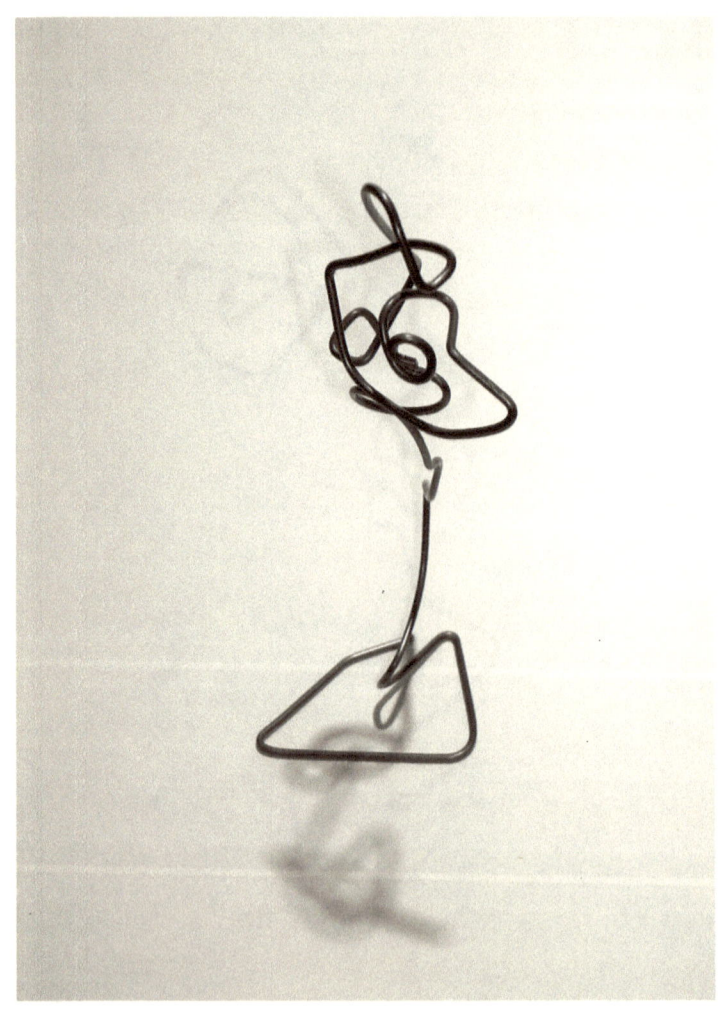

Porte-manteau

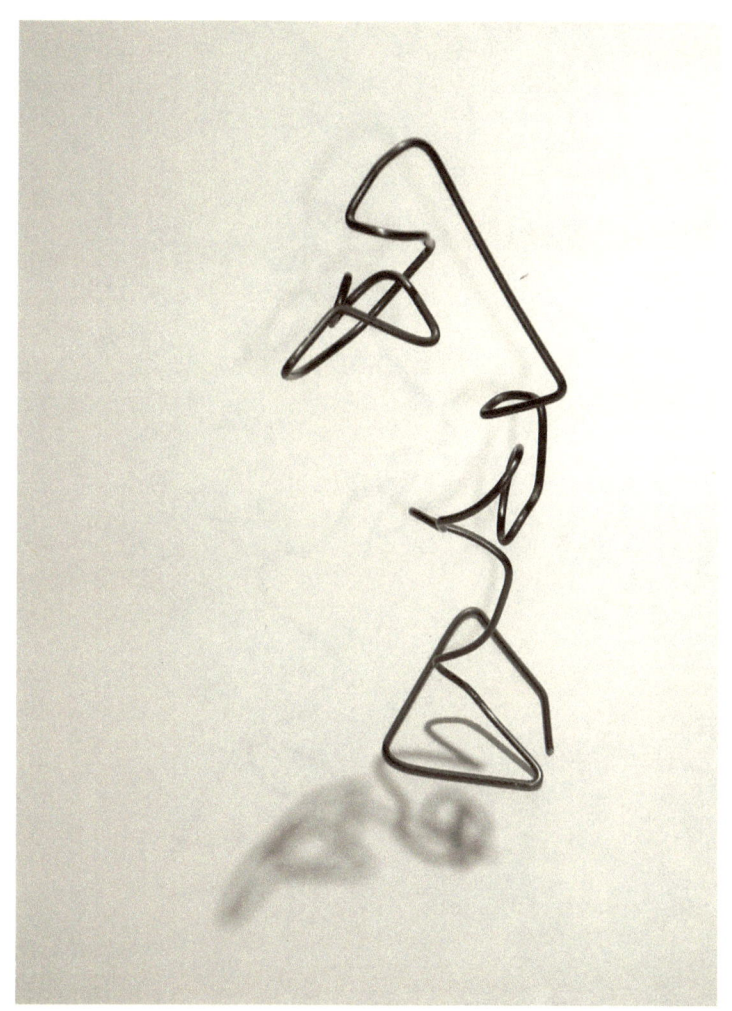

Gilles COLLETTE

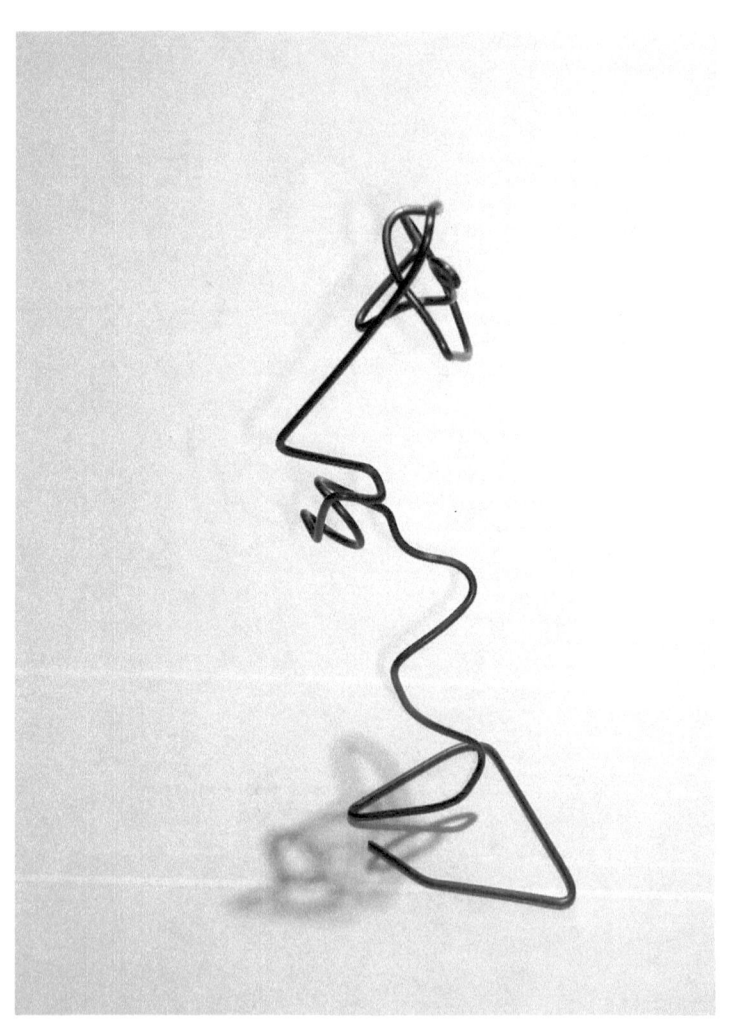

Porte-manteau

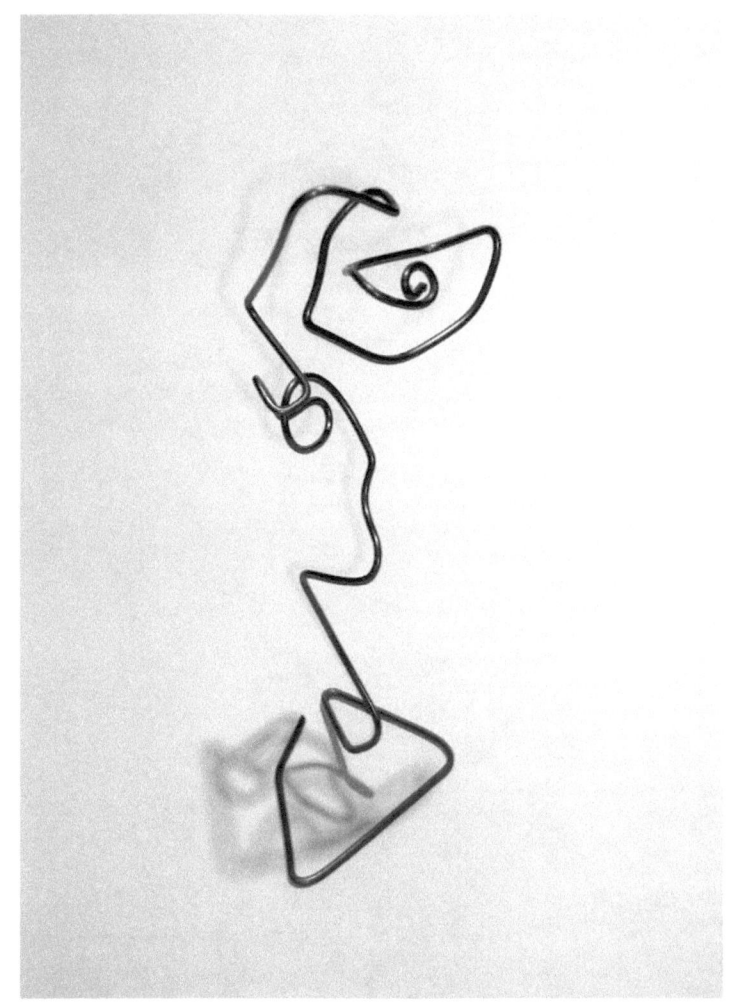

Gilles COLLETTE

111

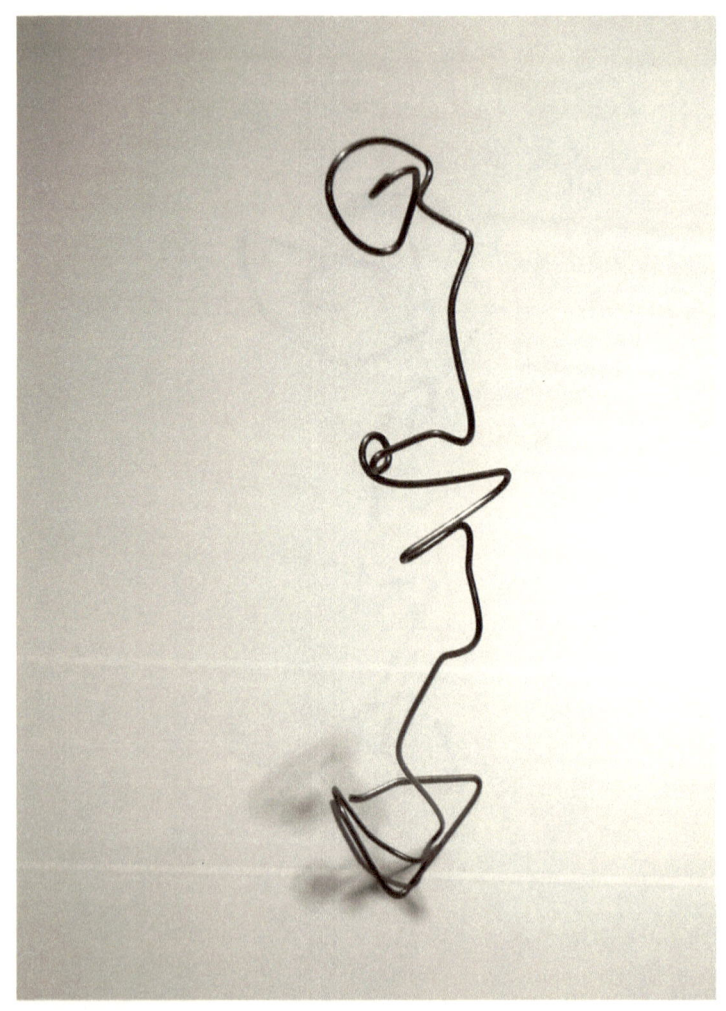

112   Porte-manteau

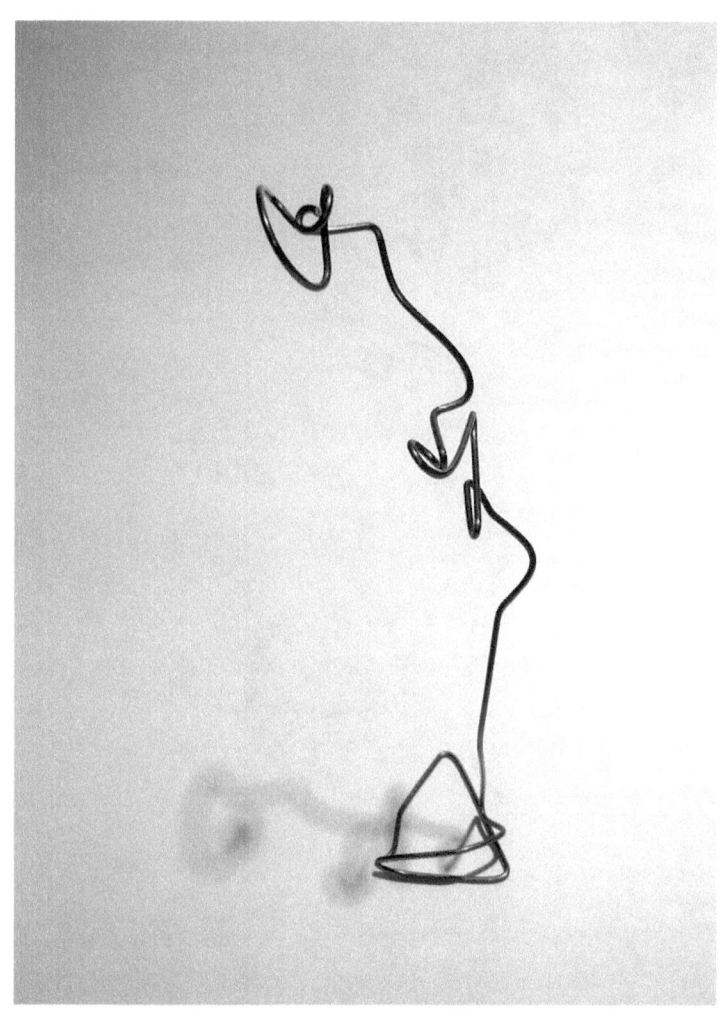

Gilles COLLETTE

113

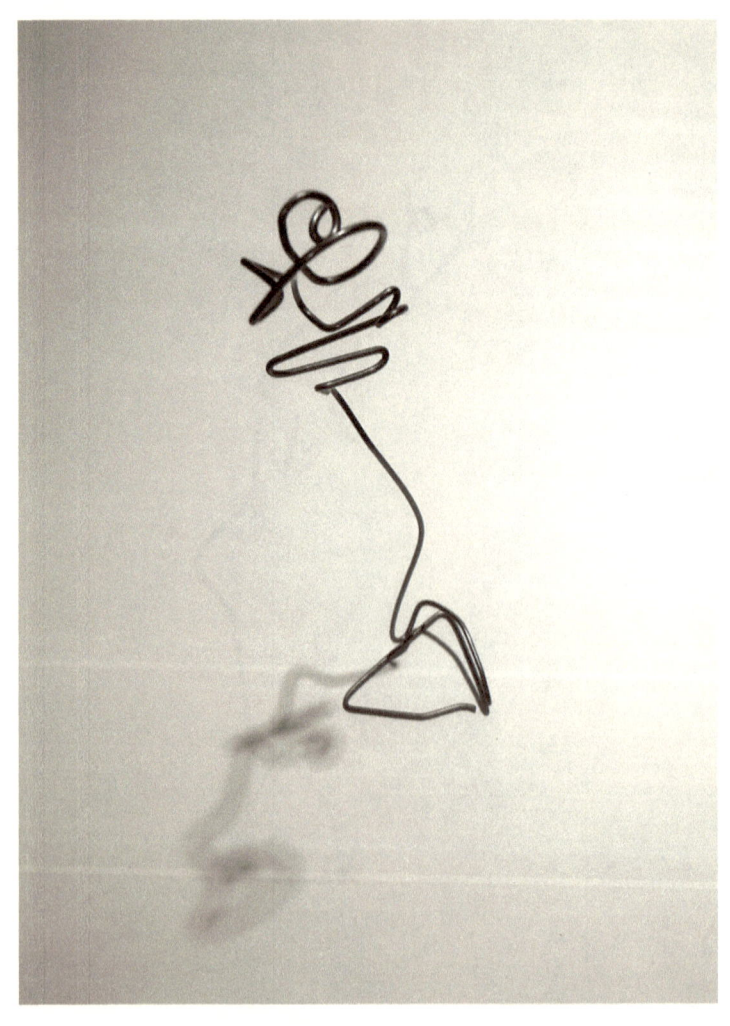

Porte-manteau

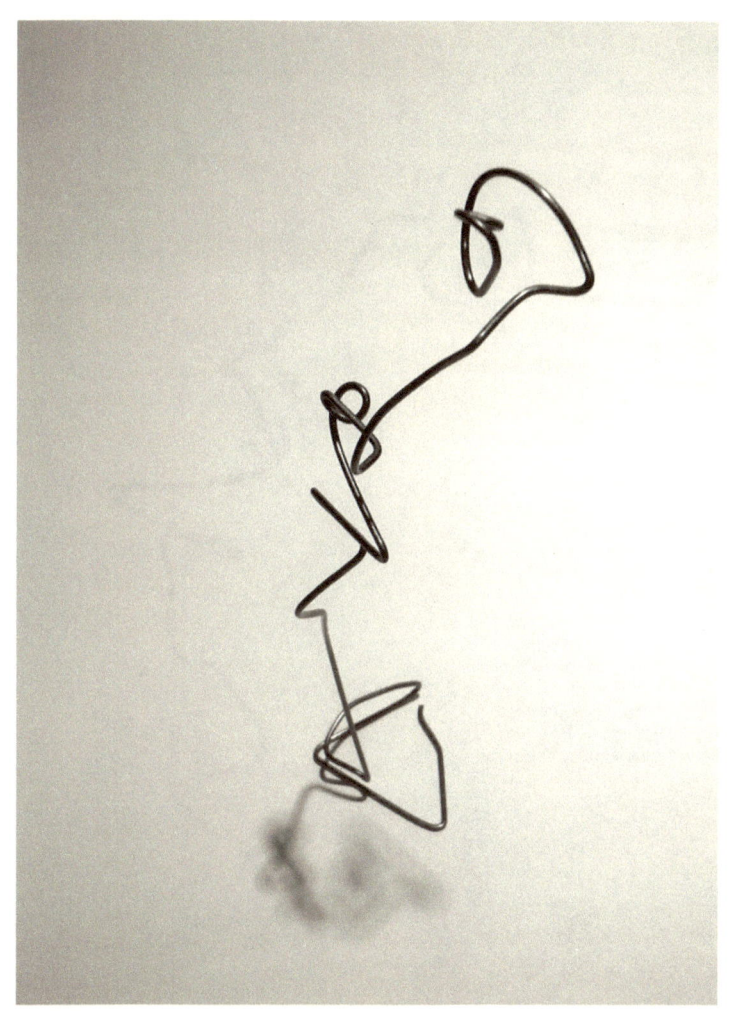

Gilles COLLETTE

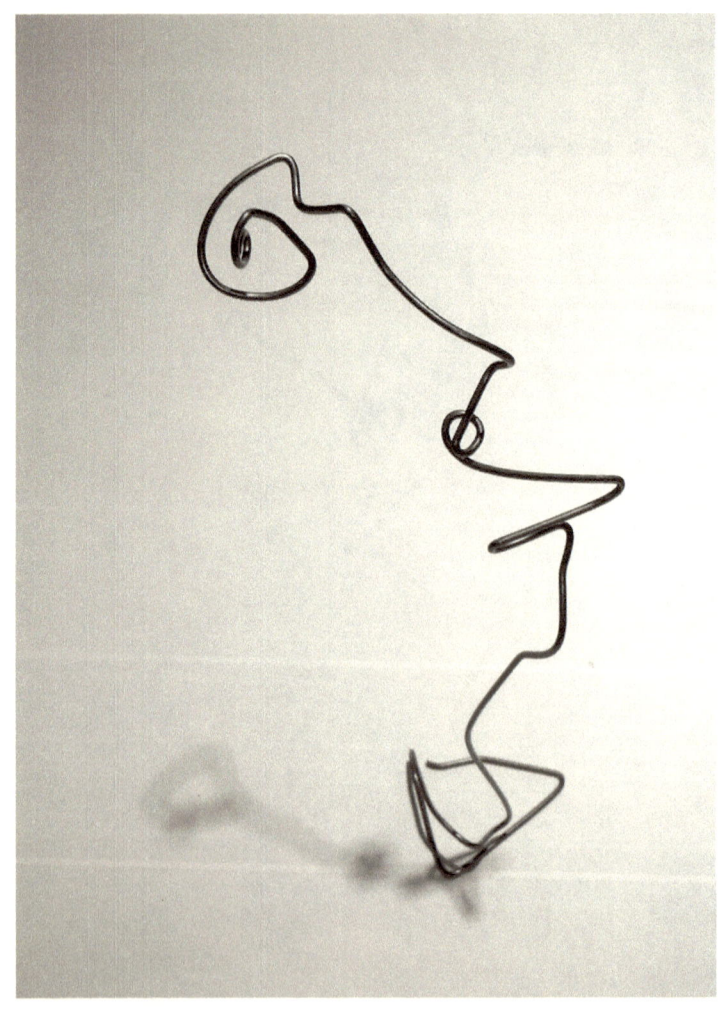

Porte-manteau

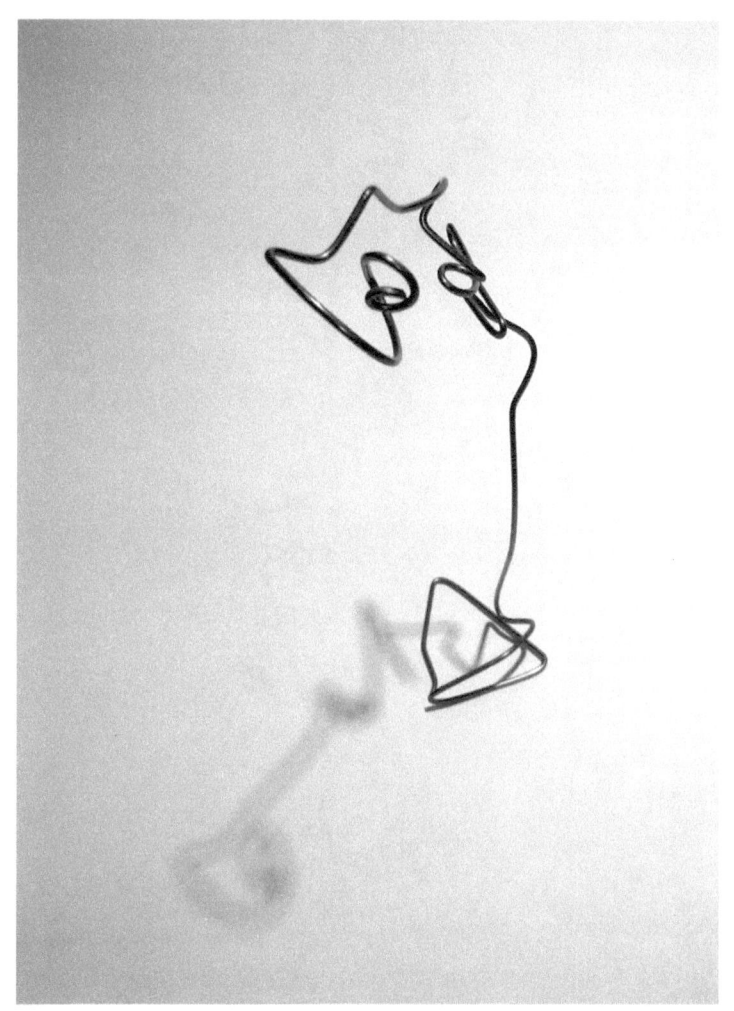

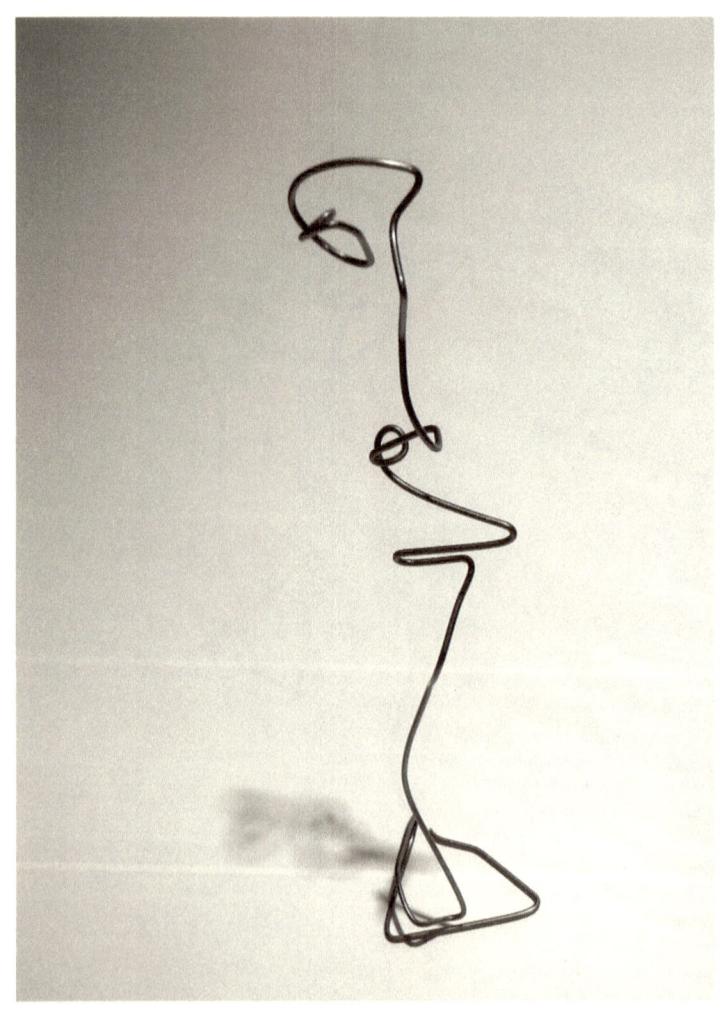

118   Porte-manteau

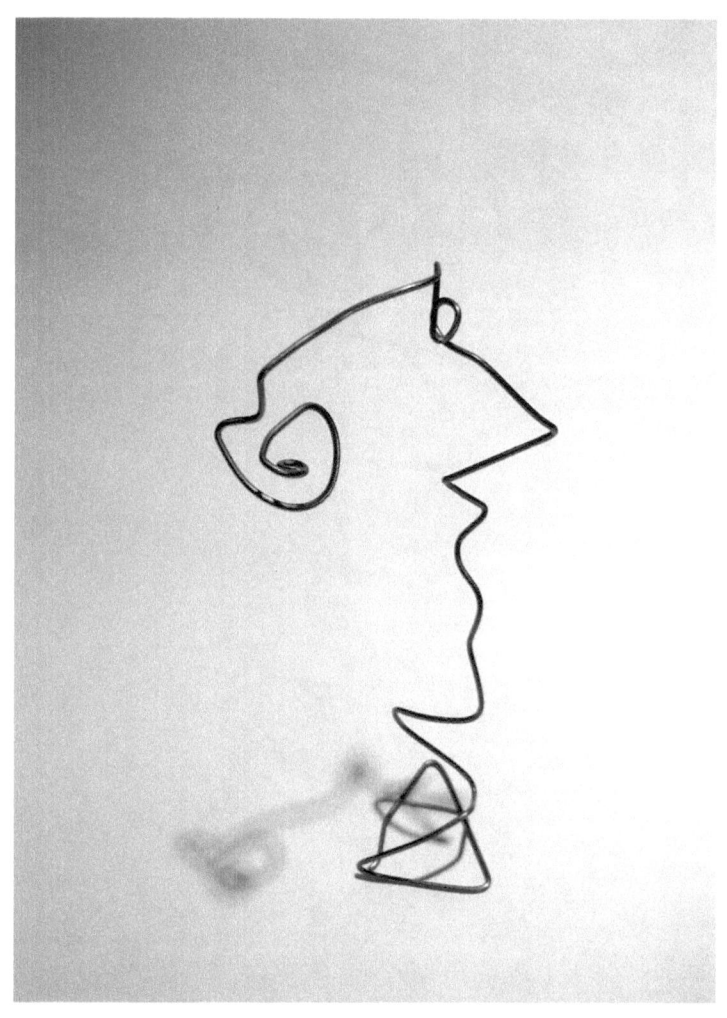

Gilles COLLETTE

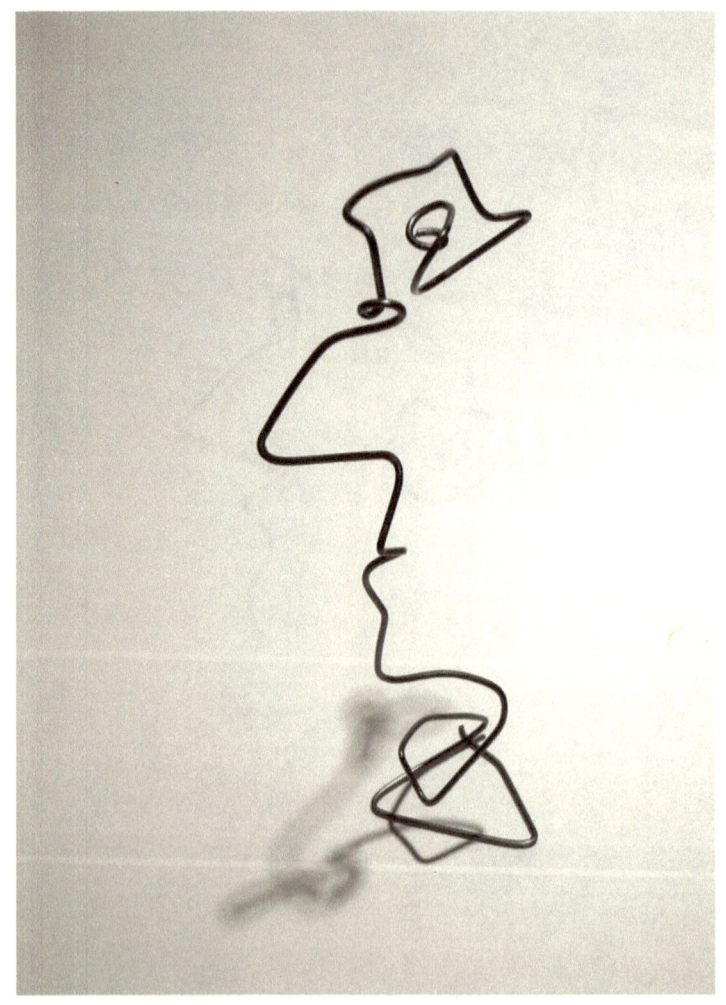

120   Porte-manteau

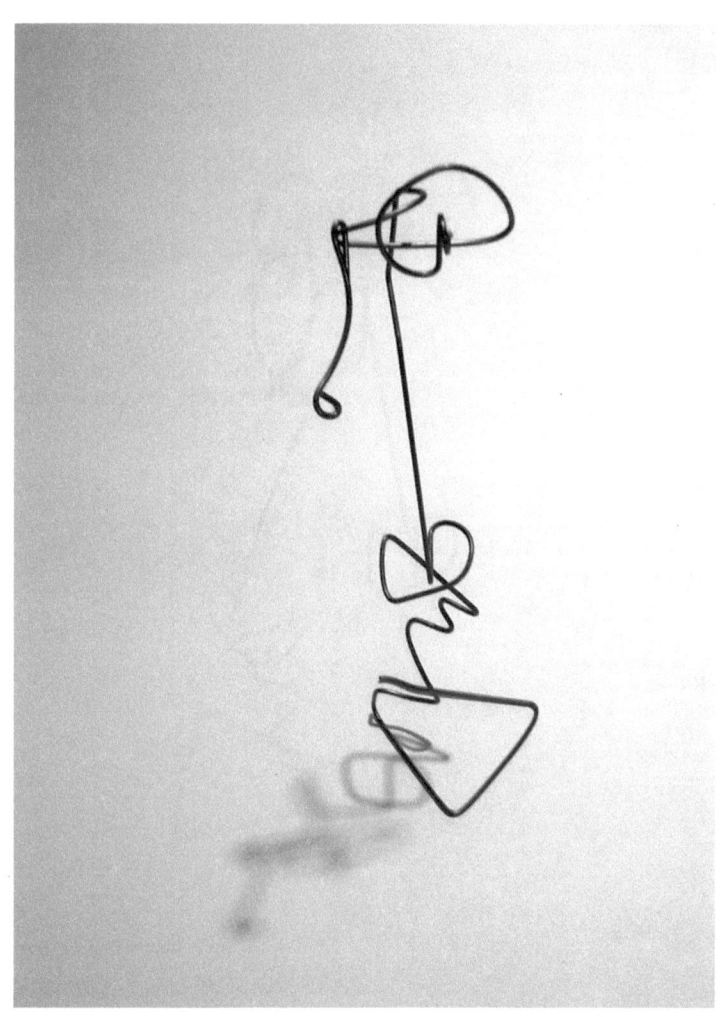

Gilles COLLETTE

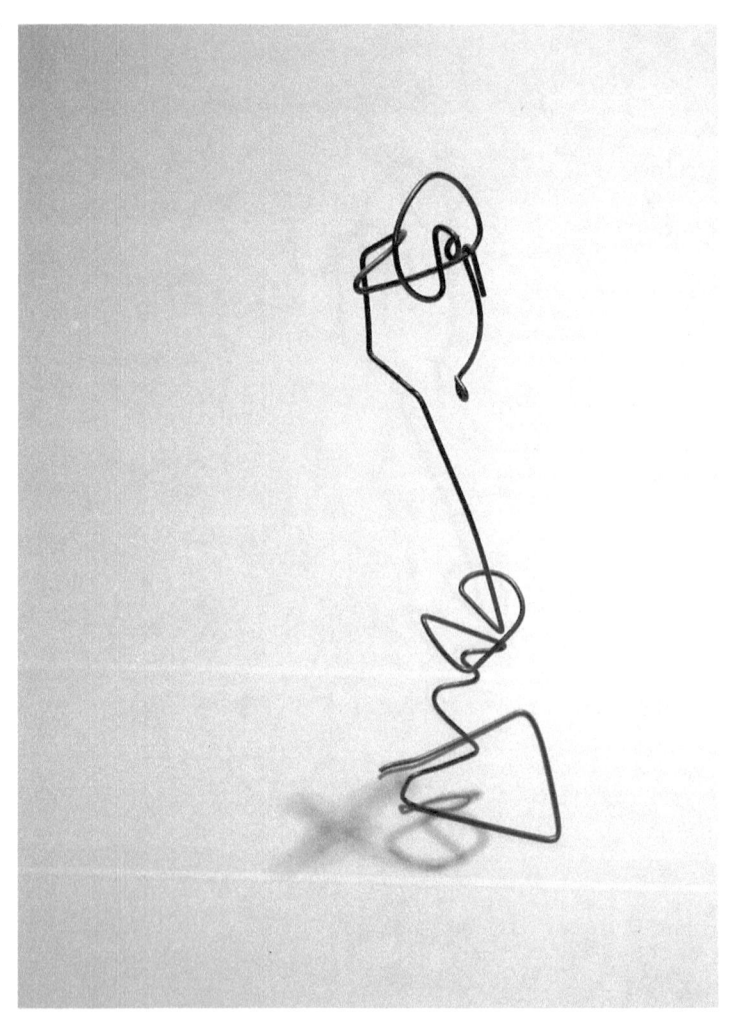

Porte-manteau

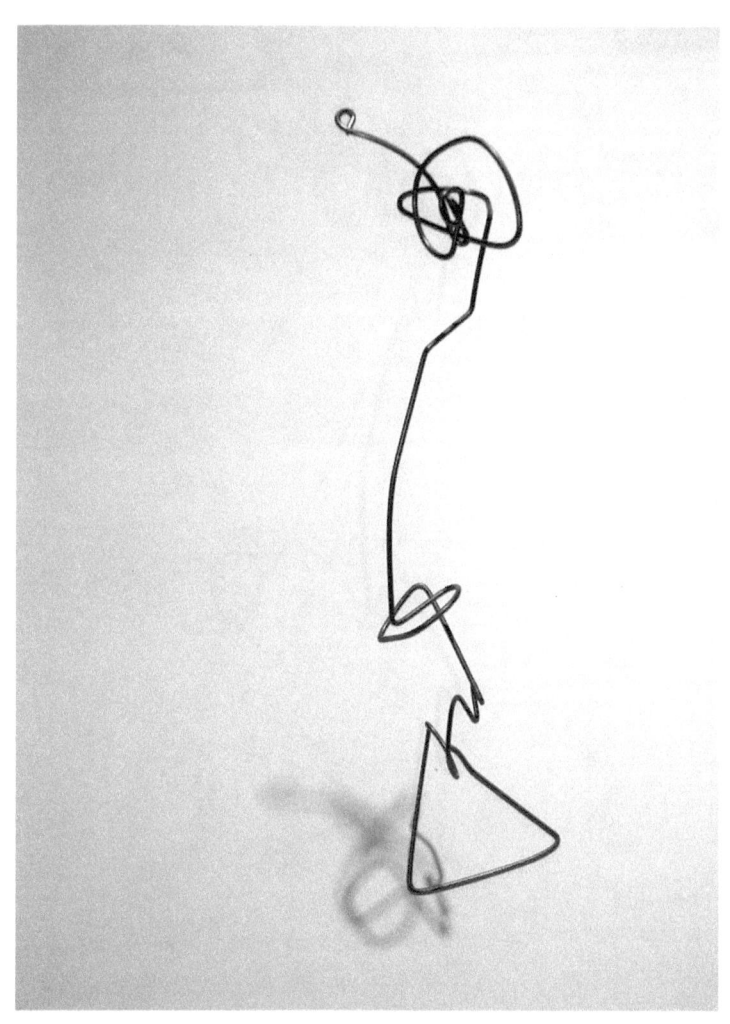

Gilles COLLETTE

123

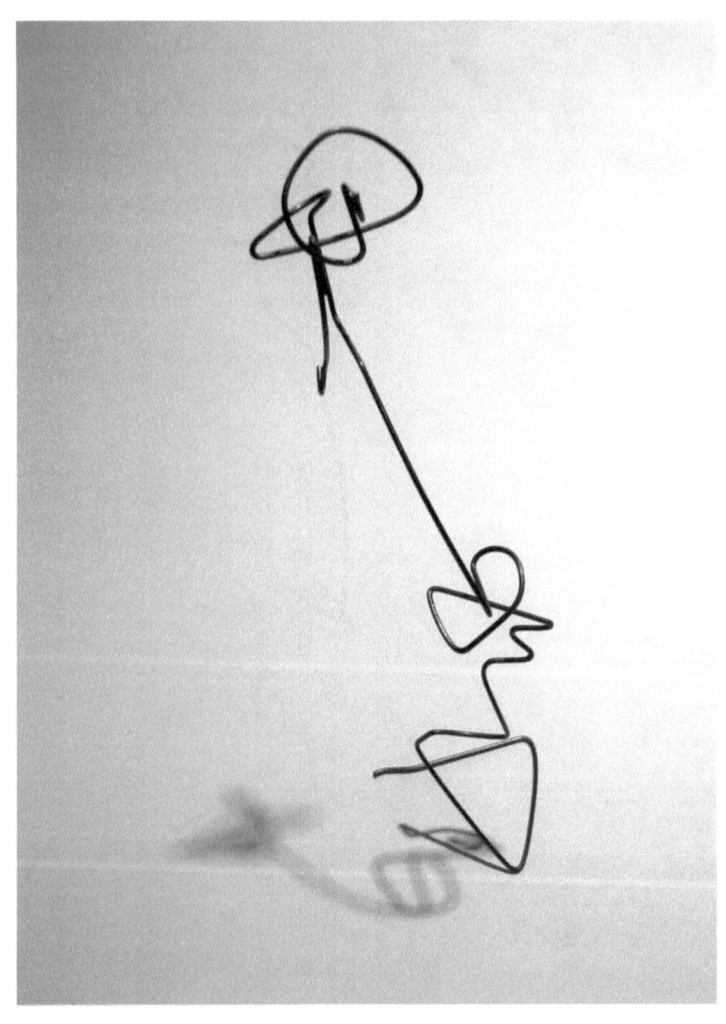

124   Porte-manteau

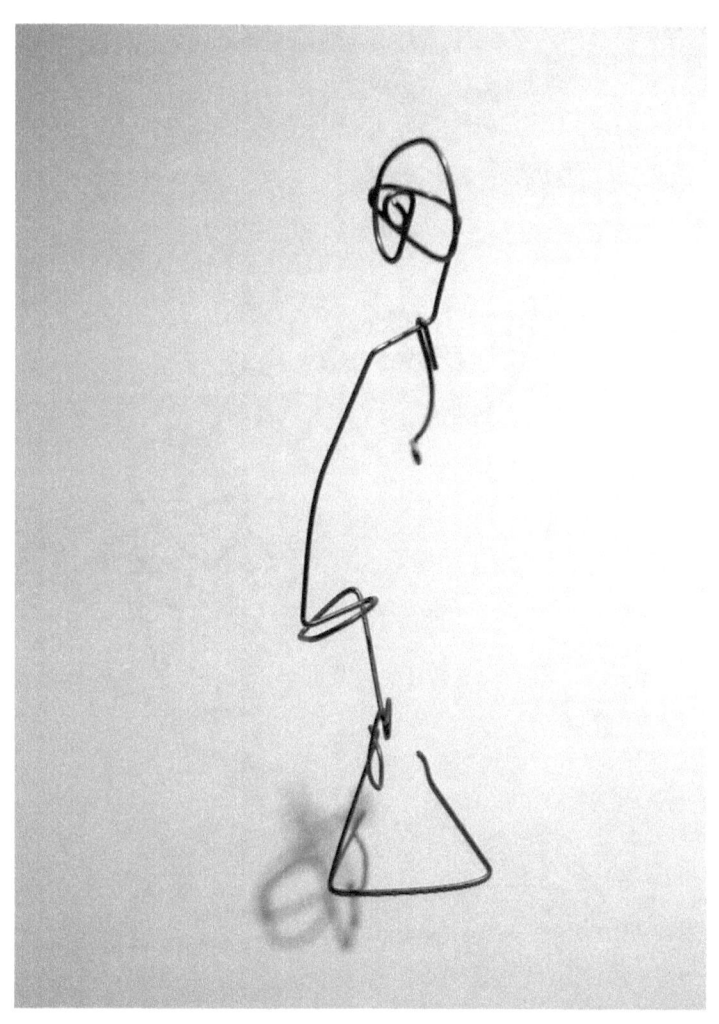

Gilles COLLETTE

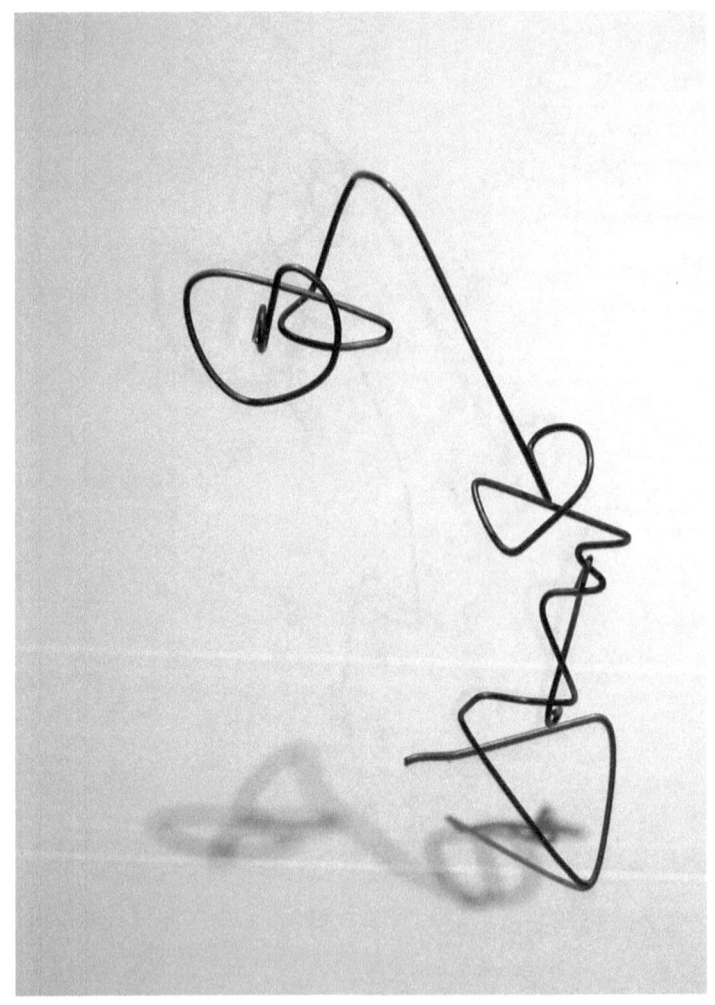

Porte-manteau

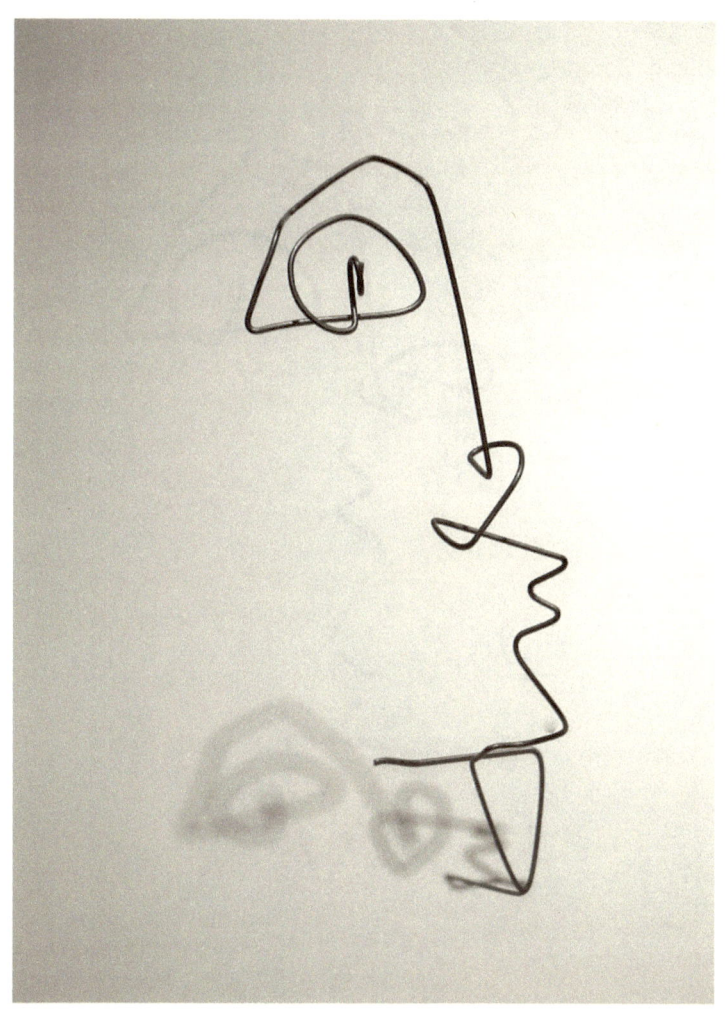

Gilles COLLETTE   127

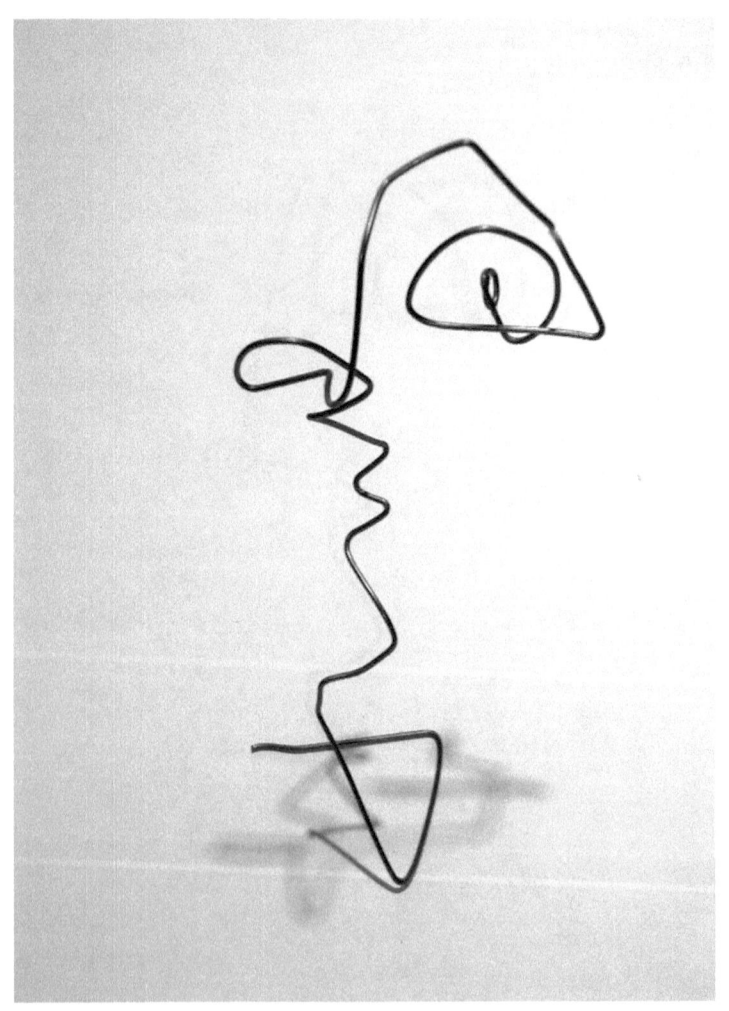

Porte-manteau

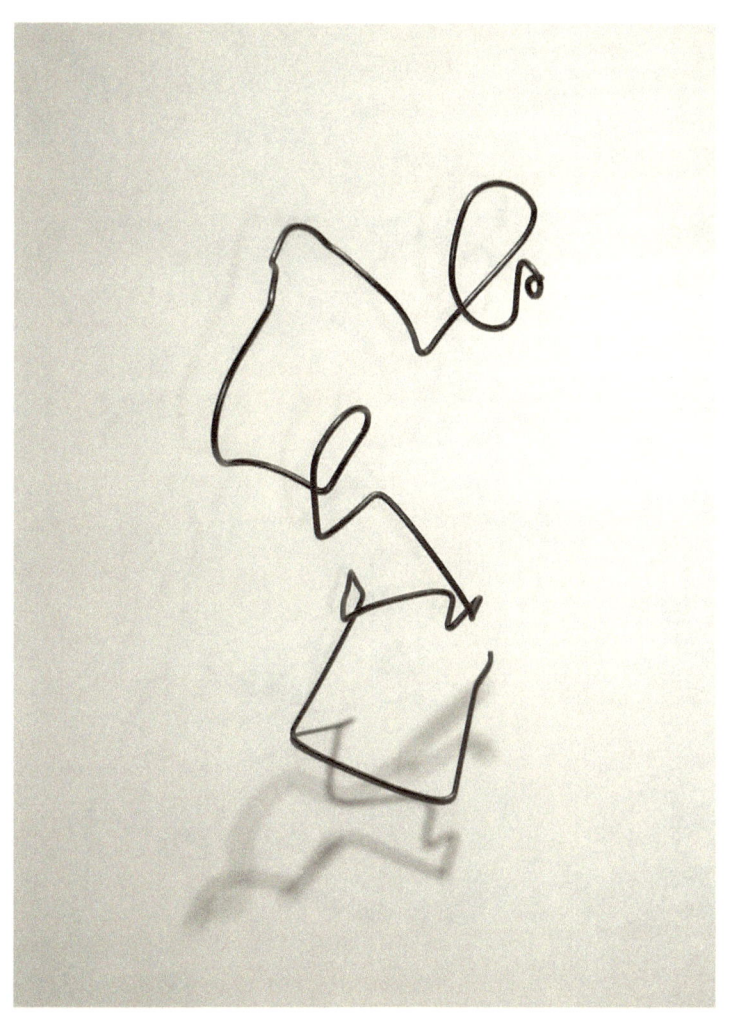

Gilles COLLETTE

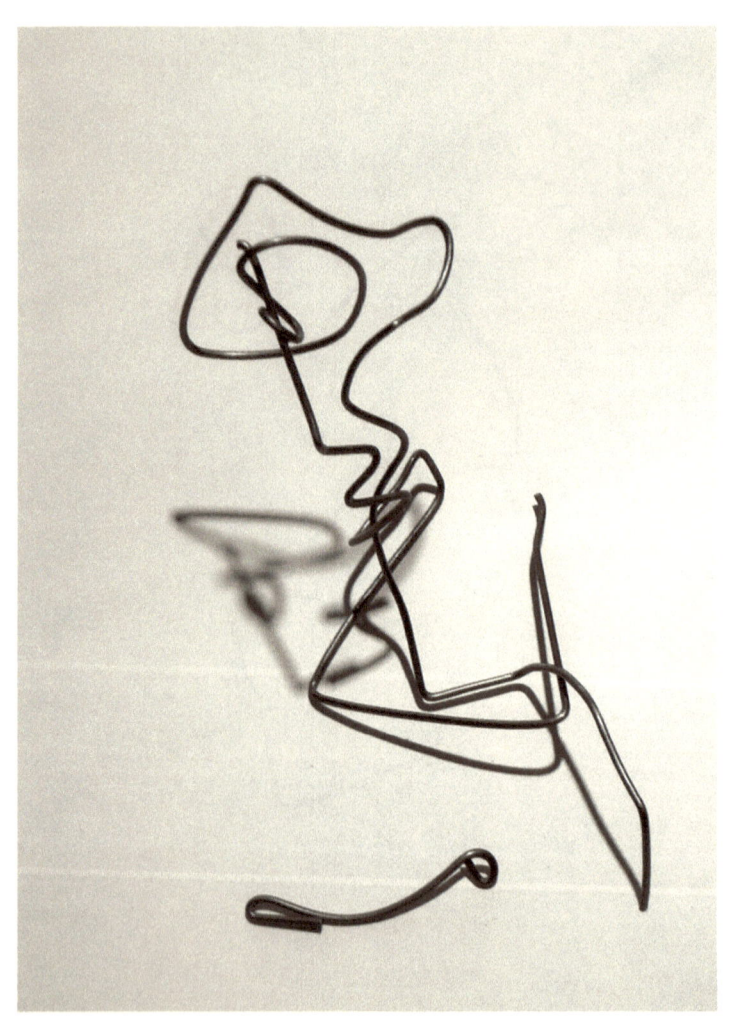

Porte-manteau

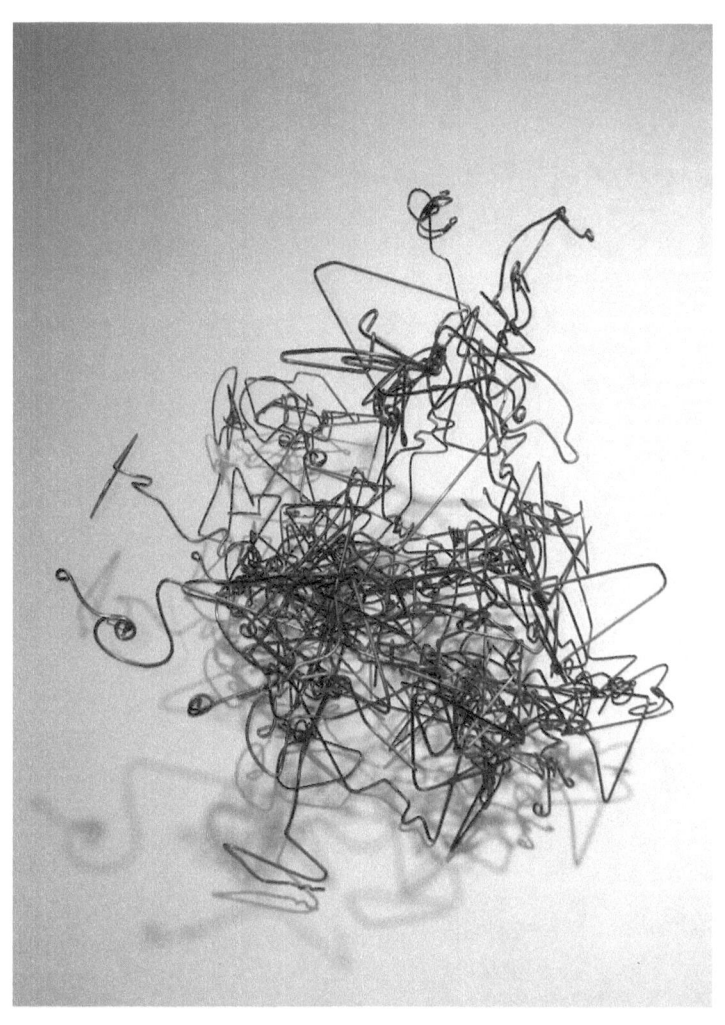

Gilles COLLETTE

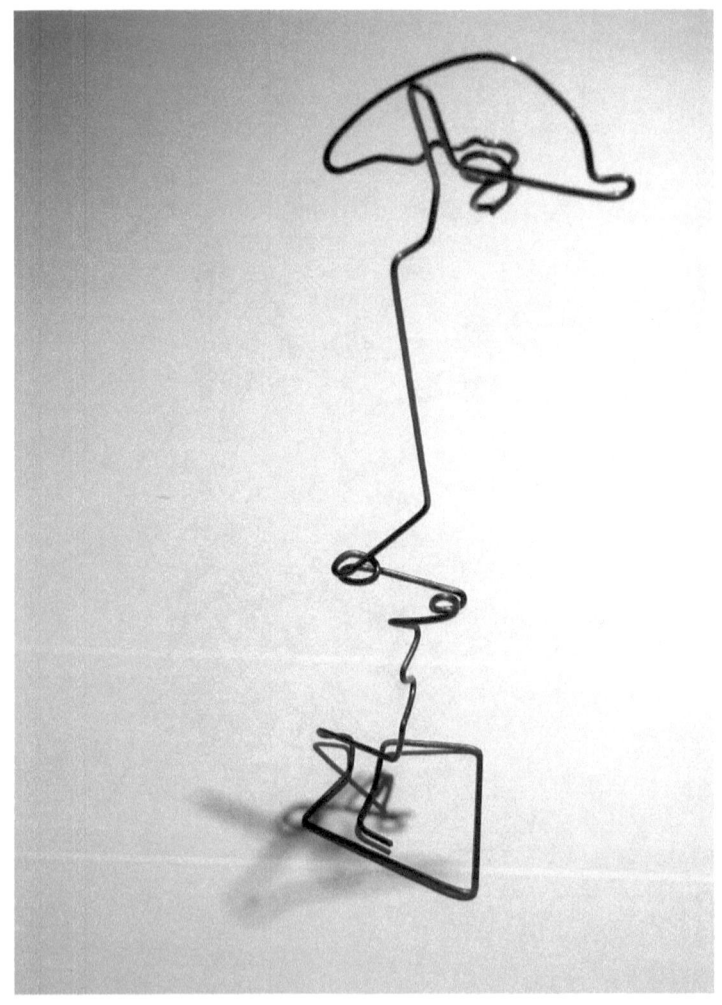

Porte-manteau

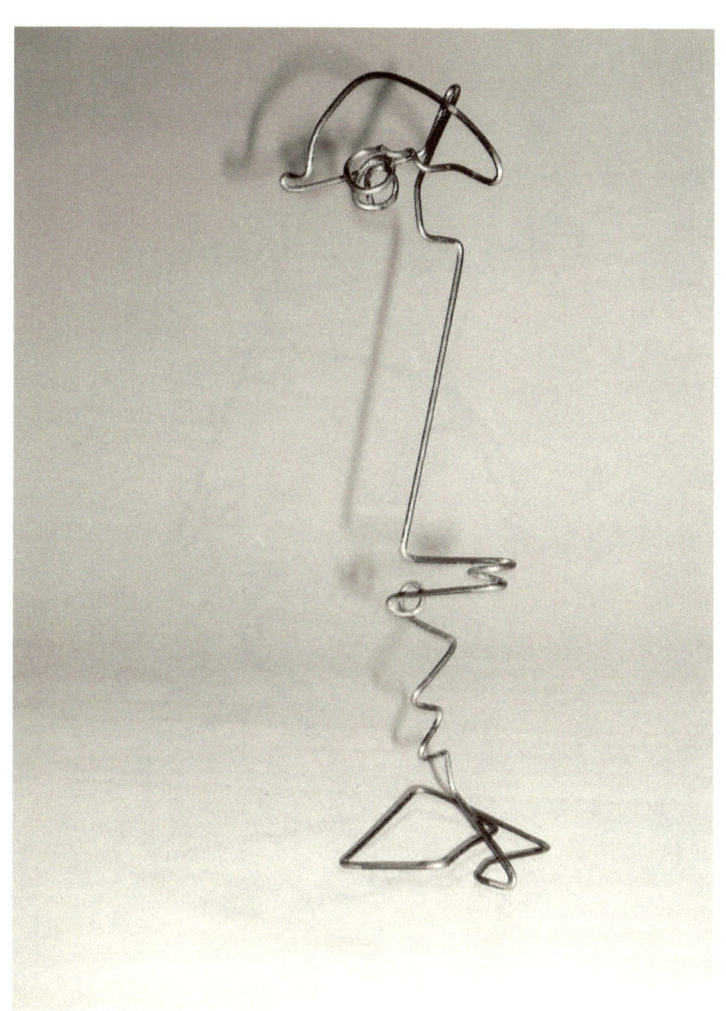

Gilles COLLETTE

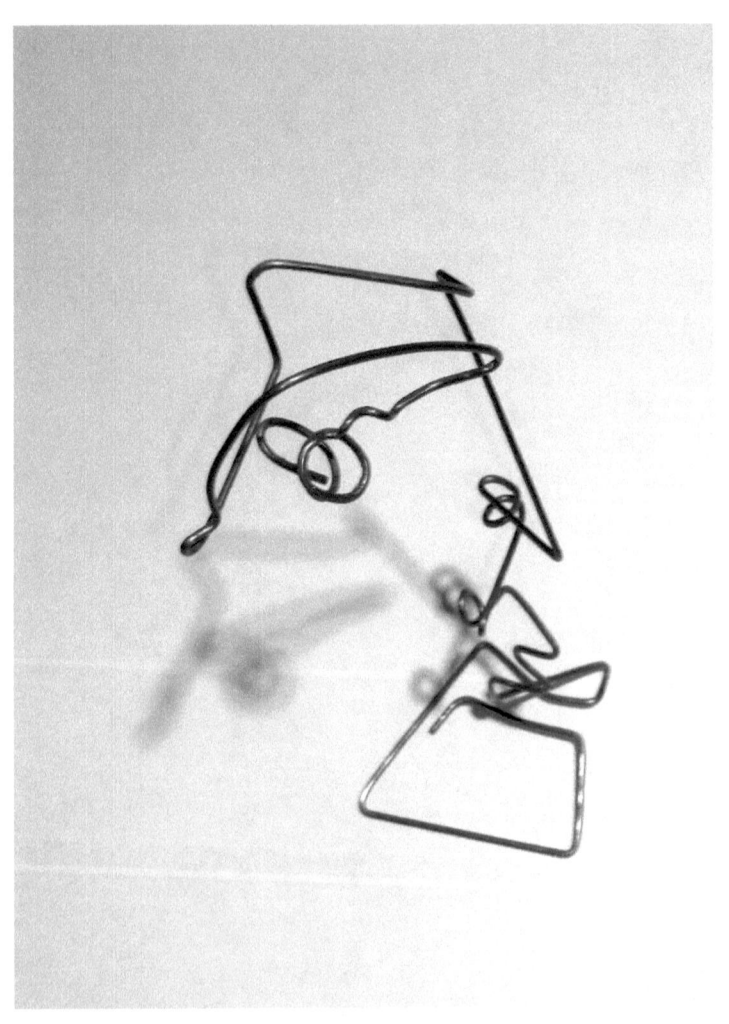

134   Porte-manteau

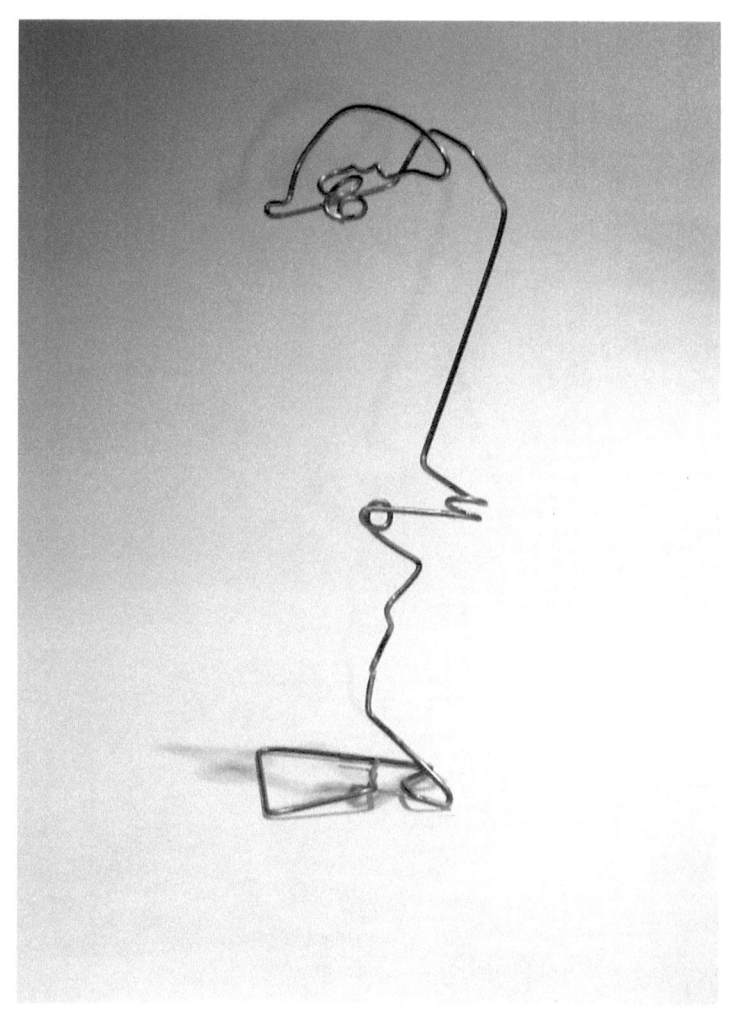

Gilles COLLETTE

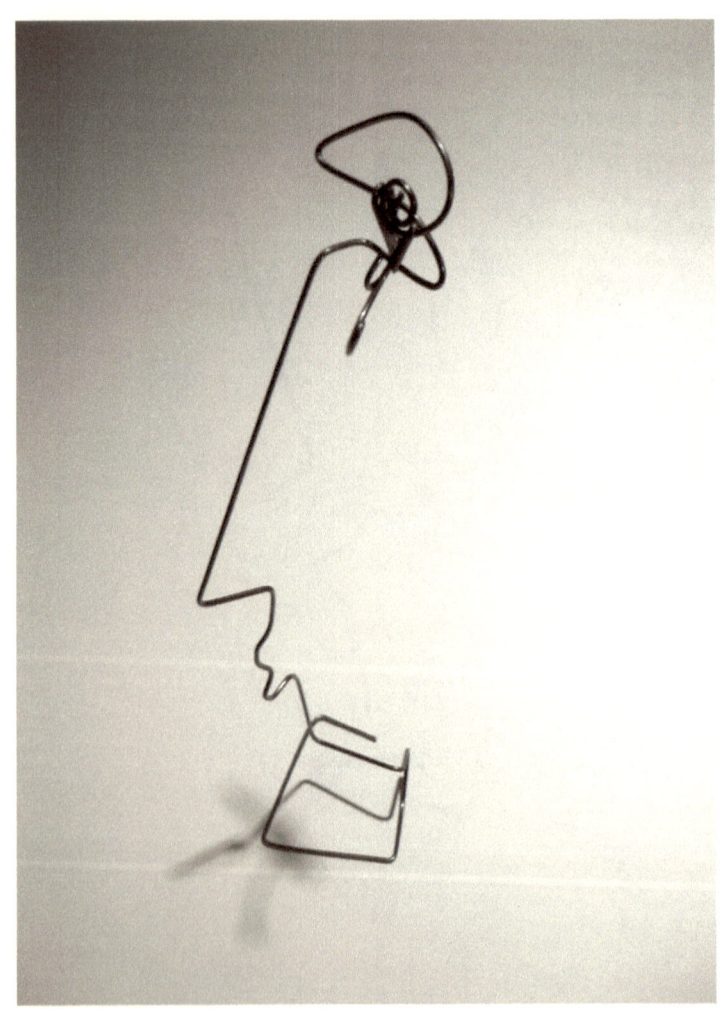

136   Porte-manteau

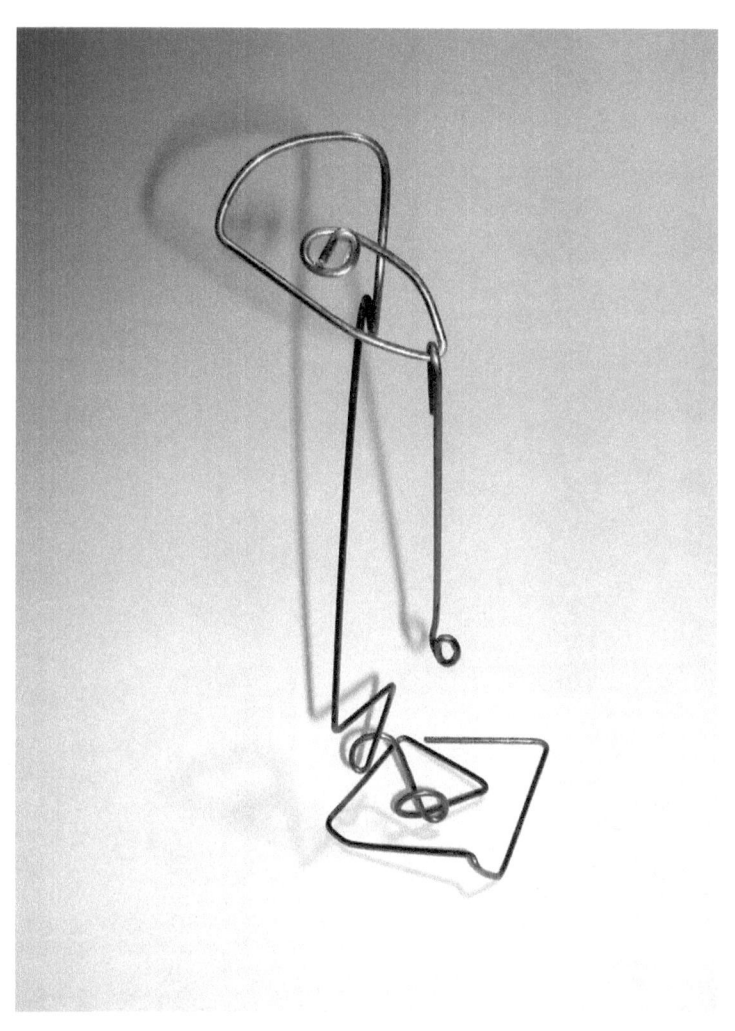

Gilles COLLETTE

137

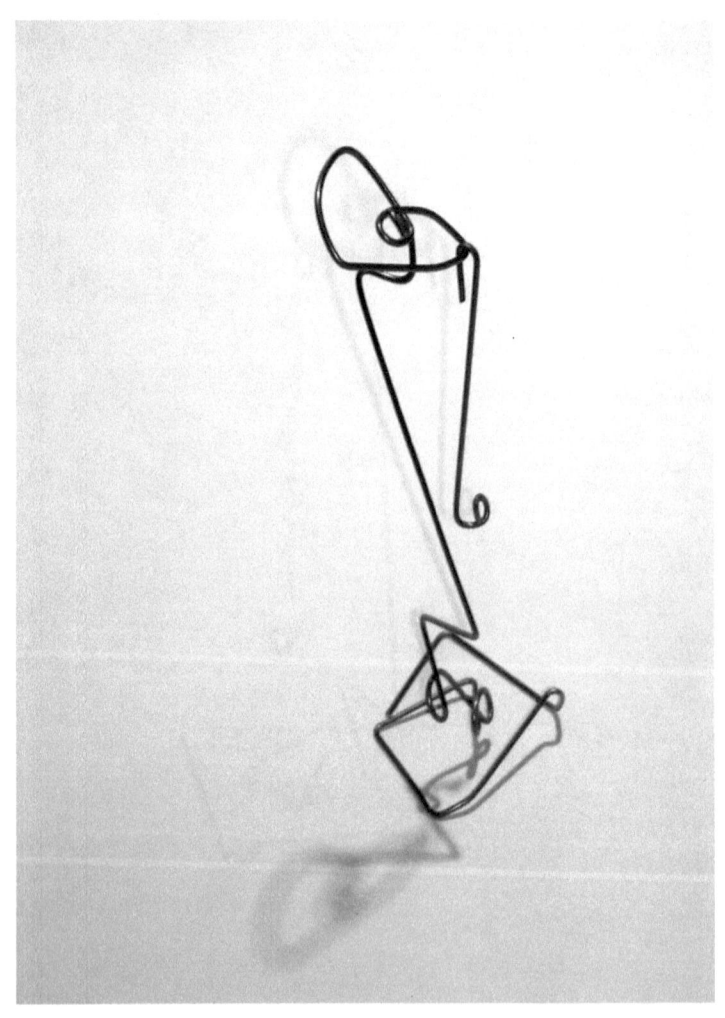

138   Porte-manteau

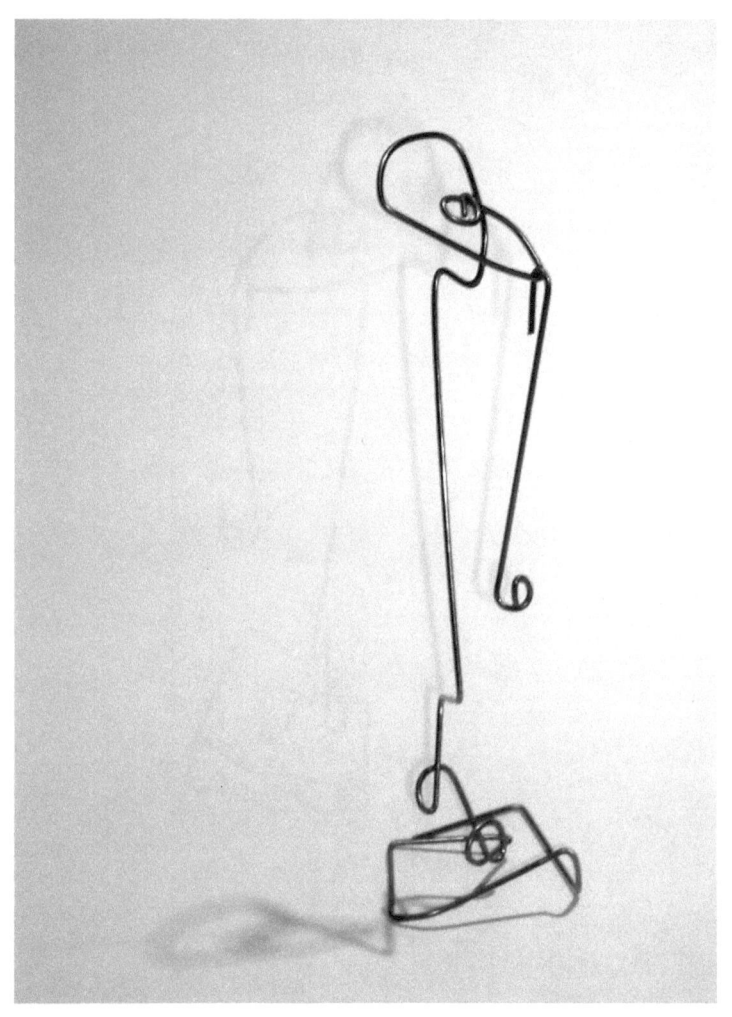

Gilles COLLETTE

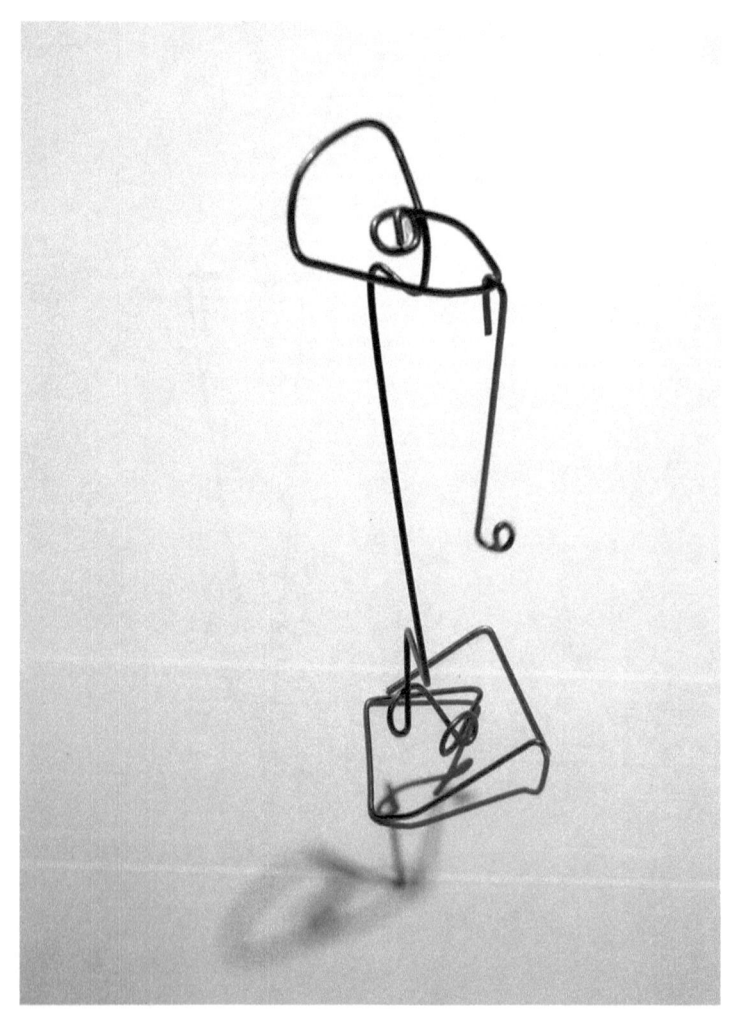

Porte-manteau

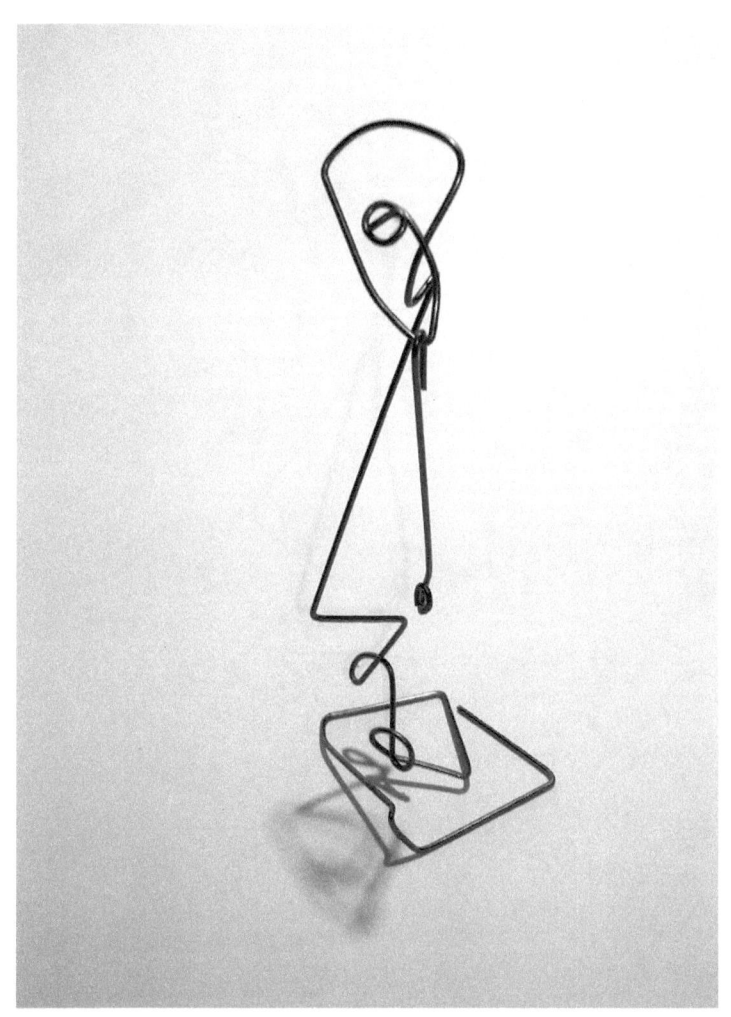

Gilles COLLETTE

141

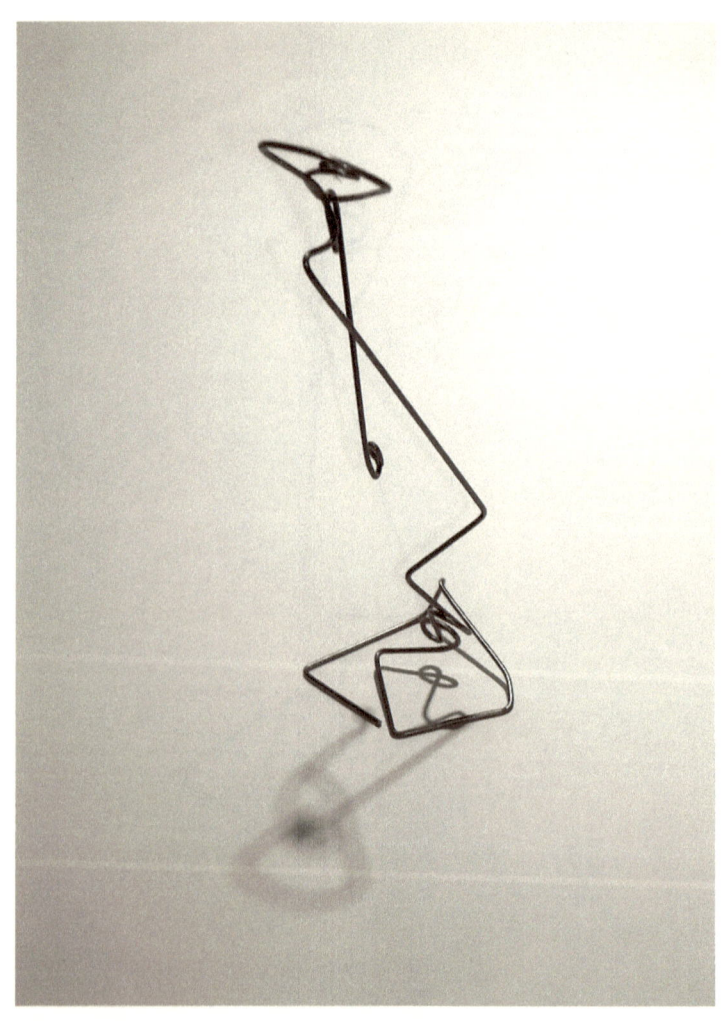

Porte-manteau

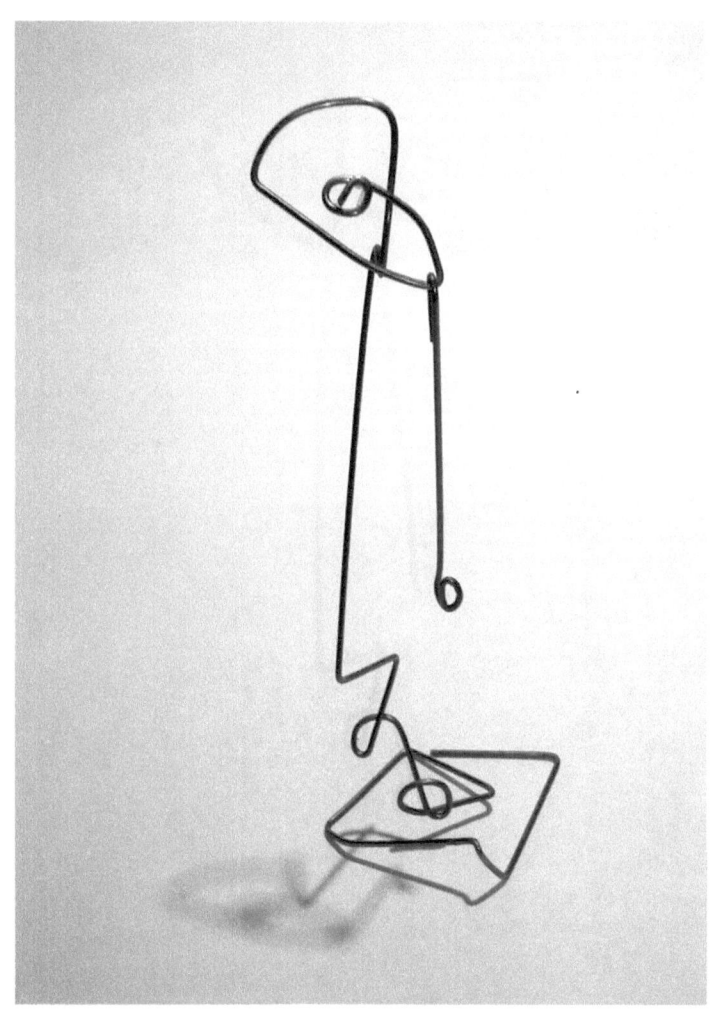

Gilles COLLETTE

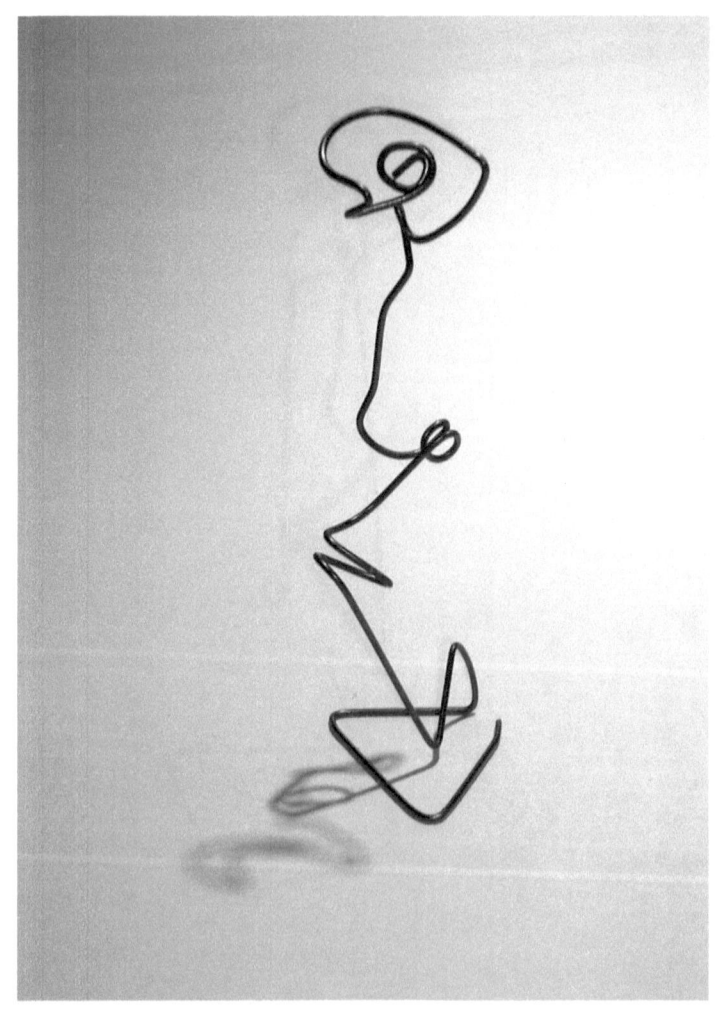

144   Porte-manteau

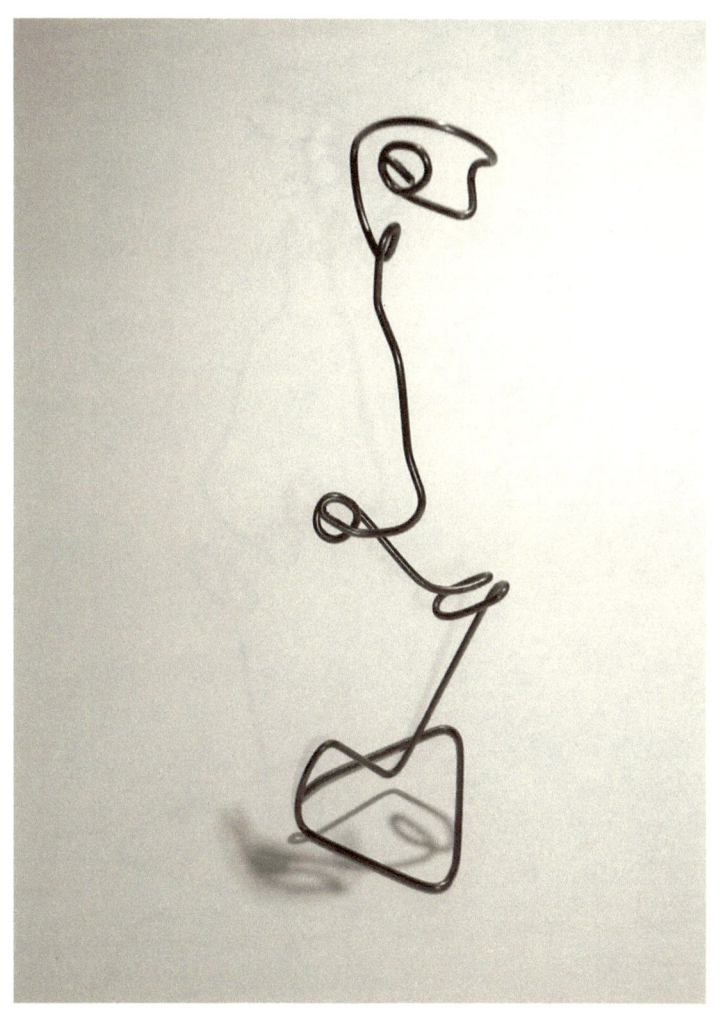

Gilles COLLETTE   145

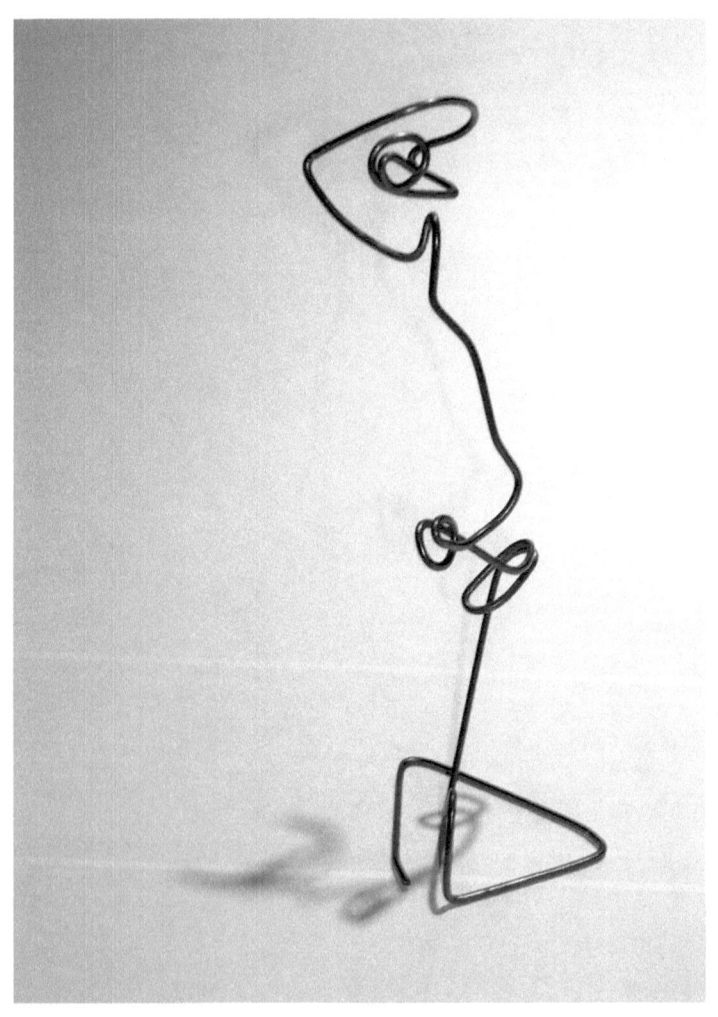

Porte-manteau

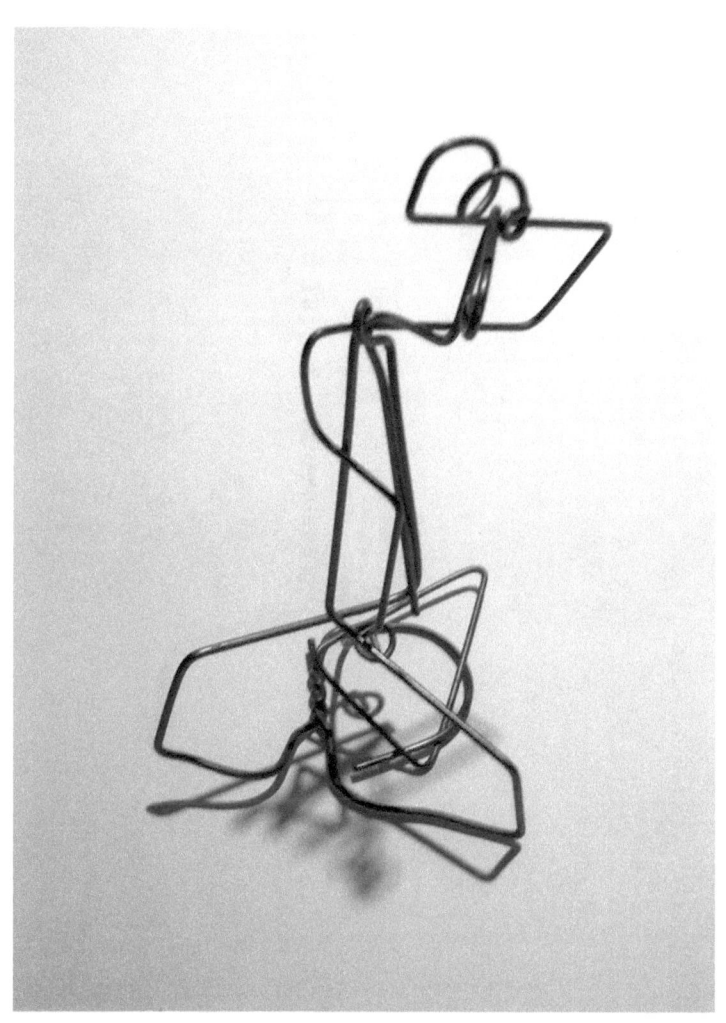

Gilles COLLETTE

147

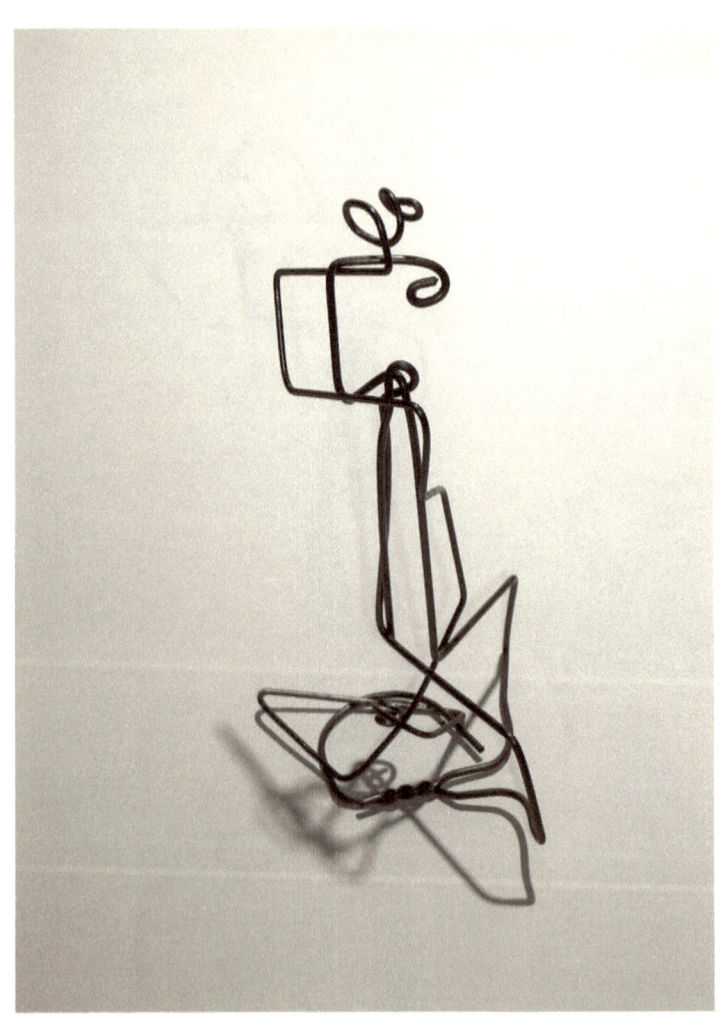

148   Porte-manteau

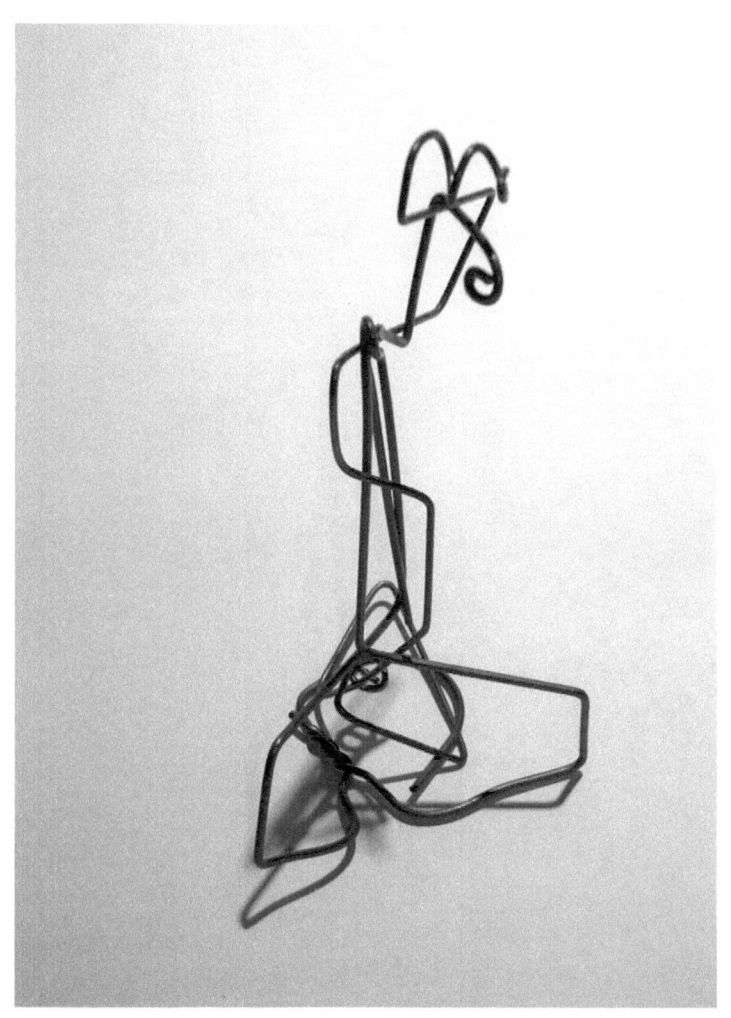

Gilles COLLETTE

149

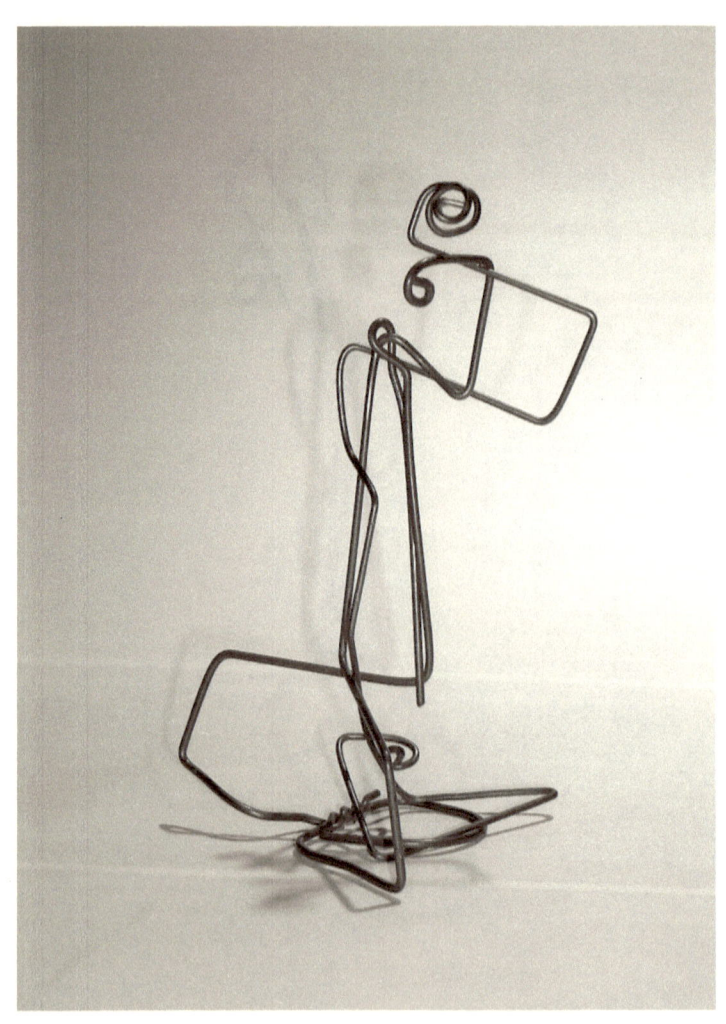

Porte-manteau

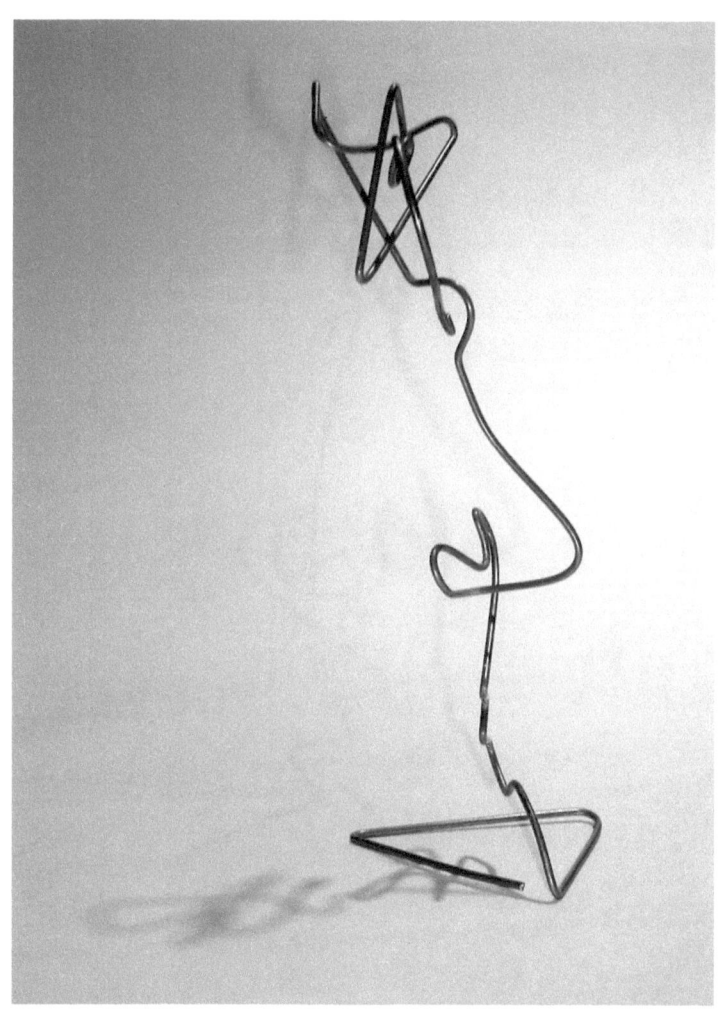

Gilles COLLETTE

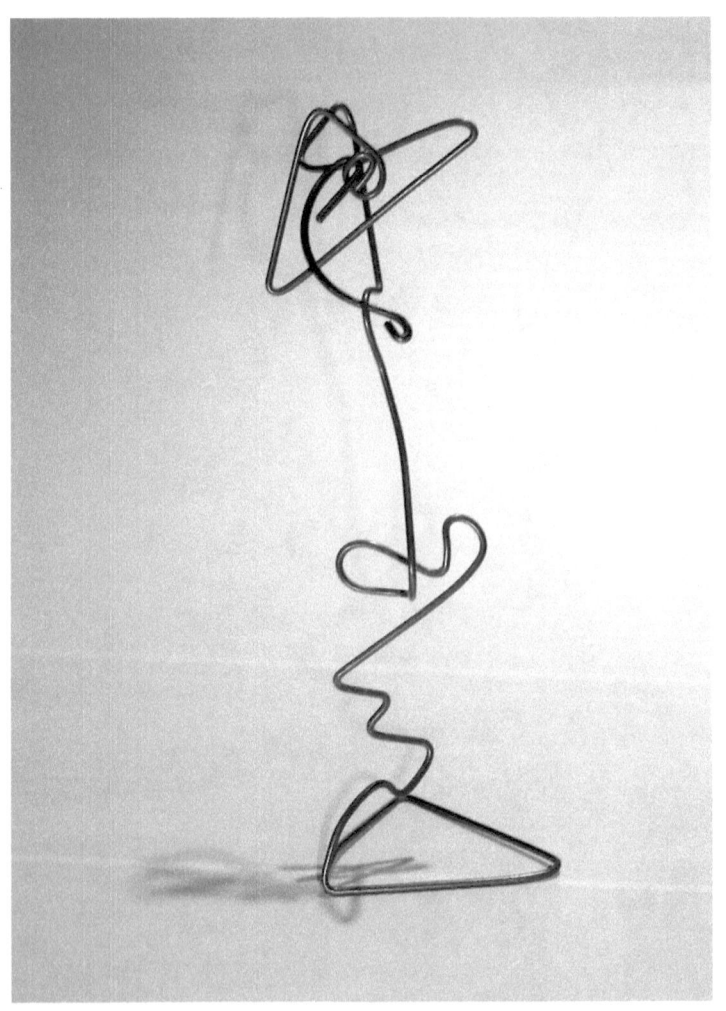

Porte-manteau

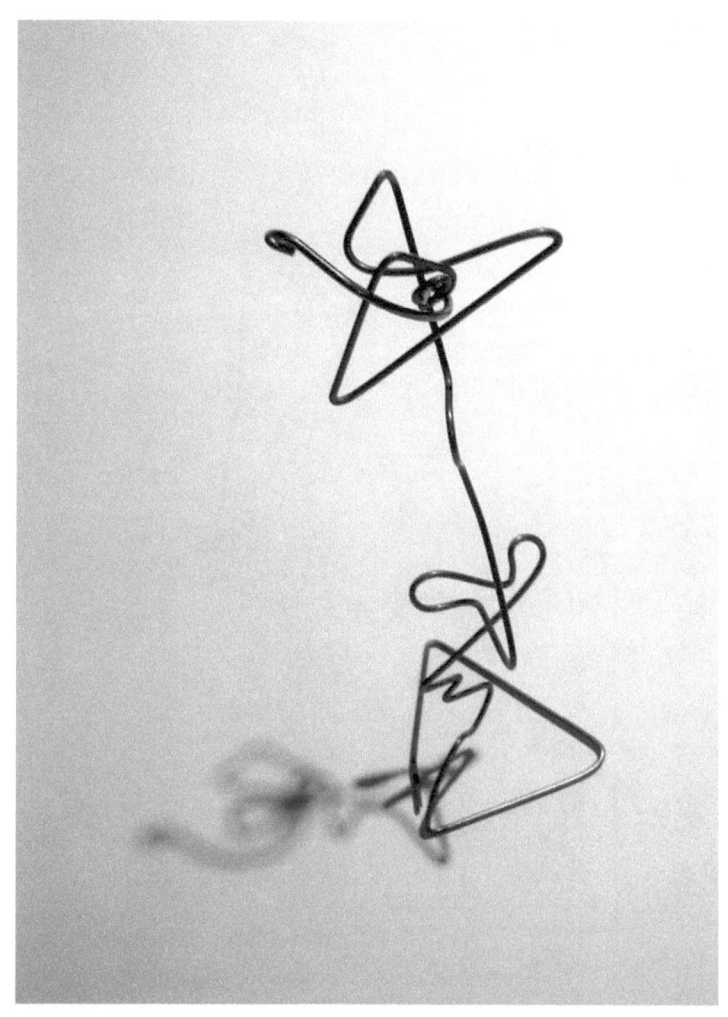

Gilles COLLETTE

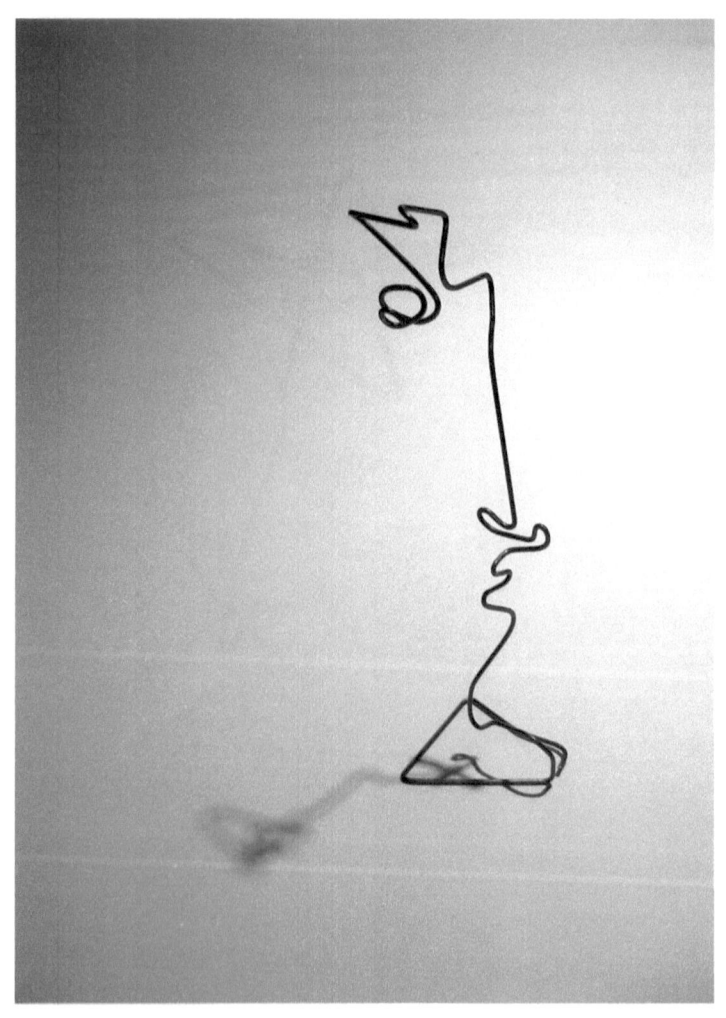

Porte-manteau

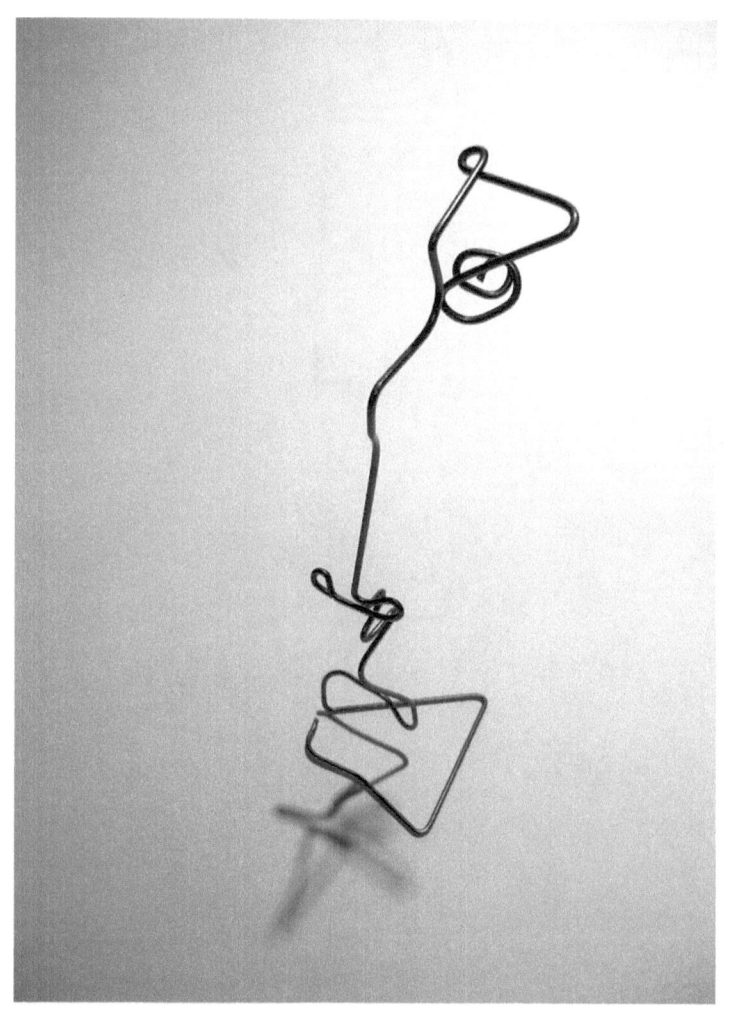

Gilles COLLETTE

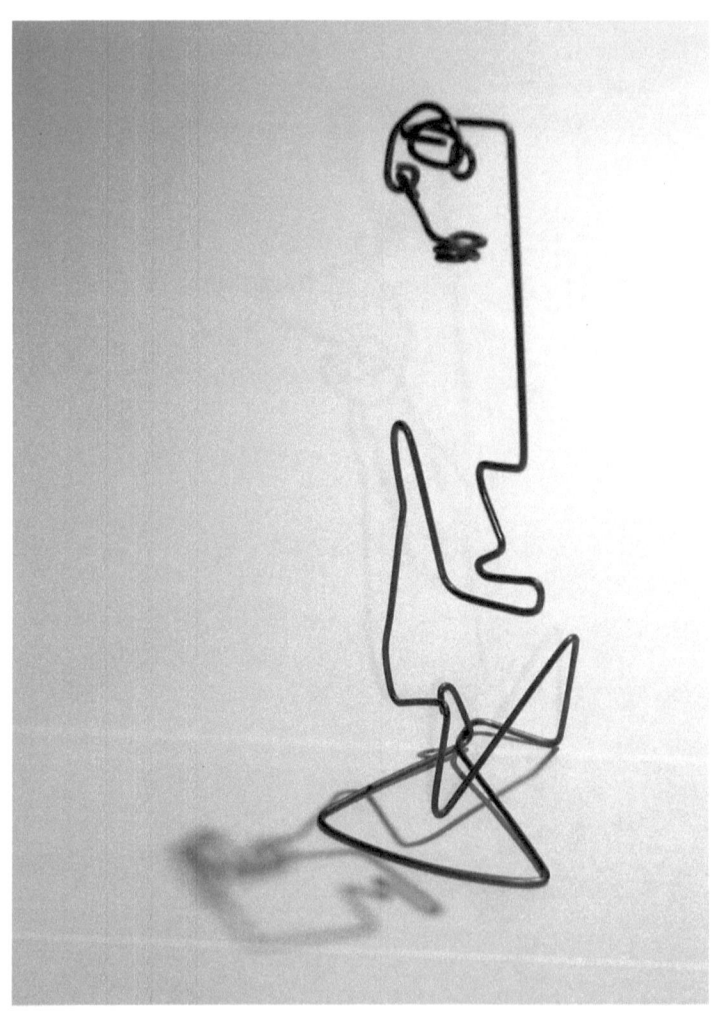

156   Porte-manteau

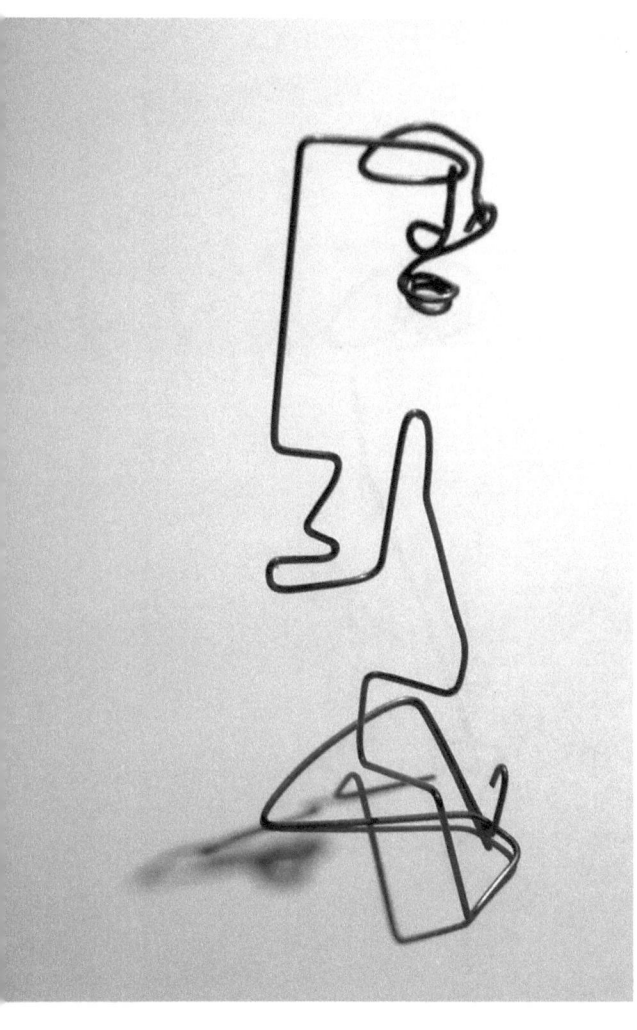

Gilles COLLETTE

157

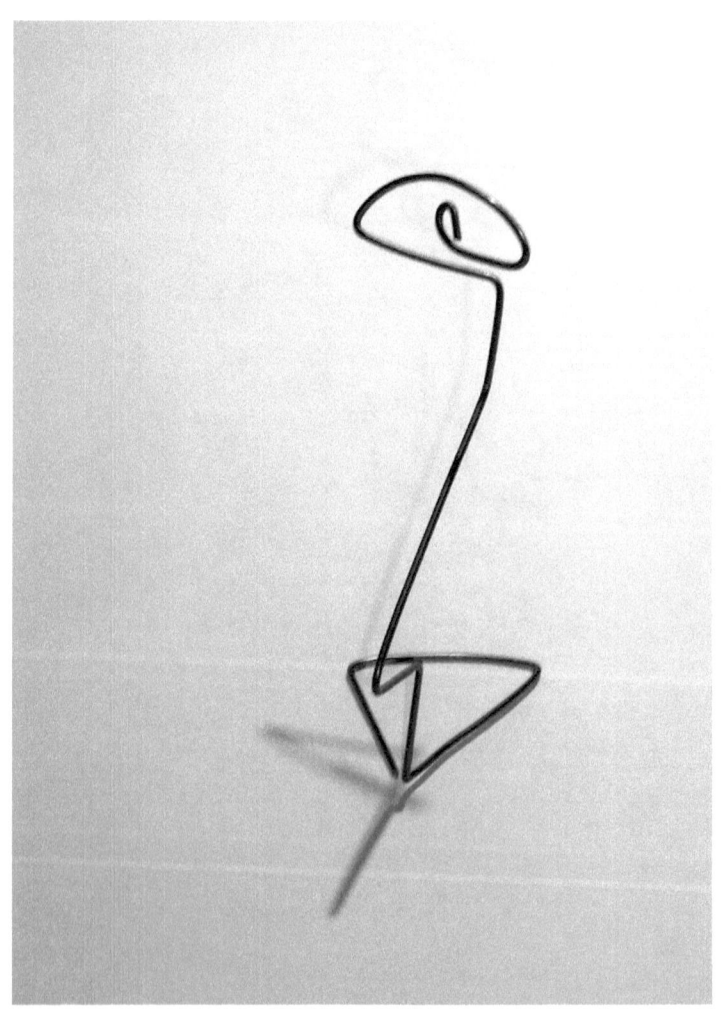

158   Porte-manteau

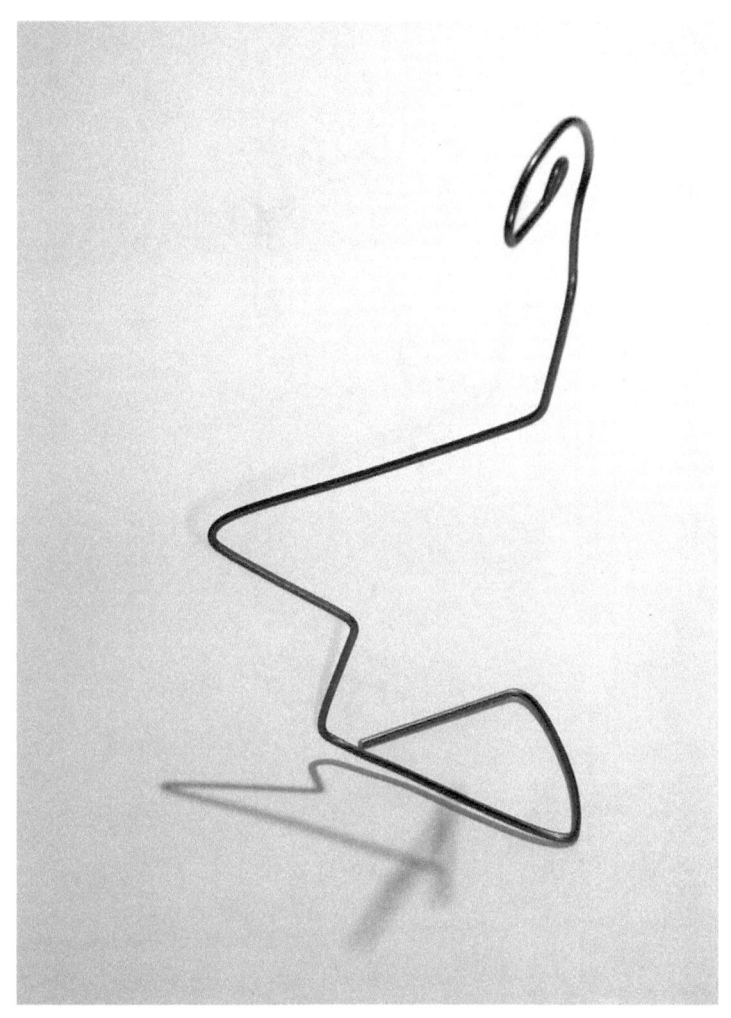

Gilles COLLETTE

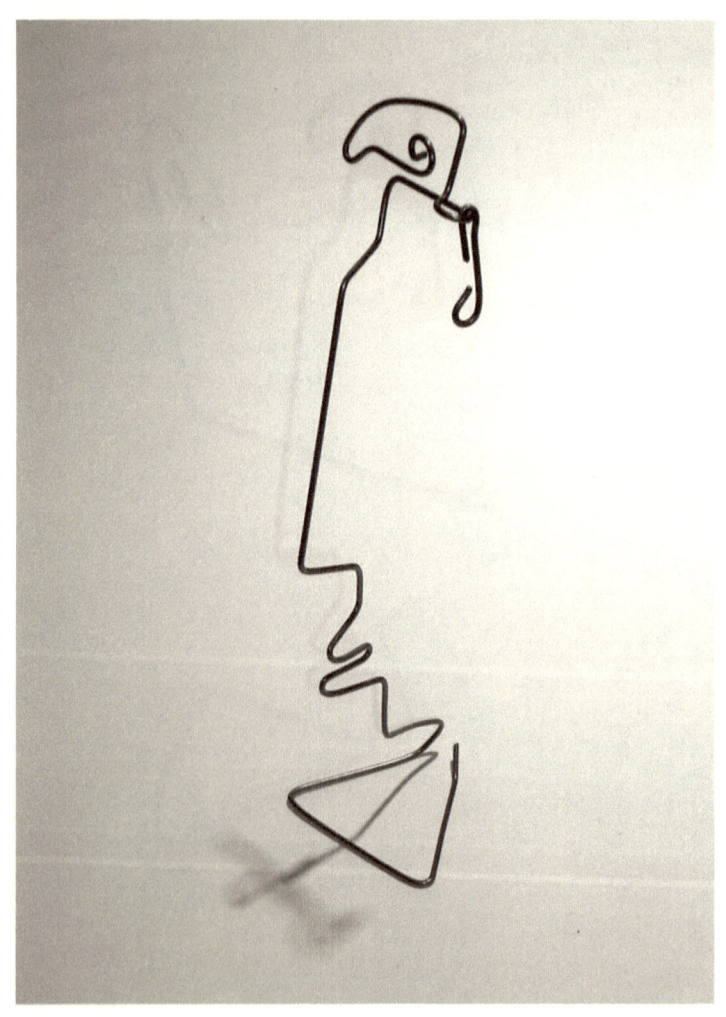

Porte-manteau

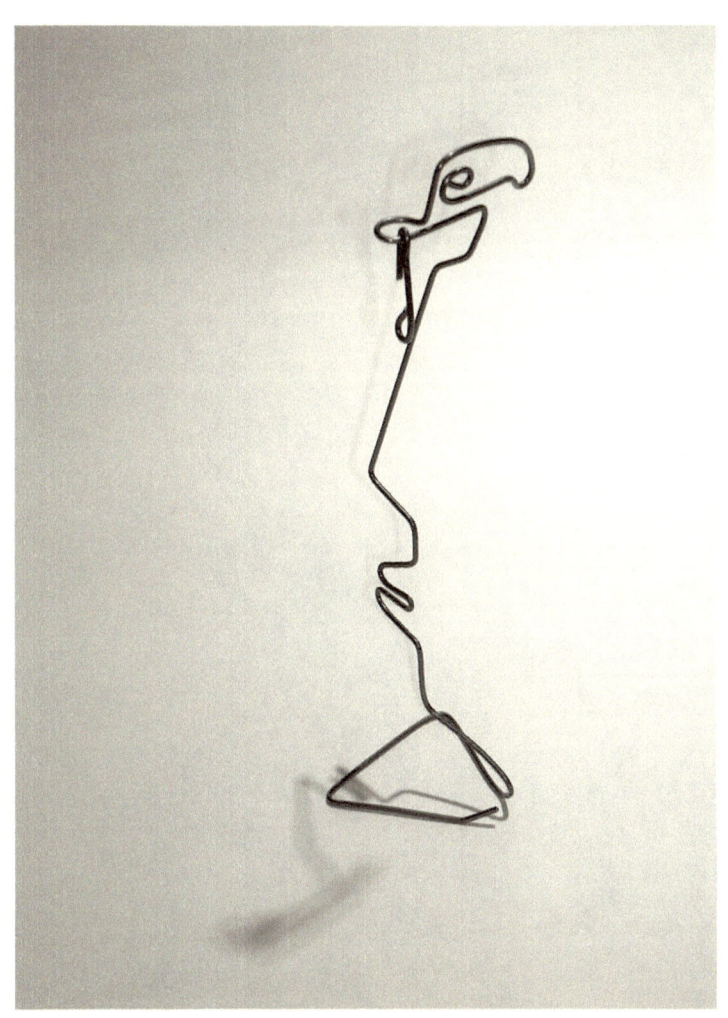

Gilles COLLETTE

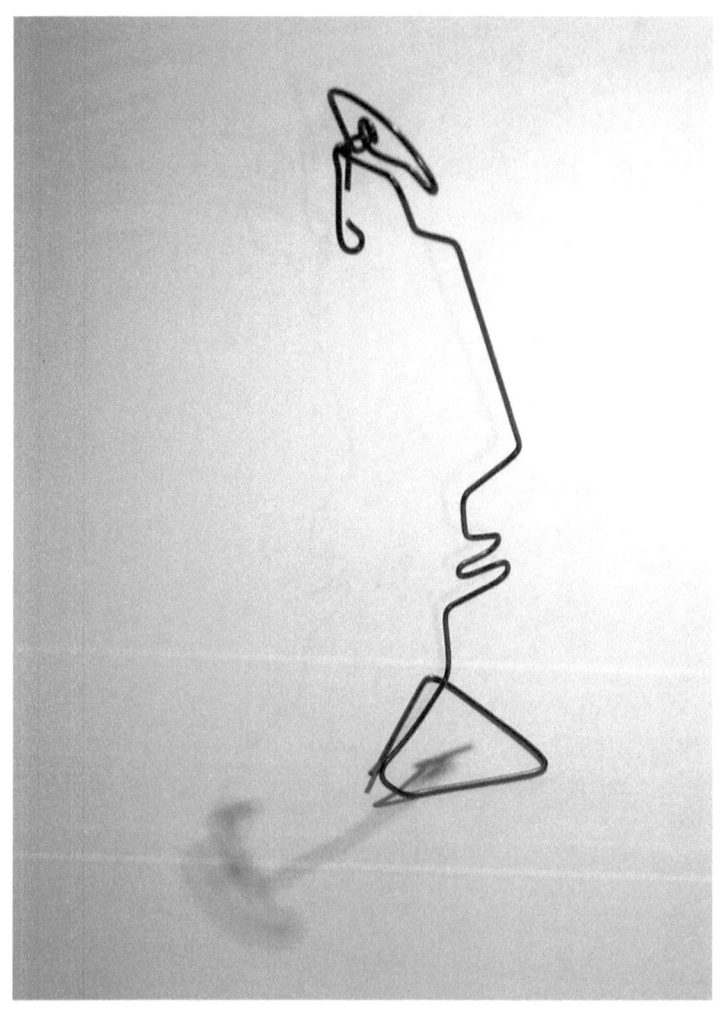

162   Porte-manteau

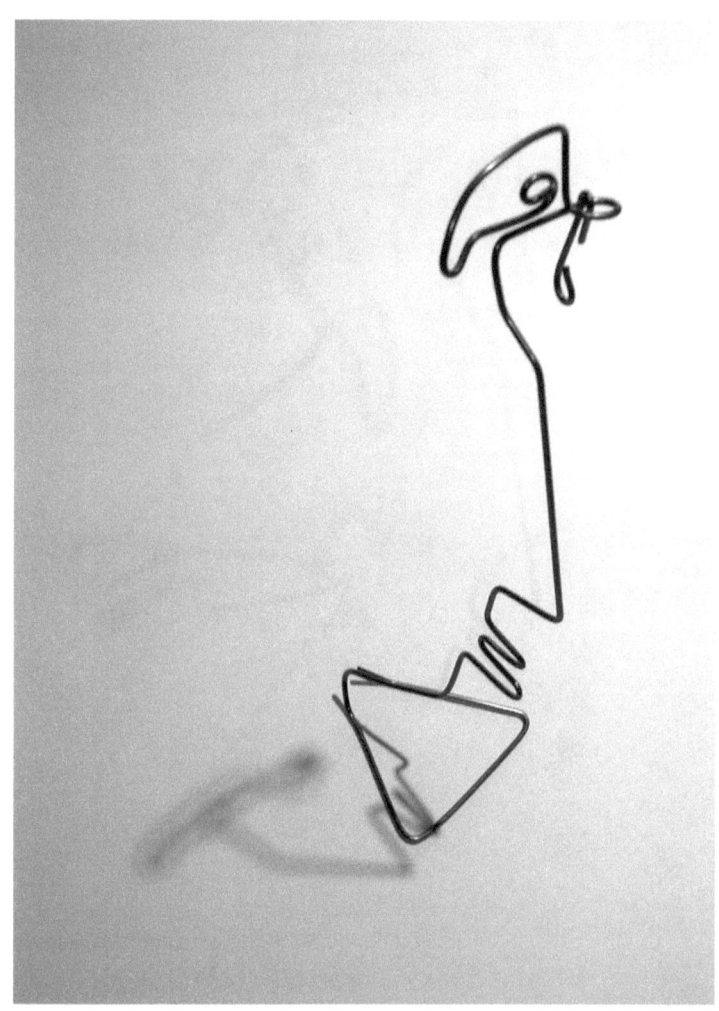

Gilles COLLETTE

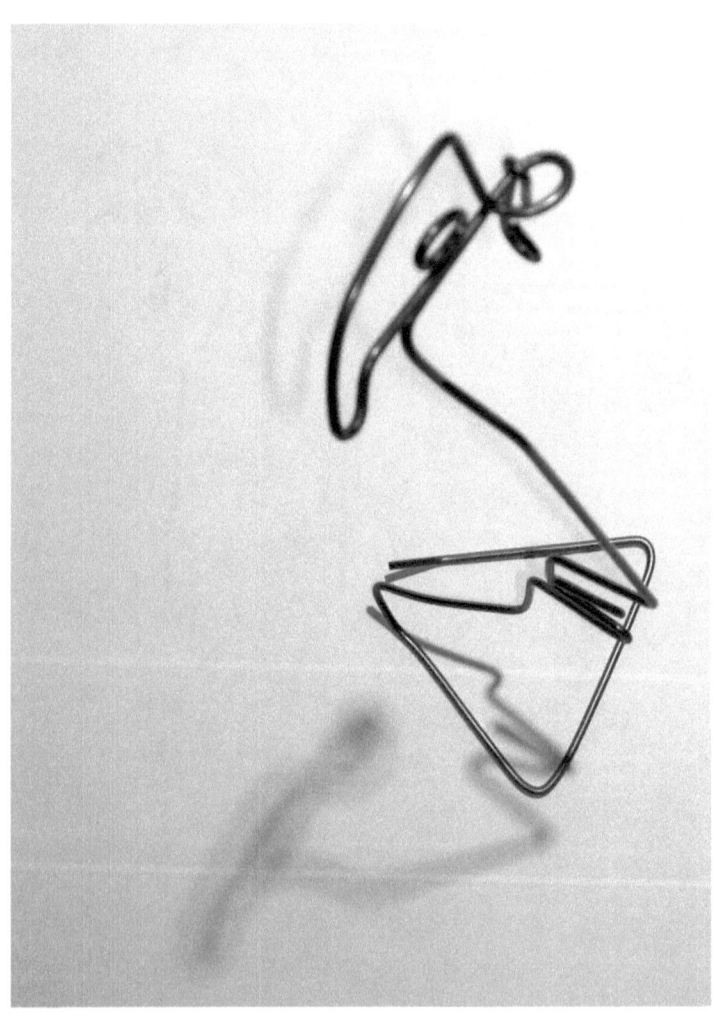

Porte-manteau

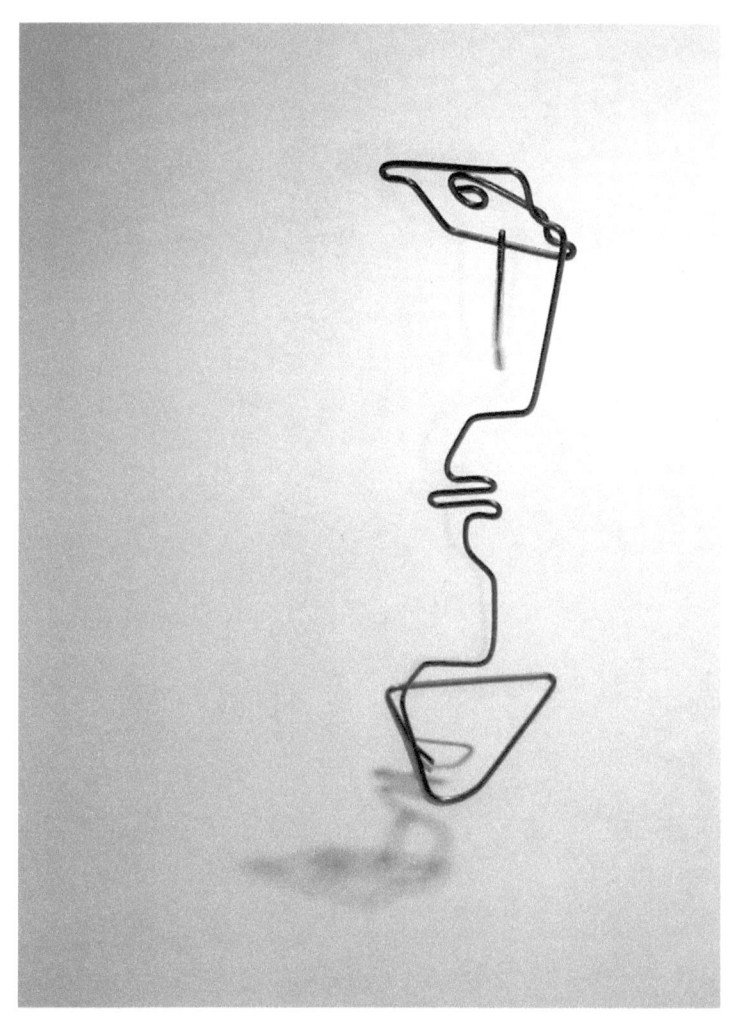

Gilles COLLETTE

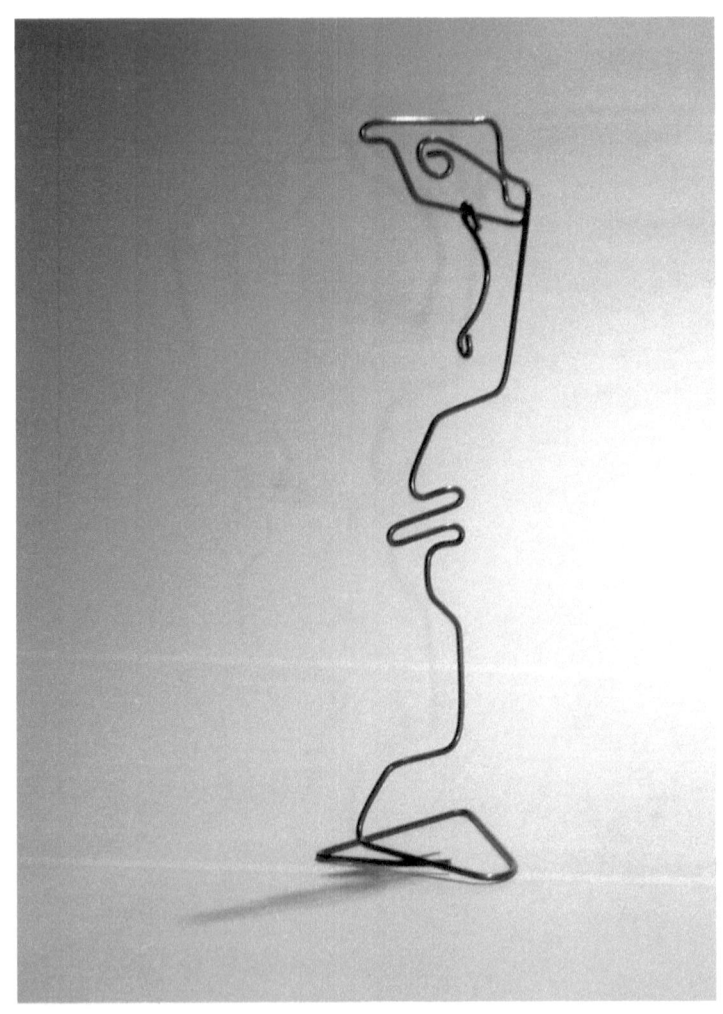

Porte-manteau

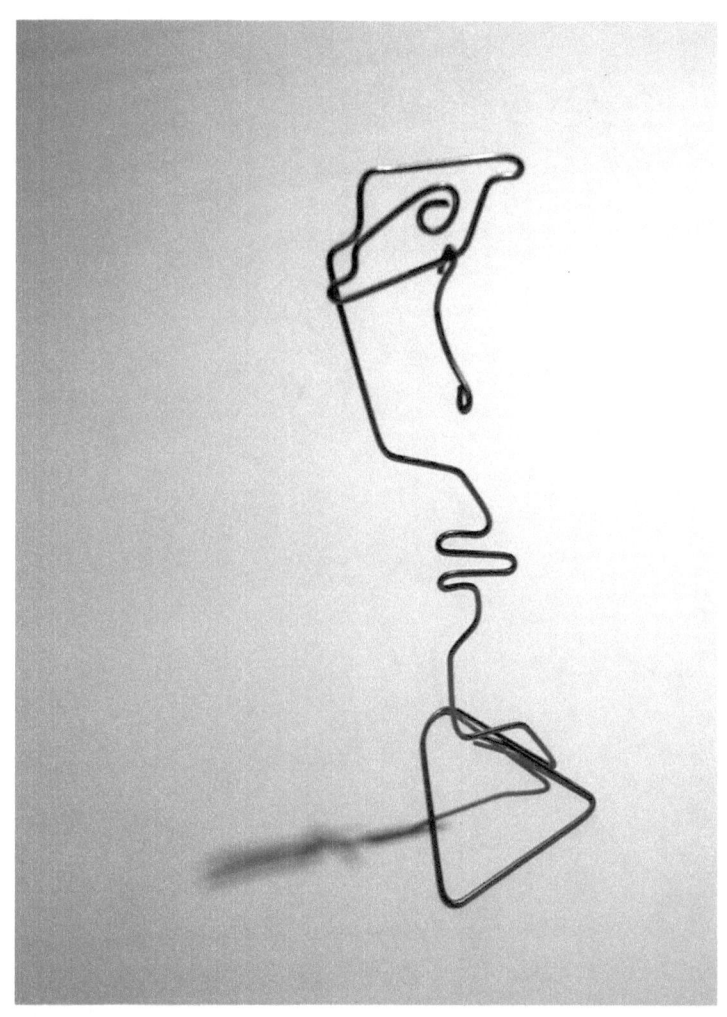

Gilles COLLETTE

167

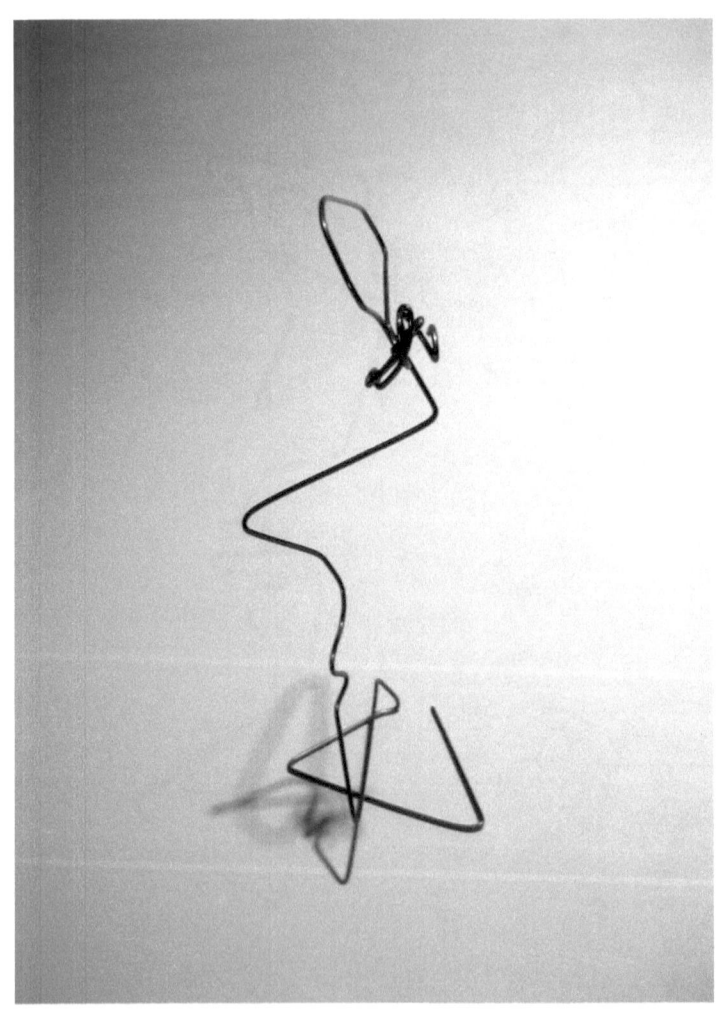

Porte-manteau

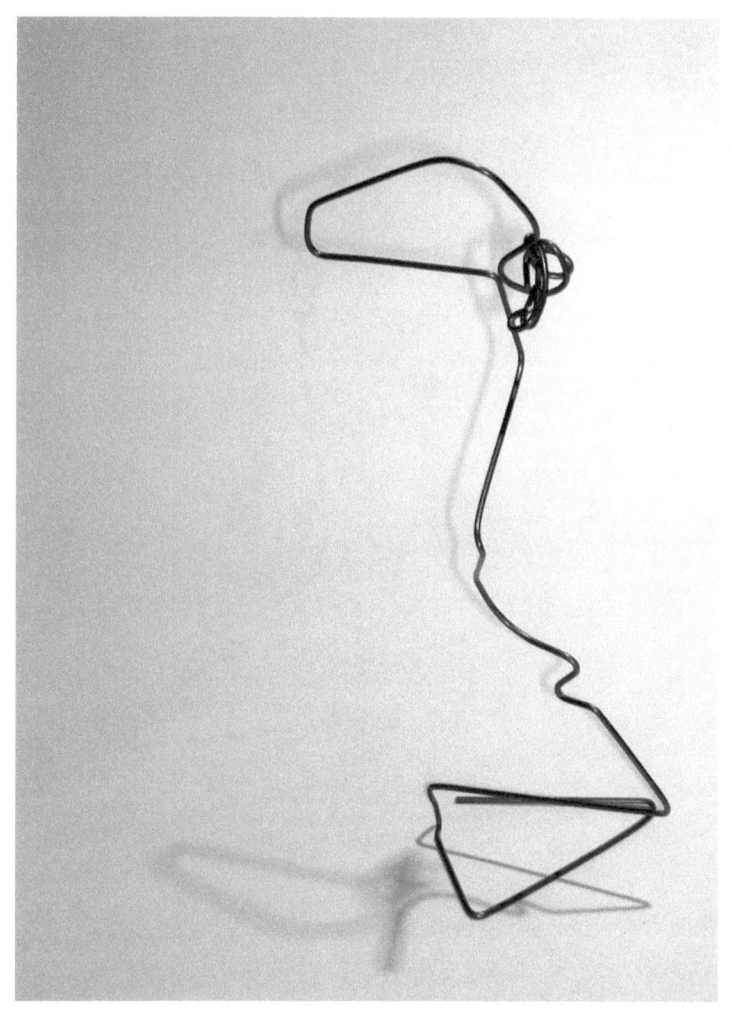

Gilles COLLETTE

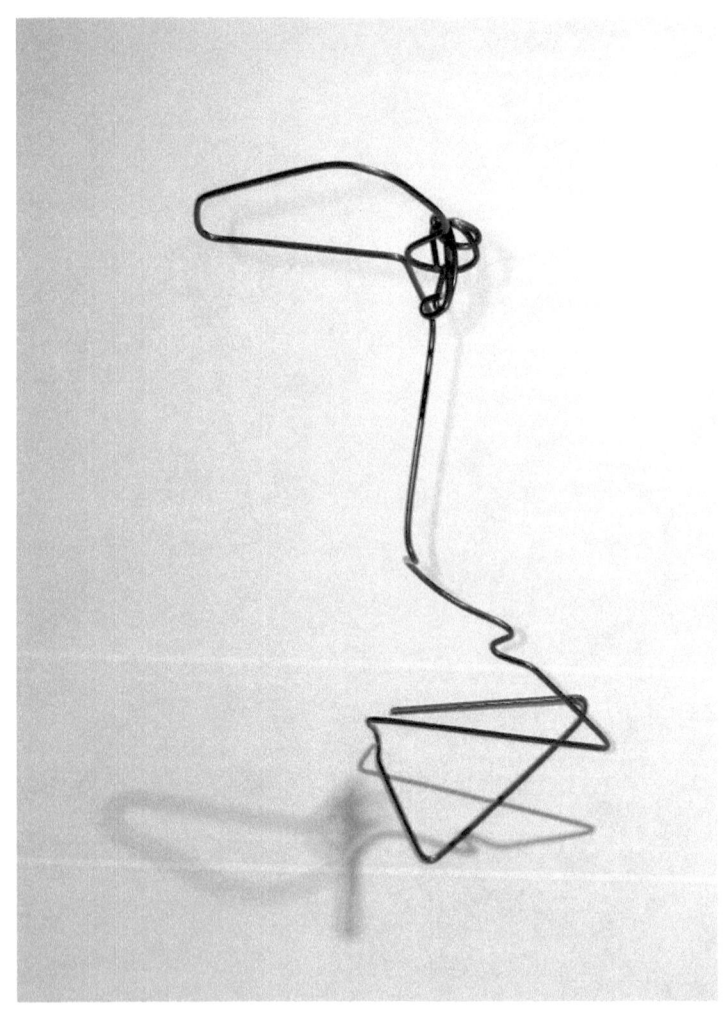

Porte-manteau

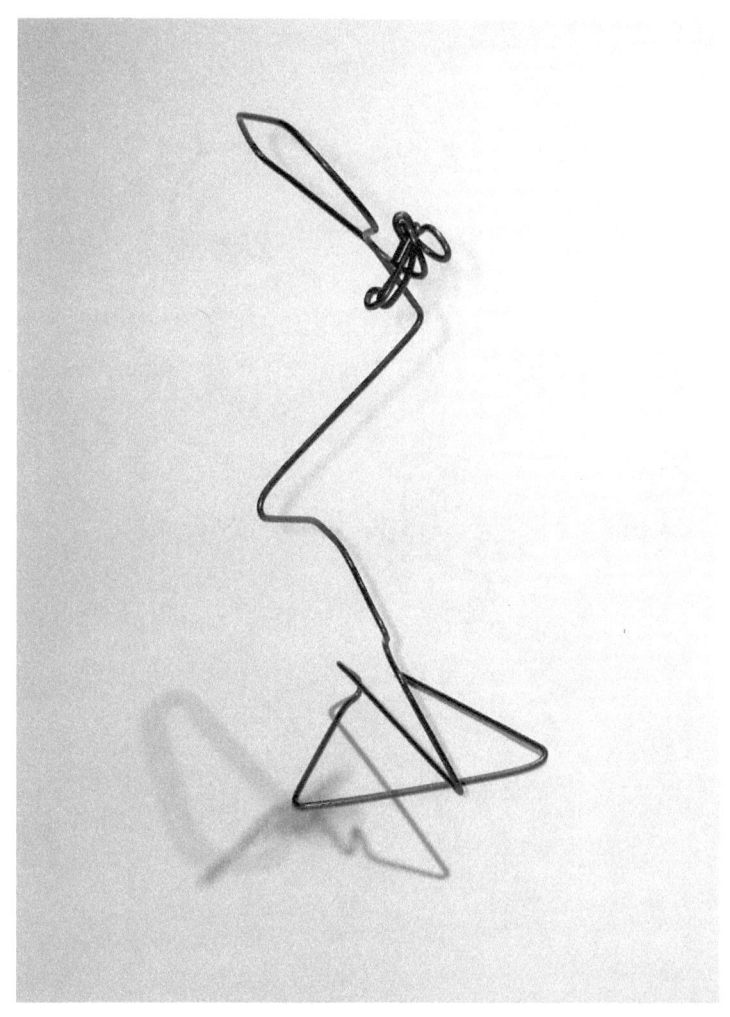

Gilles COLLETTE

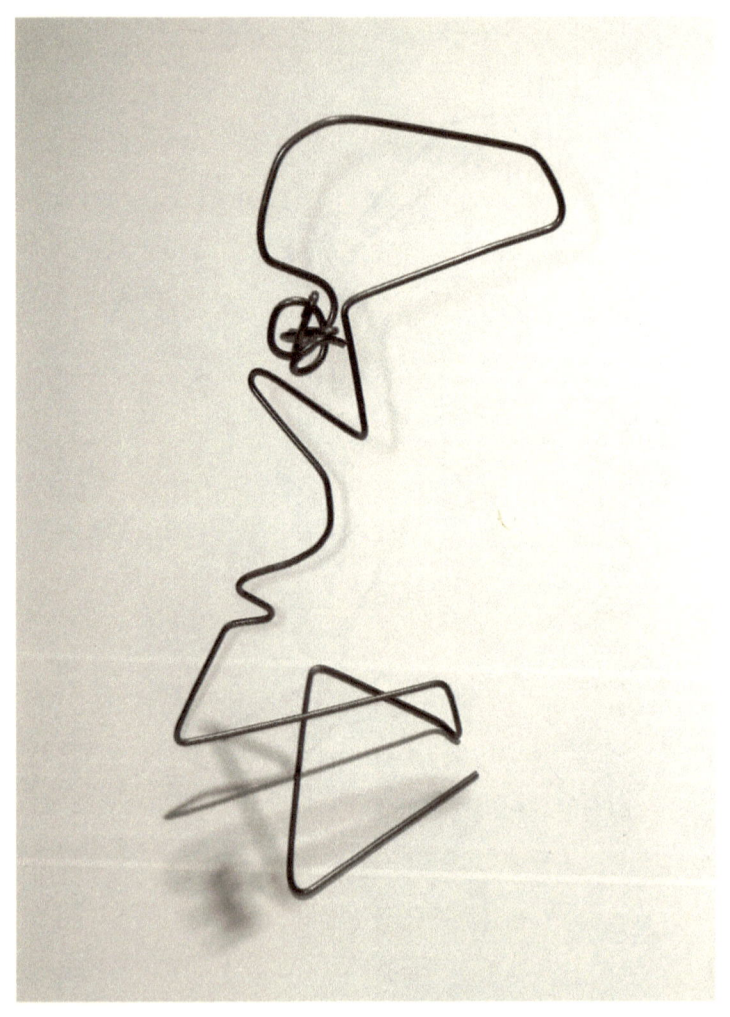

Porte-manteau

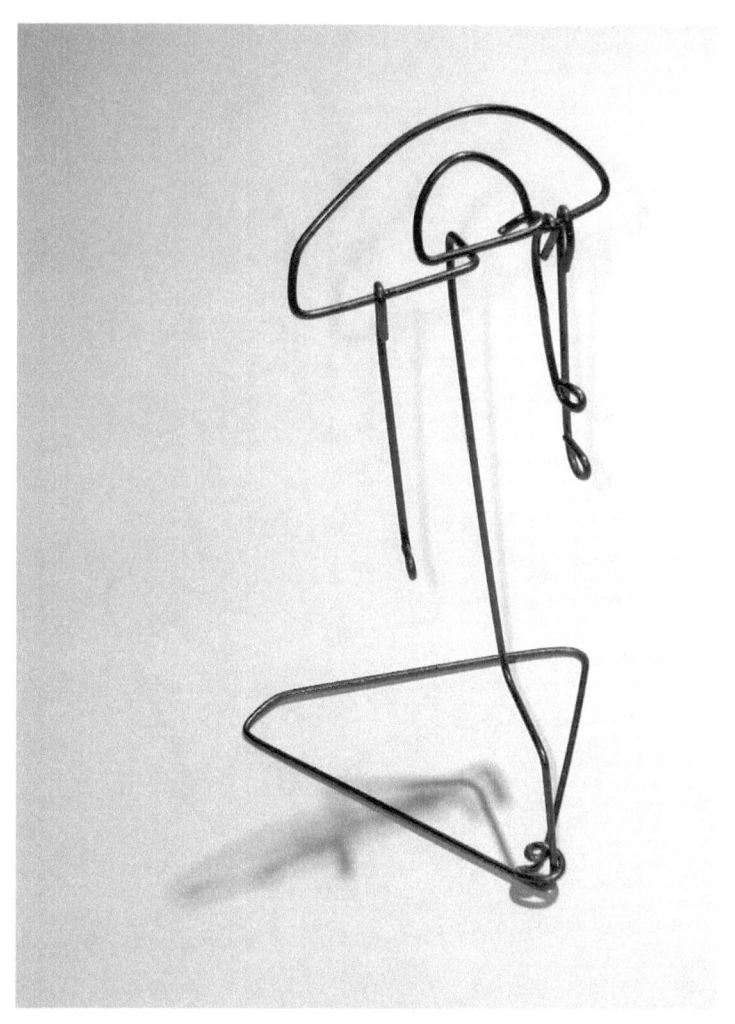

Gilles COLLETTE

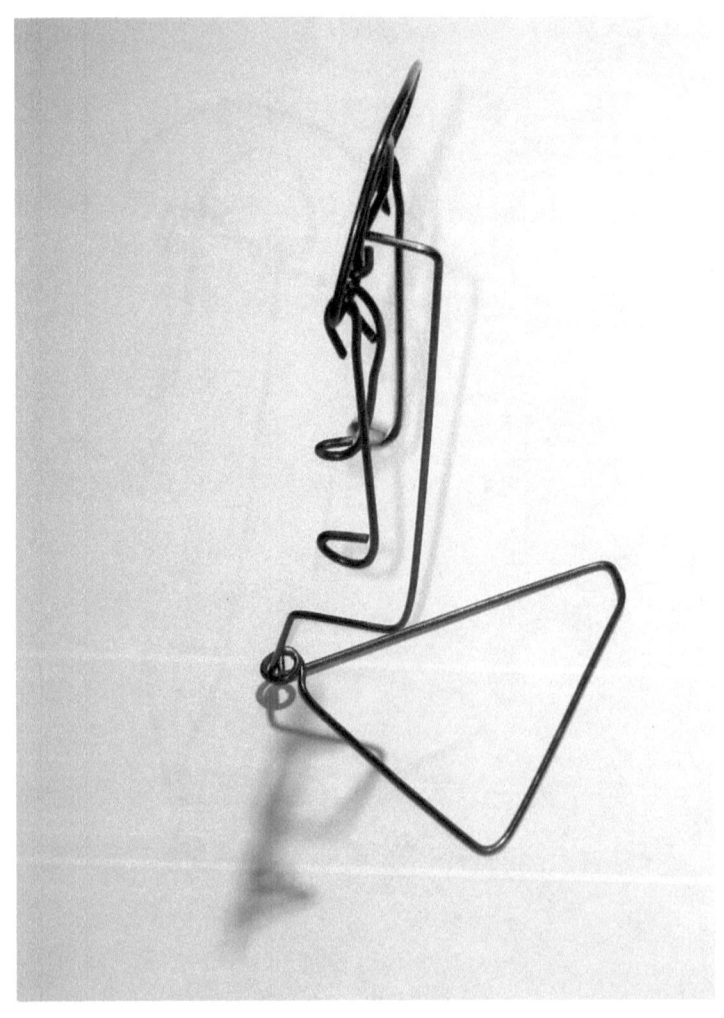

174   Porte-manteau

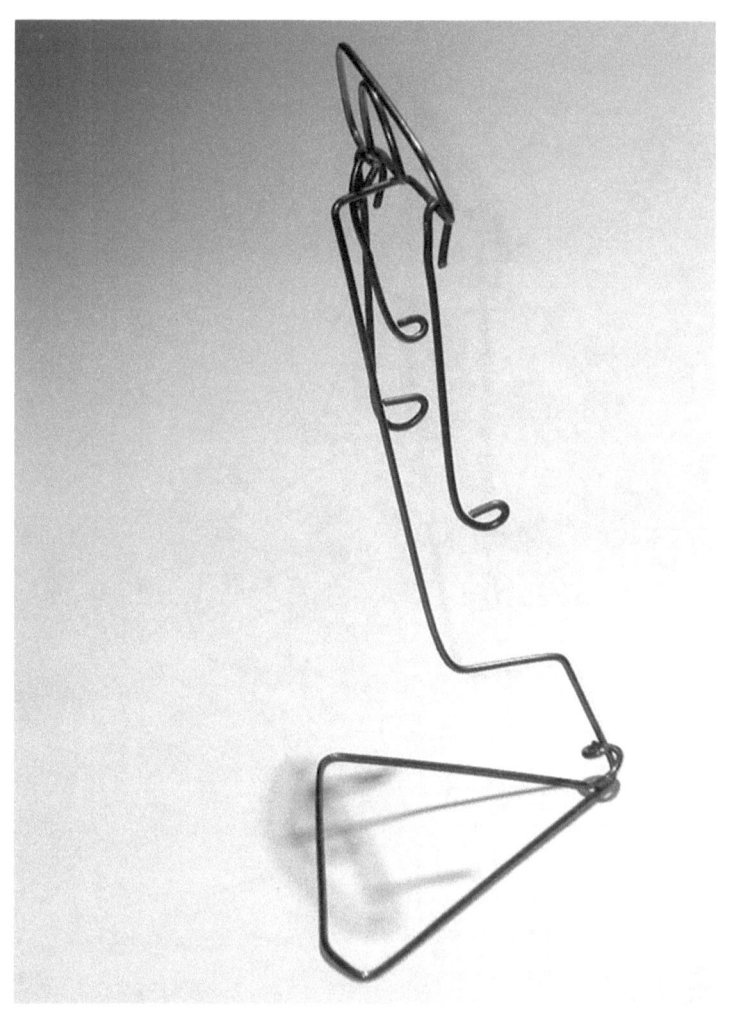

Gilles COLLETTE

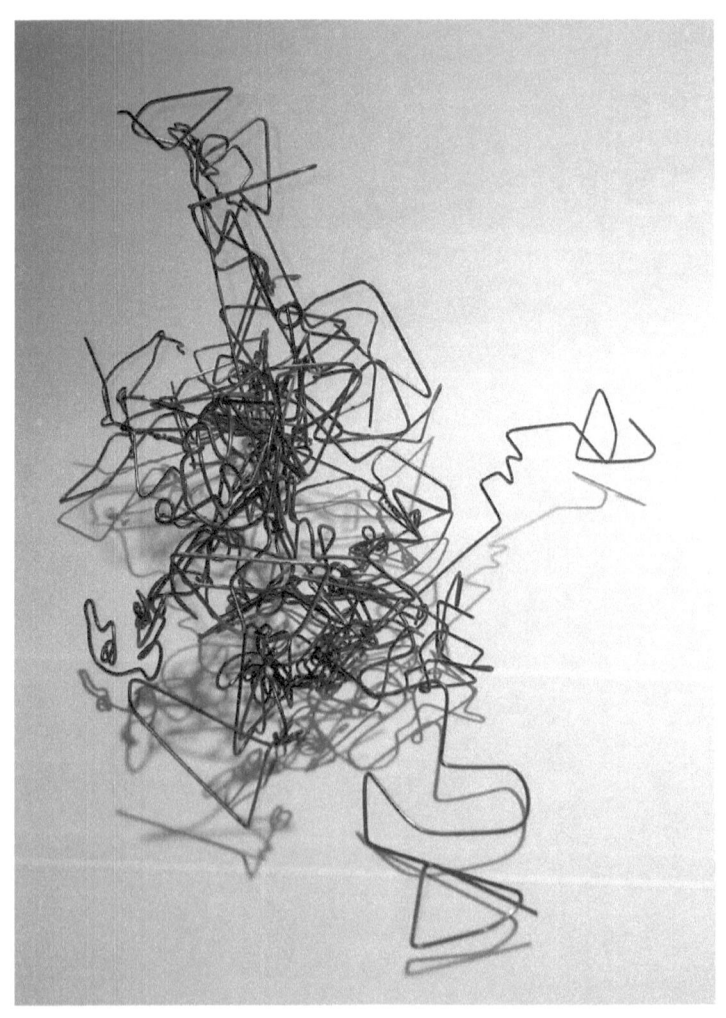

176   Porte-manteau

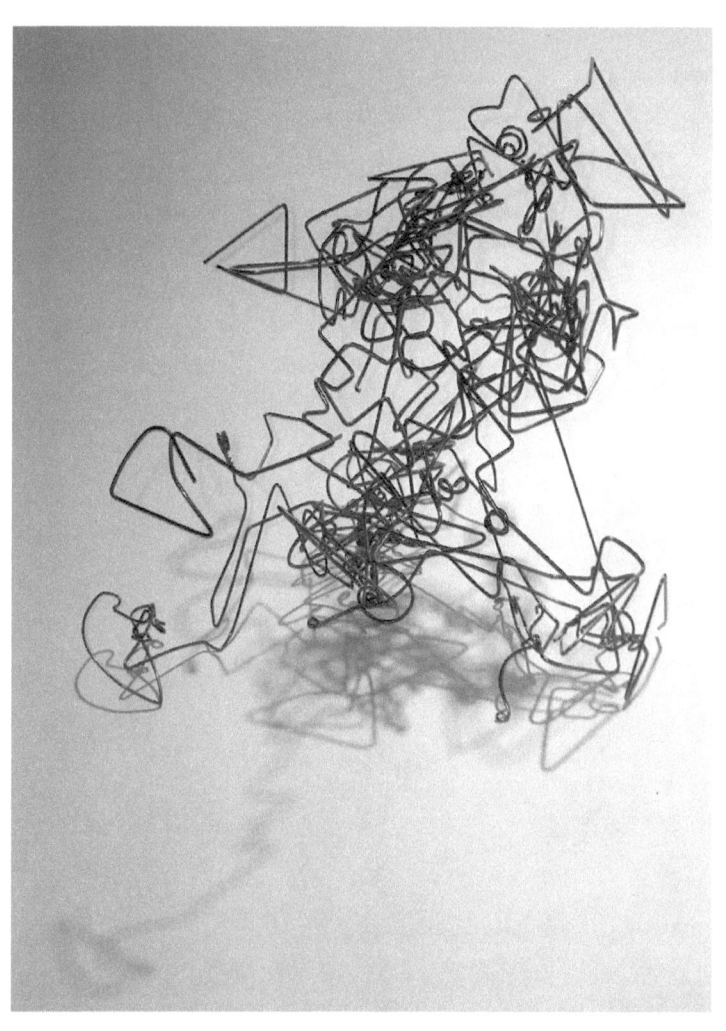

Gilles COLLETTE

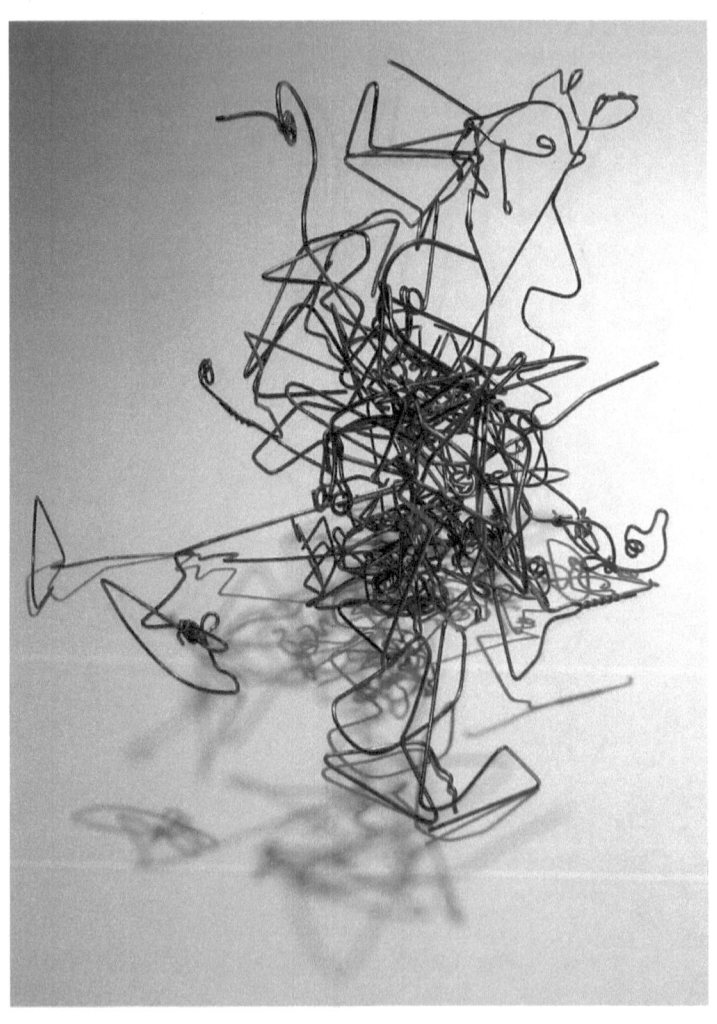

178   Porte-manteau

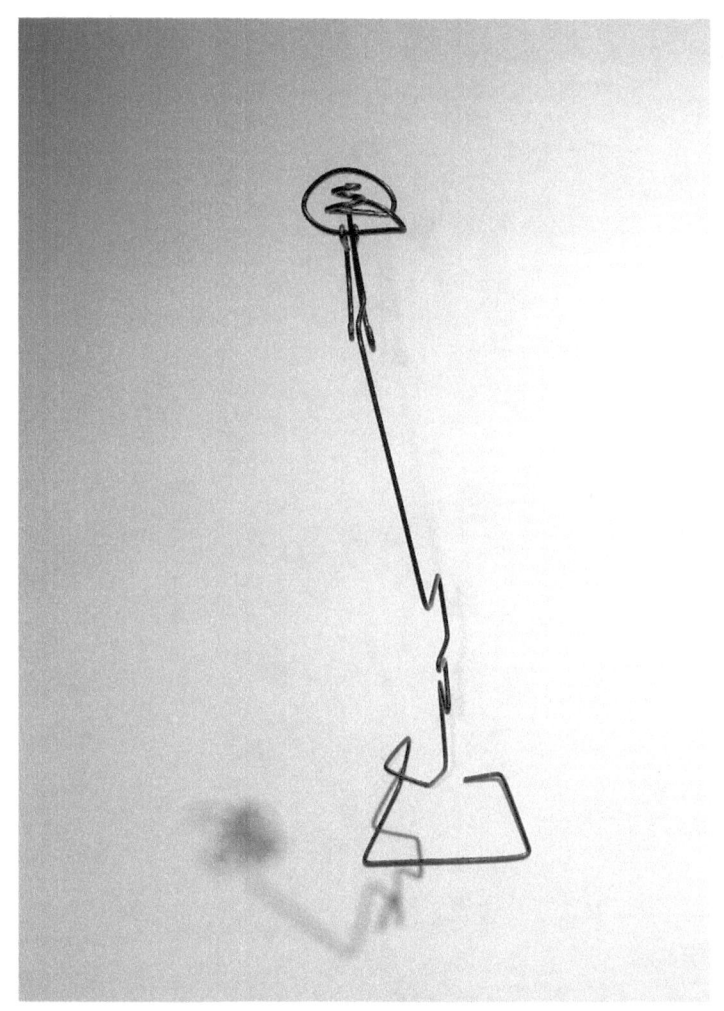

Gilles COLLETTE

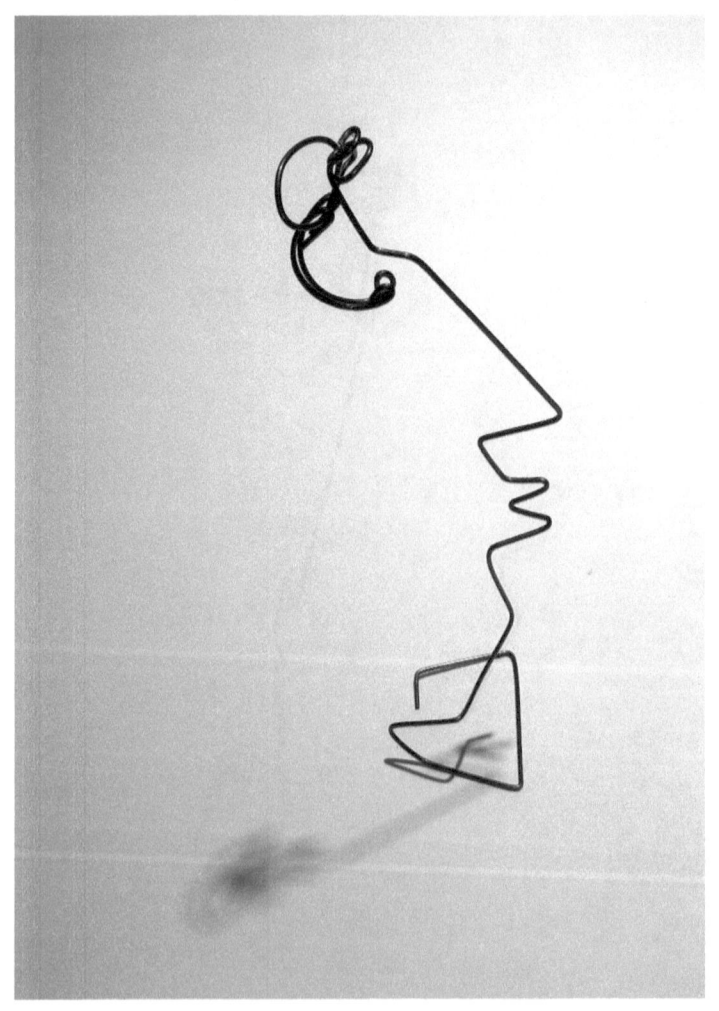

Porte-manteau

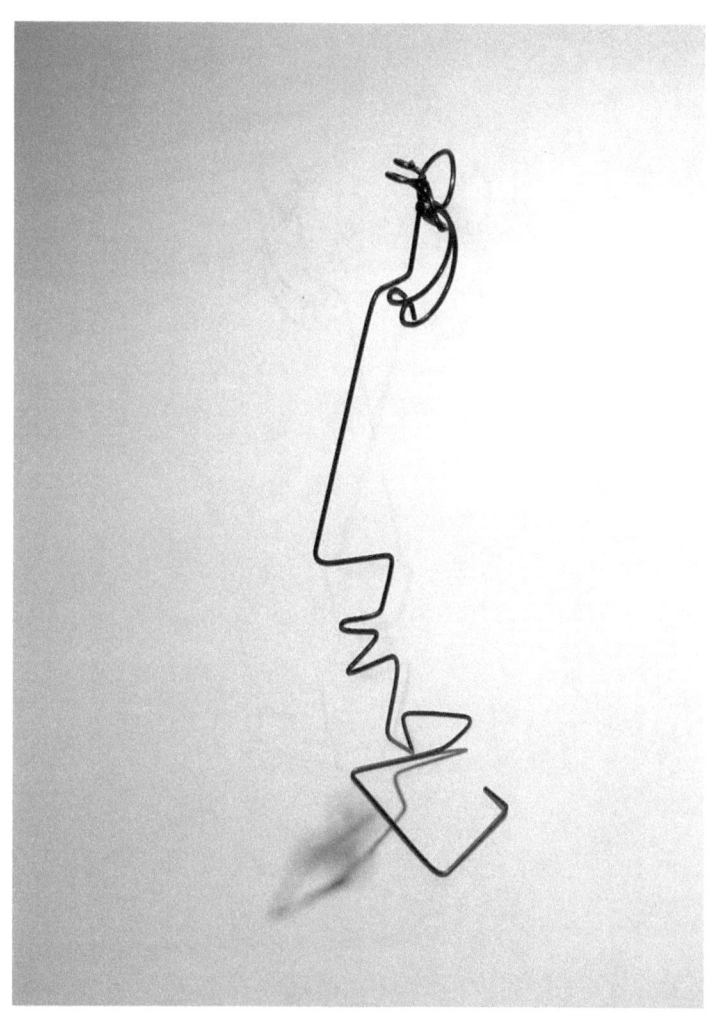

Gilles COLLETTE

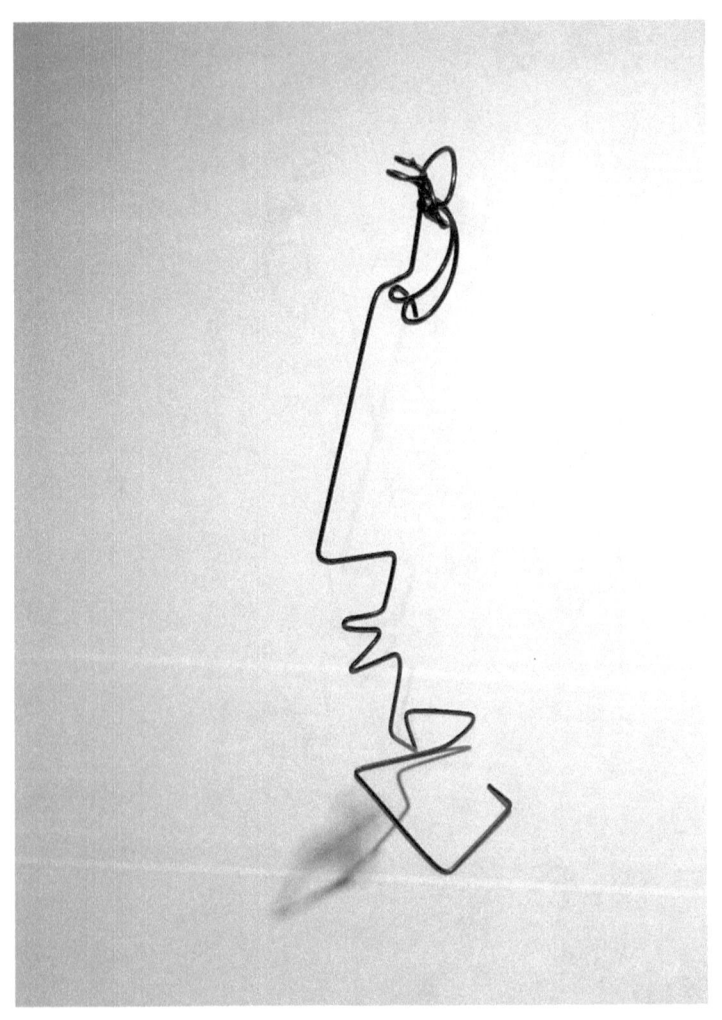

182   Porte-manteau

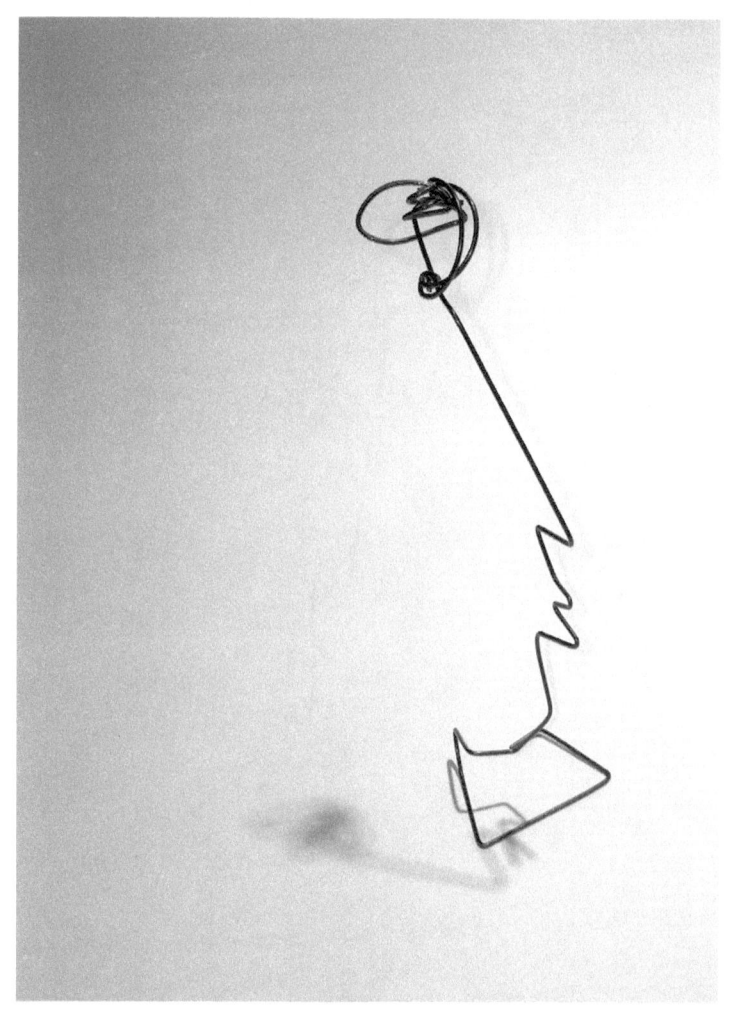

Gilles COLLETTE

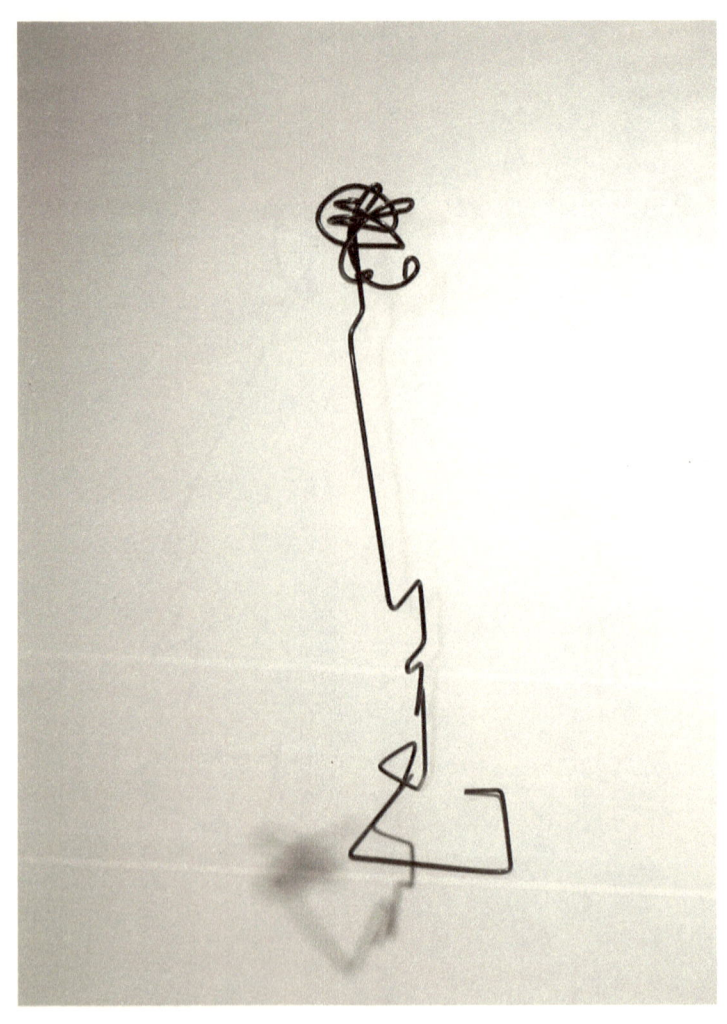

Porte-manteau

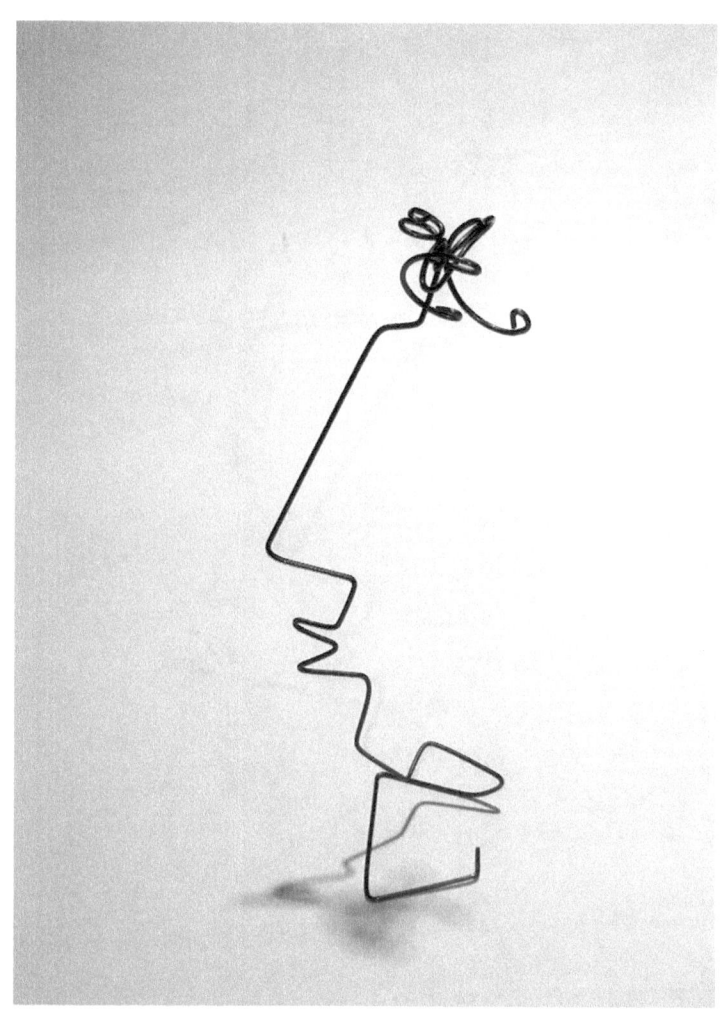

Gilles COLLETTE

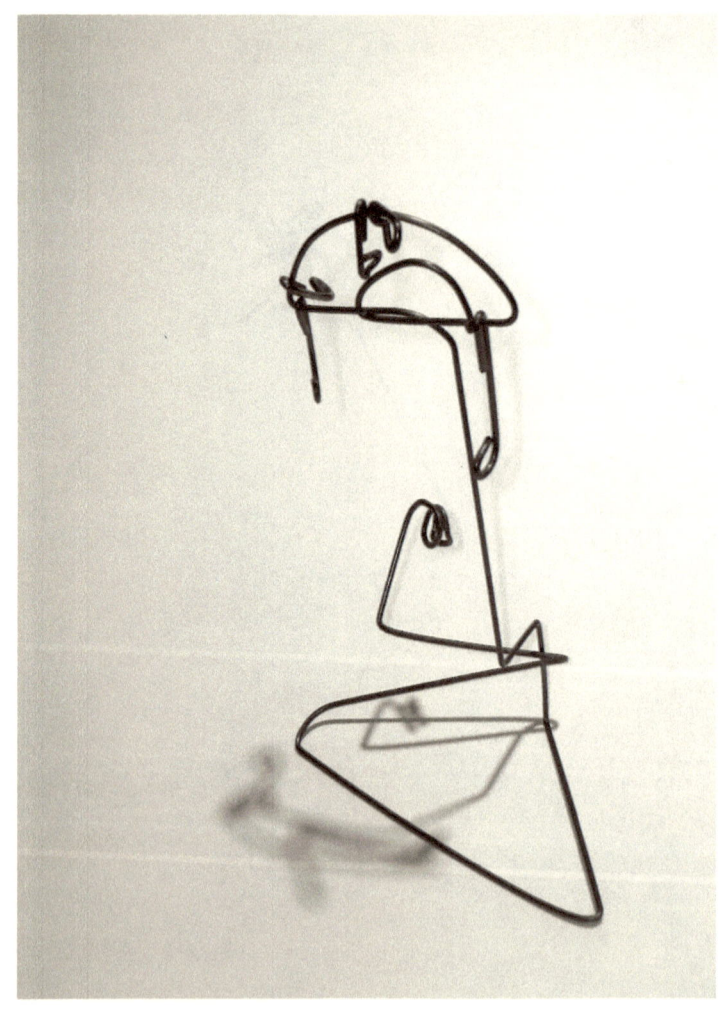

Porte-manteau

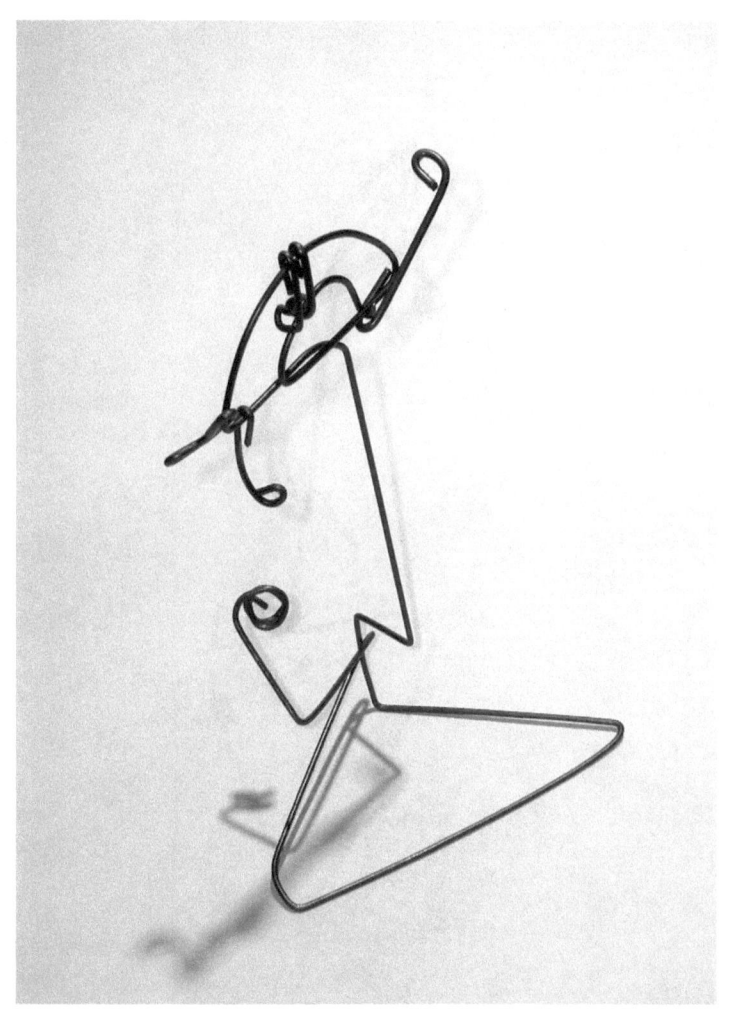

Gilles COLLETTE

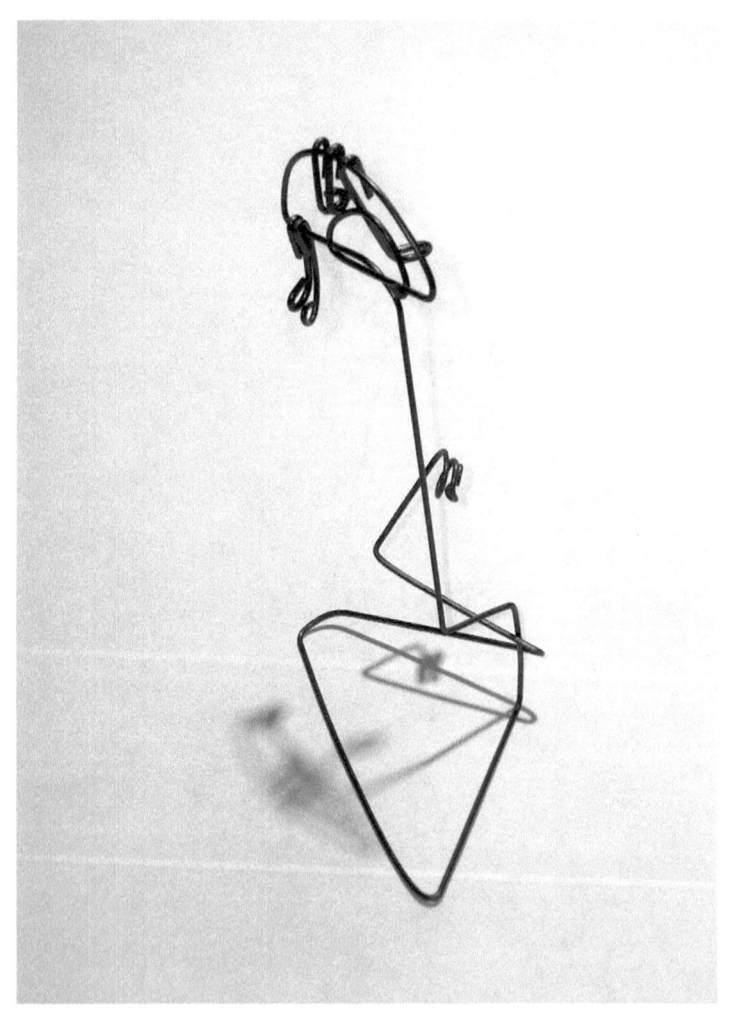

Porte-manteau

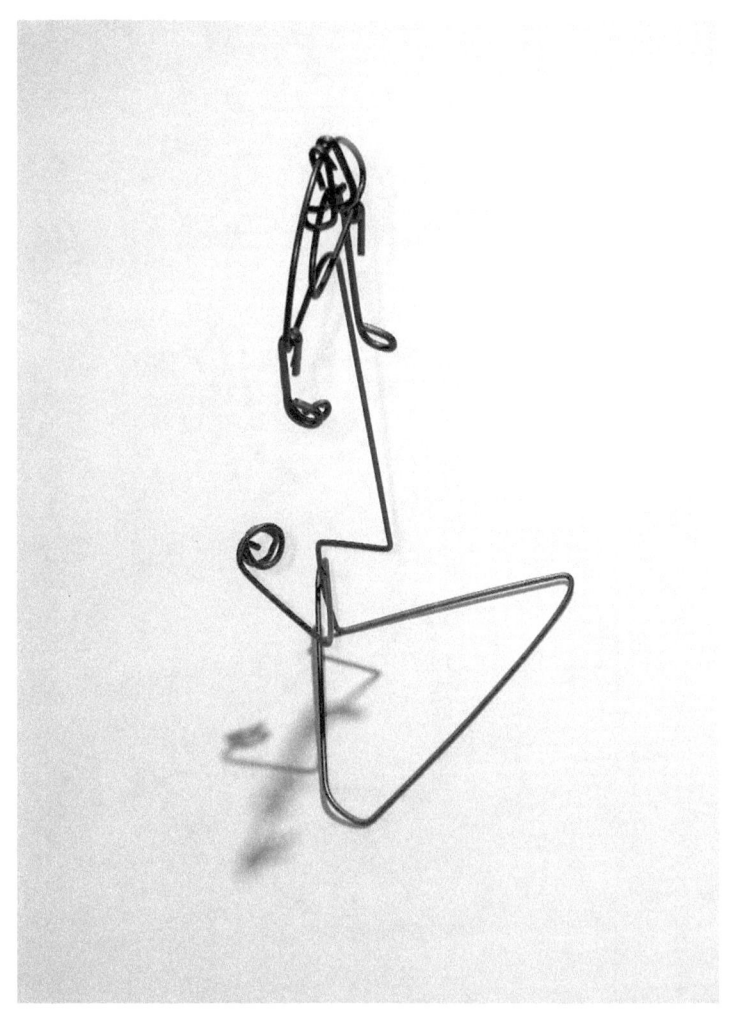

Gilles COLLETTE

189

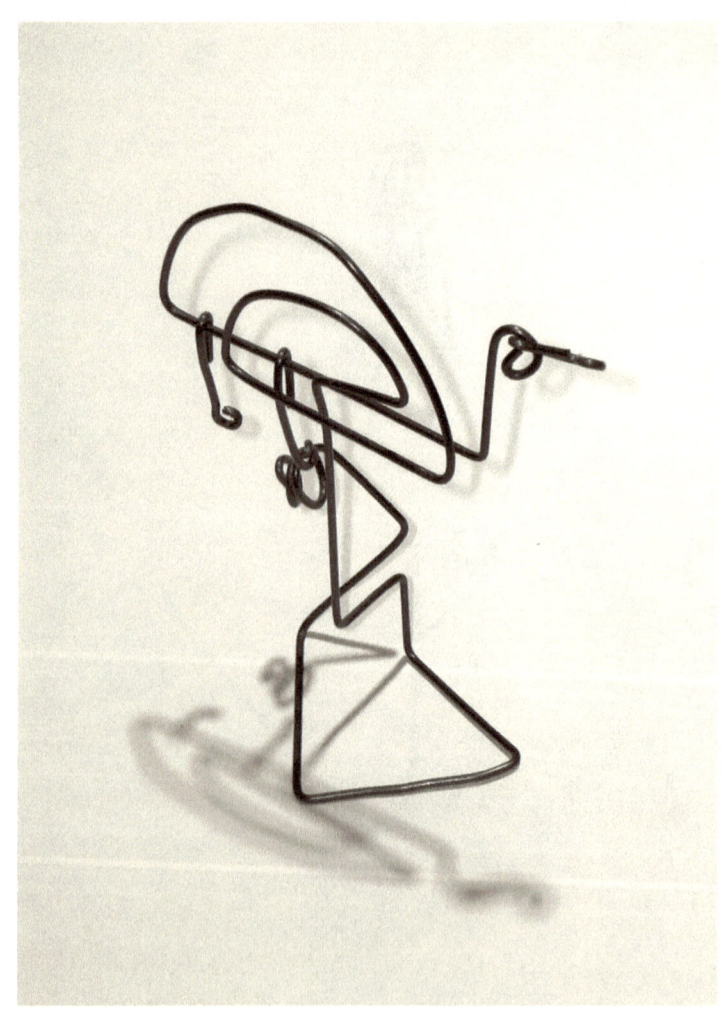

Porte-manteau

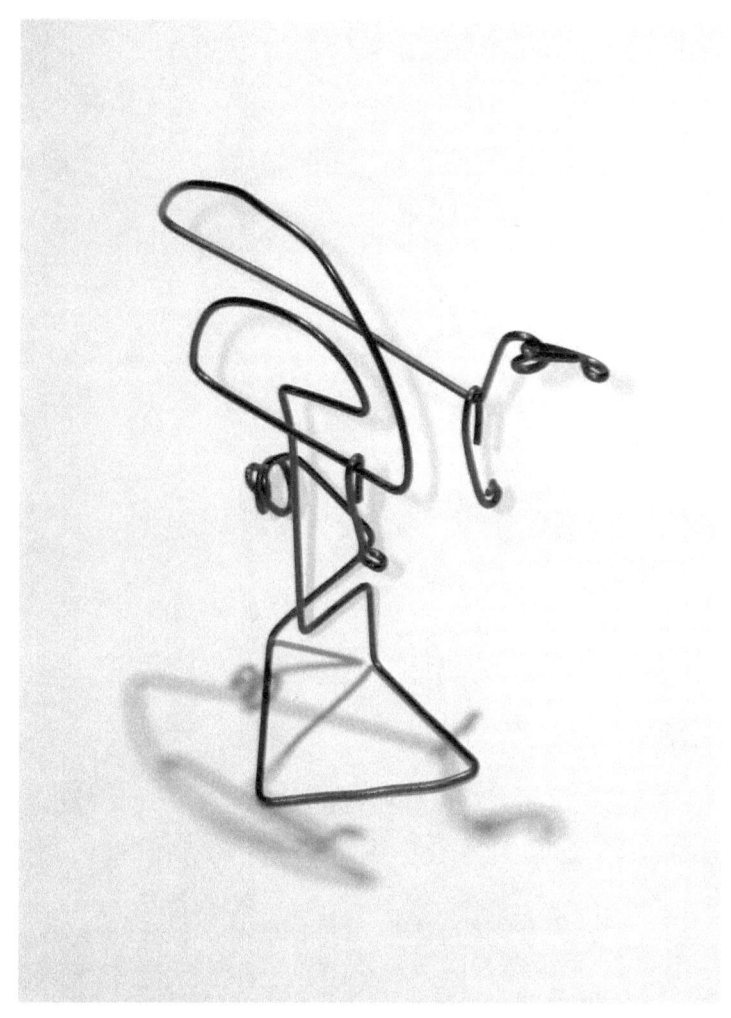

Gilles COLLETTE

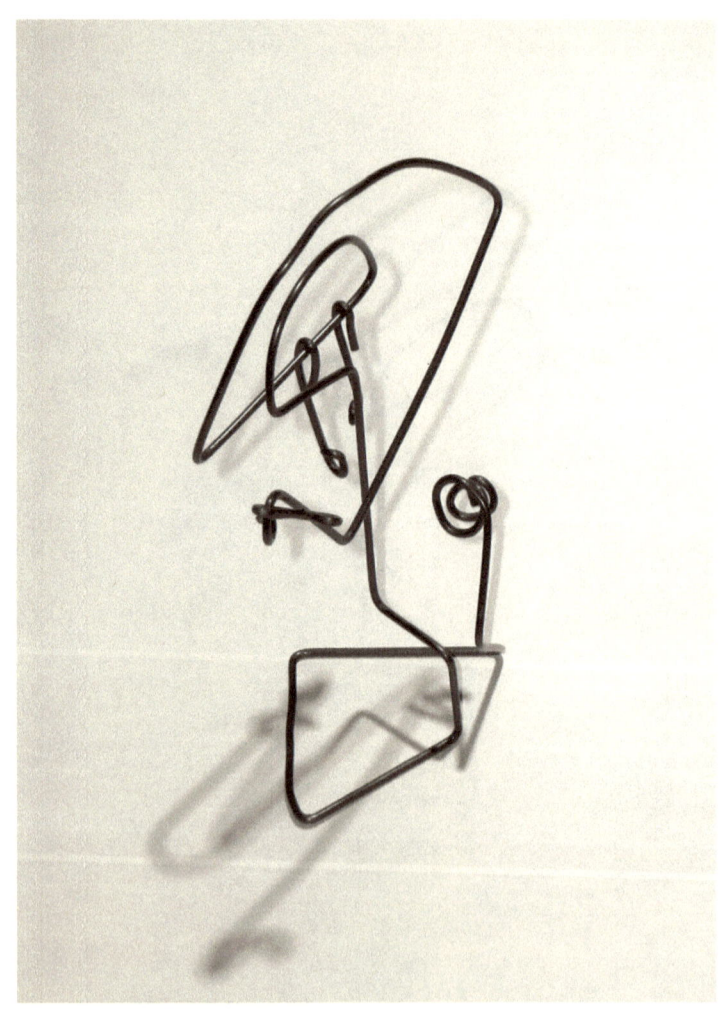

192   Porte-manteau

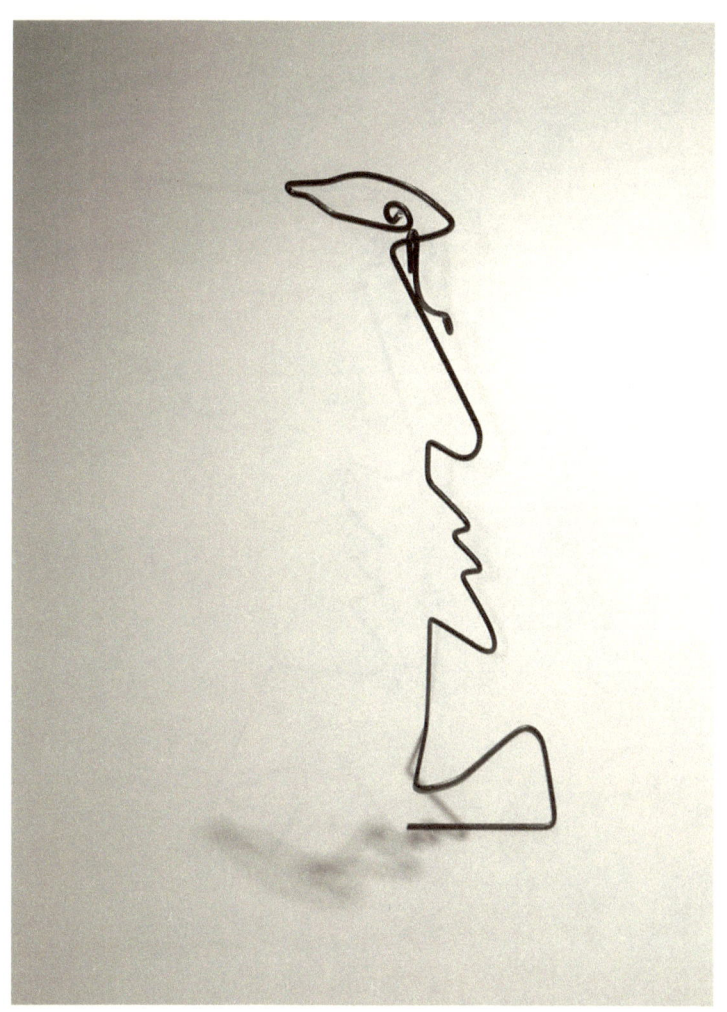

Gilles COLLETTE

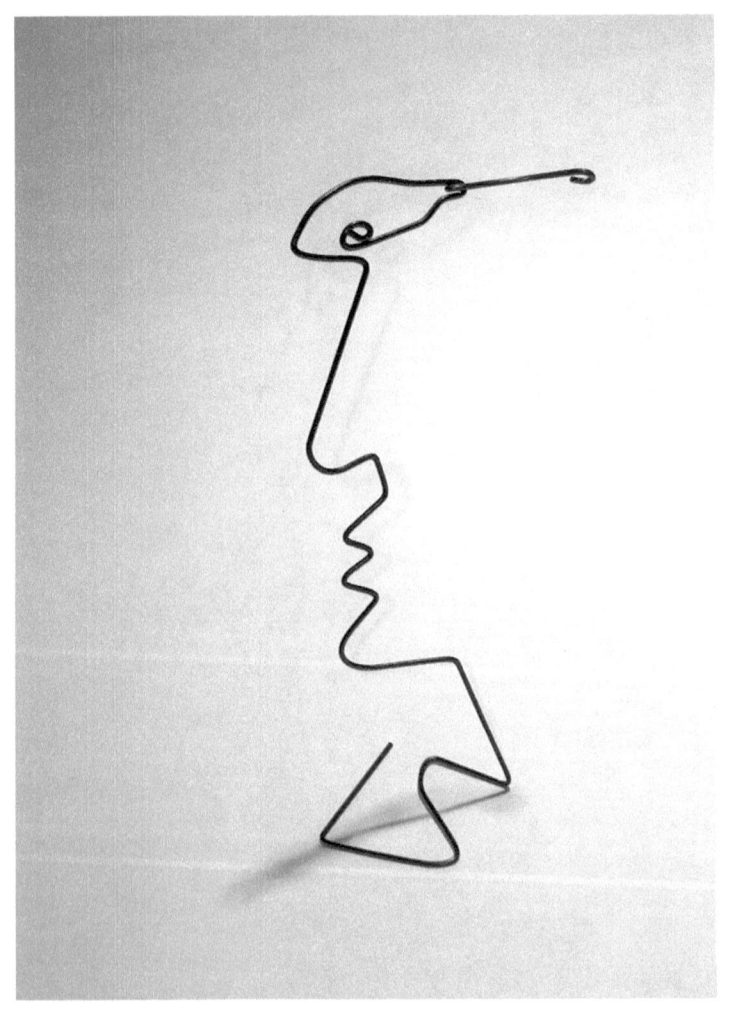

194   Porte-manteau

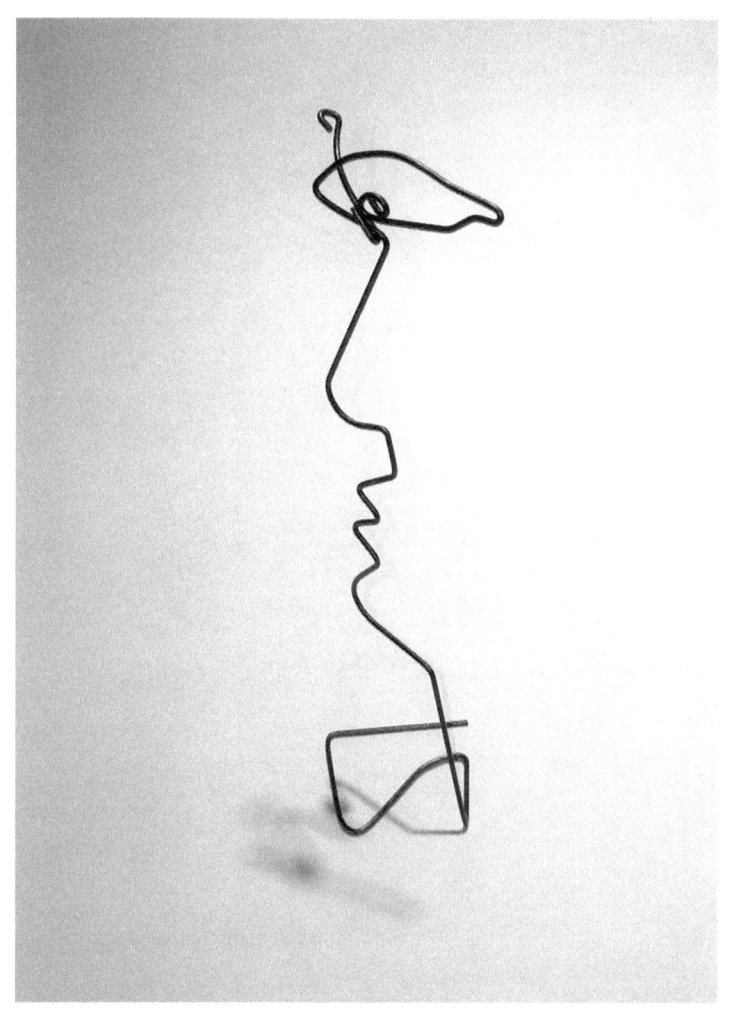

Gilles COLLETTE

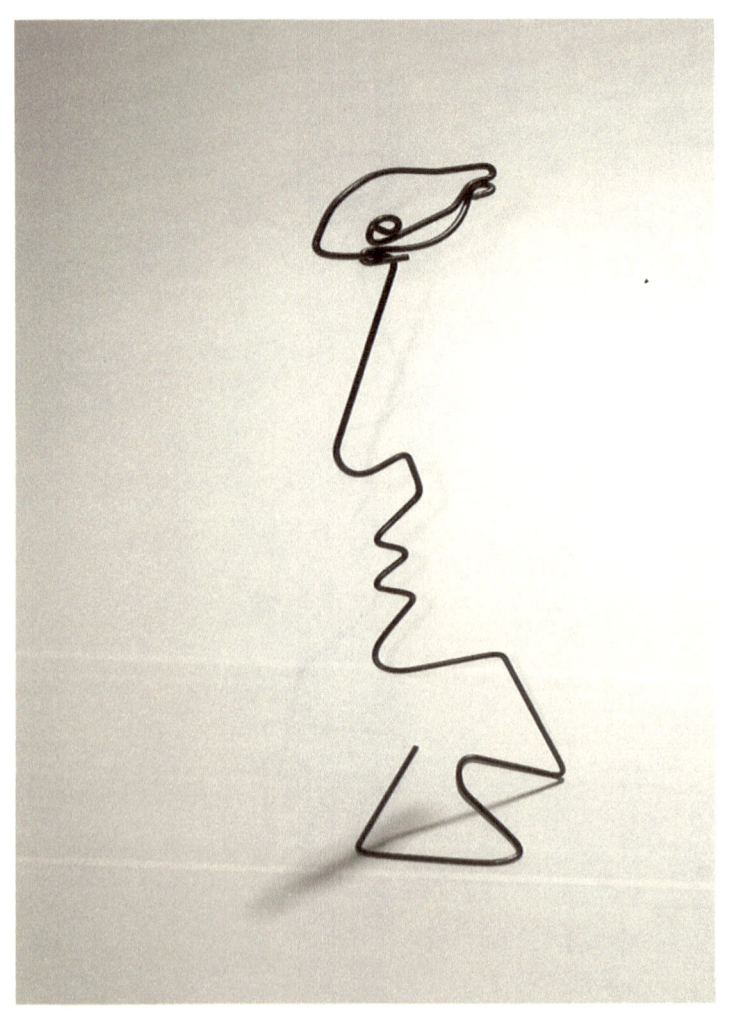

Porte-manteau

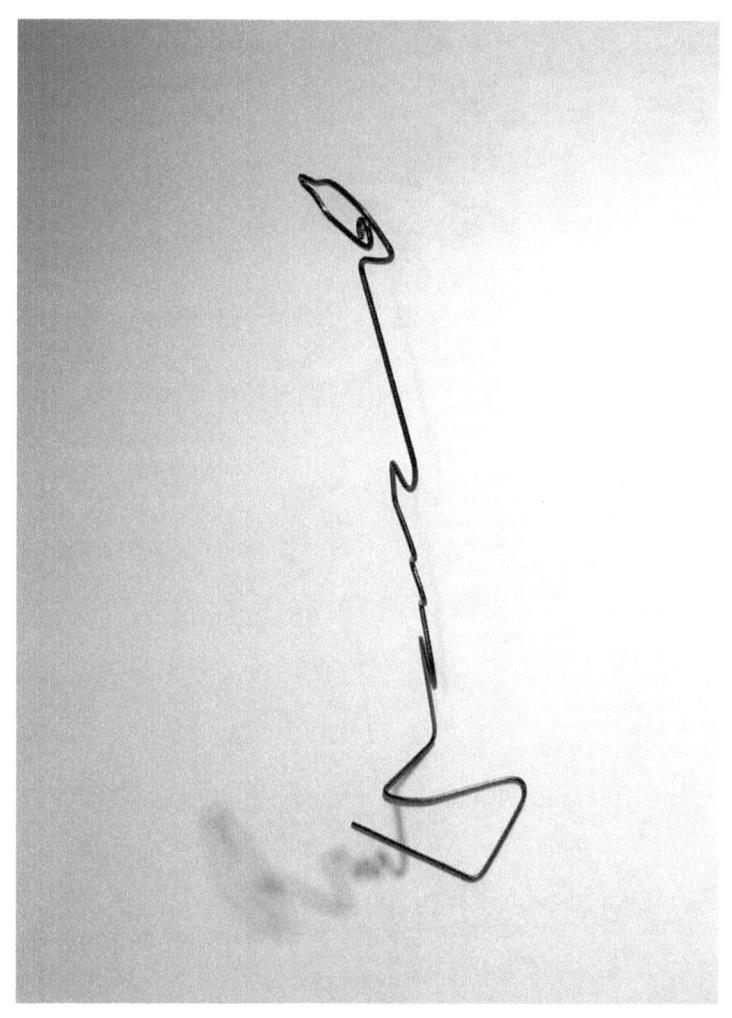

Gilles COLLETTE

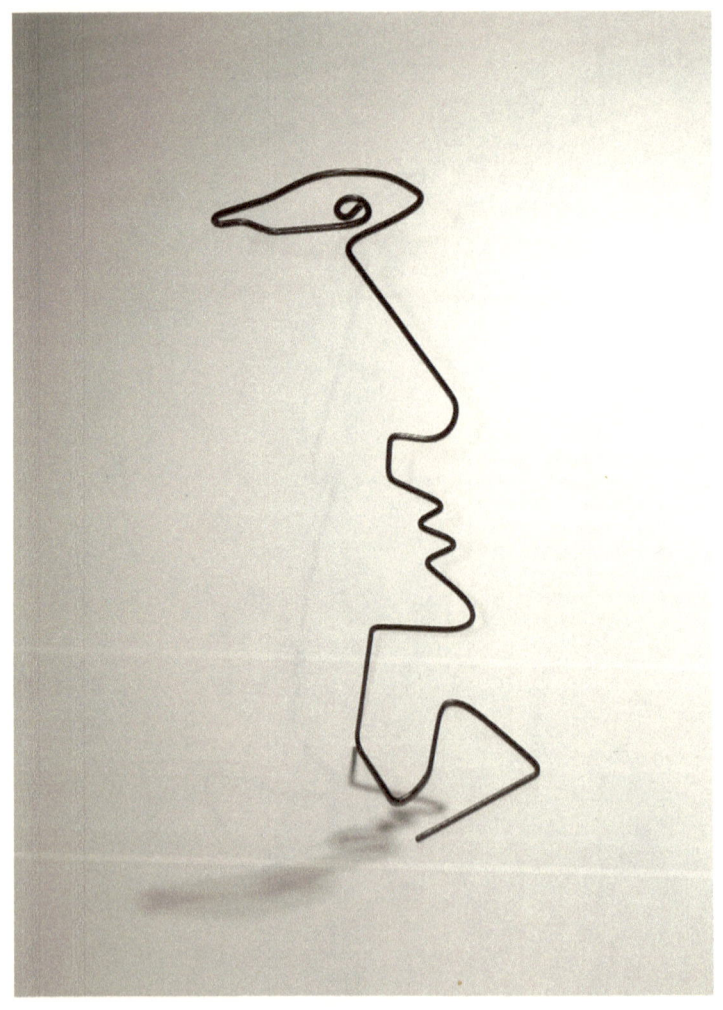

198   Porte-manteau

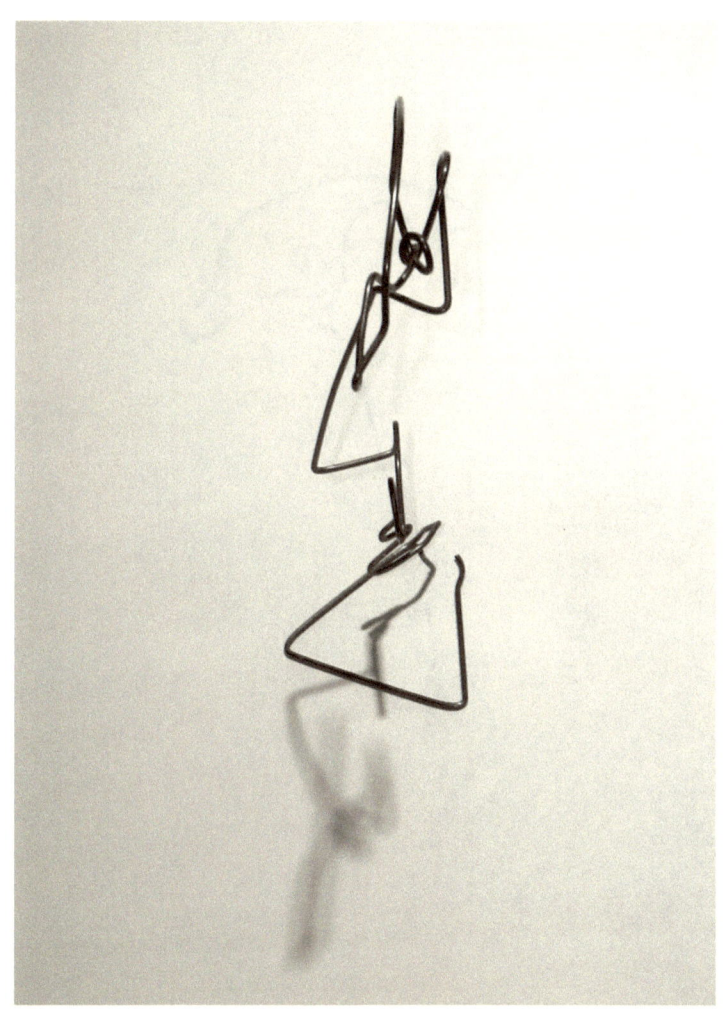

Gilles COLLETTE

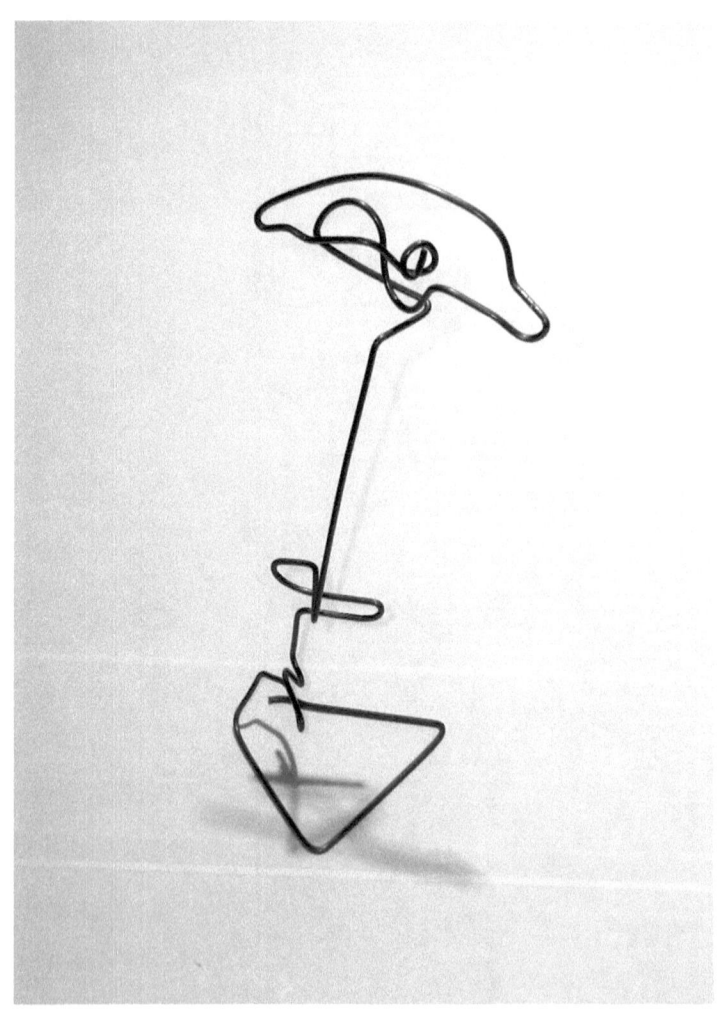

200   Porte-manteau

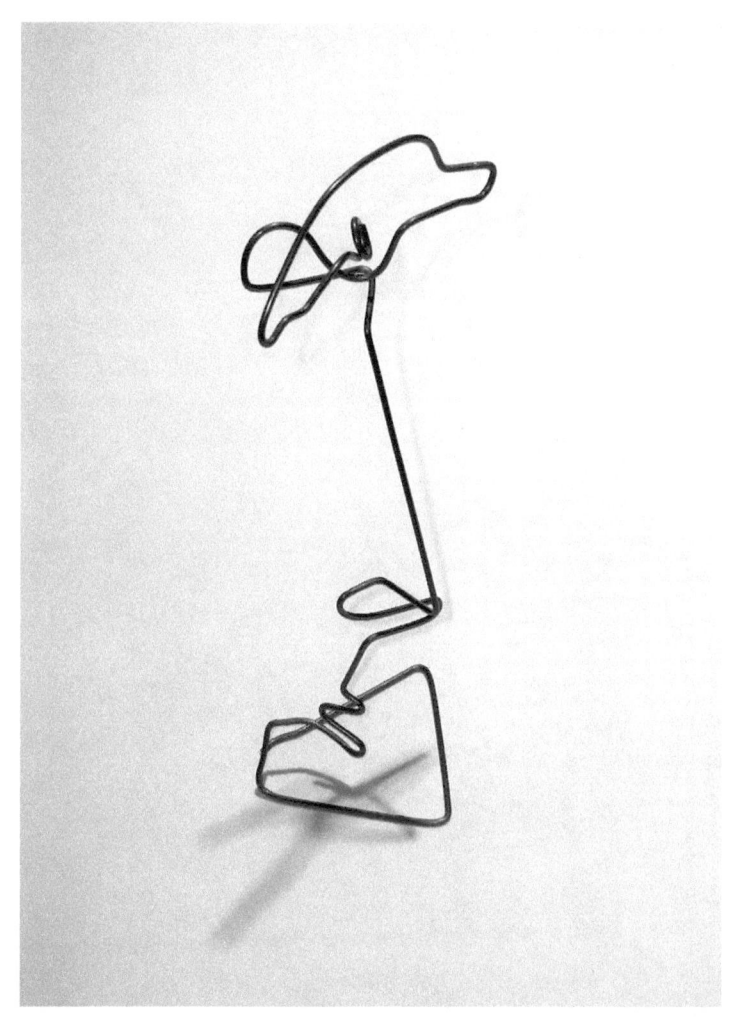

Gilles COLLETTE

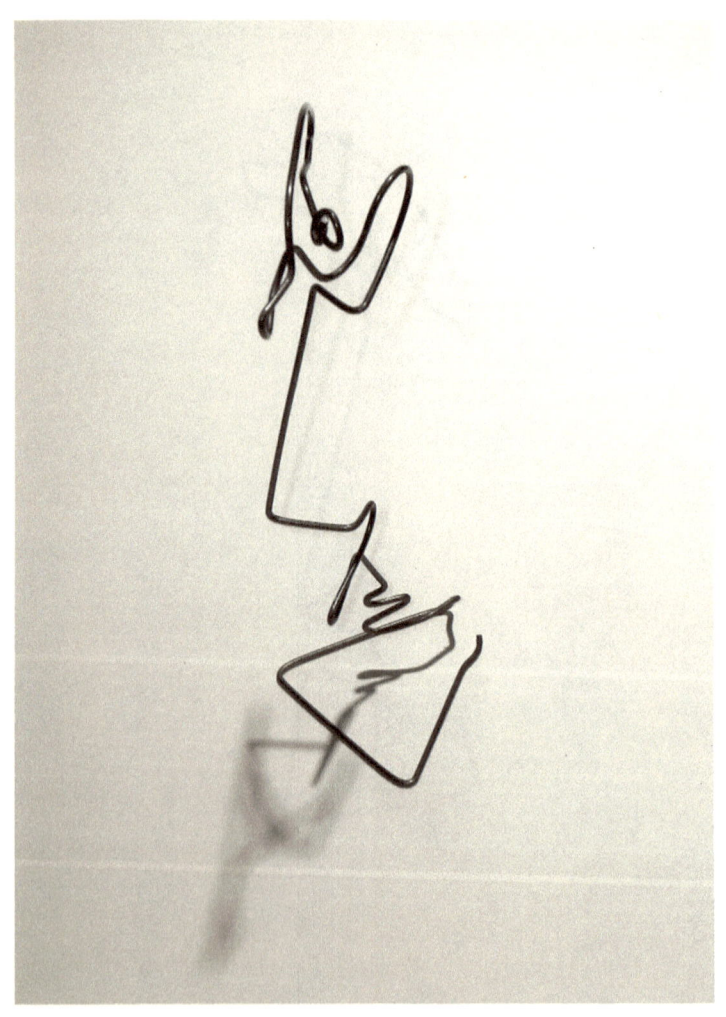

Porte-manteau

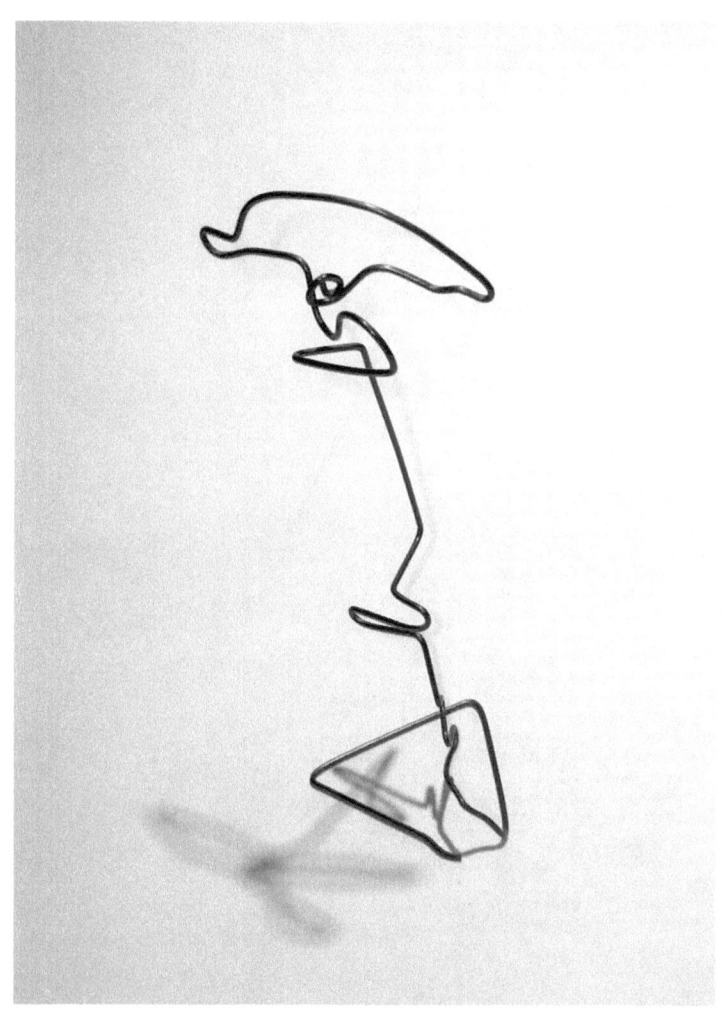

Gilles COLLETTE

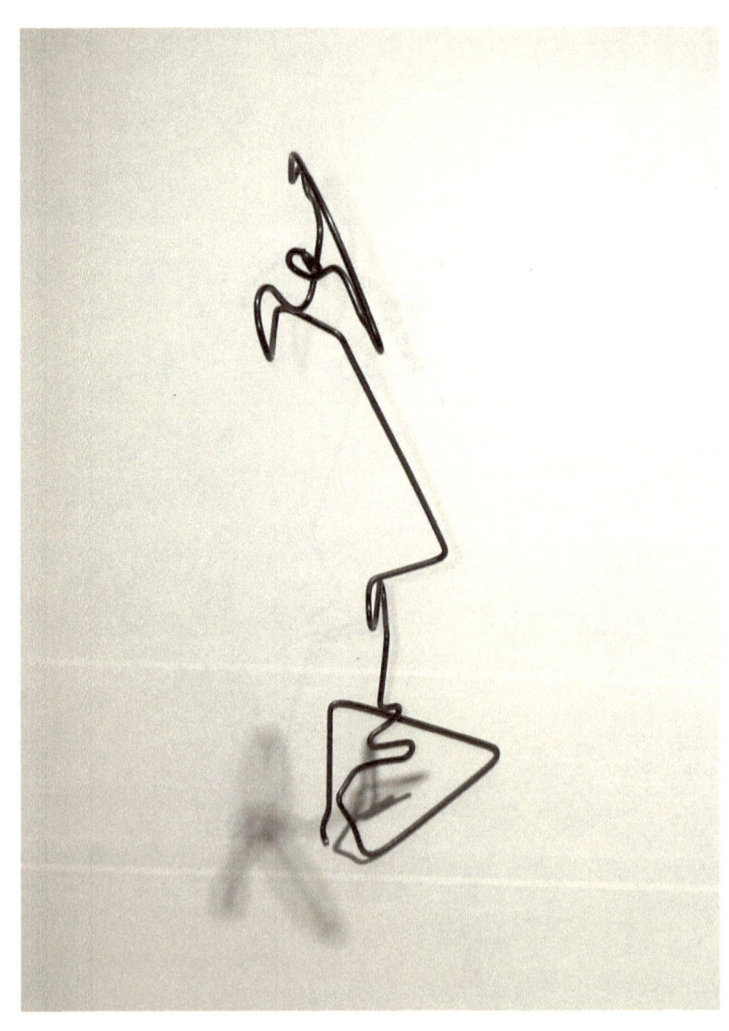

204   Porte-manteau

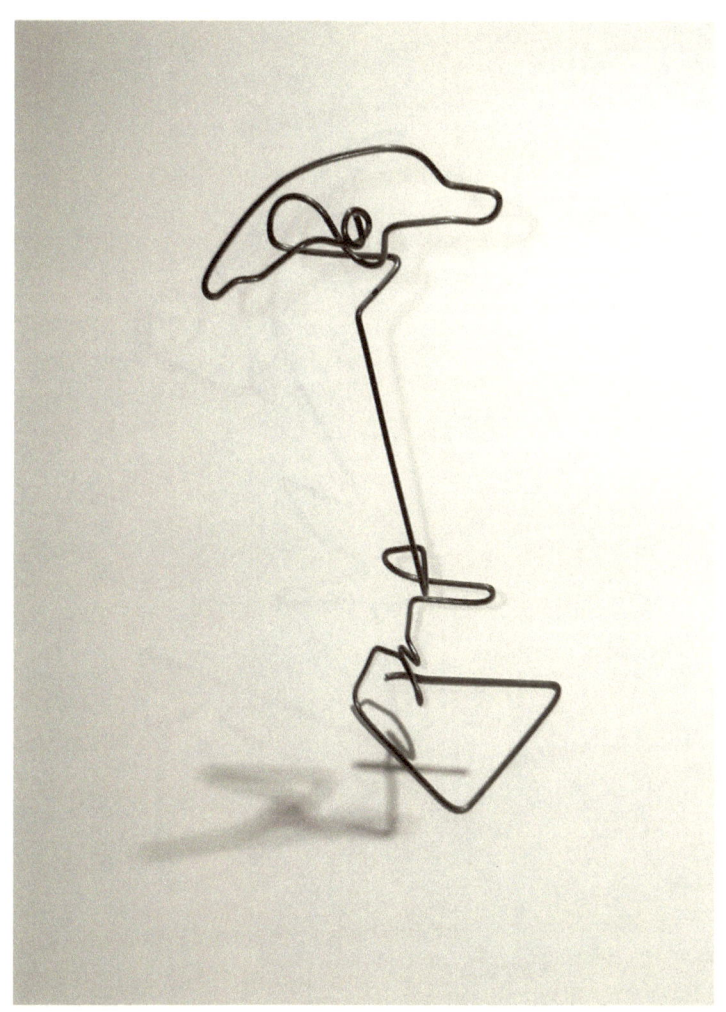

Gilles COLLETTE

205

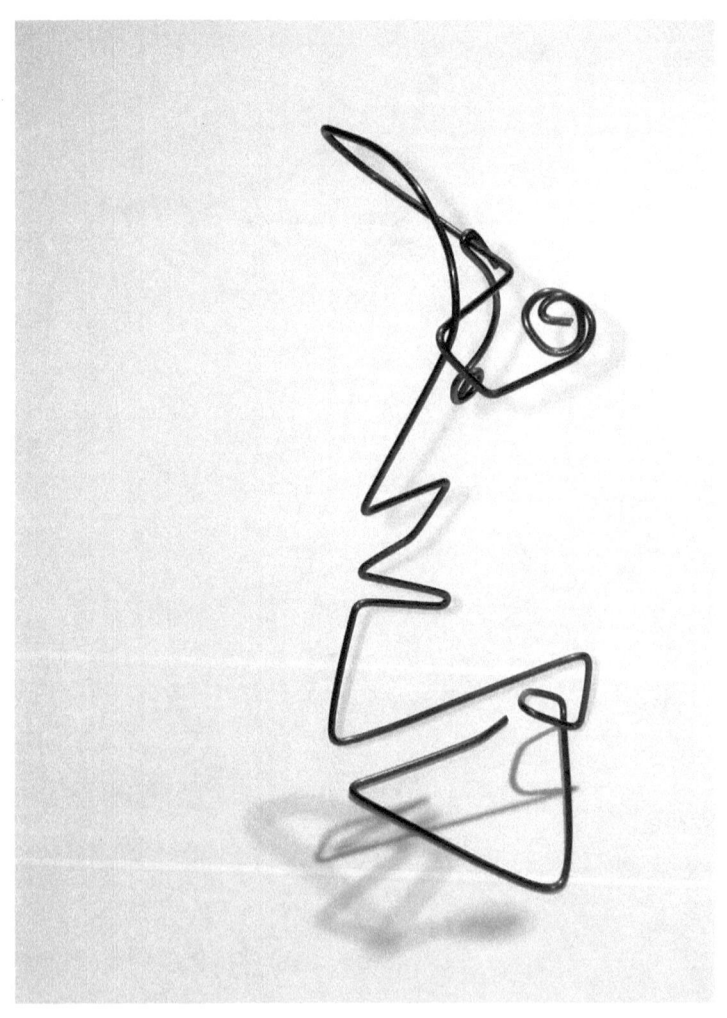

Porte-manteau

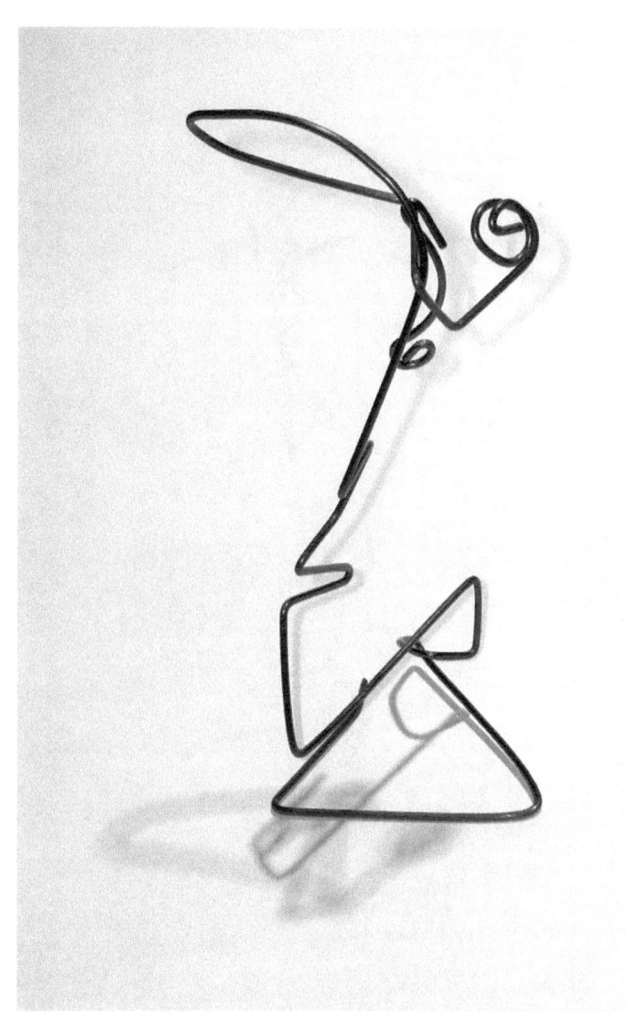

Gilles COLLETTE

207

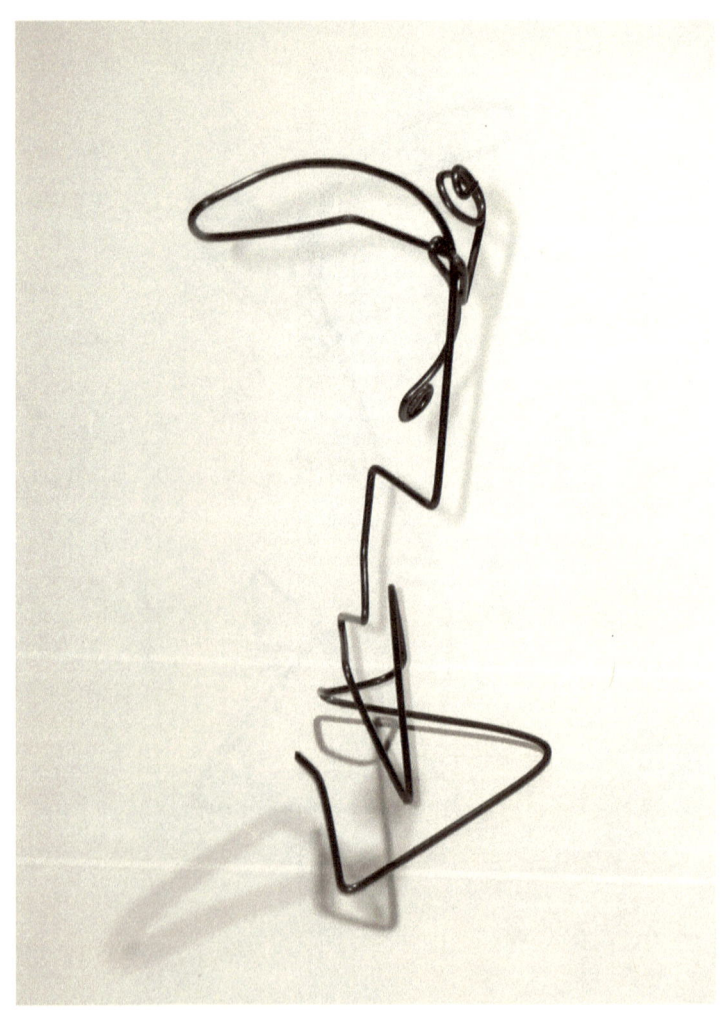

208   Porte-manteau

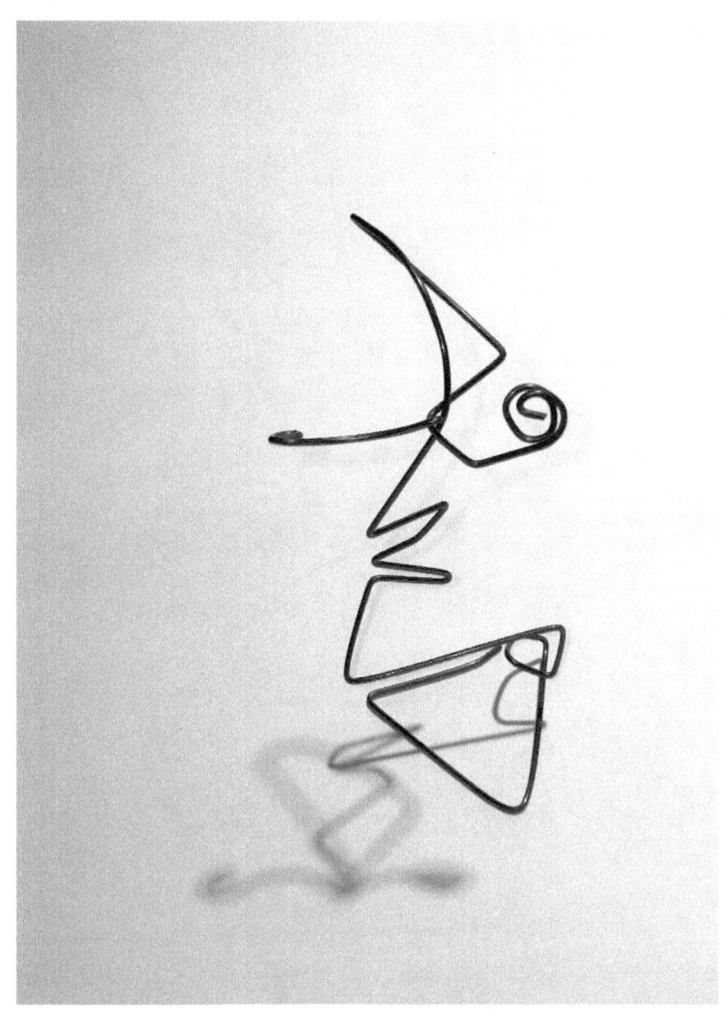

Gilles COLLETTE

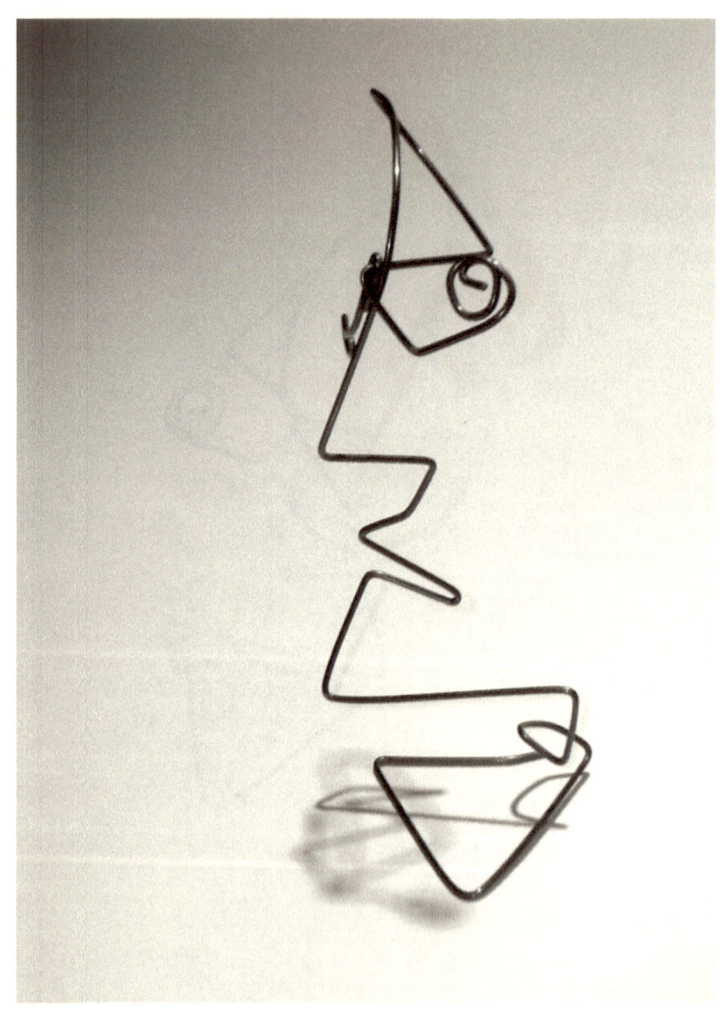

210   Porte-manteau

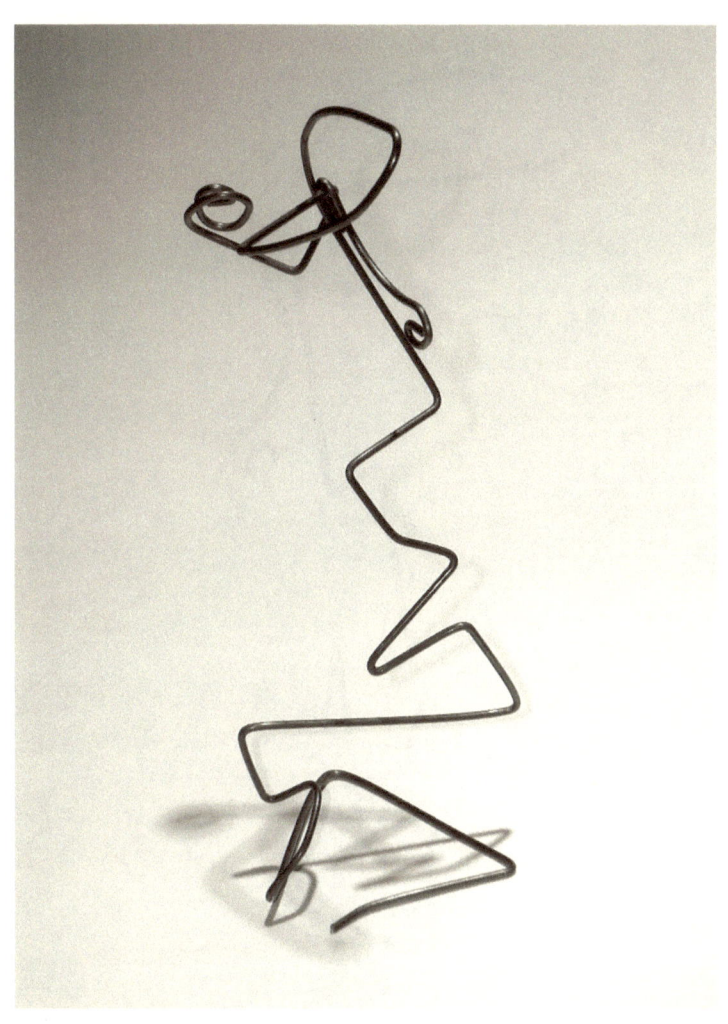

Gilles COLLETTE

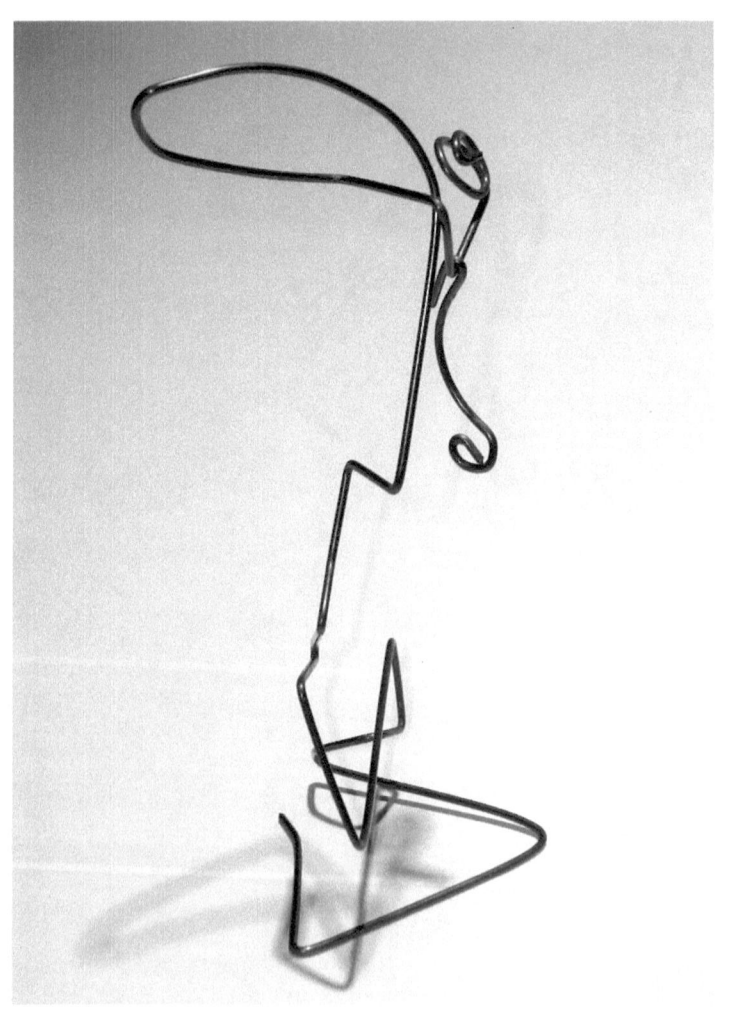

212   Porte-manteau

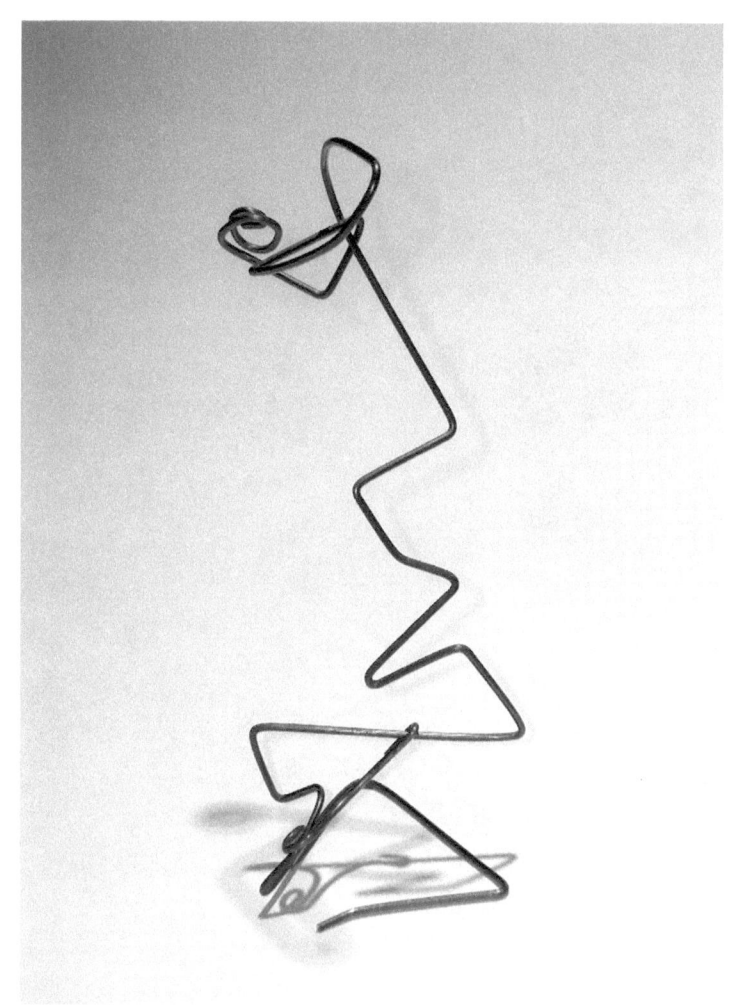

Gilles COLLETTE

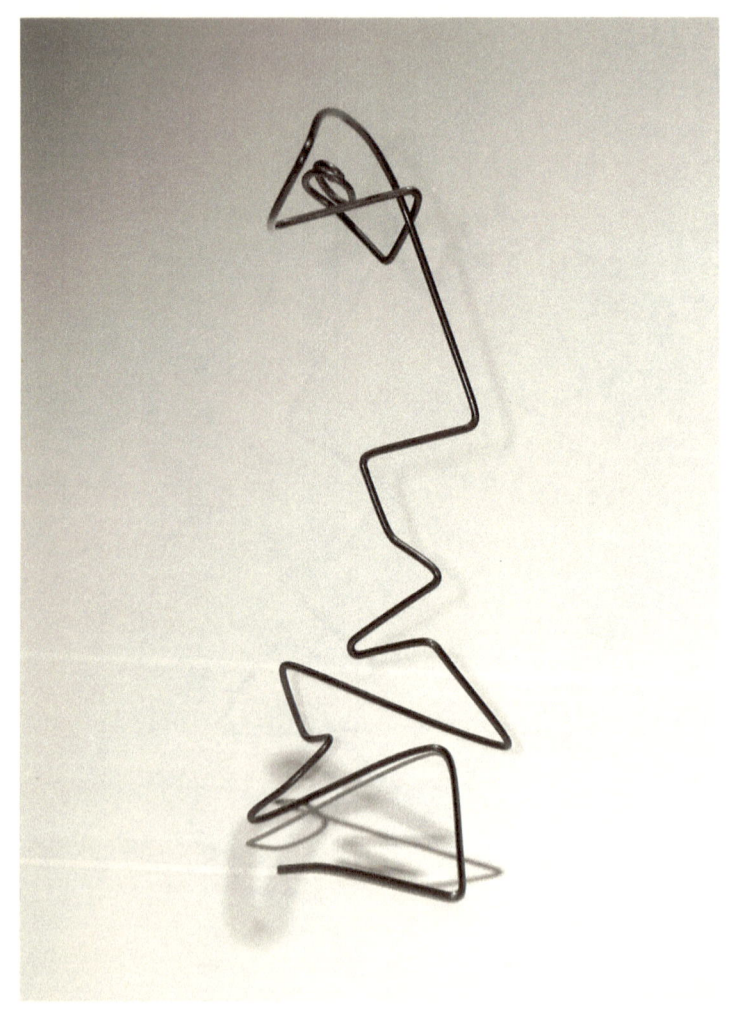

214   Porte-manteau

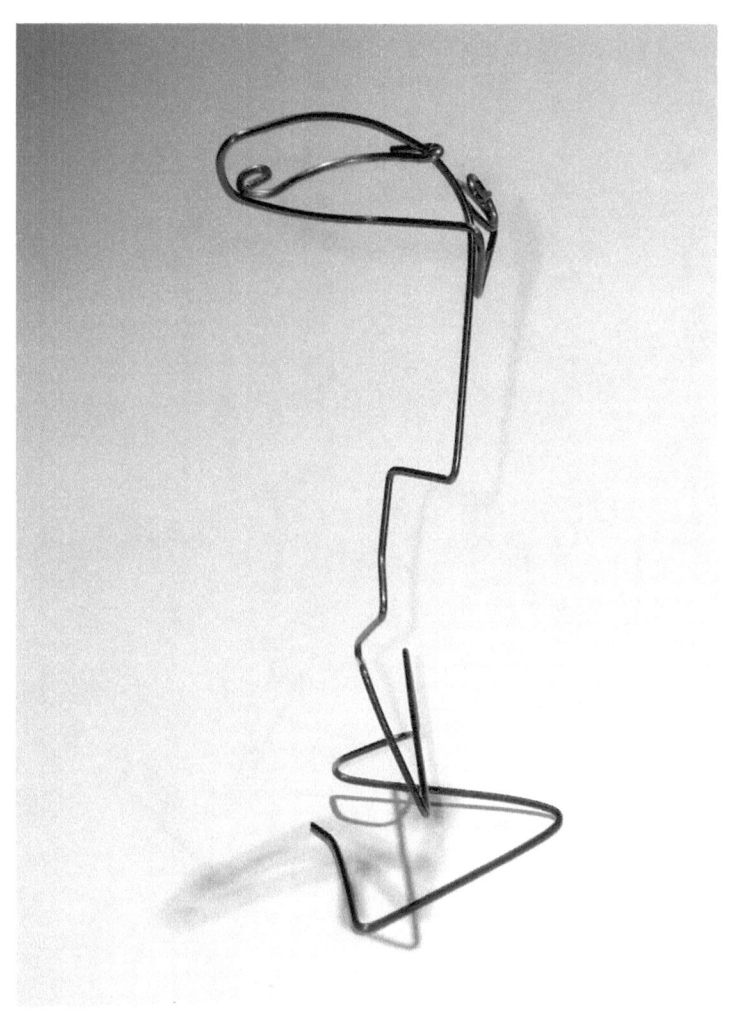

Gilles COLLETTE

215

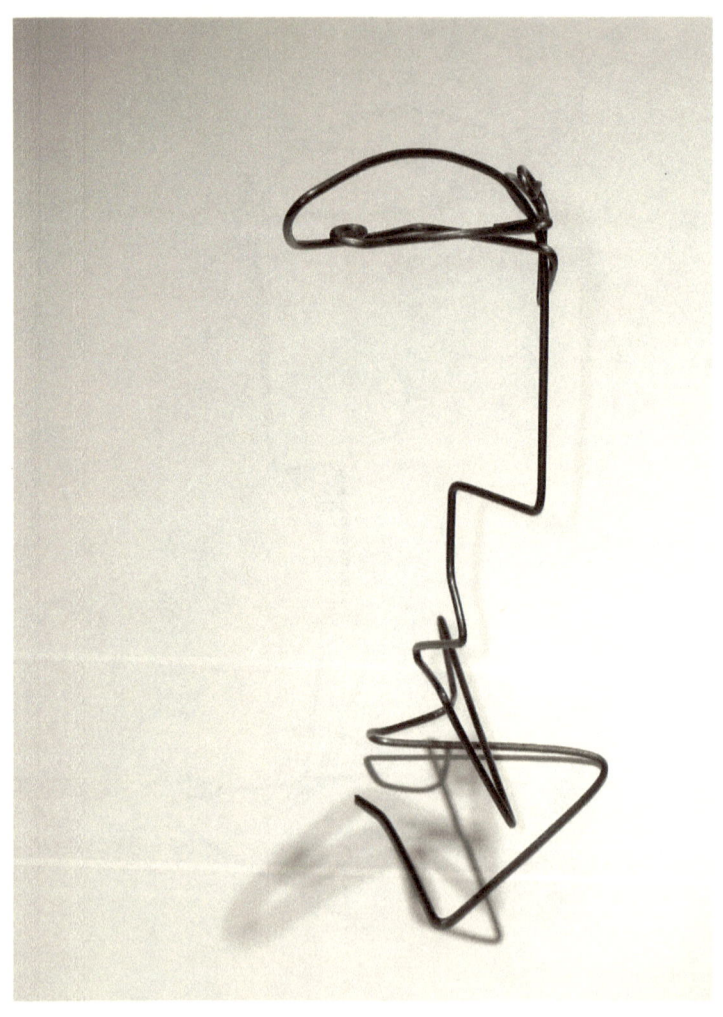

216   Porte-manteau

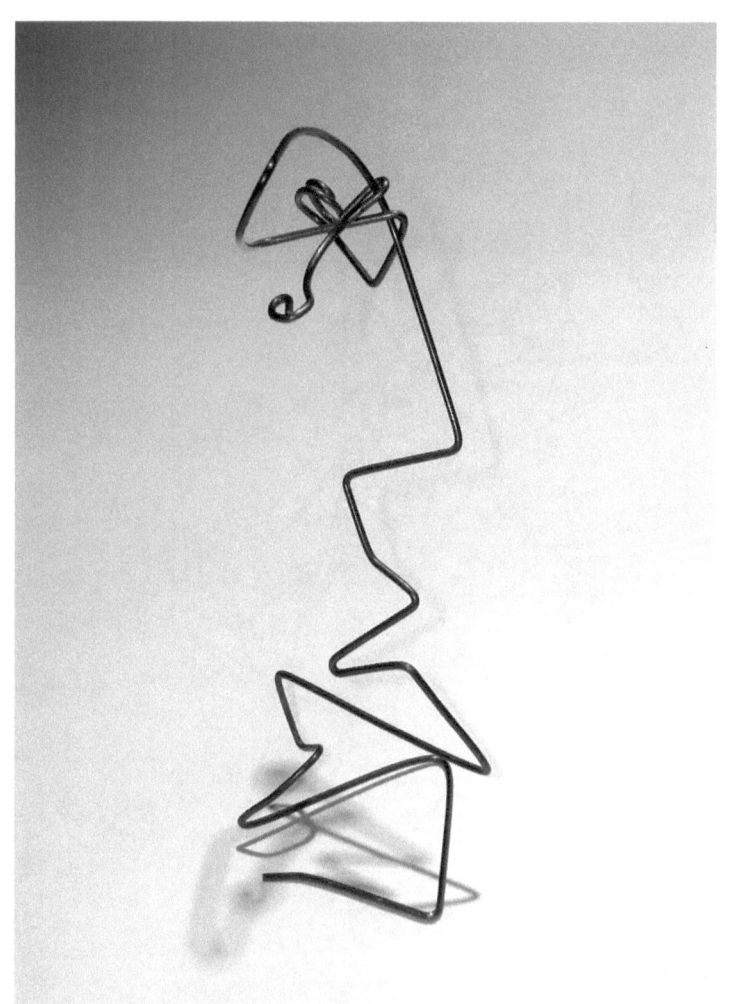

Gilles COLLETTE

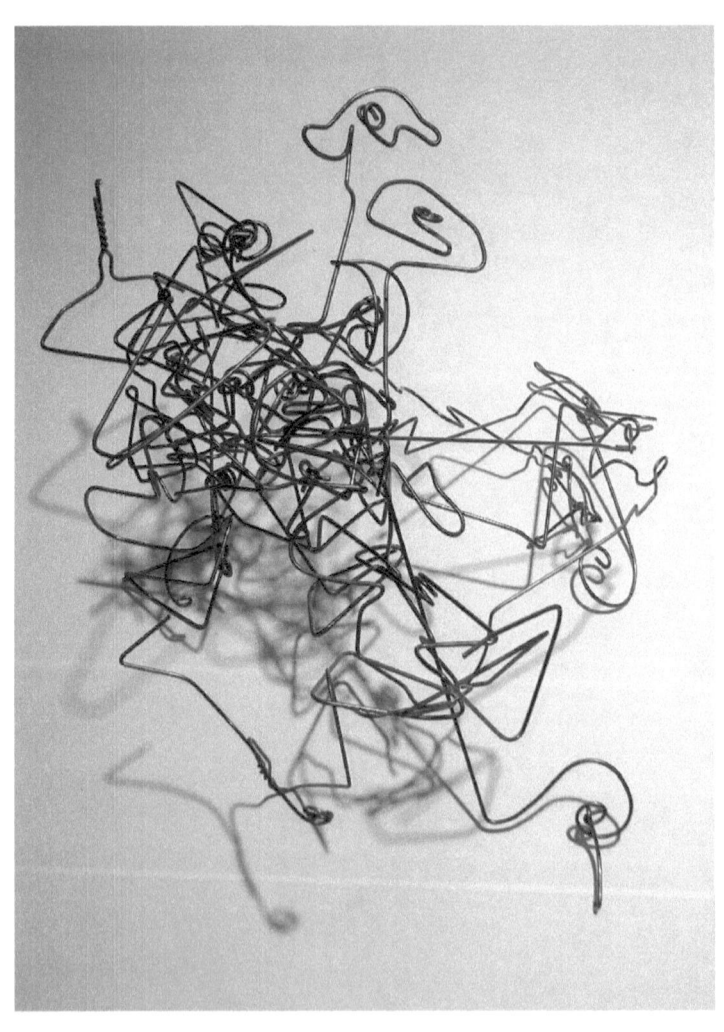

Porte-manteau

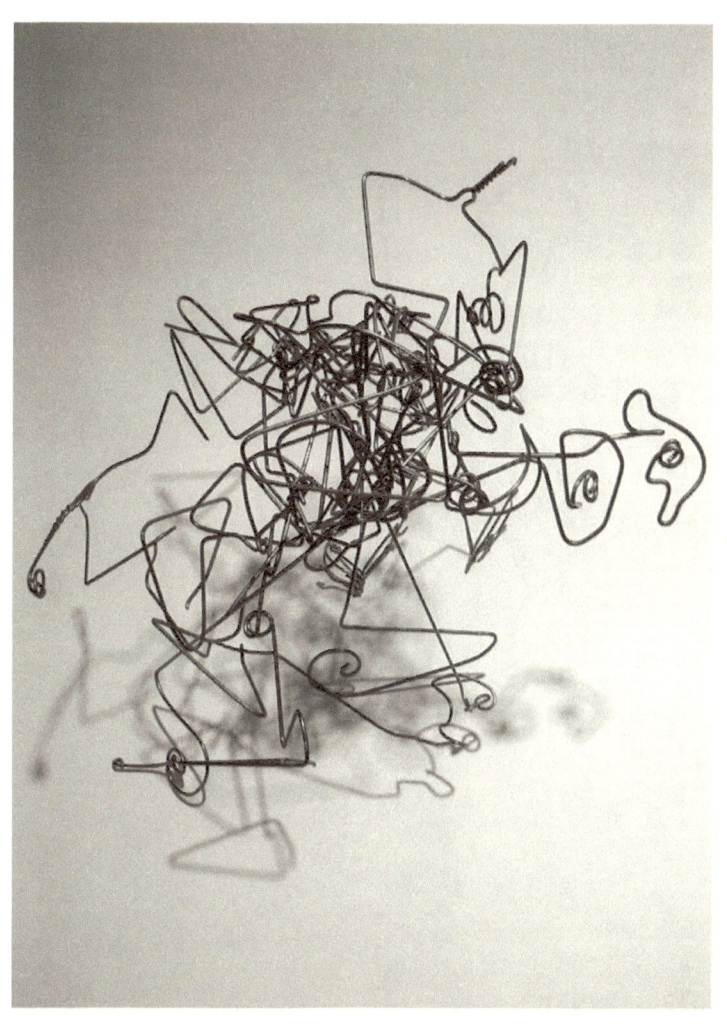

Gilles COLLETTE

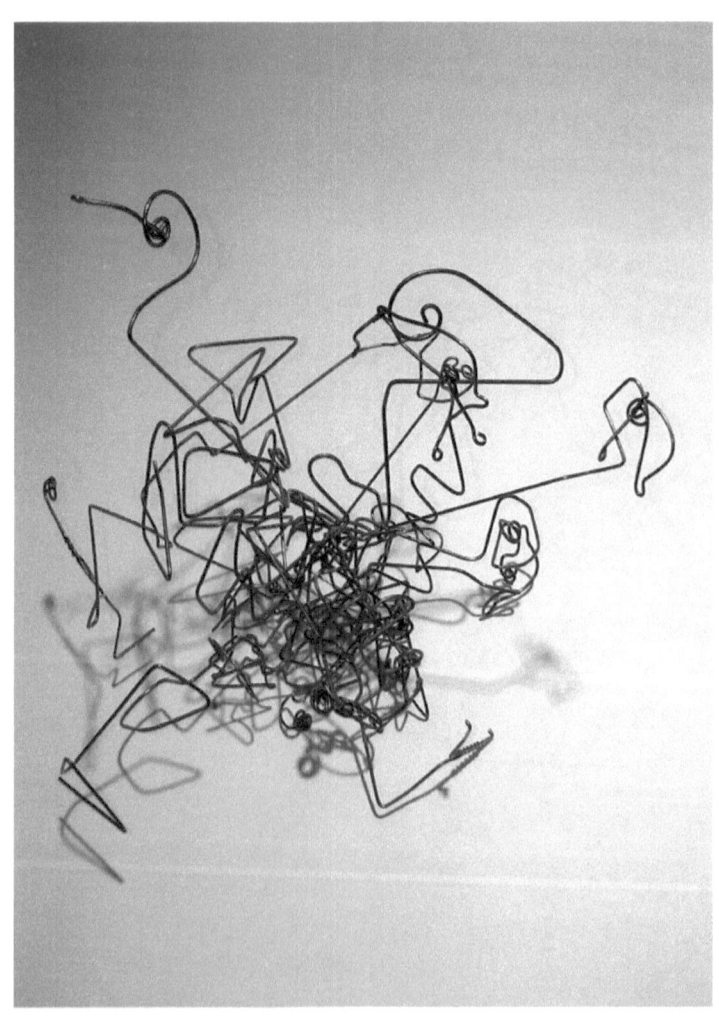

Porte-manteau

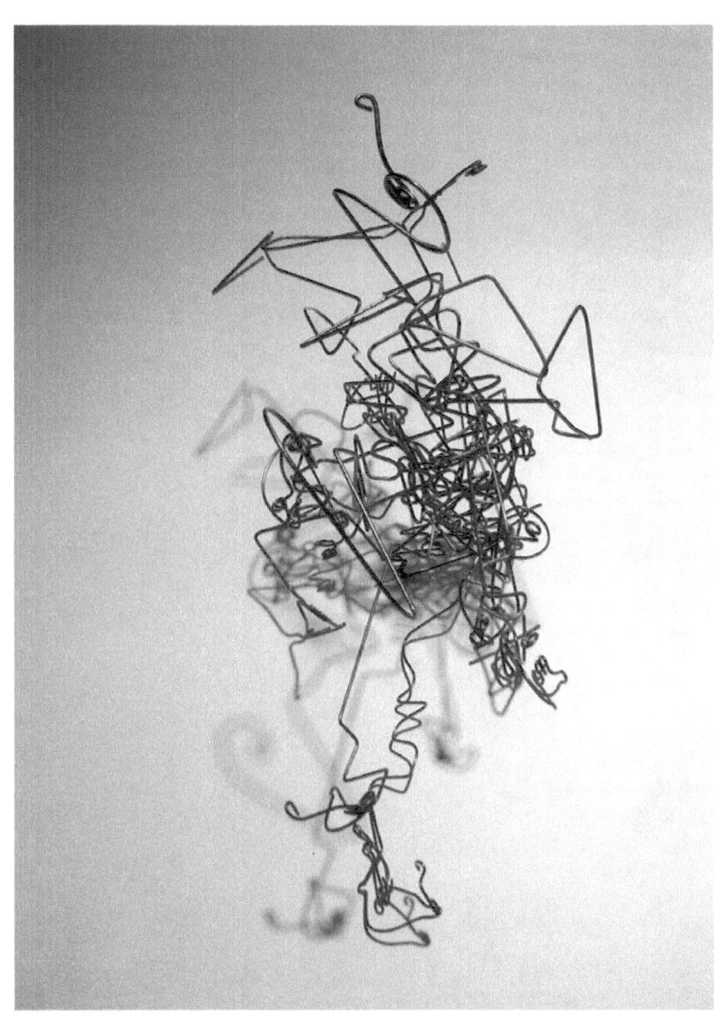

Gilles COLLETTE

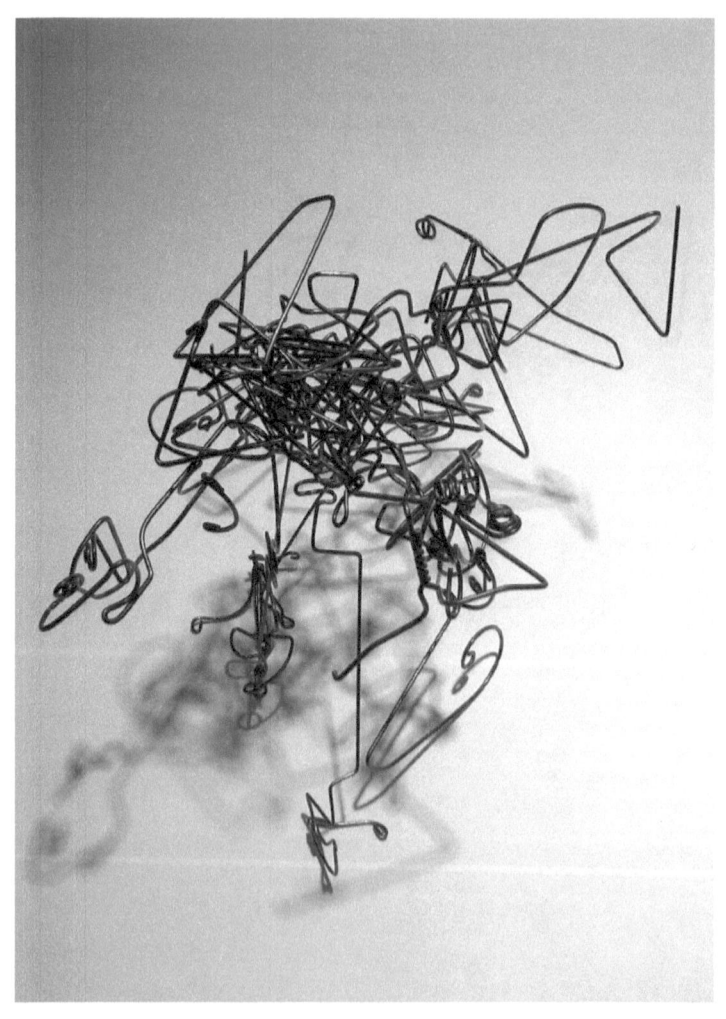

222   Porte-manteau

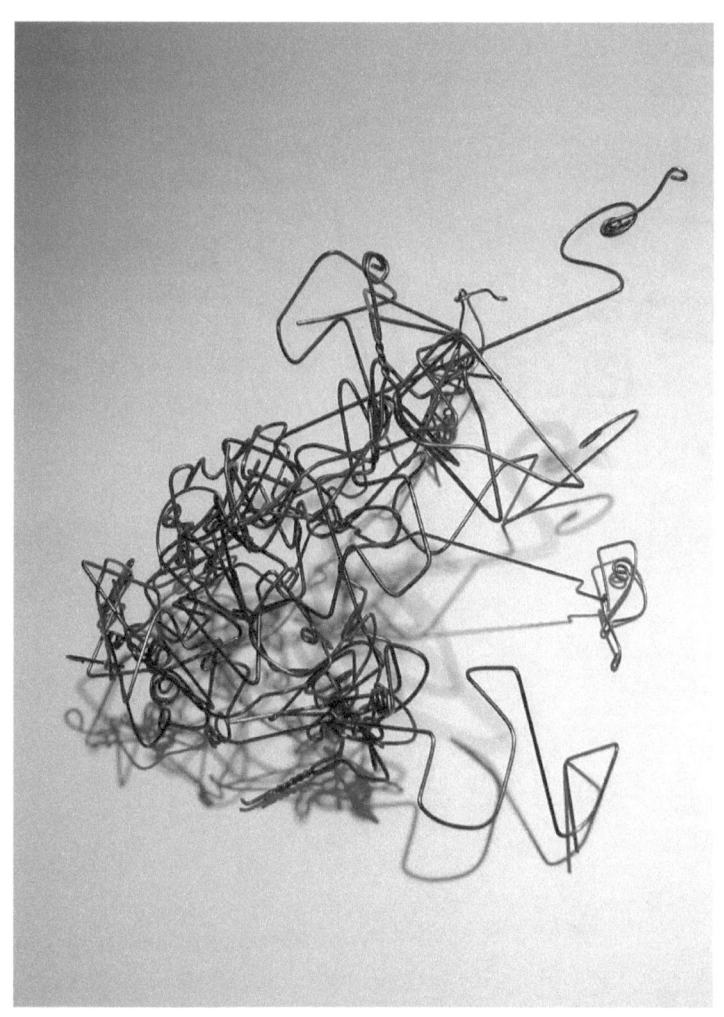

Gilles COLLETTE

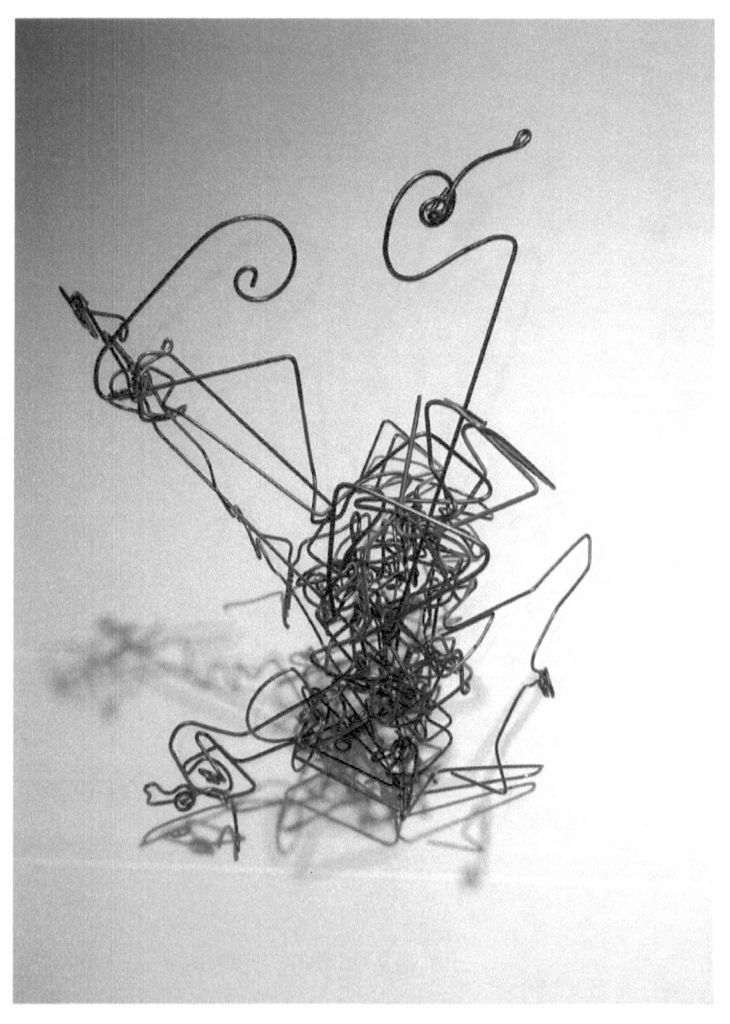

Porte-manteau

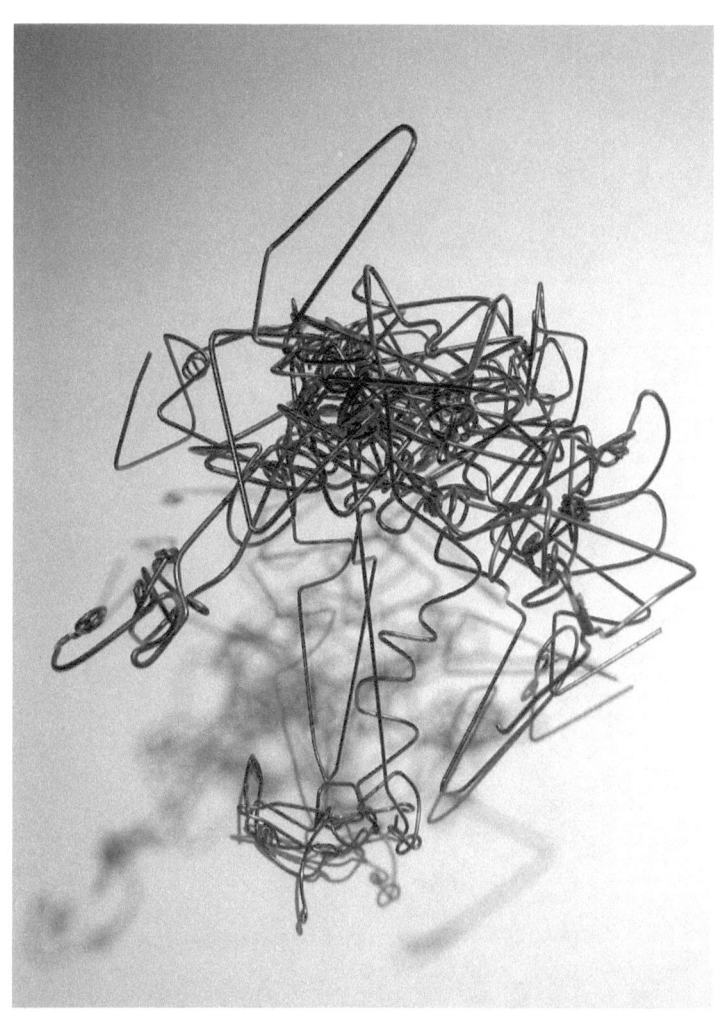

Gilles COLLETTE

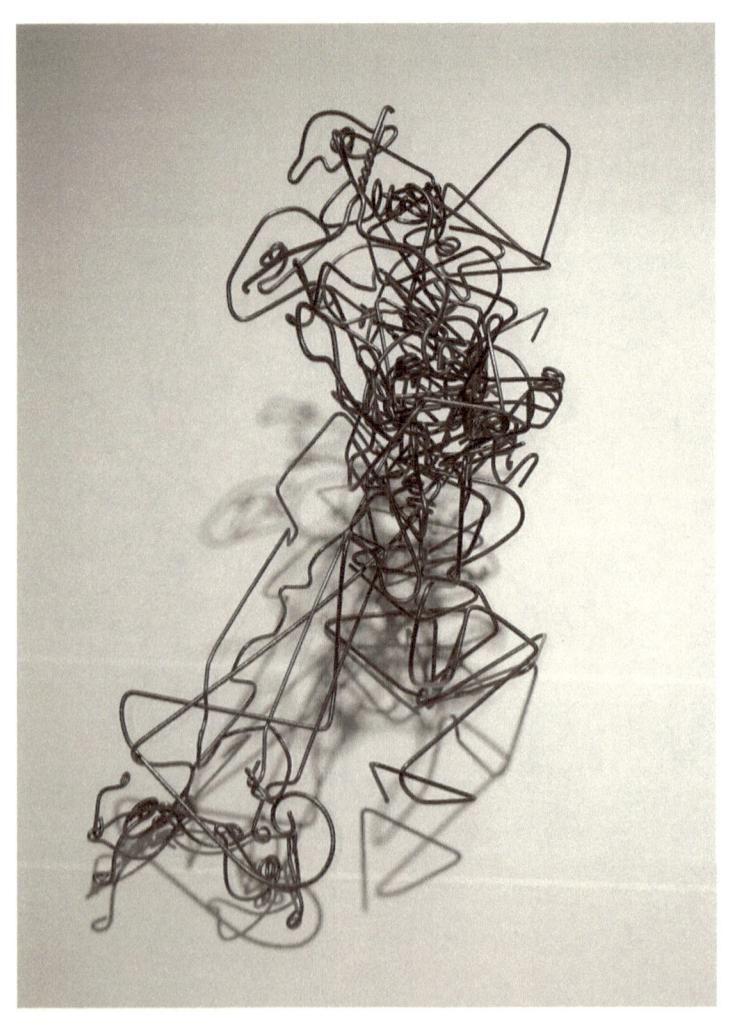

Porte-manteau

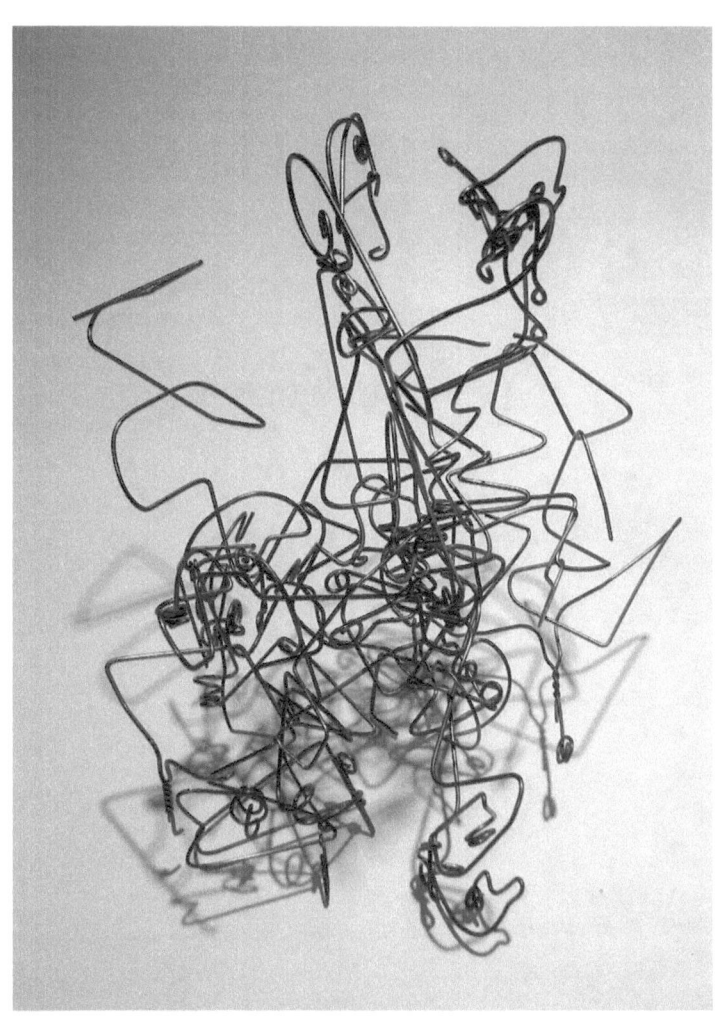

Gilles COLLETTE

227

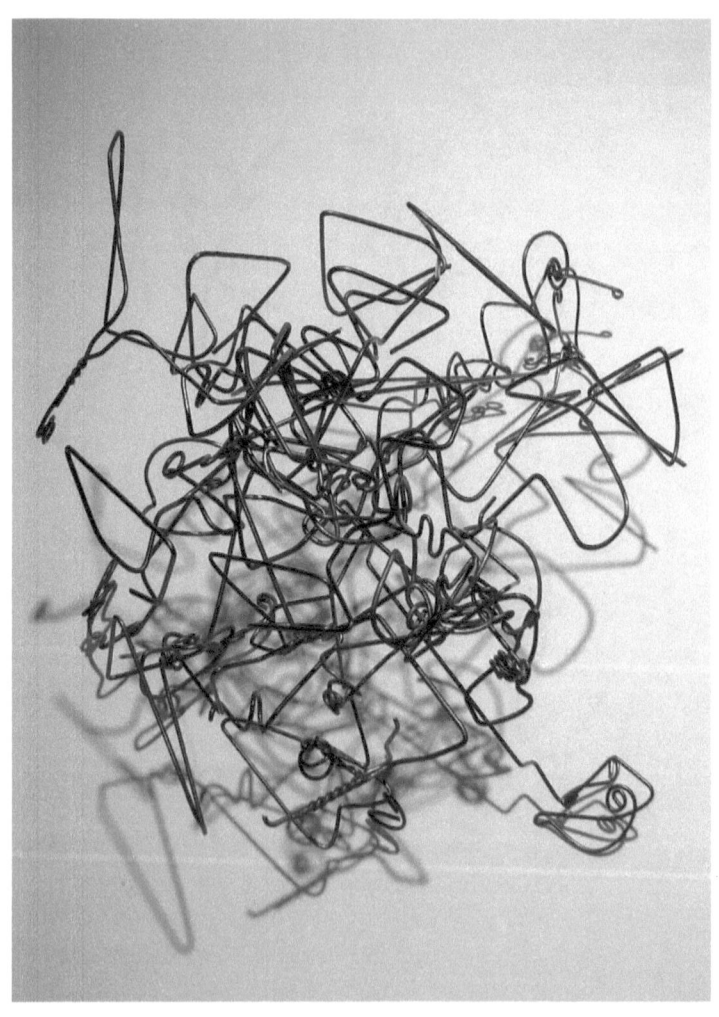

228   Porte-manteau

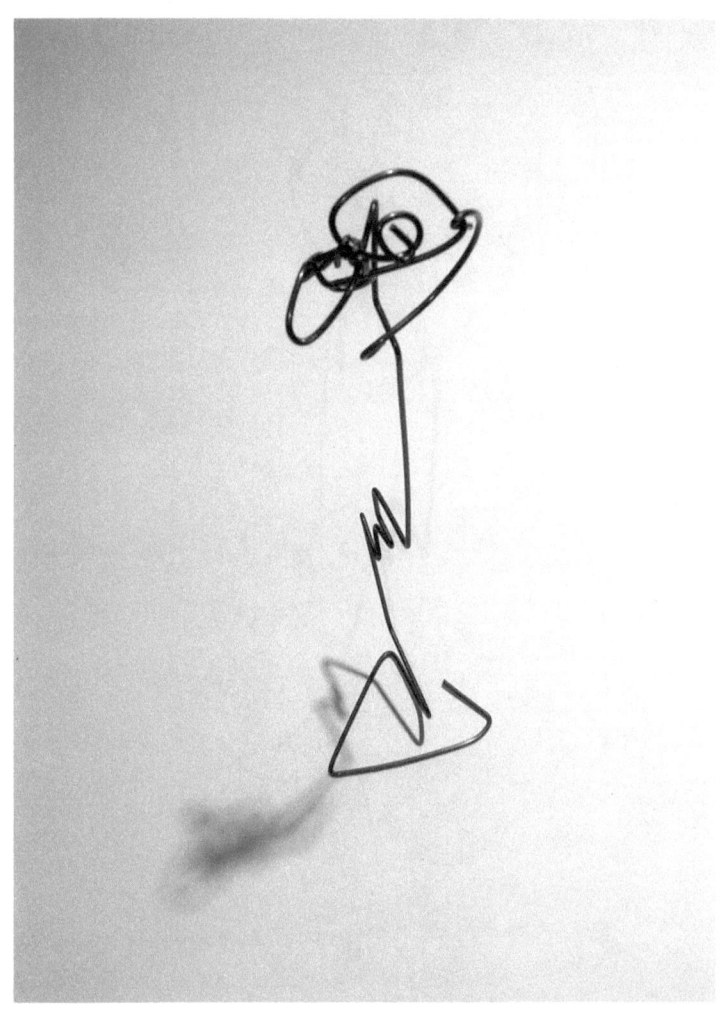

Gilles COLLETTE

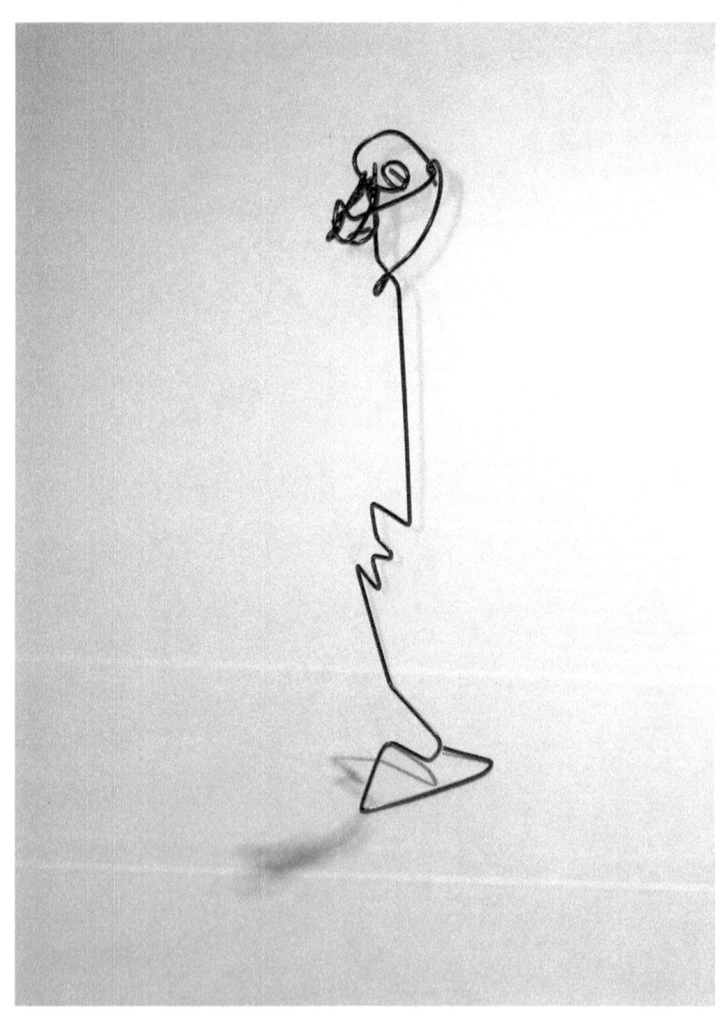

Porte-manteau

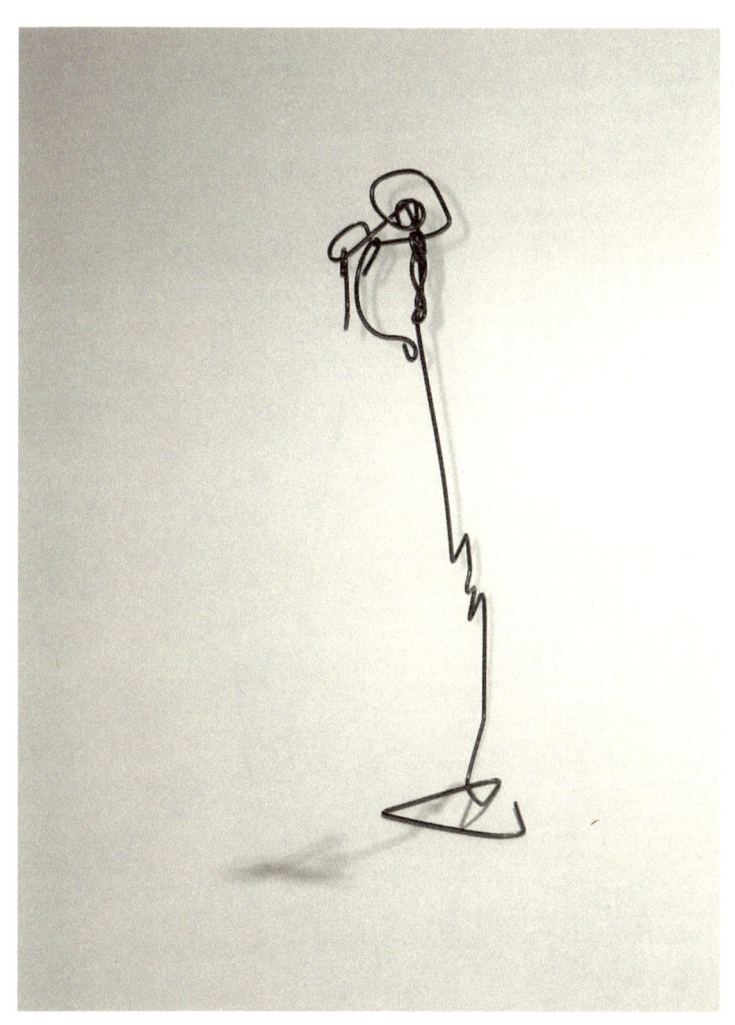

Gilles COLLETTE

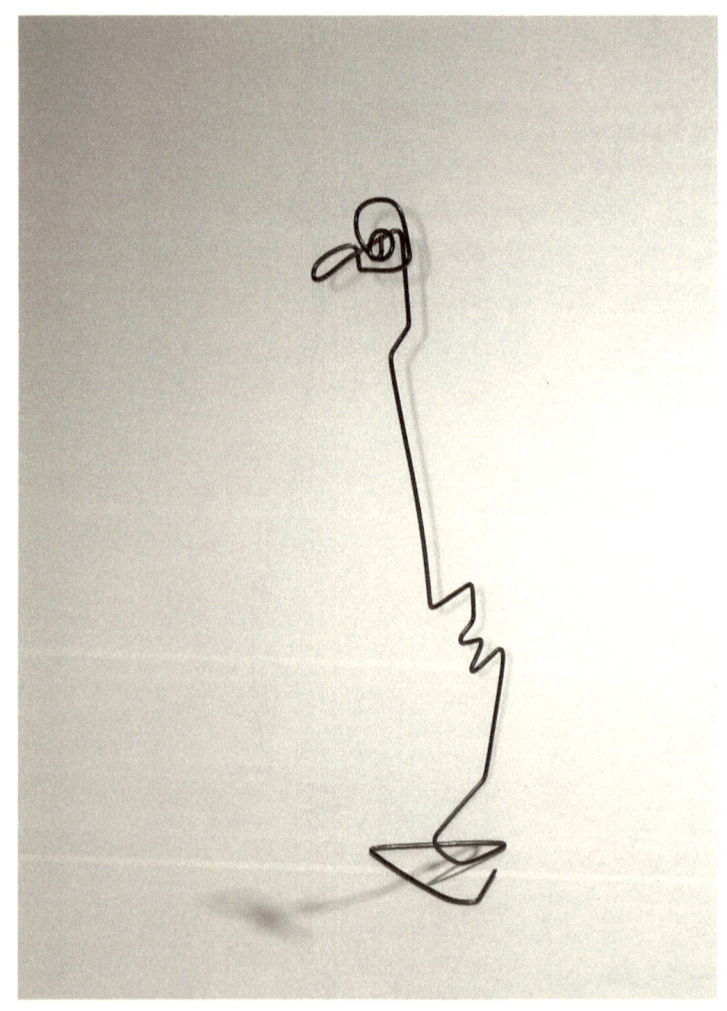

Porte-manteau

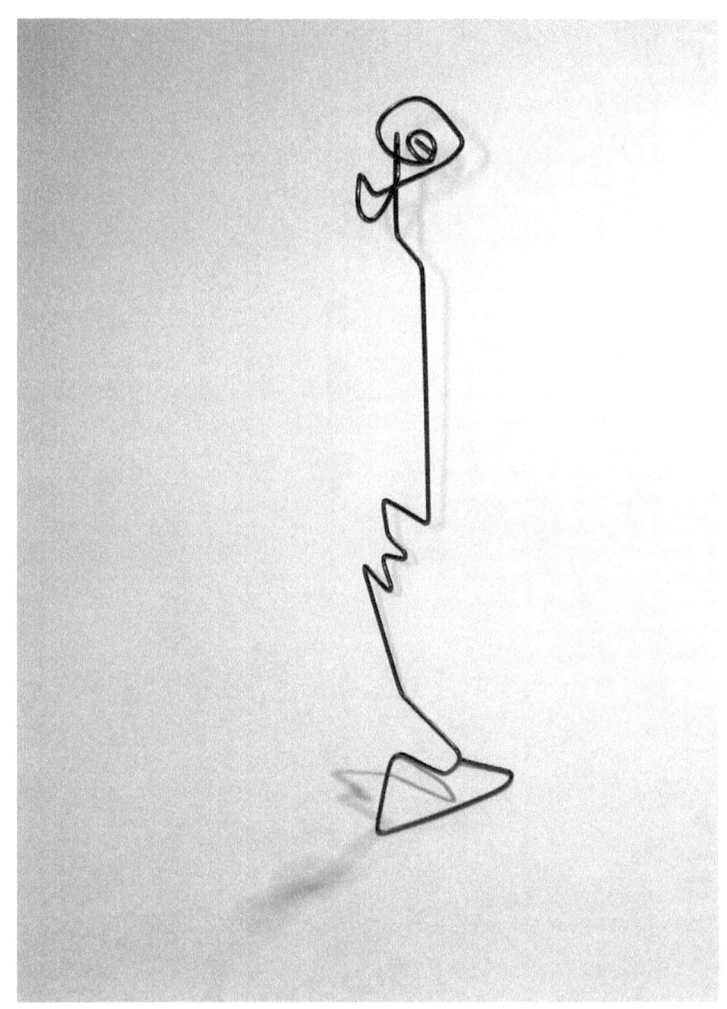

Gilles COLLETTE

233

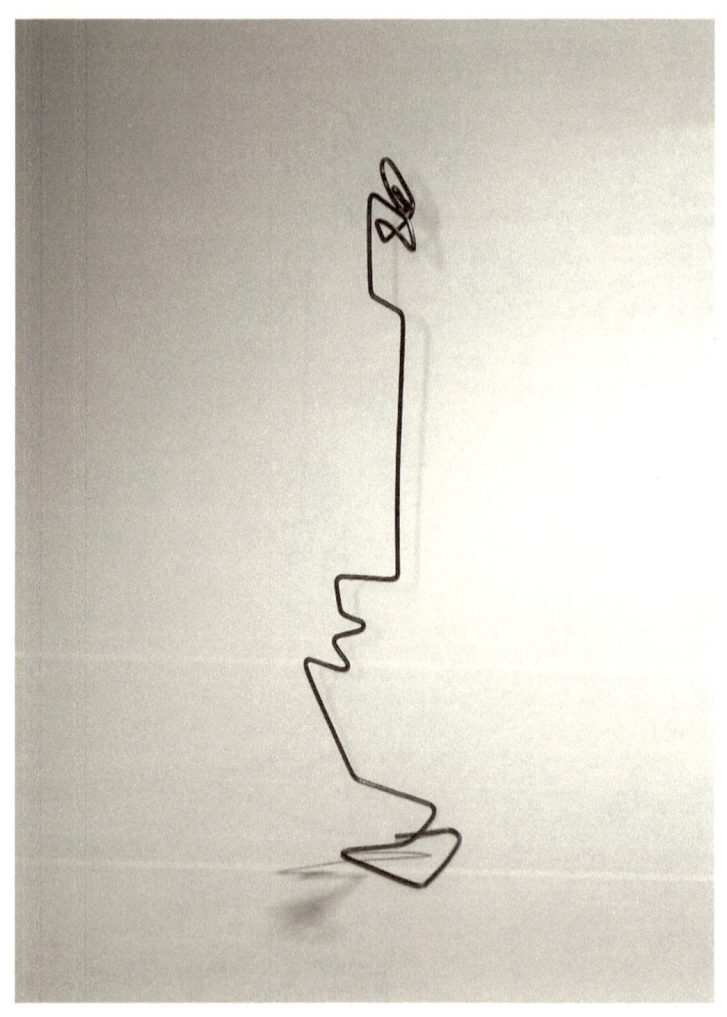

Porte-manteau

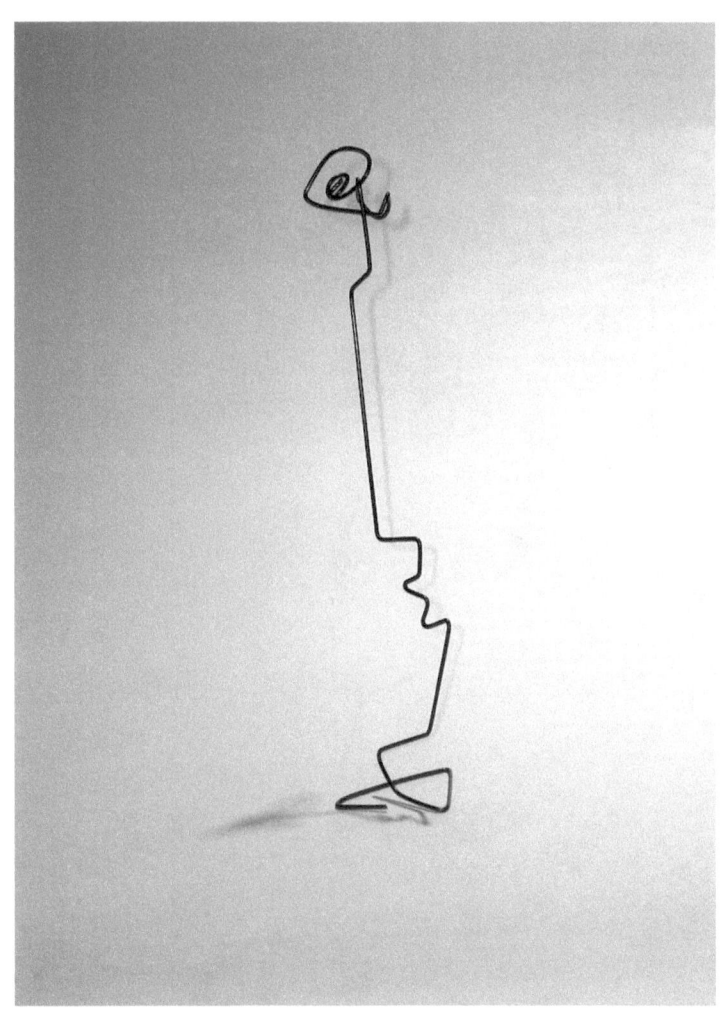

Gilles COLLETTE

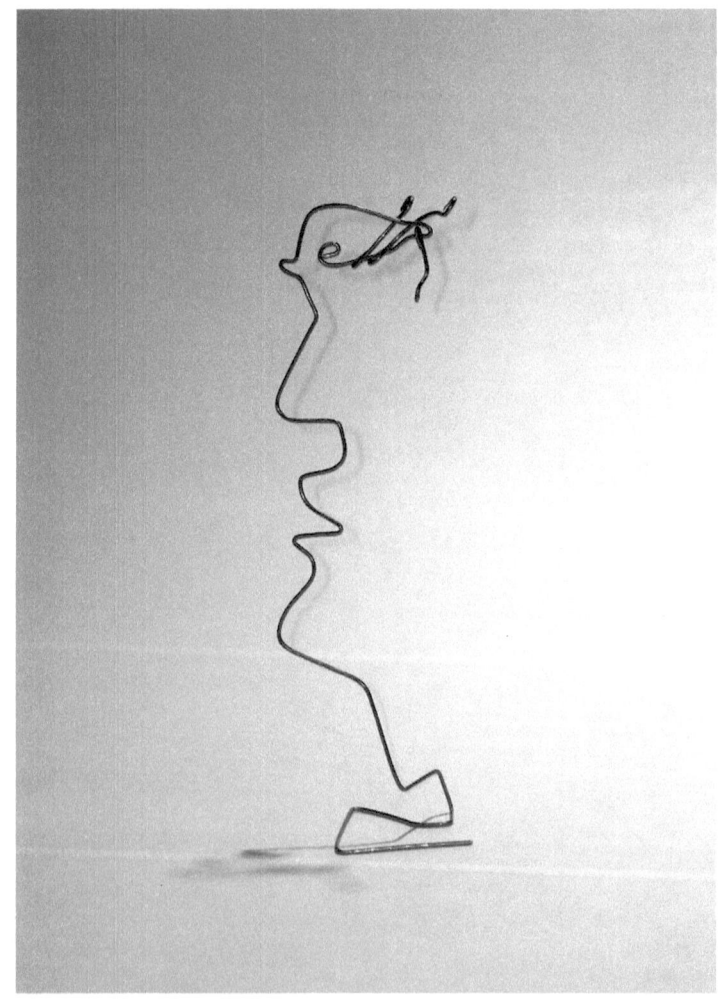

236   Porte-manteau

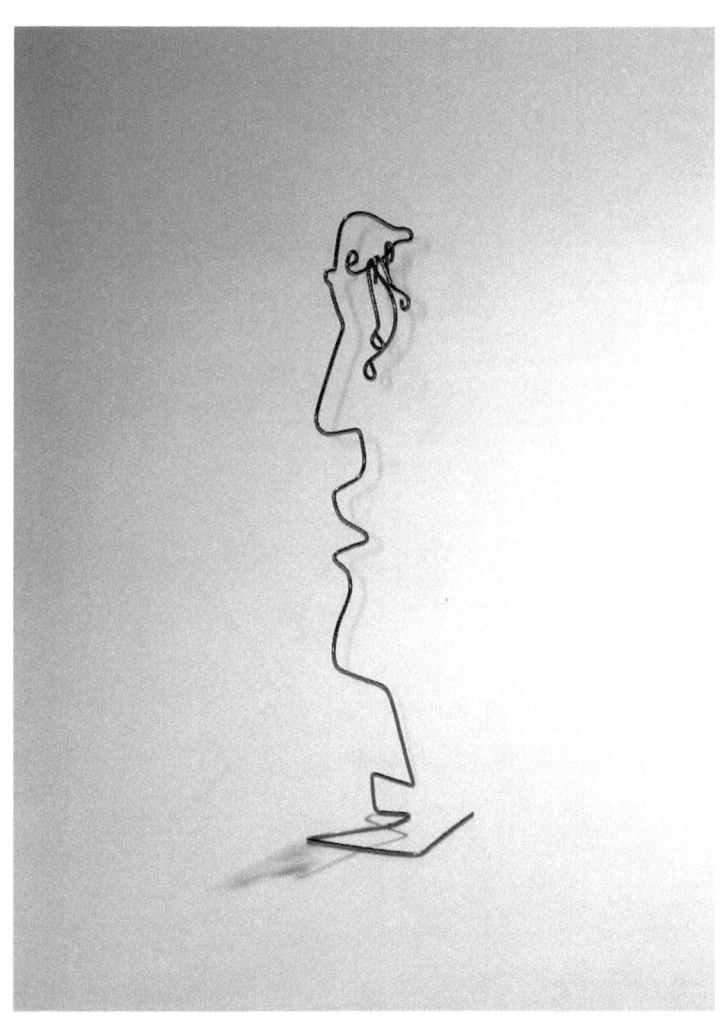

Gilles COLLETTE

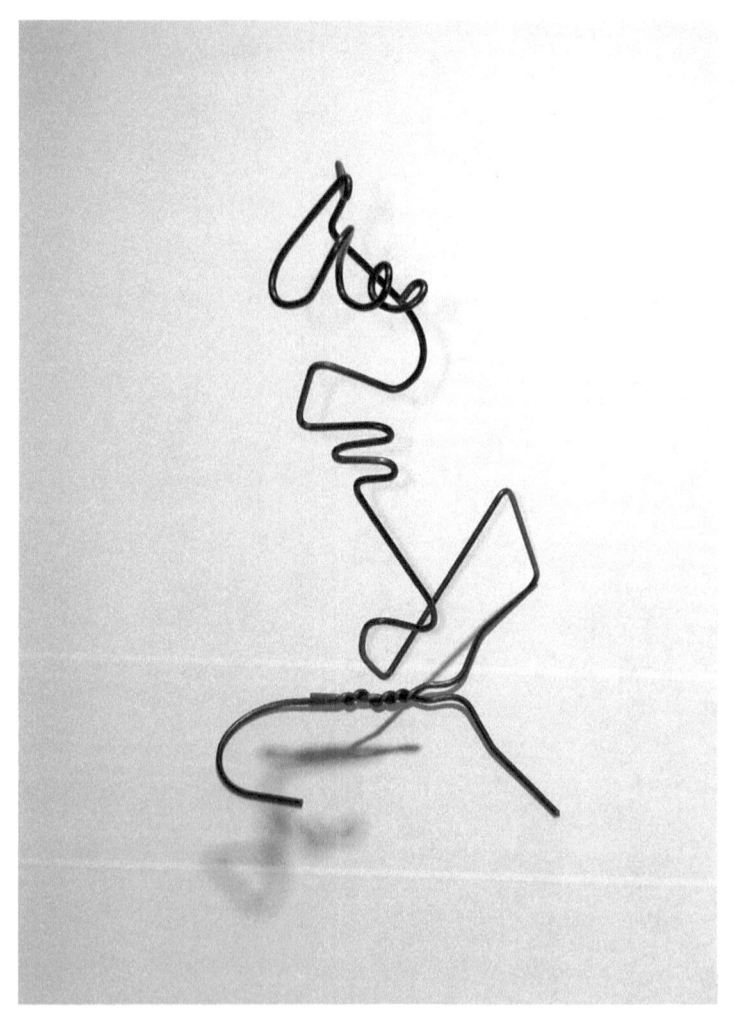

Porte-manteau

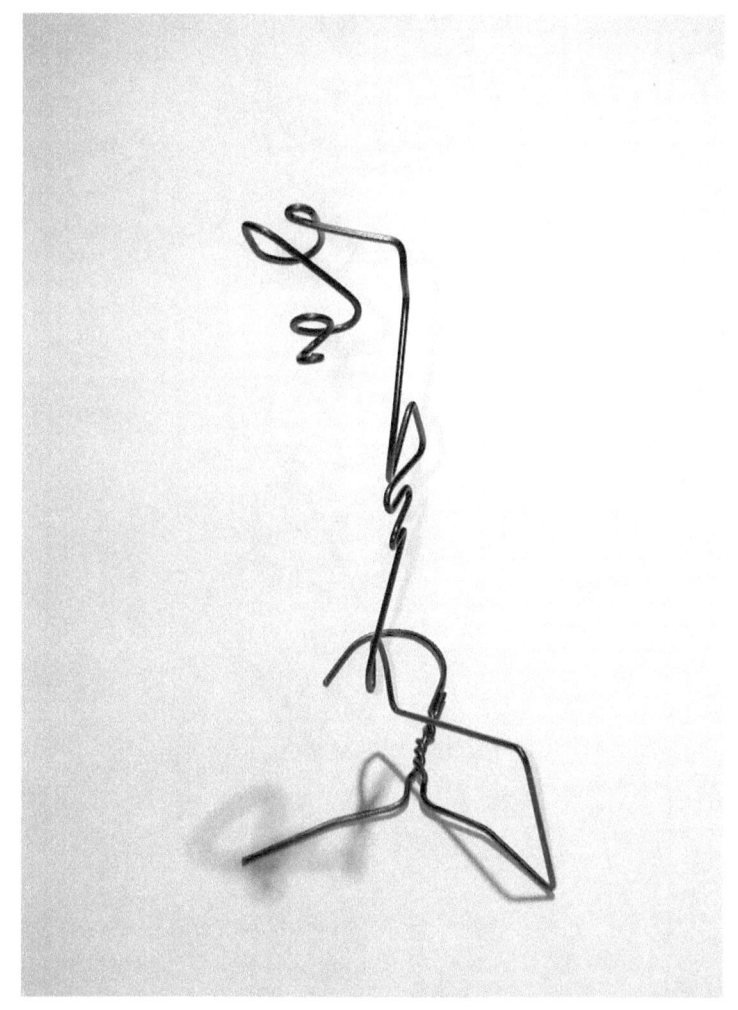

Gilles COLLETTE

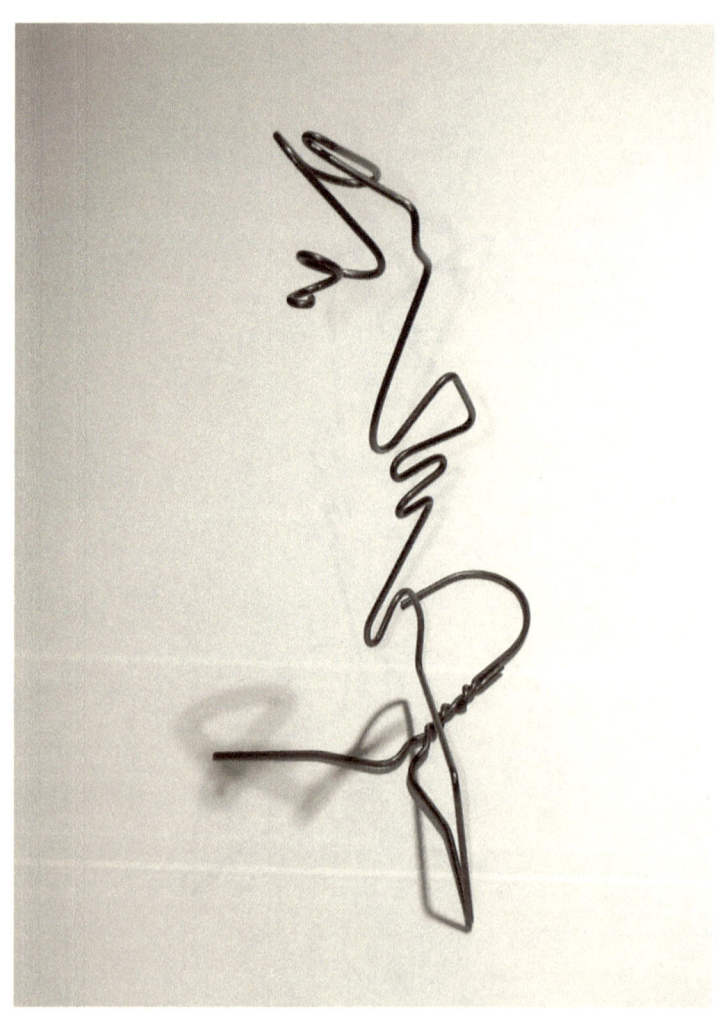

240   Porte-manteau

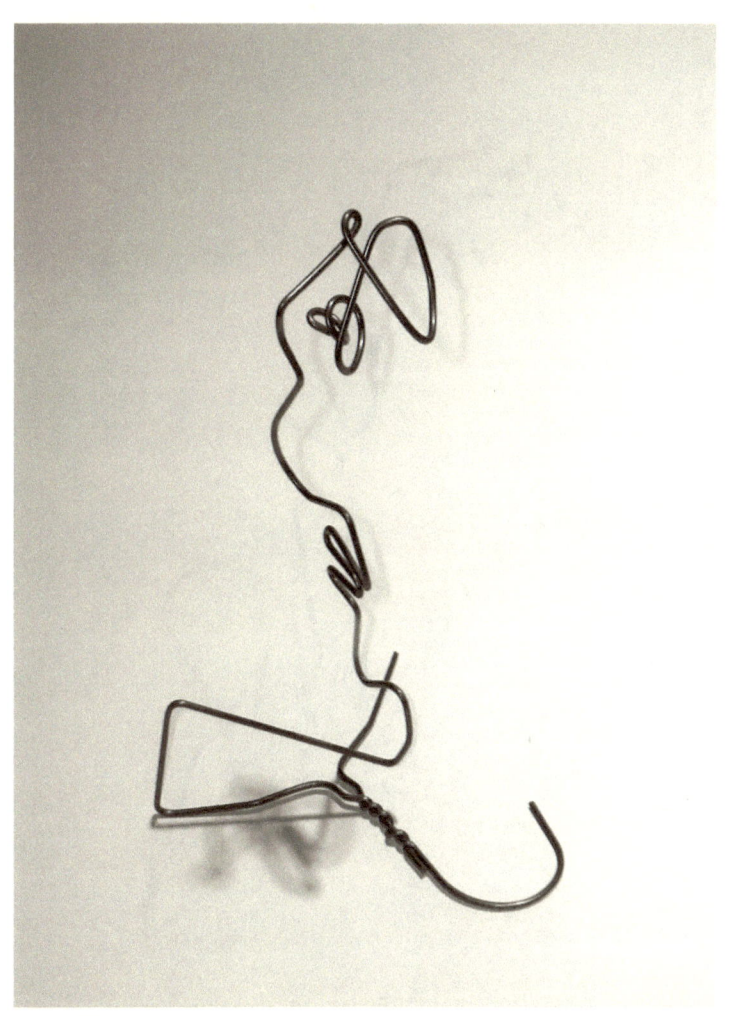

Gilles COLLETTE

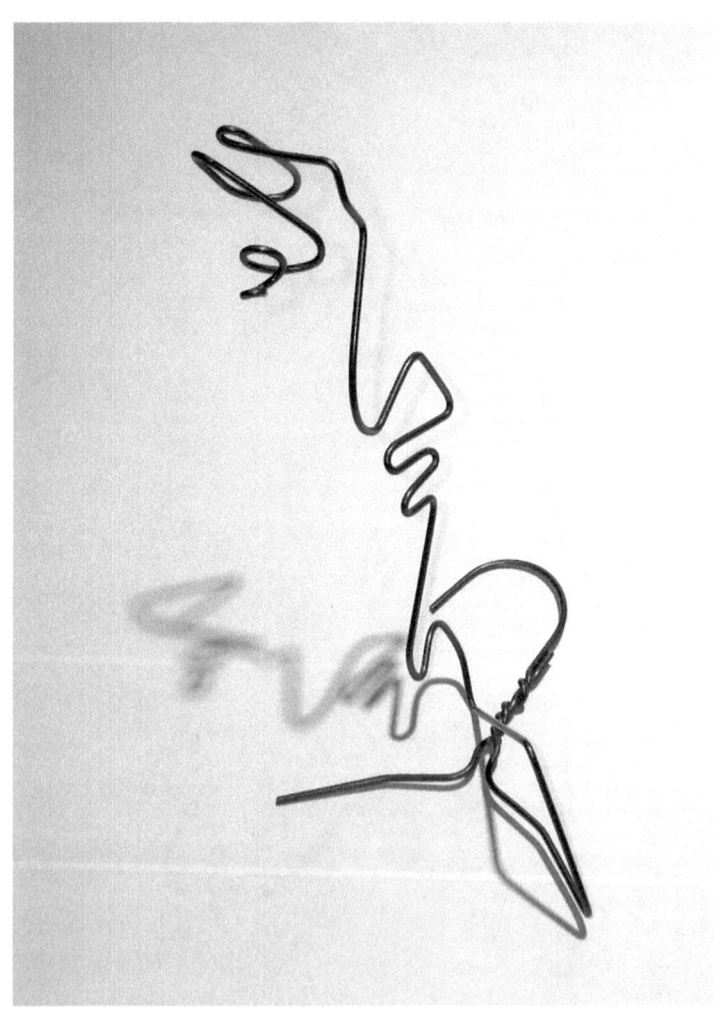

Porte-manteau

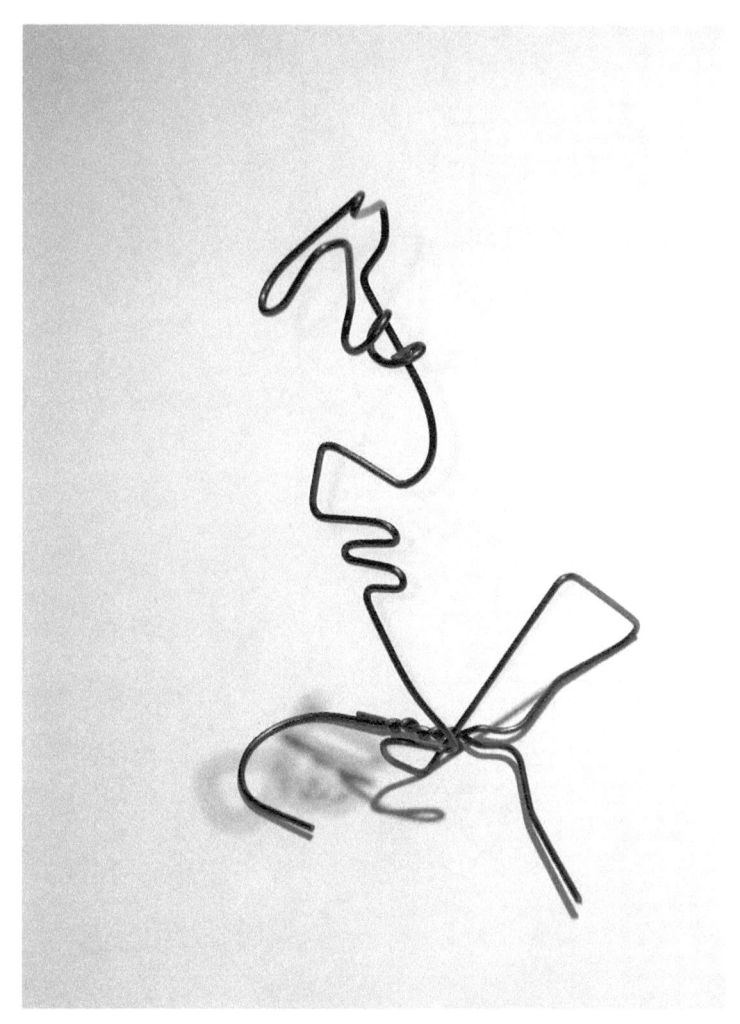

Gilles COLLETTE

243

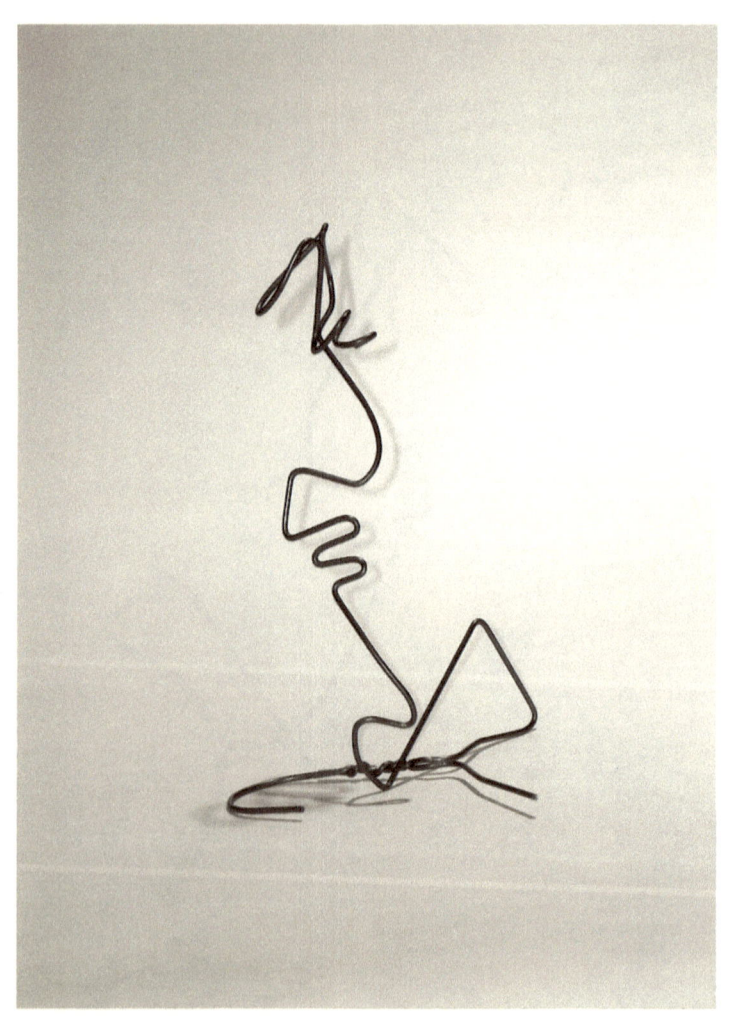

244   Porte-manteau

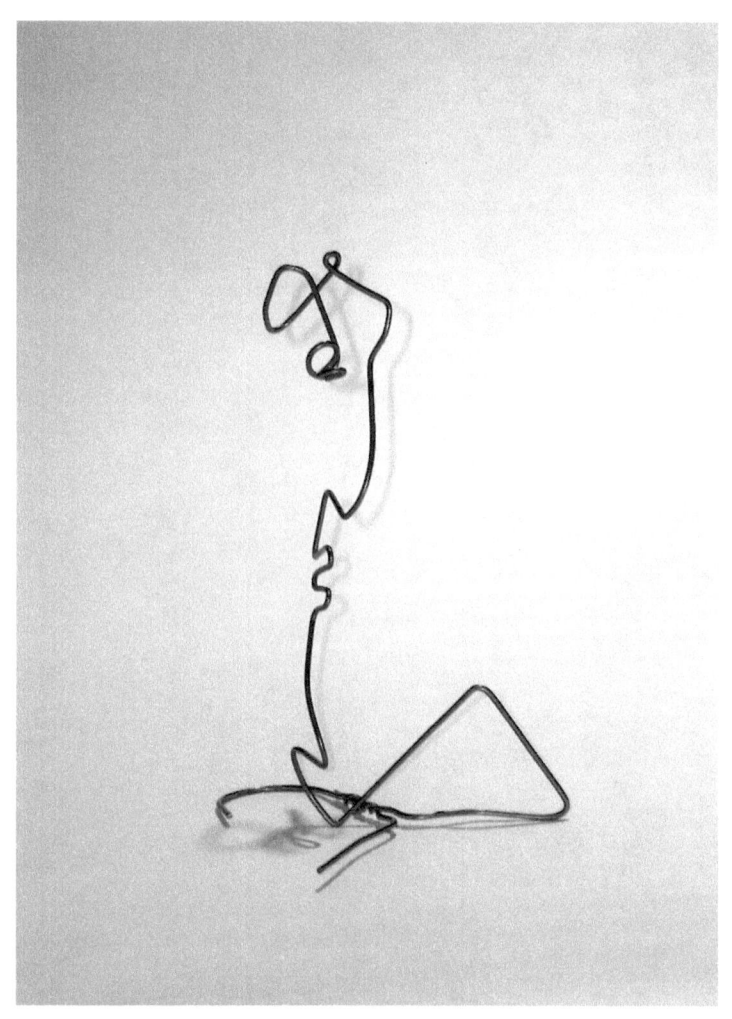

Gilles COLLETTE

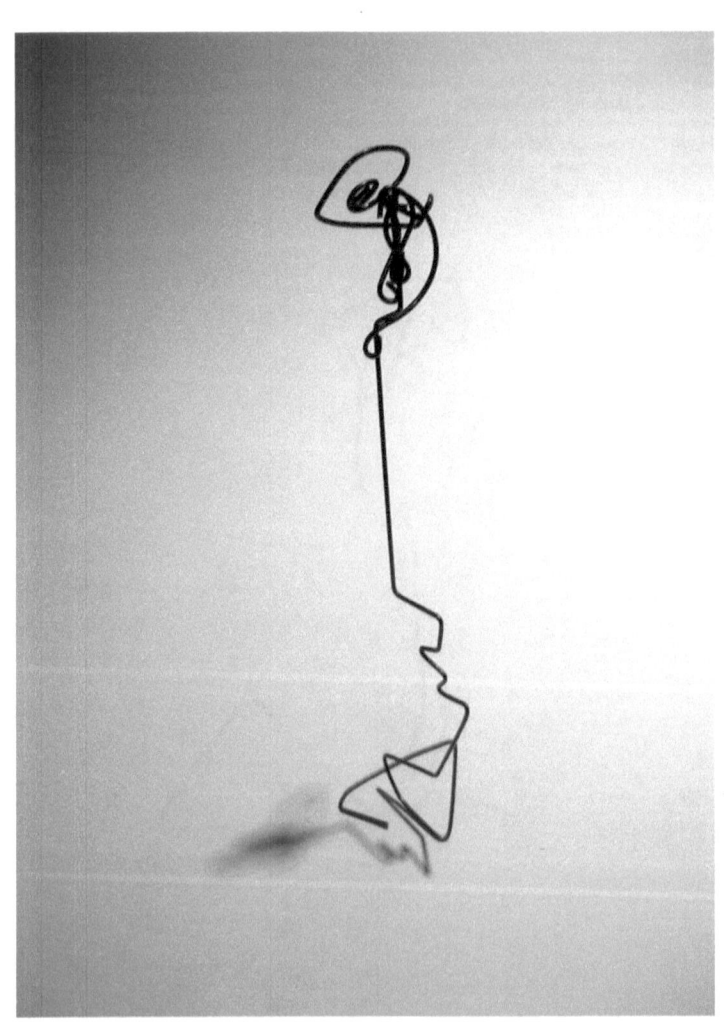

246   Porte-manteau

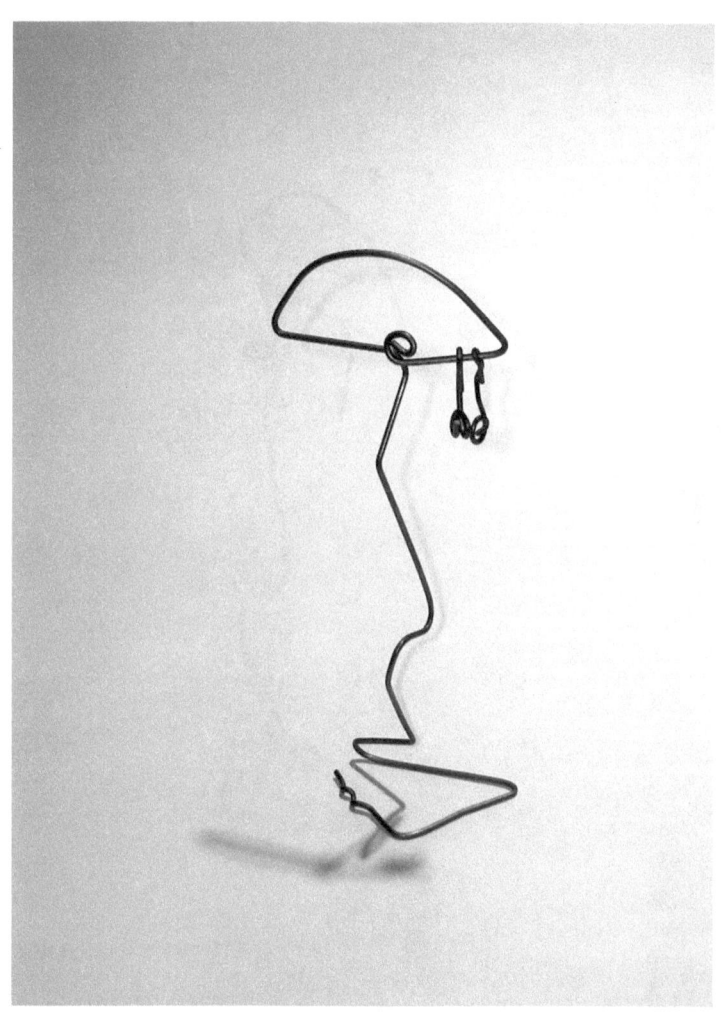

Gilles COLLETTE

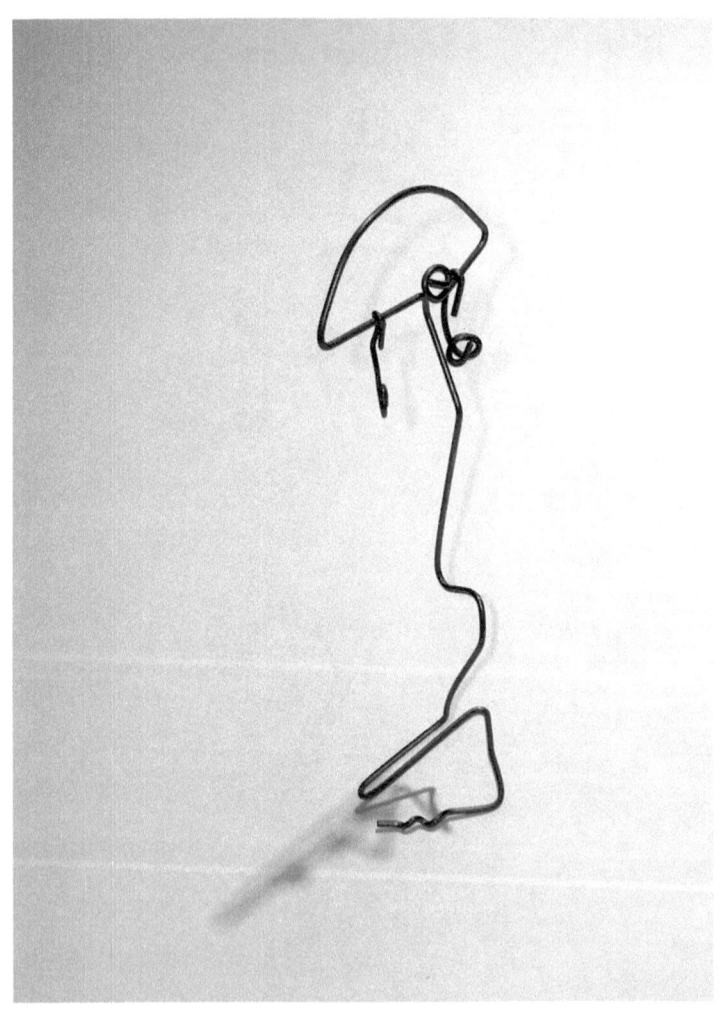

248   Porte-manteau

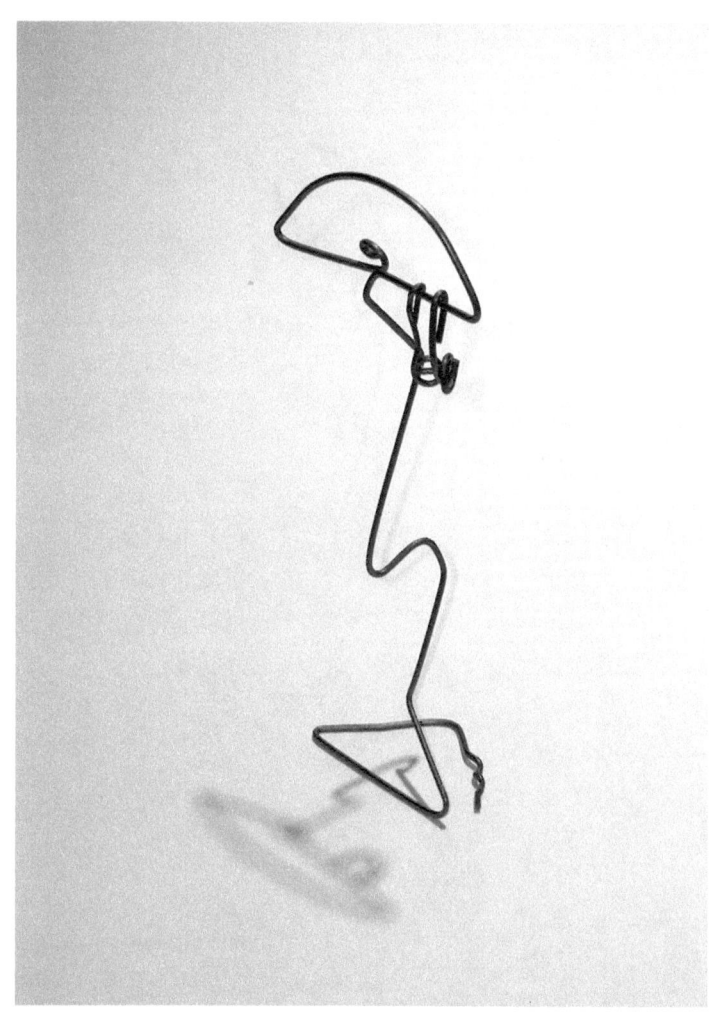

Gilles COLLETTE

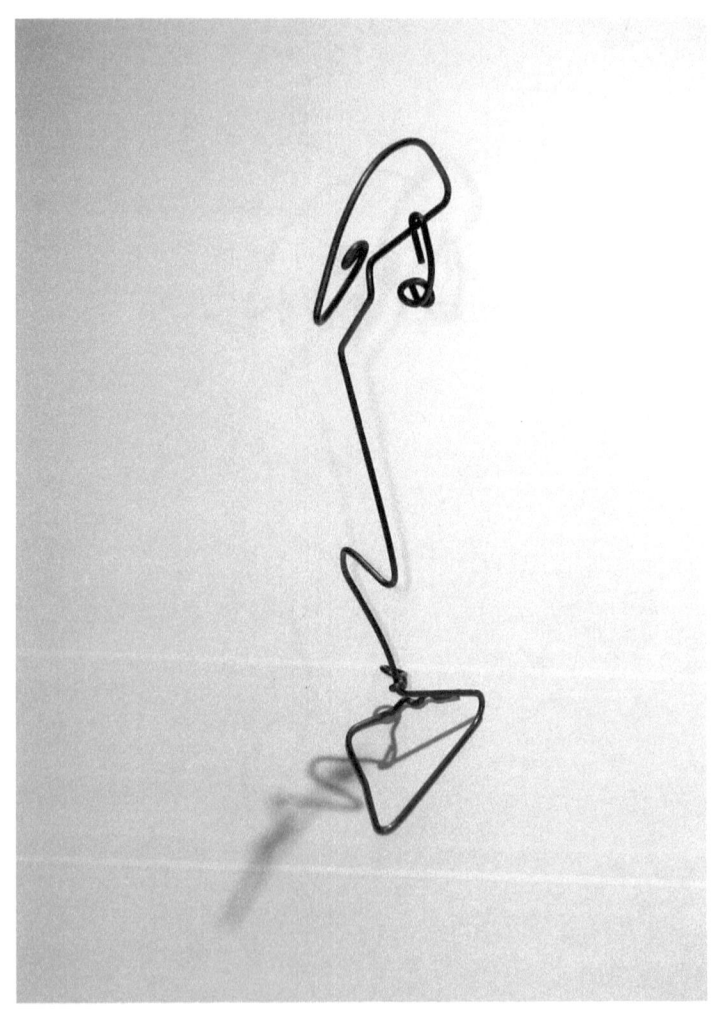

250   Porte-manteau

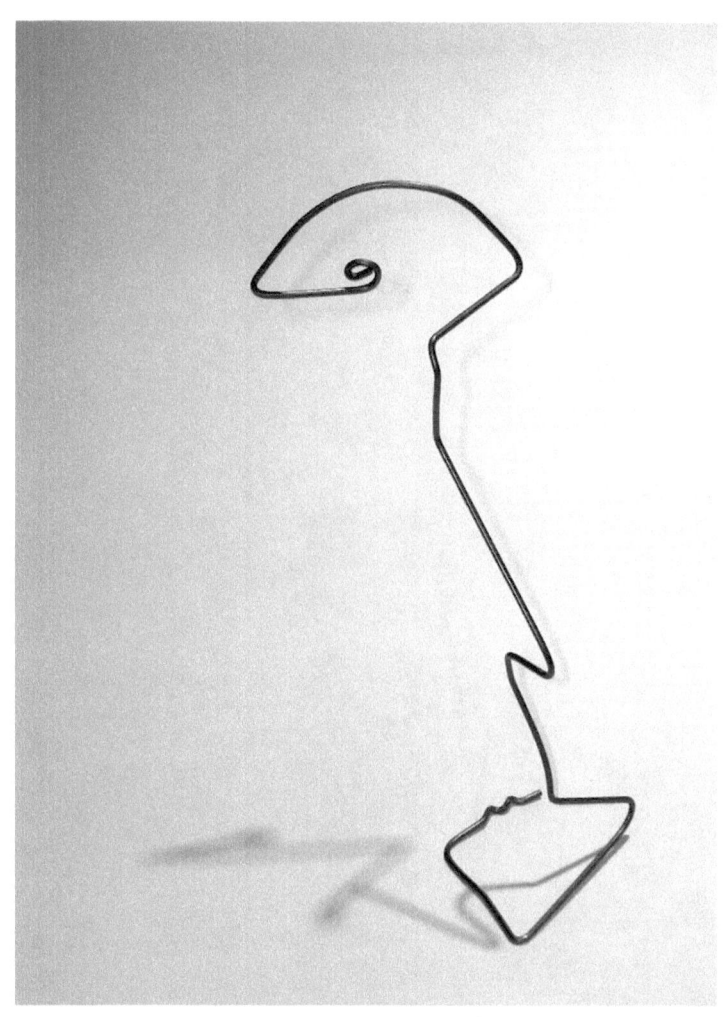

Gilles COLLETTE

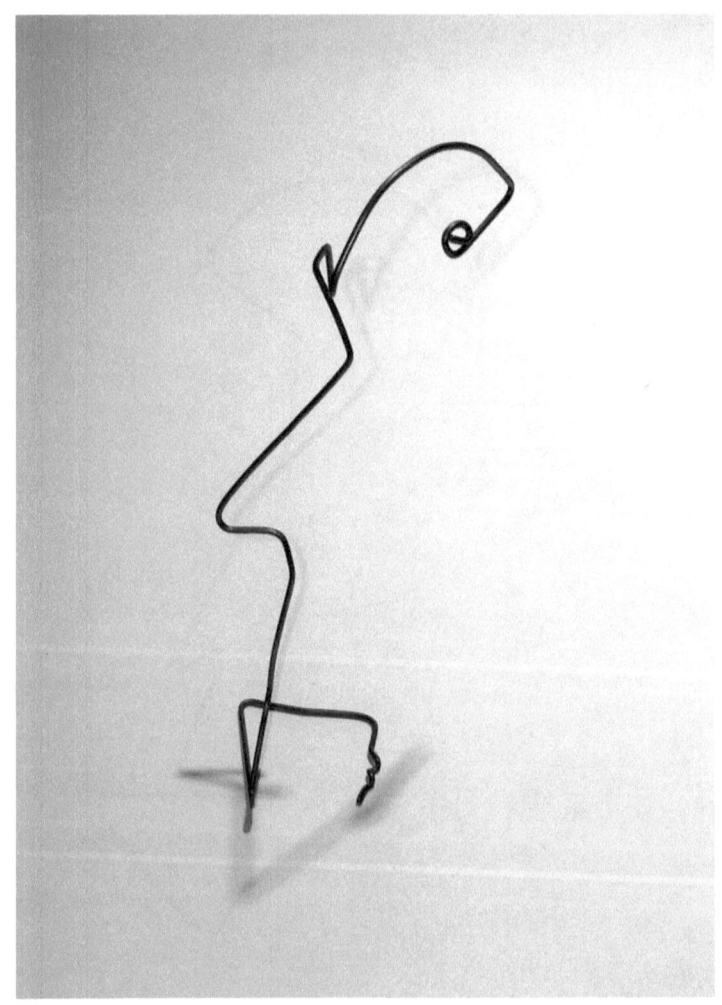

252   Porte-manteau

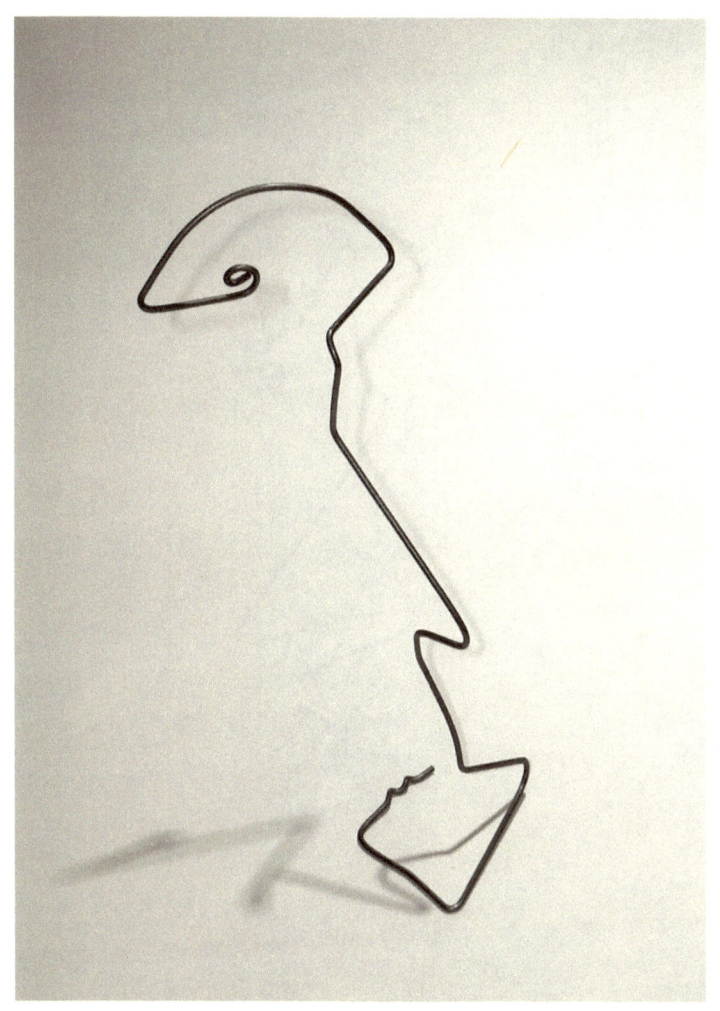

Gilles COLLETTE

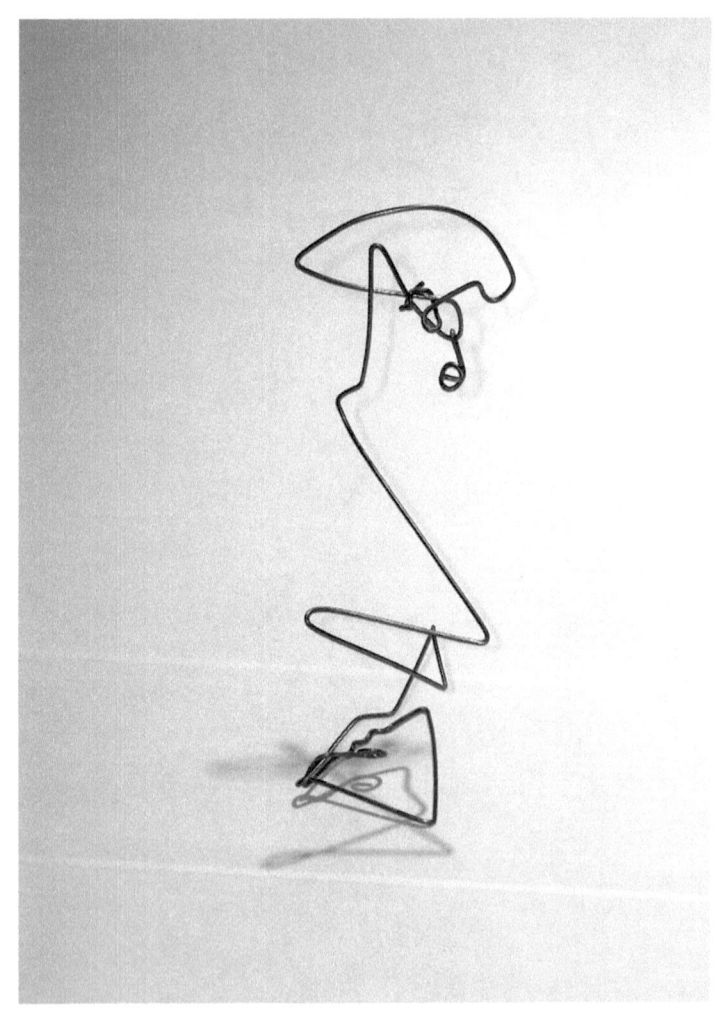

Porte-manteau

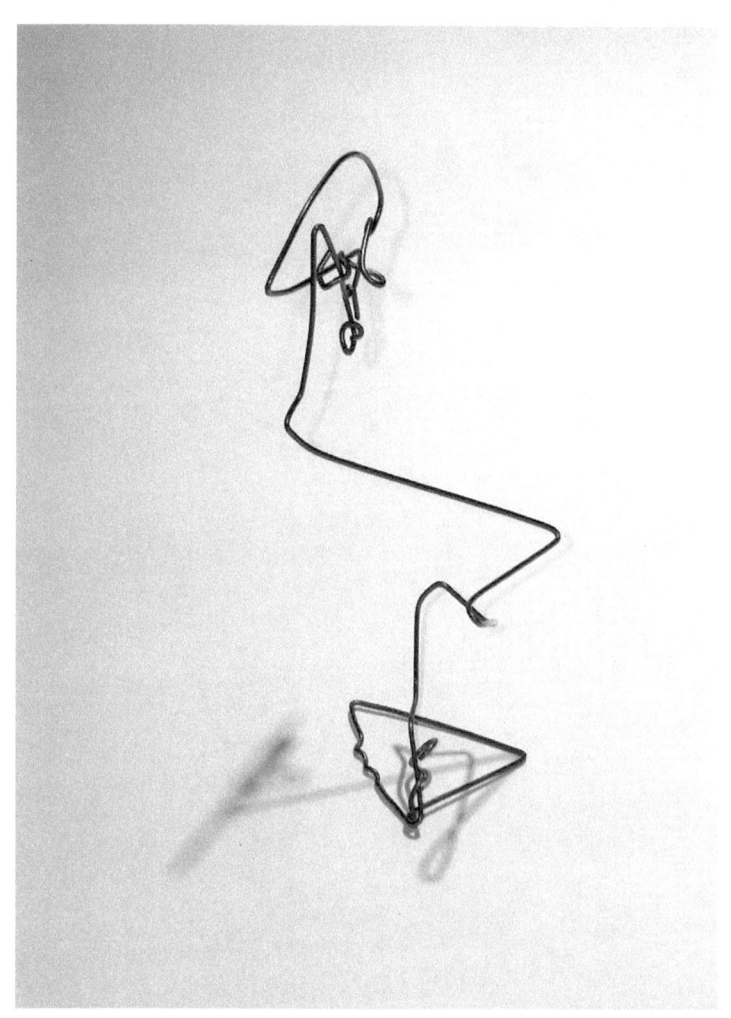

Gilles COLLETTE

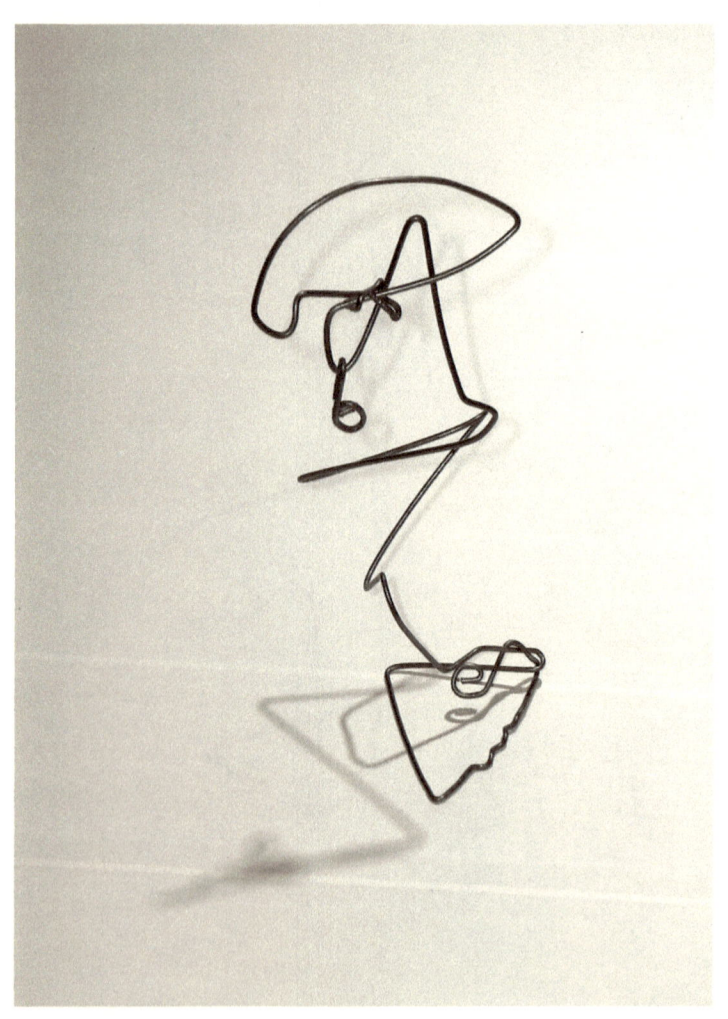

256   Porte-manteau

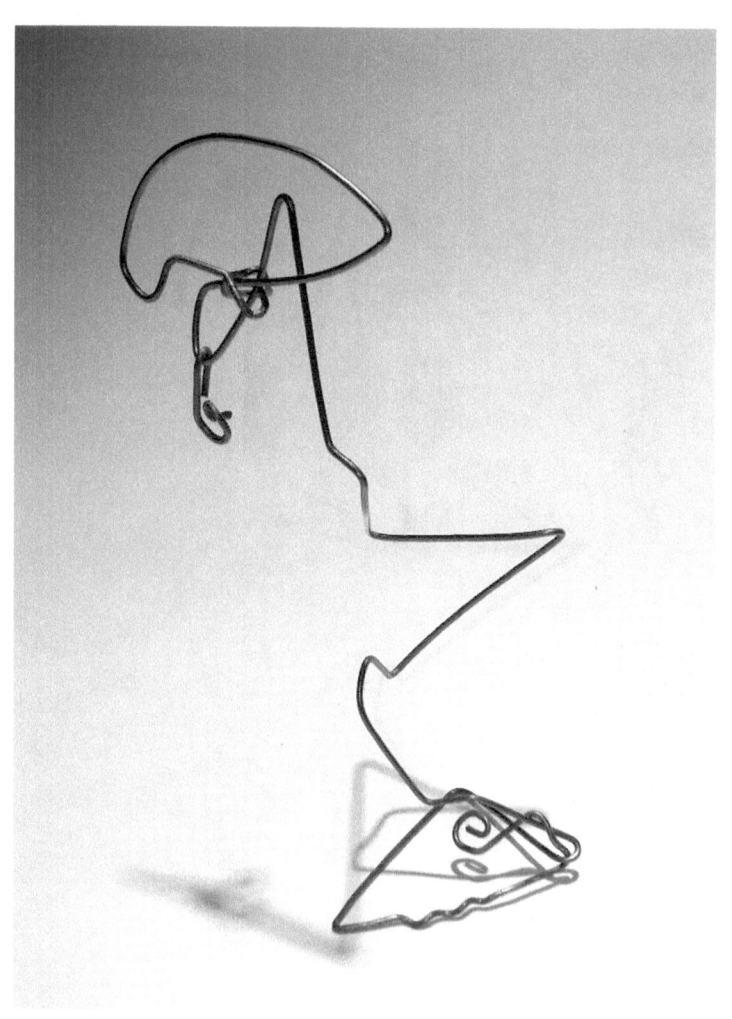

Gilles COLLETTE

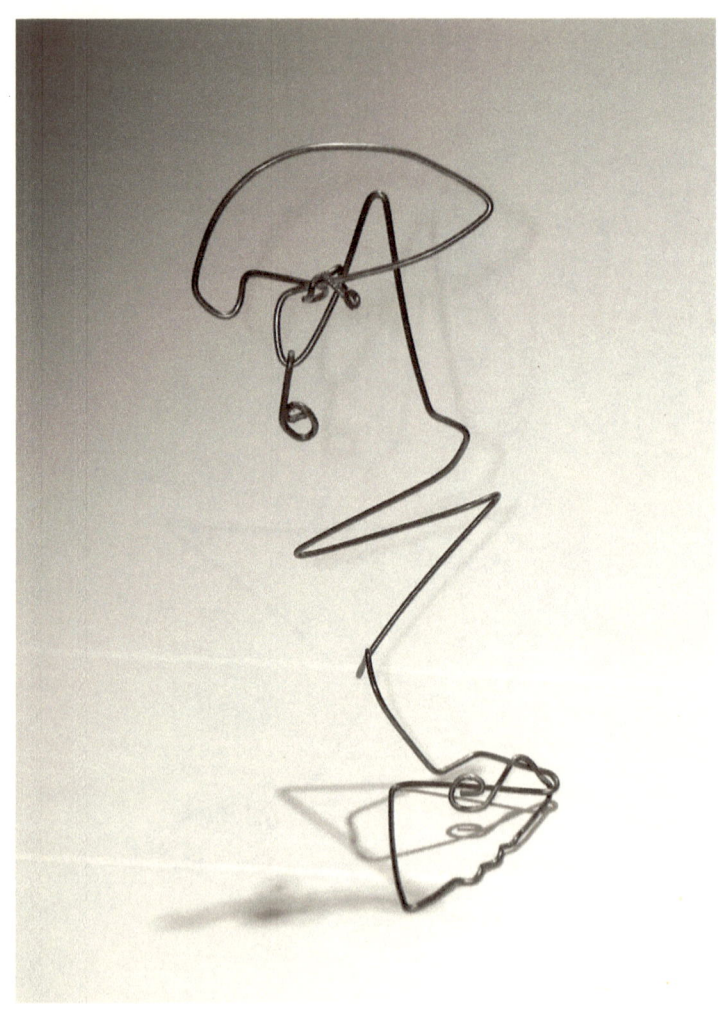

Porte-manteau

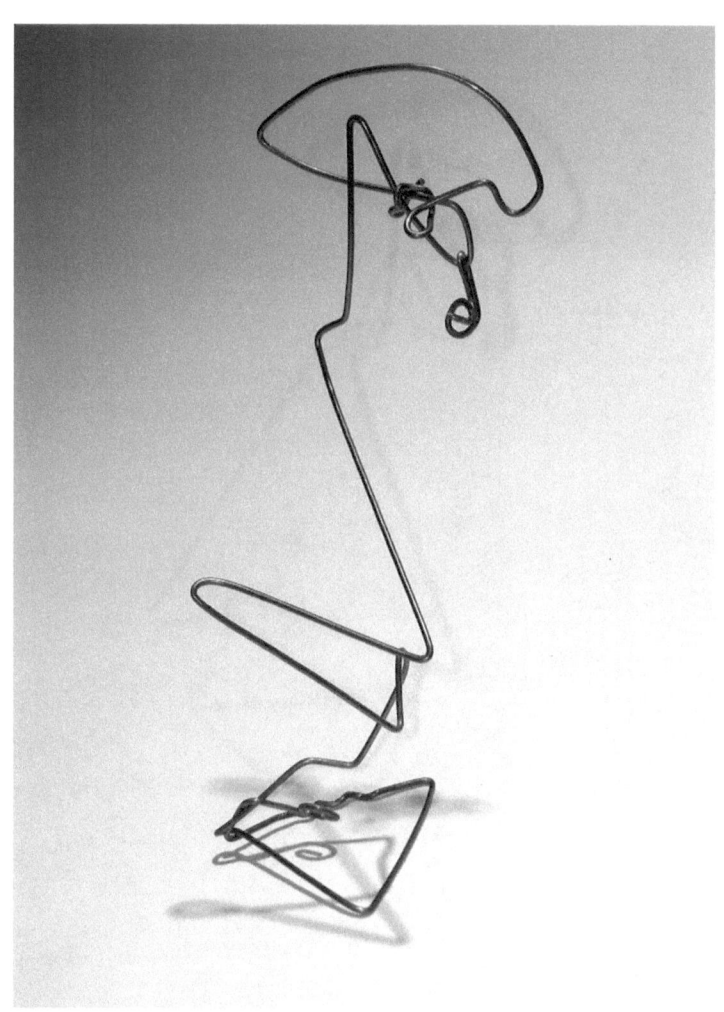

Gilles COLLETTE

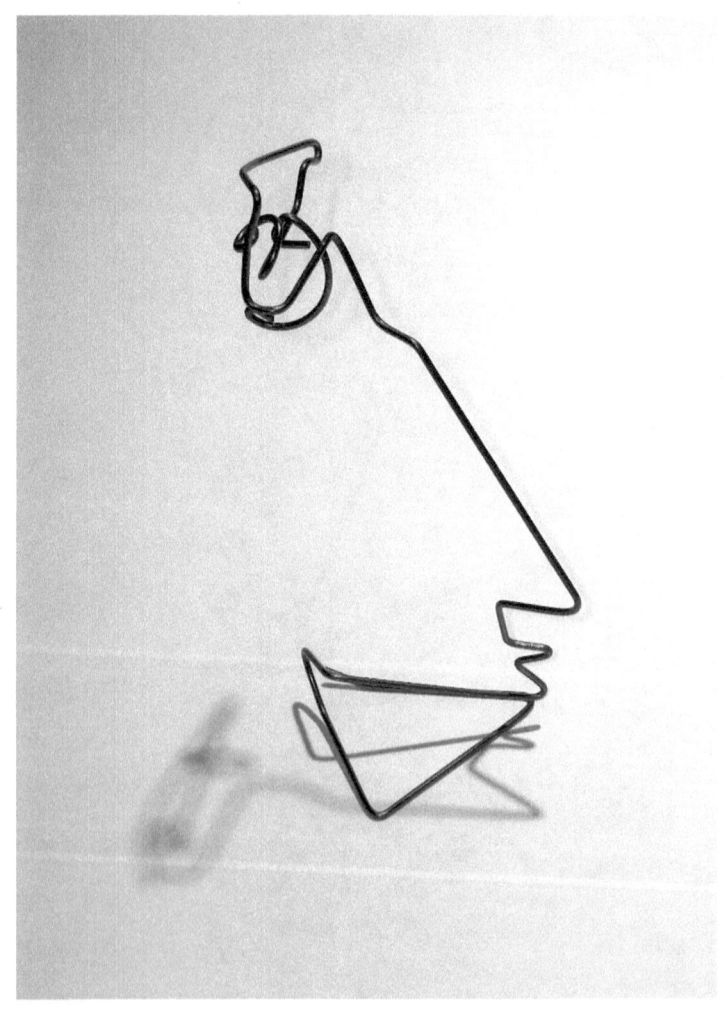

Porte-manteau

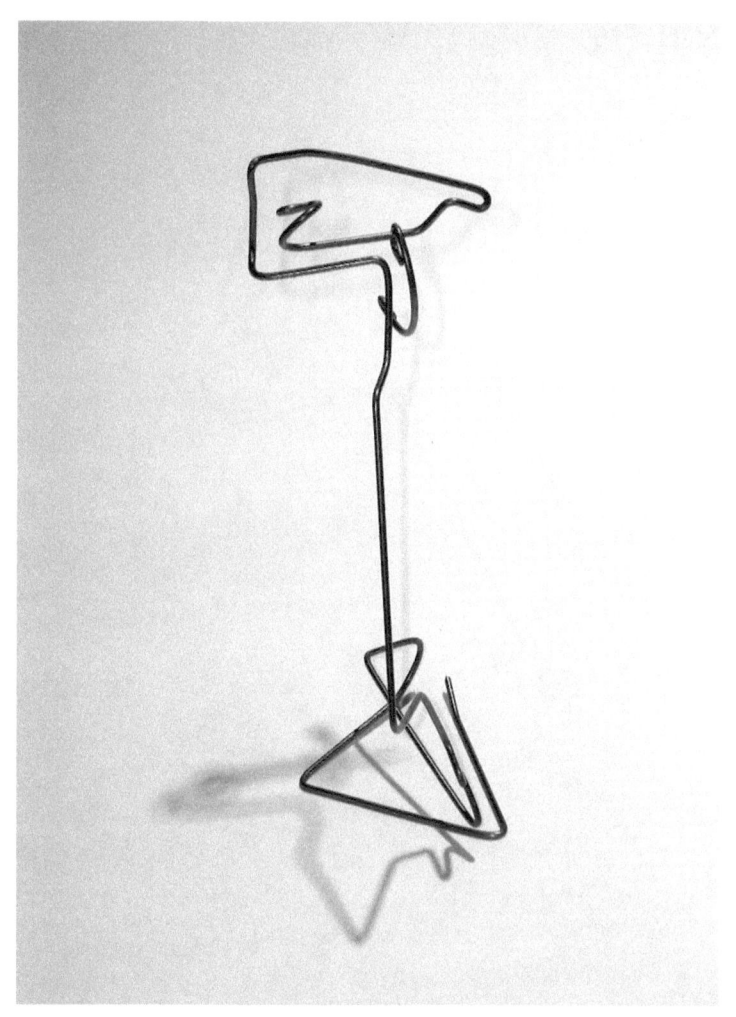

Gilles COLLETTE

261

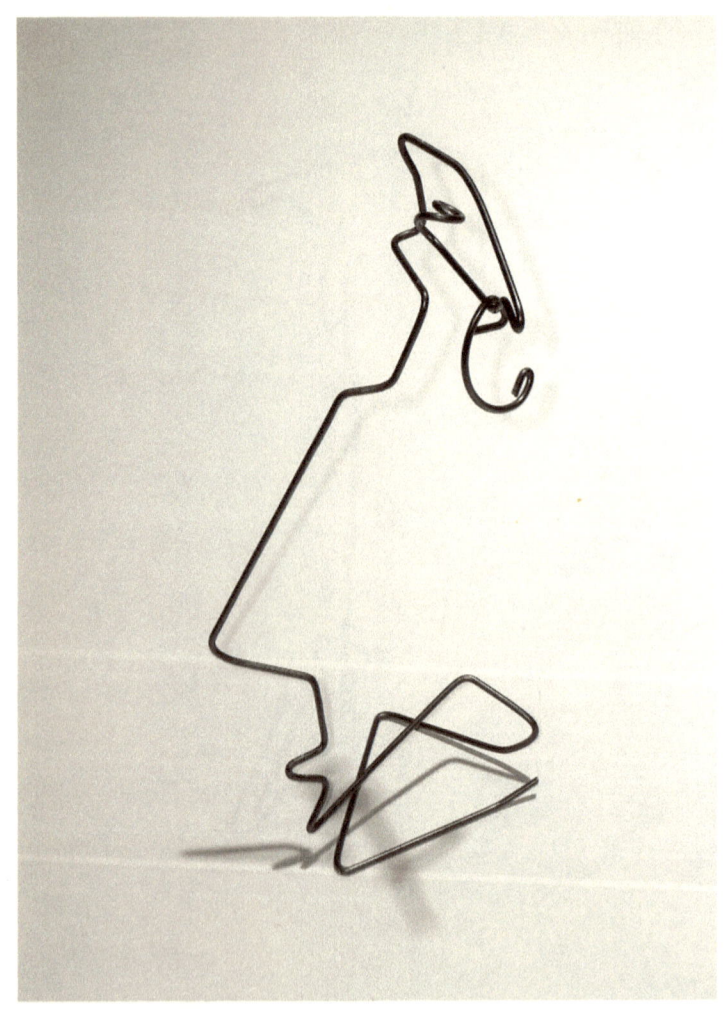

Porte-manteau

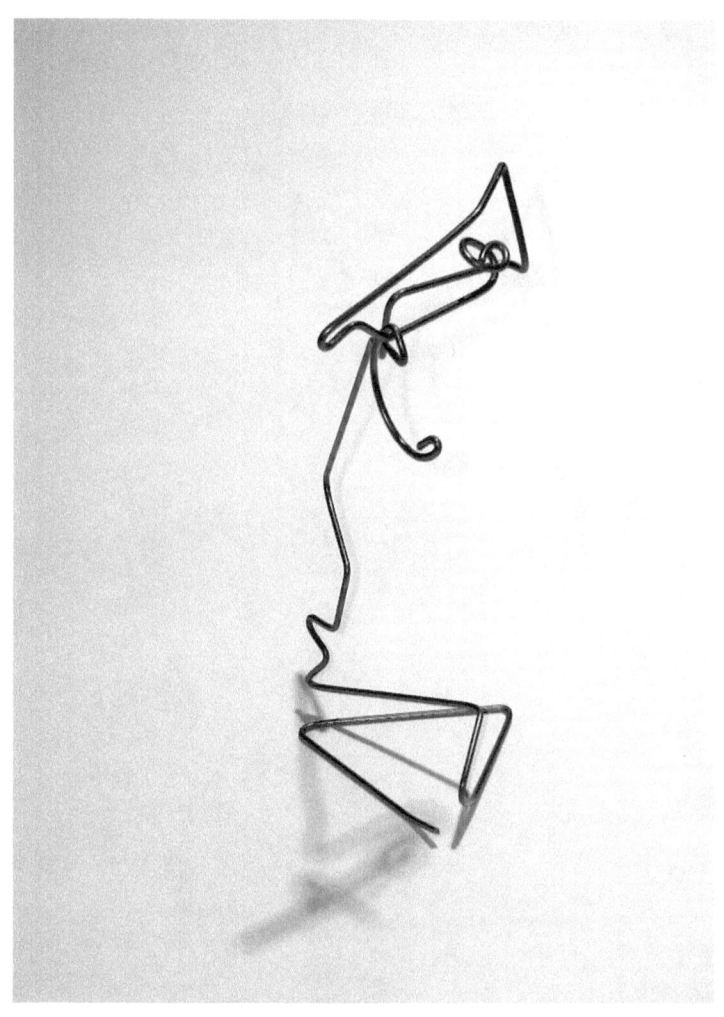

Gilles COLLETTE

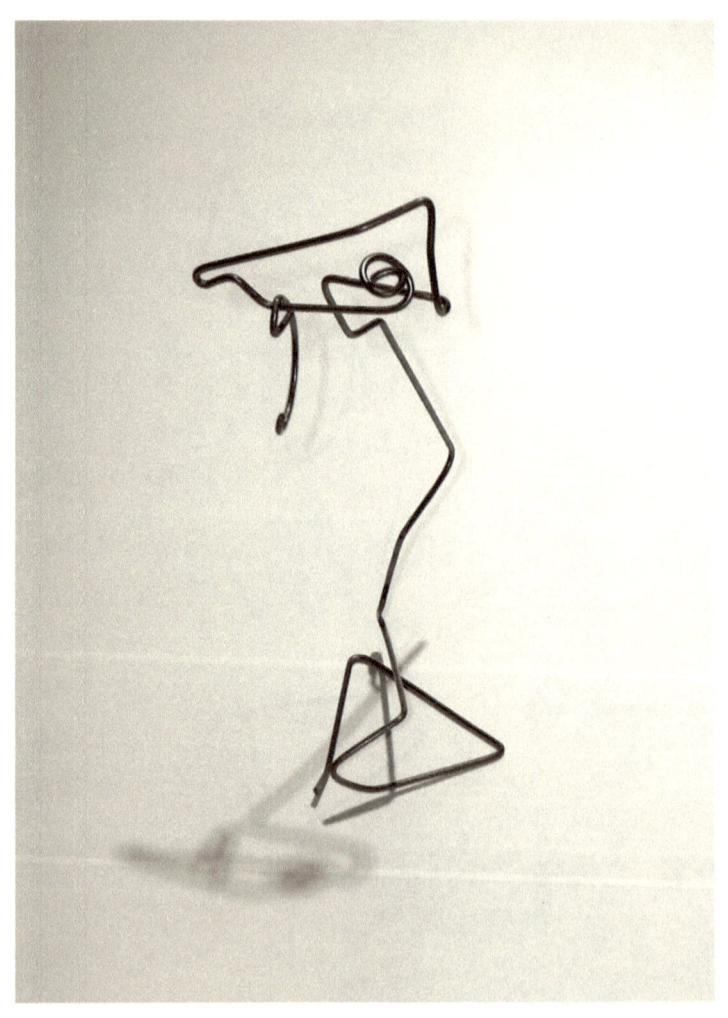

264   Porte-manteau

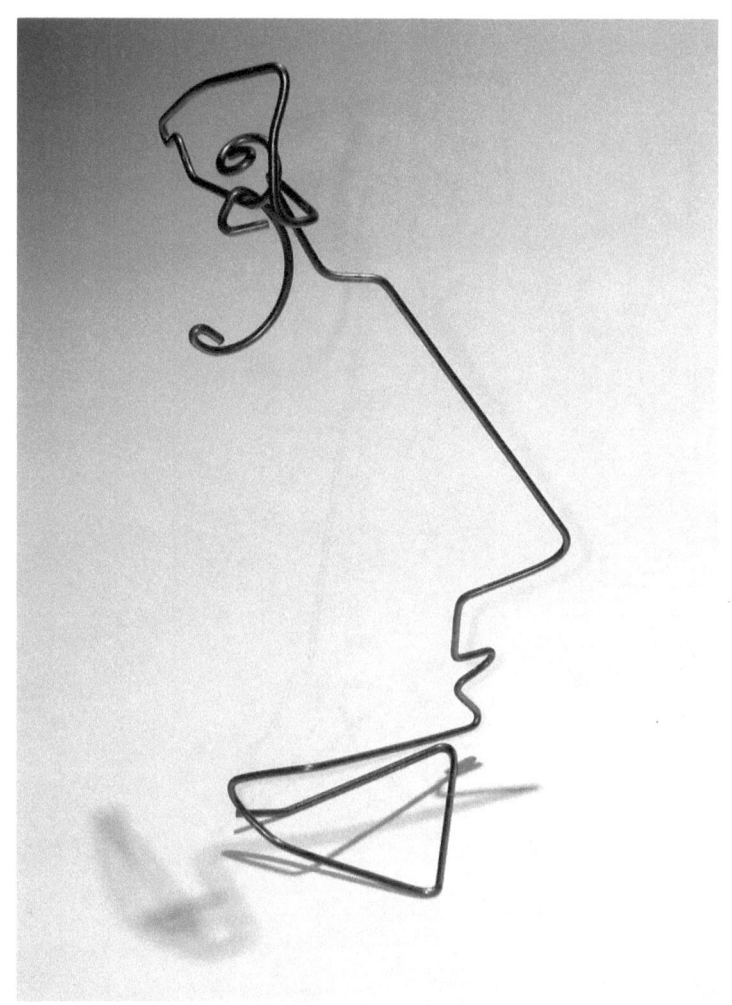

Gilles COLLETTE

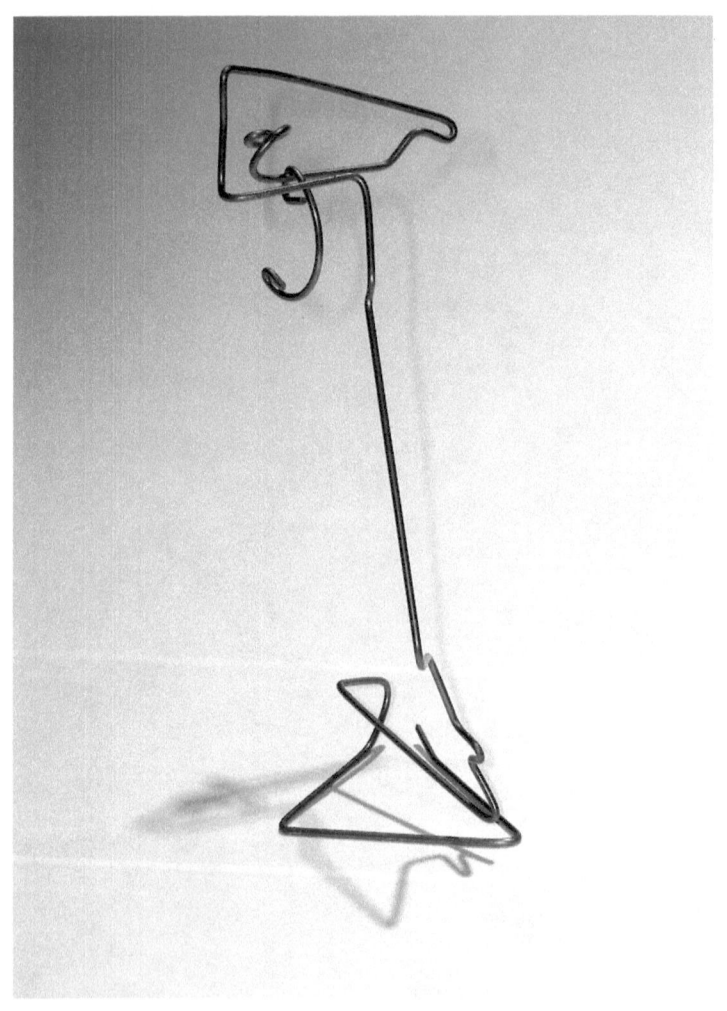

Porte-manteau

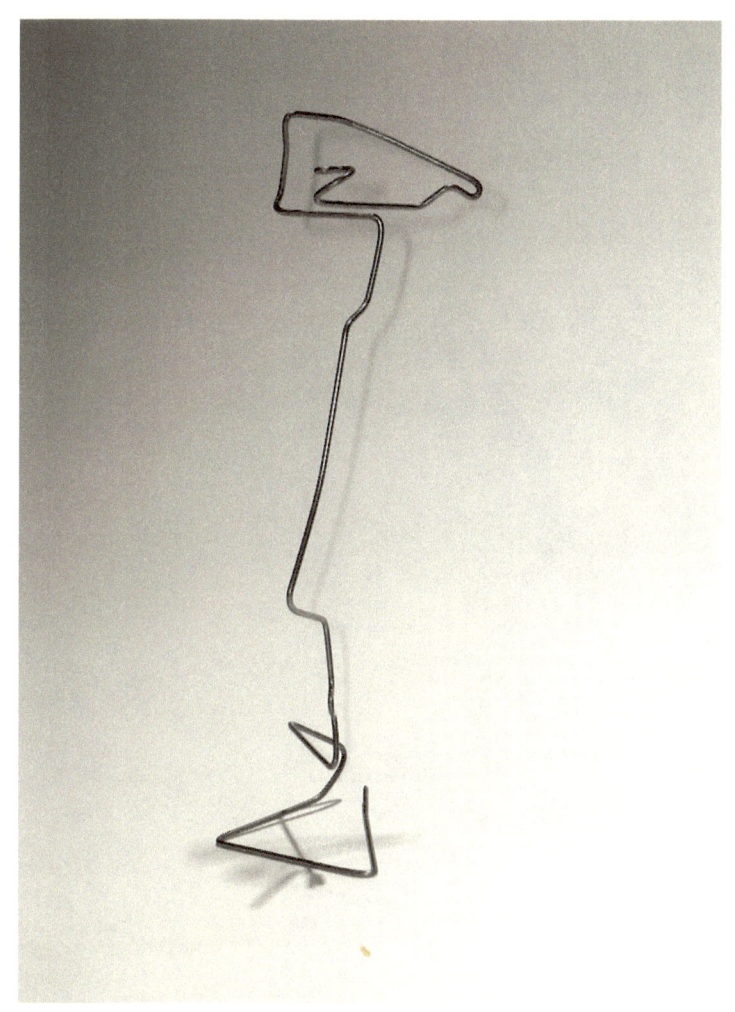

Gilles COLLETTE

267

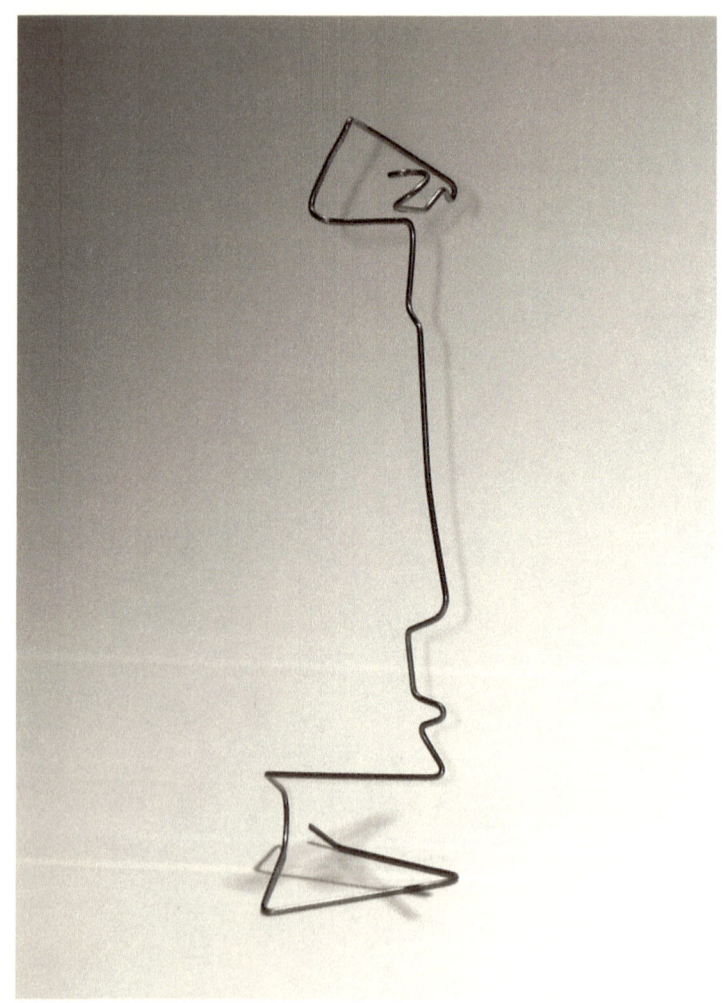

268   Porte-manteau

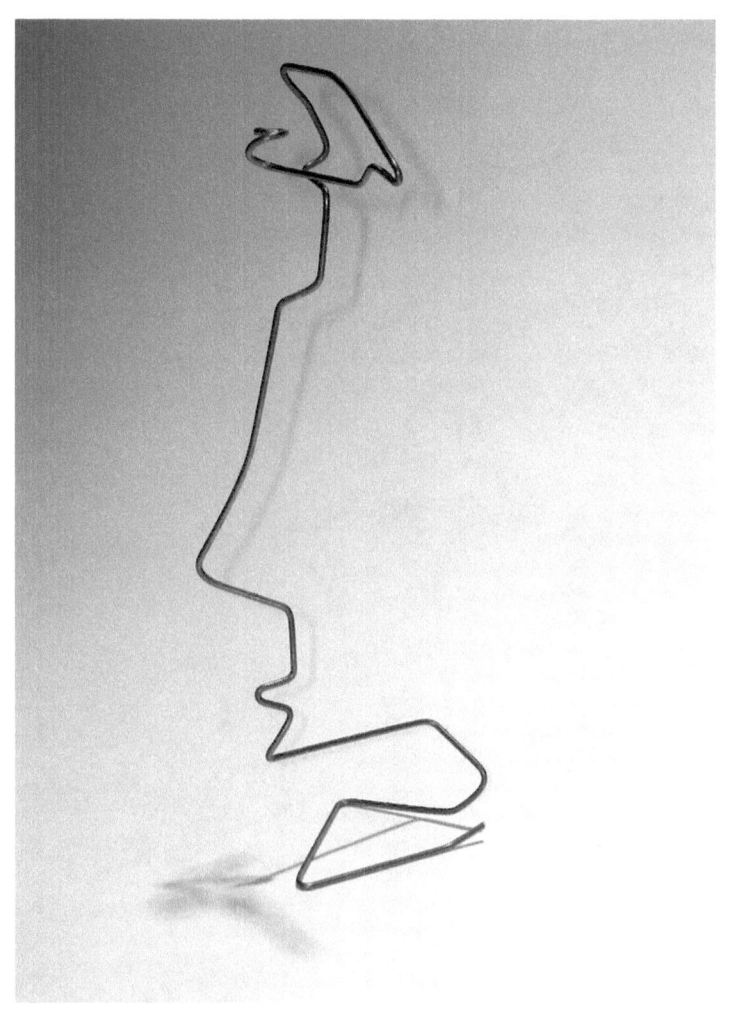

Gilles COLLETTE

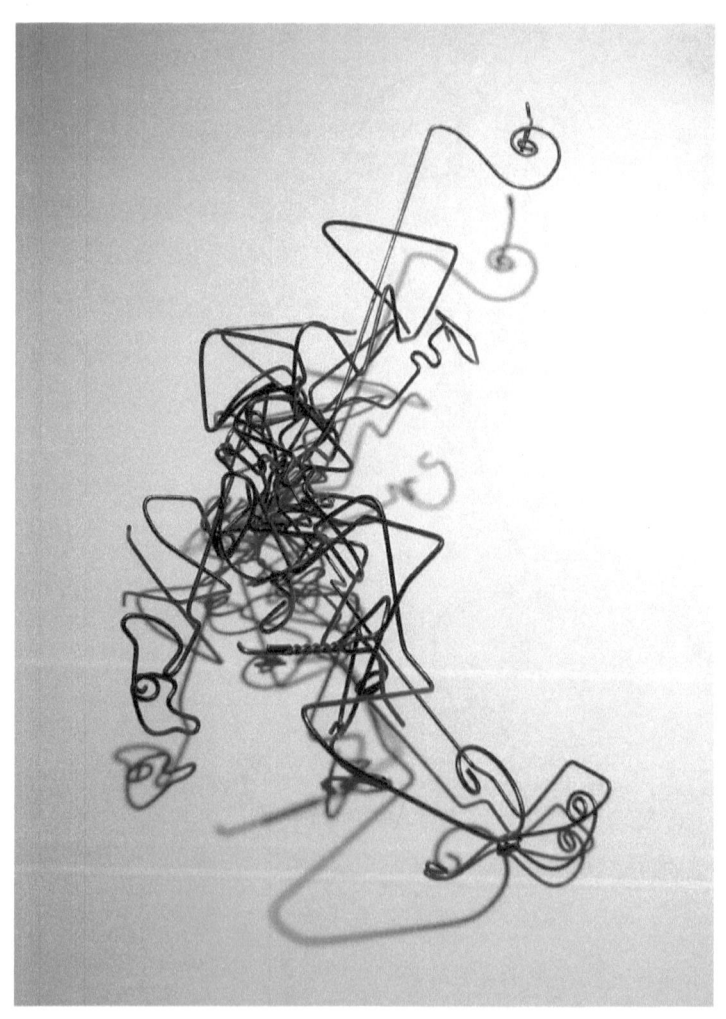

Porte-manteau

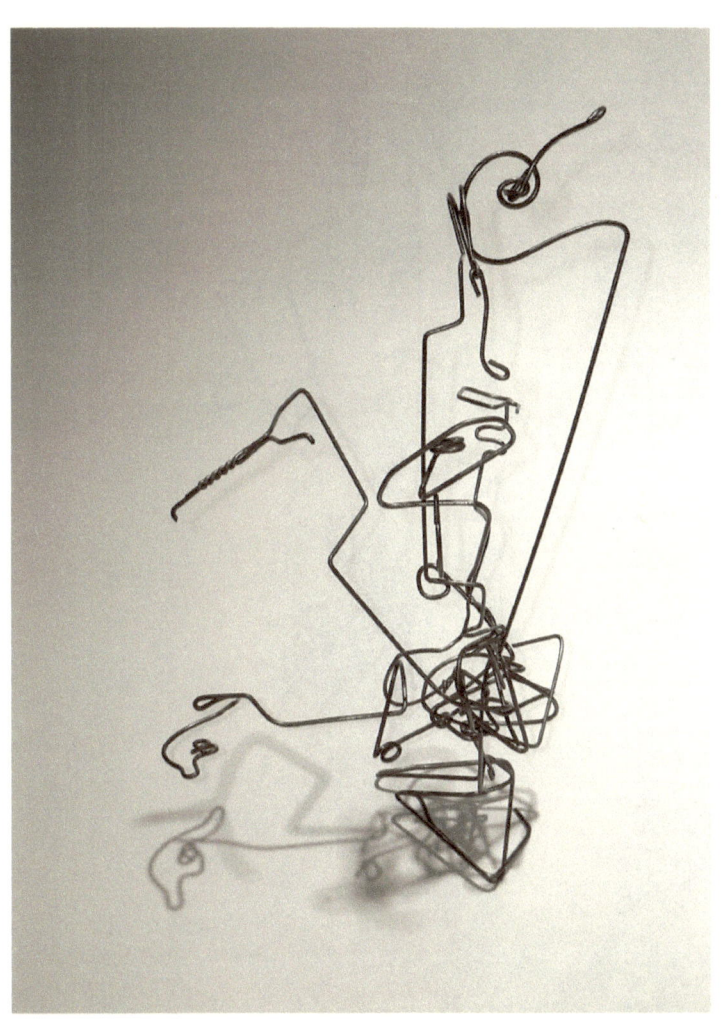

Gilles COLLETTE

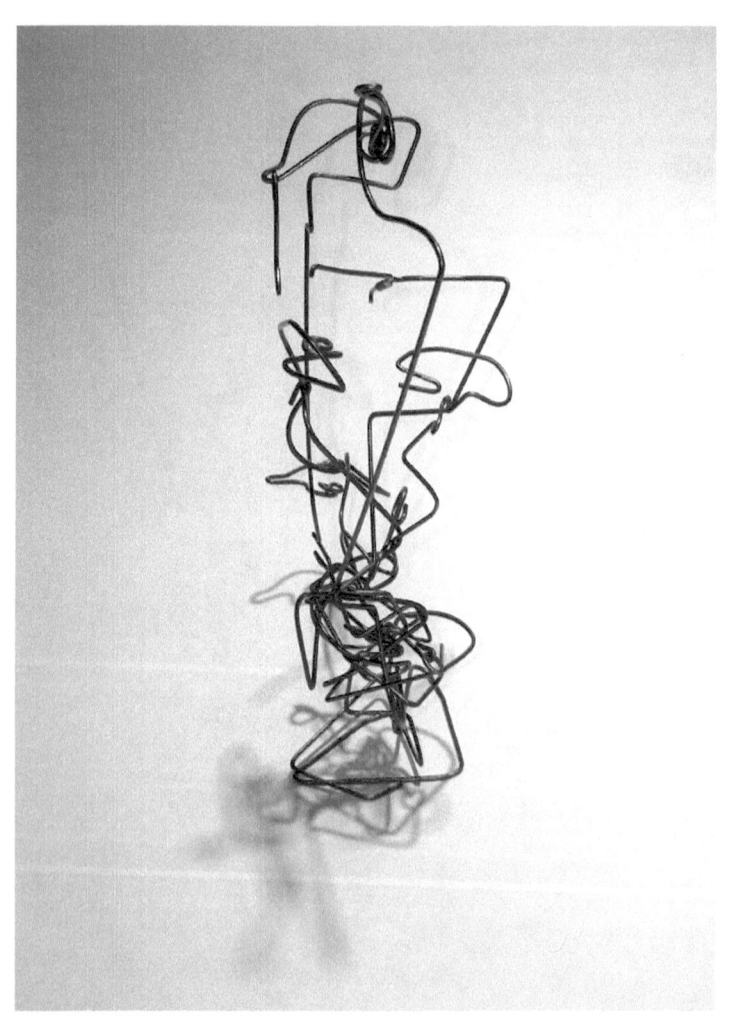

Porte-manteau

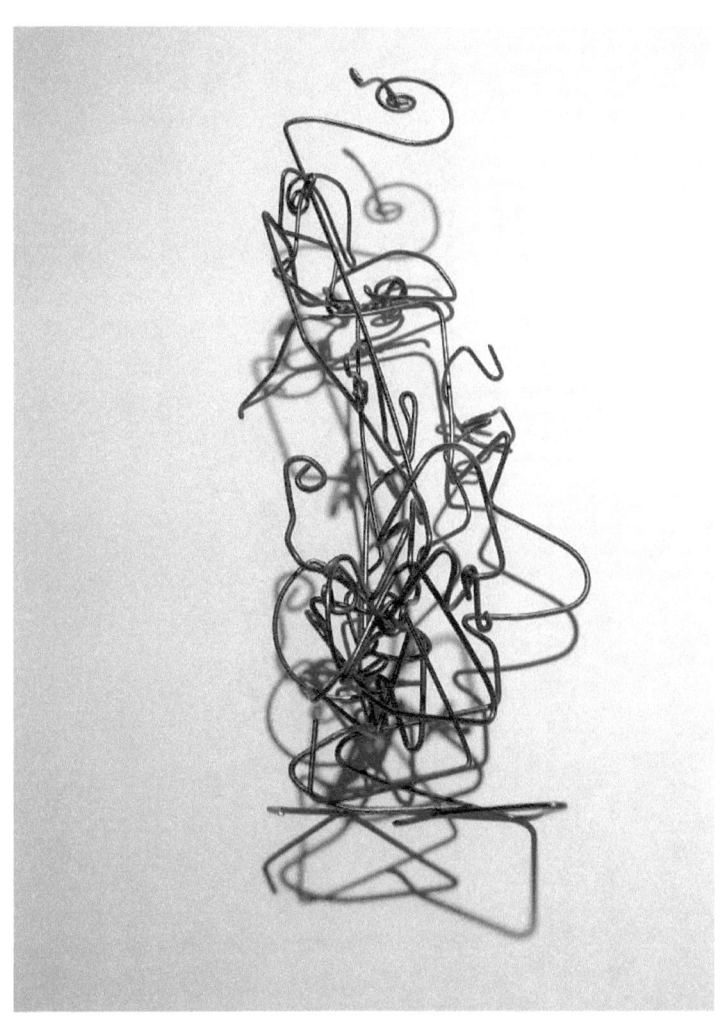

Gilles COLLETTE

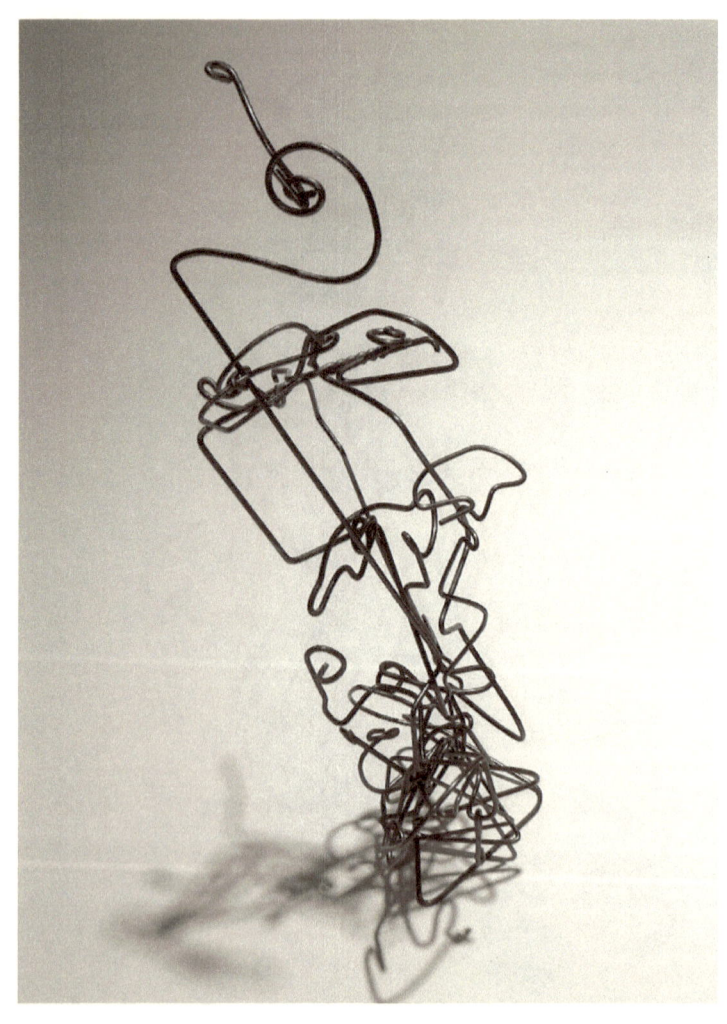

274   Porte-manteau

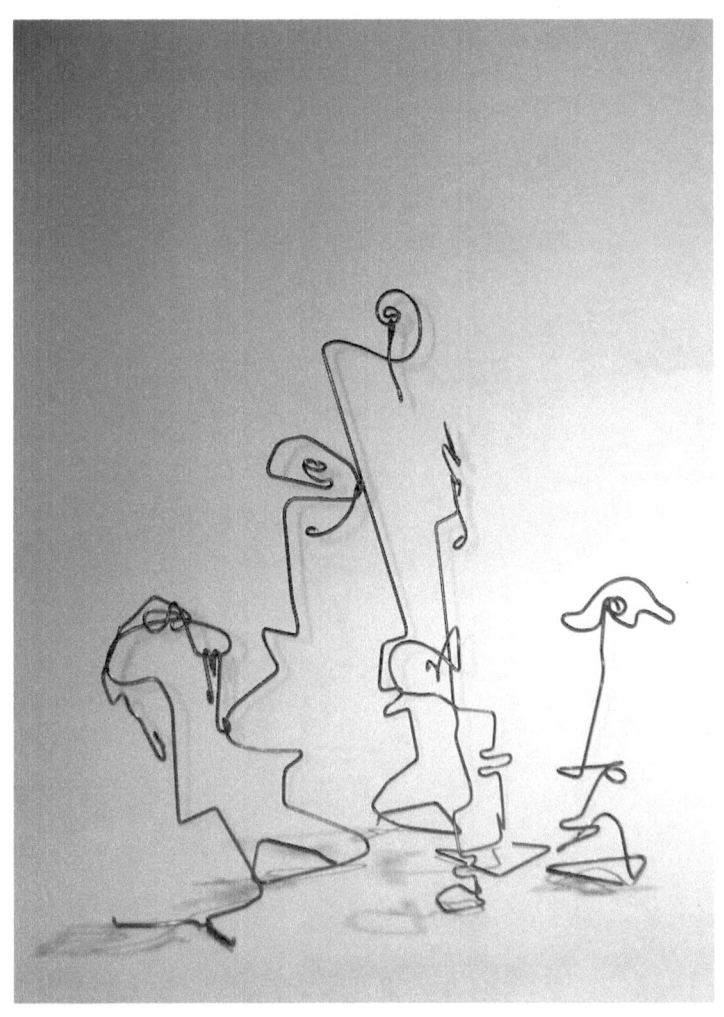

Gilles COLLETTE

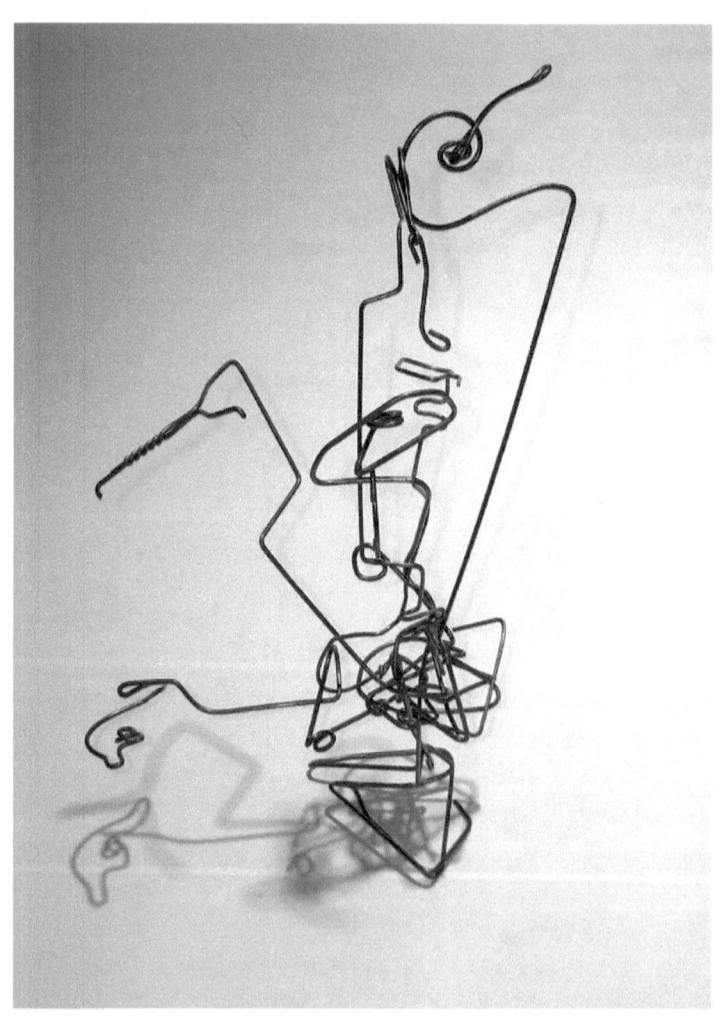

Porte-manteau

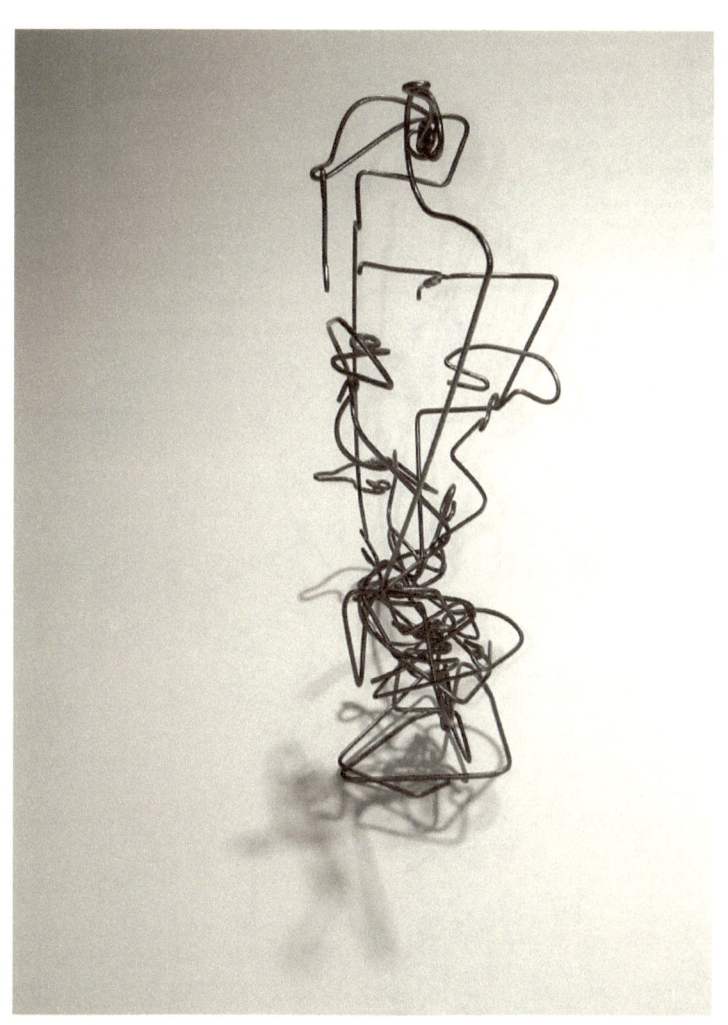

Gilles COLLETTE

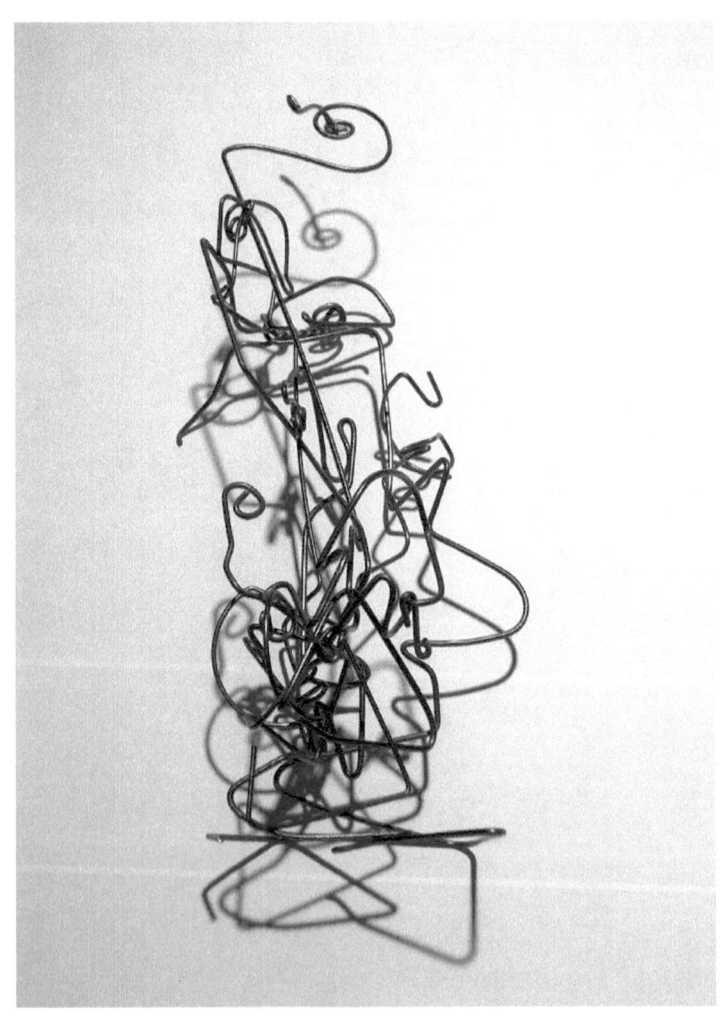

278   Porte-manteau

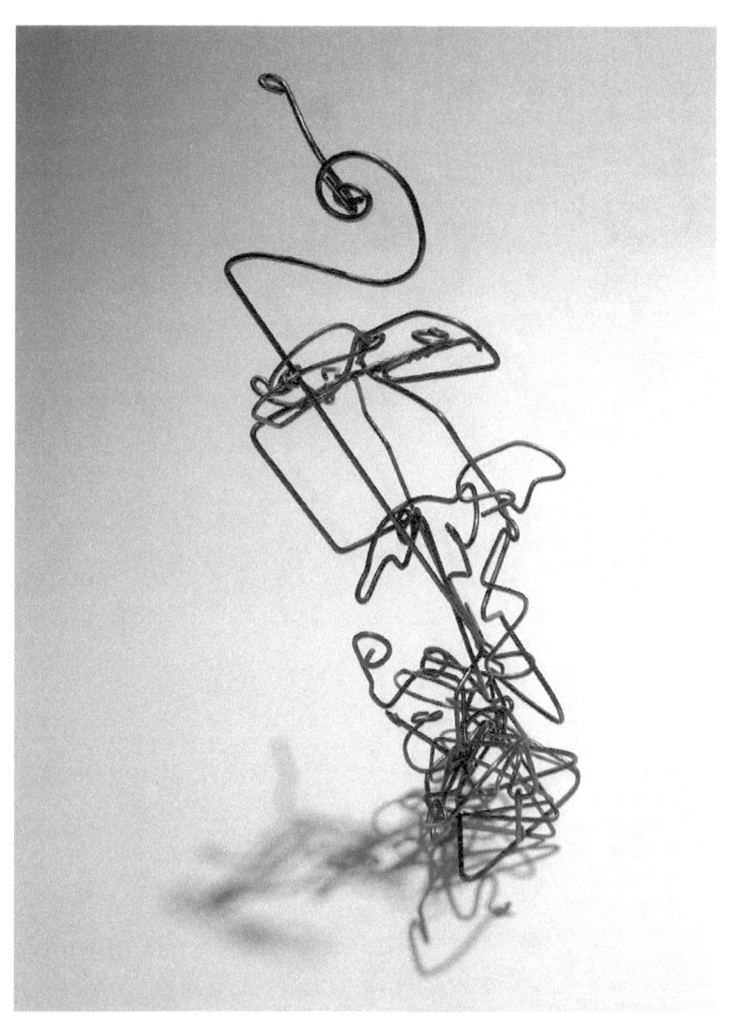

Gilles COLLETTE

279

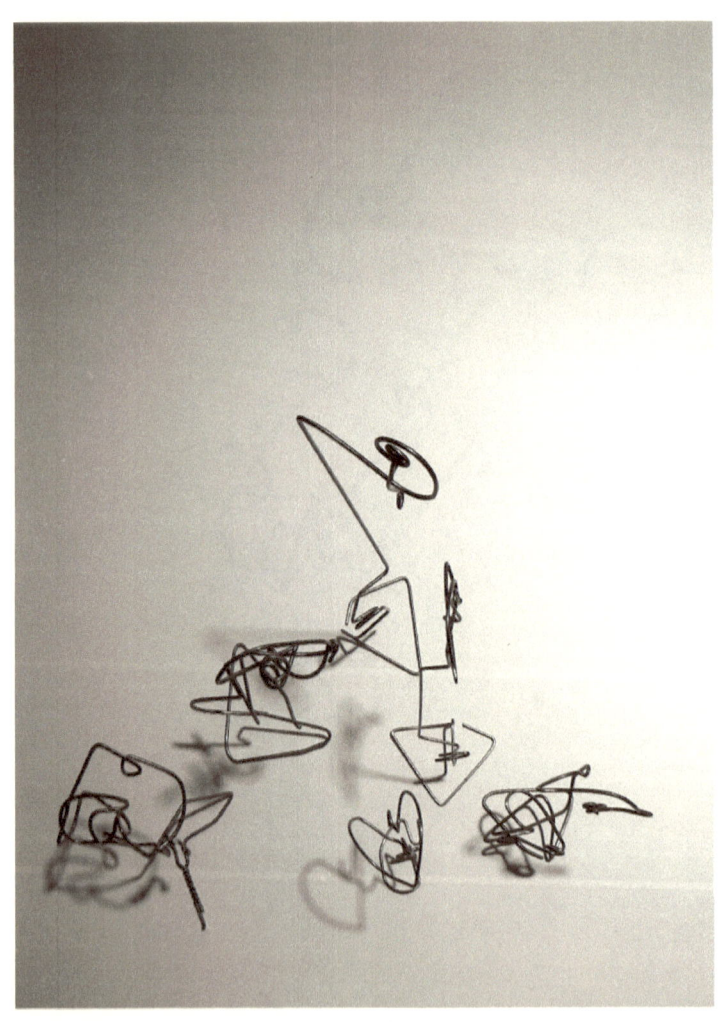

280   Porte-manteau

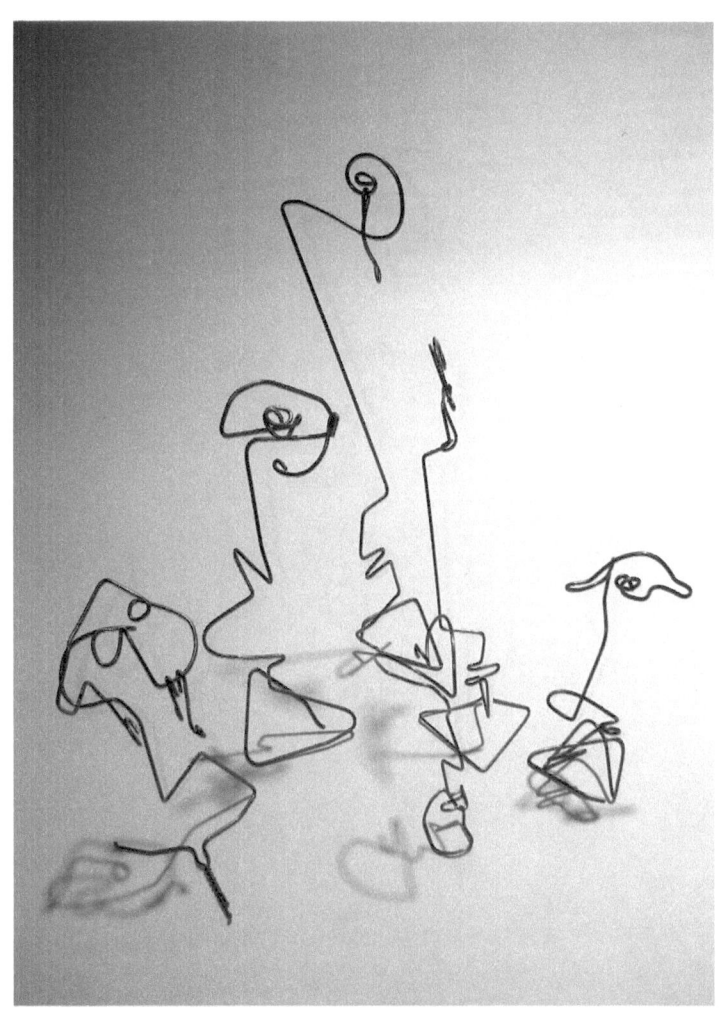

Gilles COLLETTE

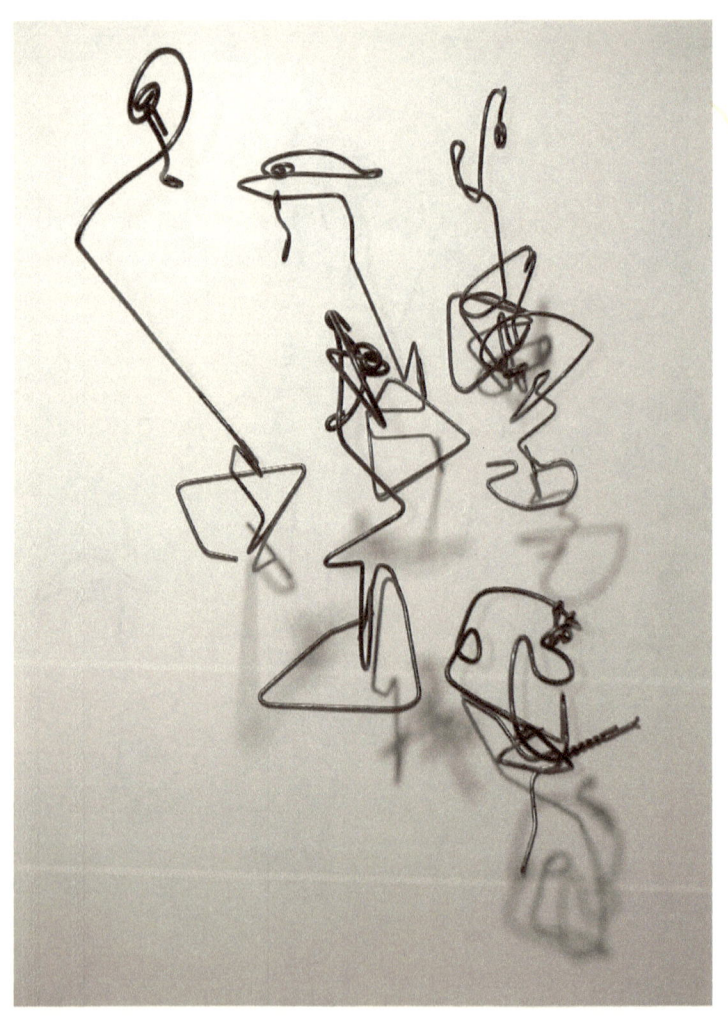

Porte-manteau

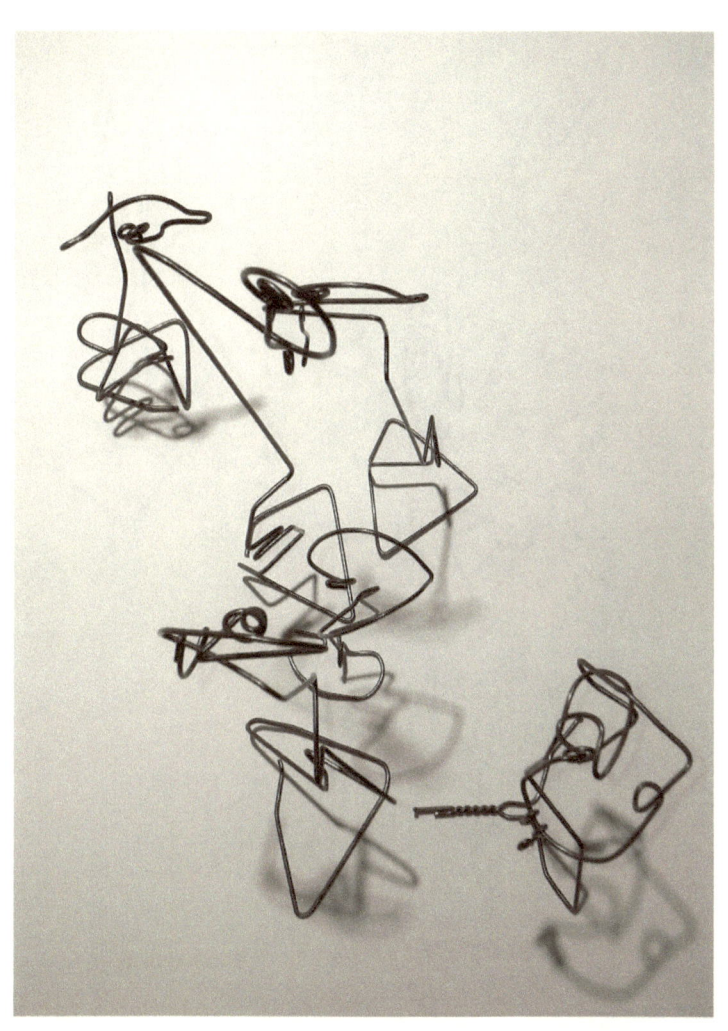

Gilles COLLETTE

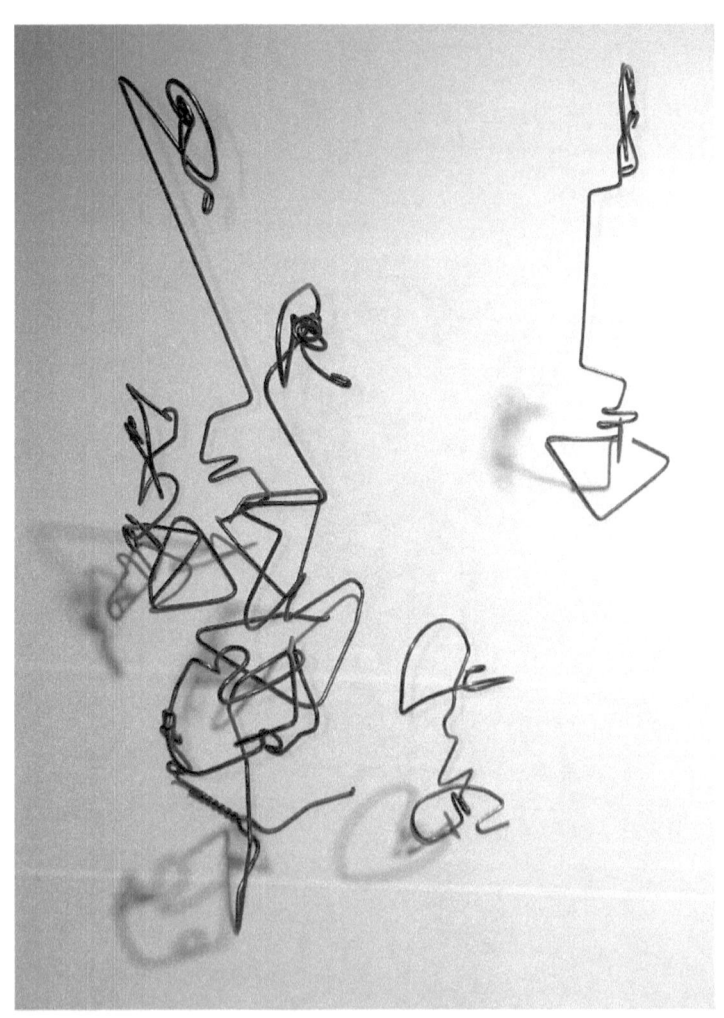

Porte-manteau

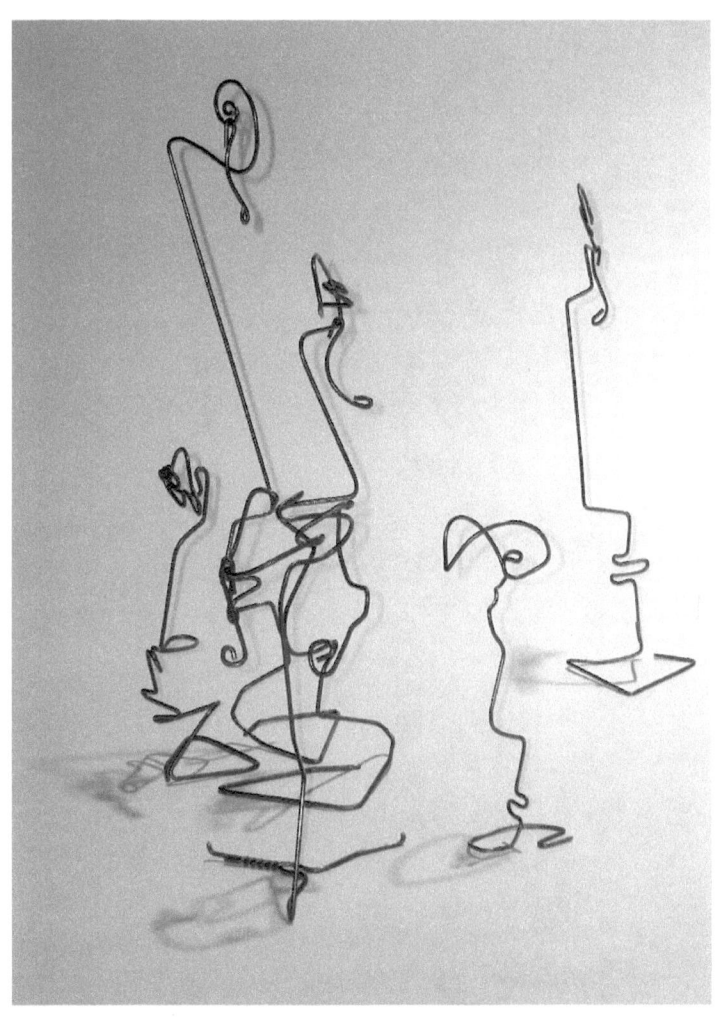

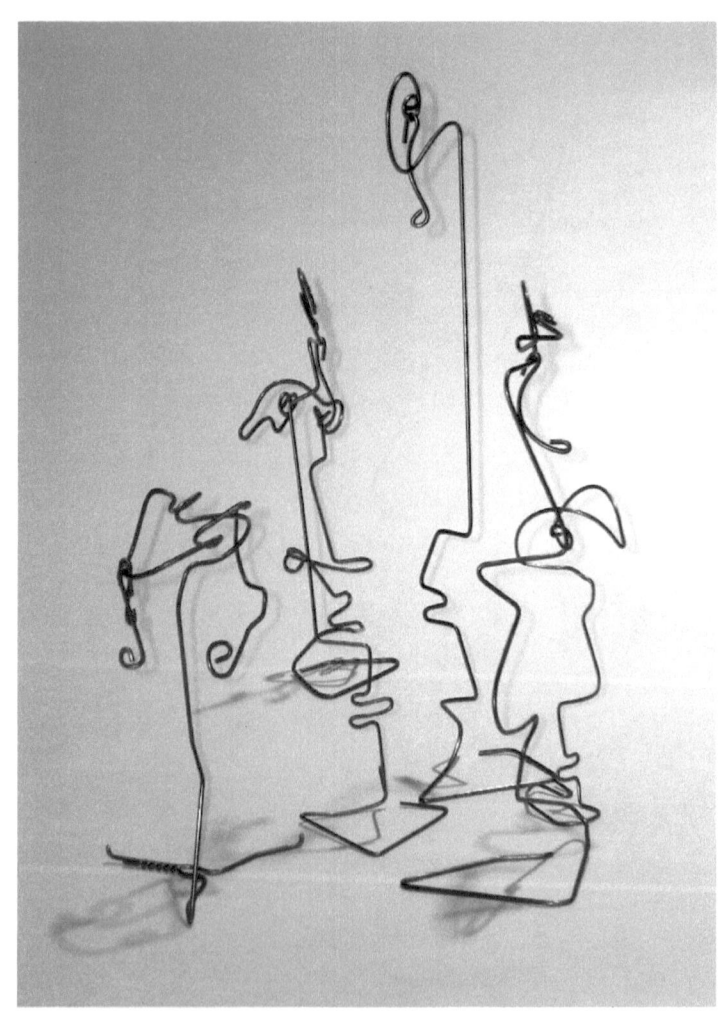

Porte-manteau

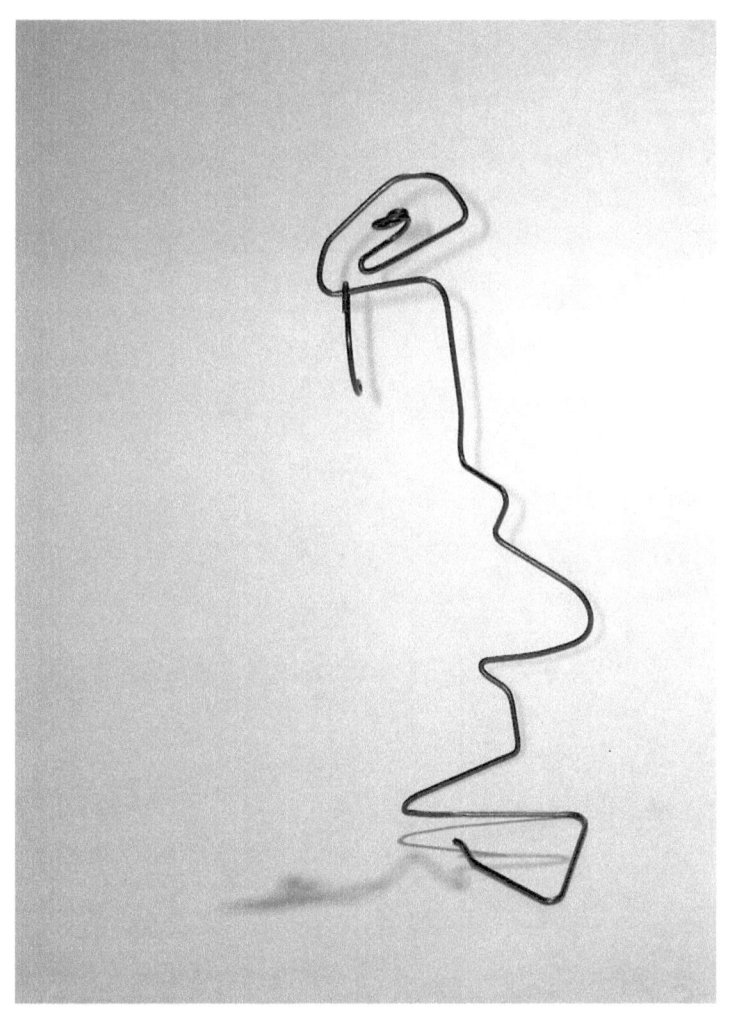

Gilles COLLETTE

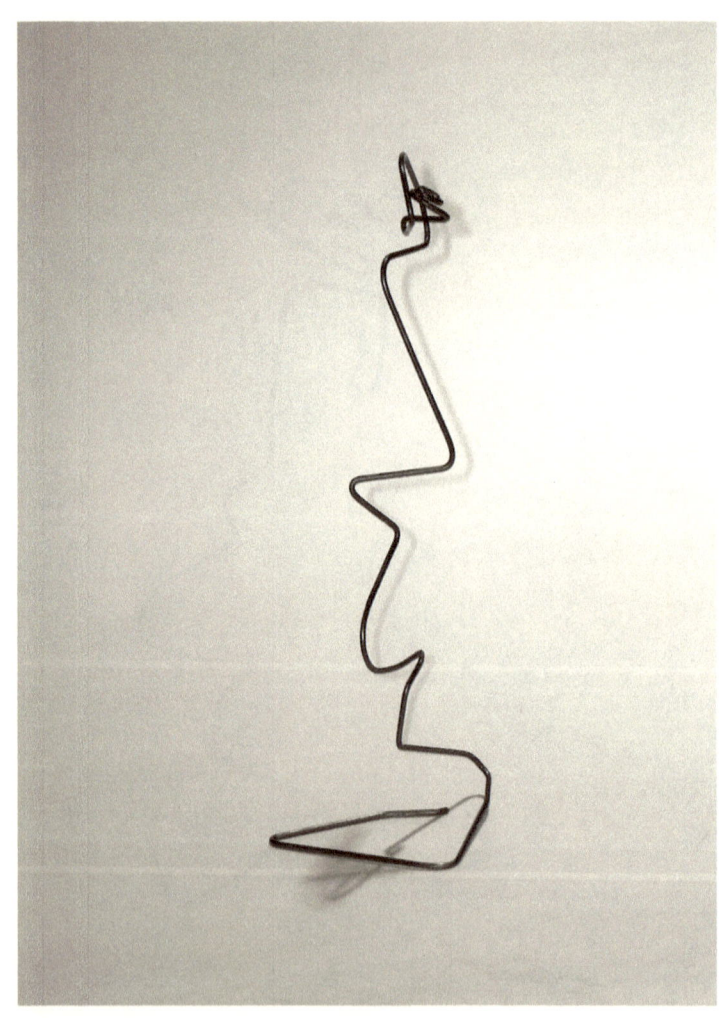

288   Porte-manteau

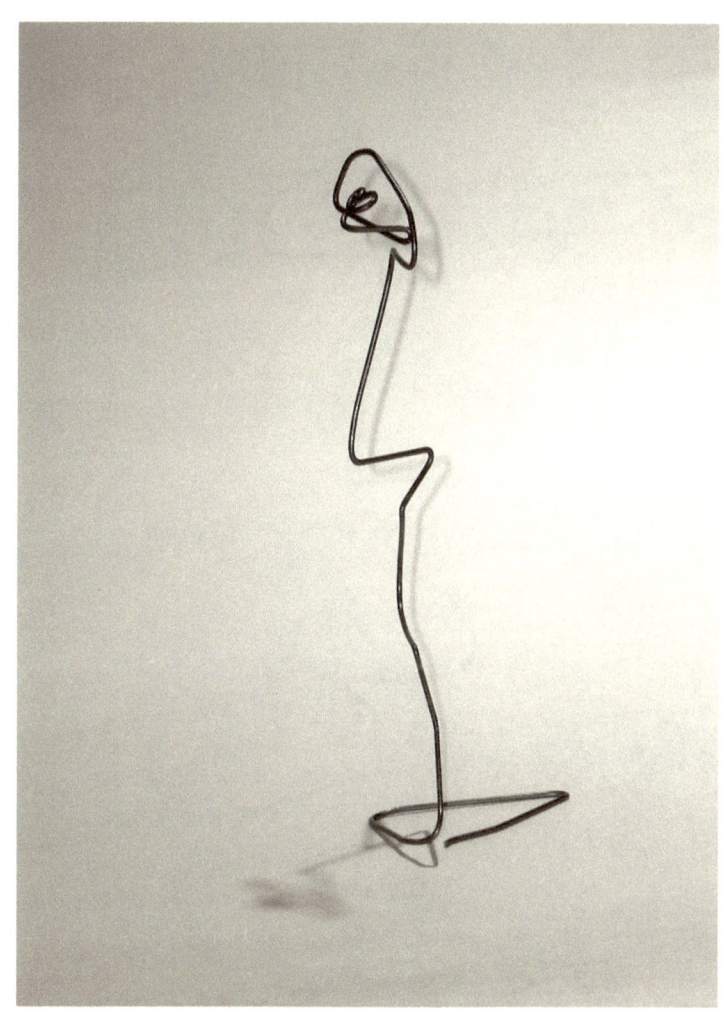

Gilles COLLETTE

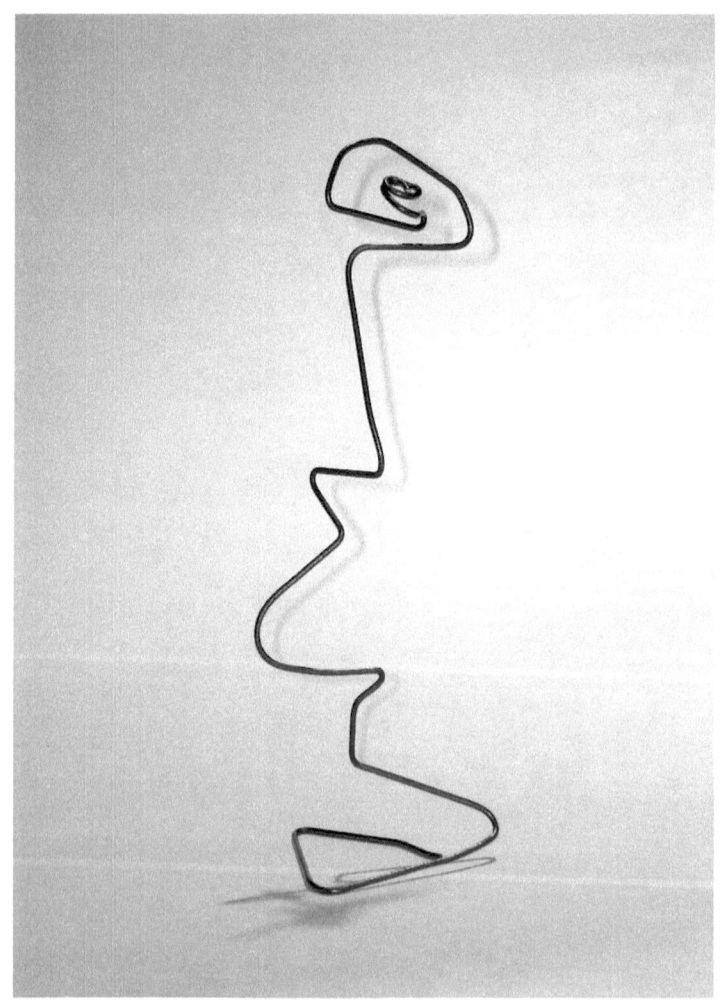

Porte-manteau

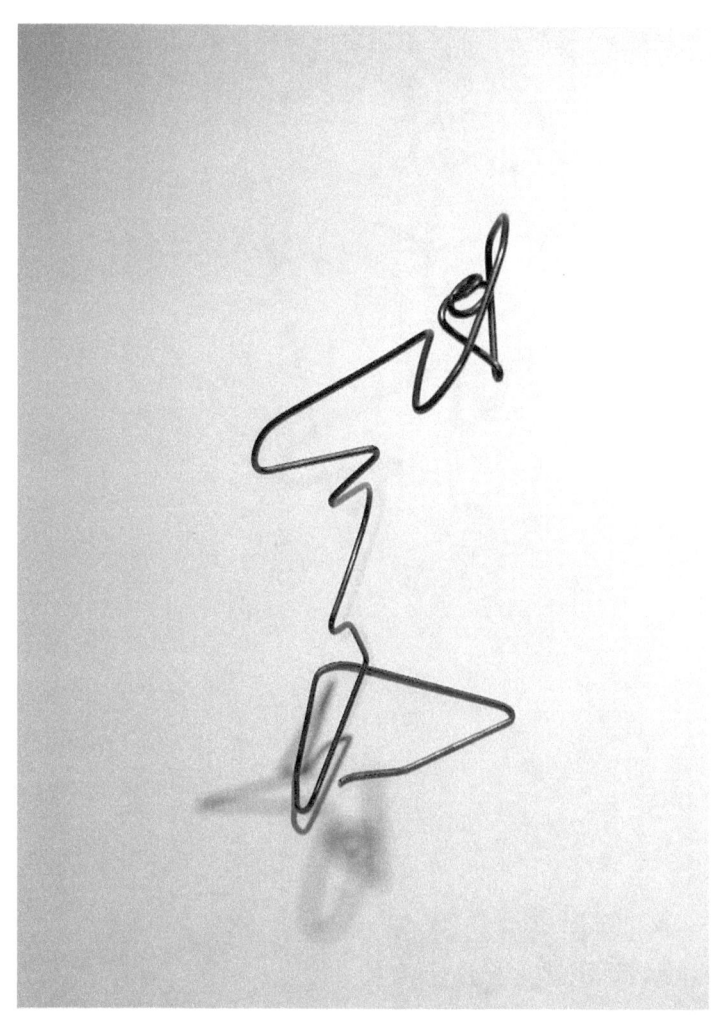

Gilles COLLETTE

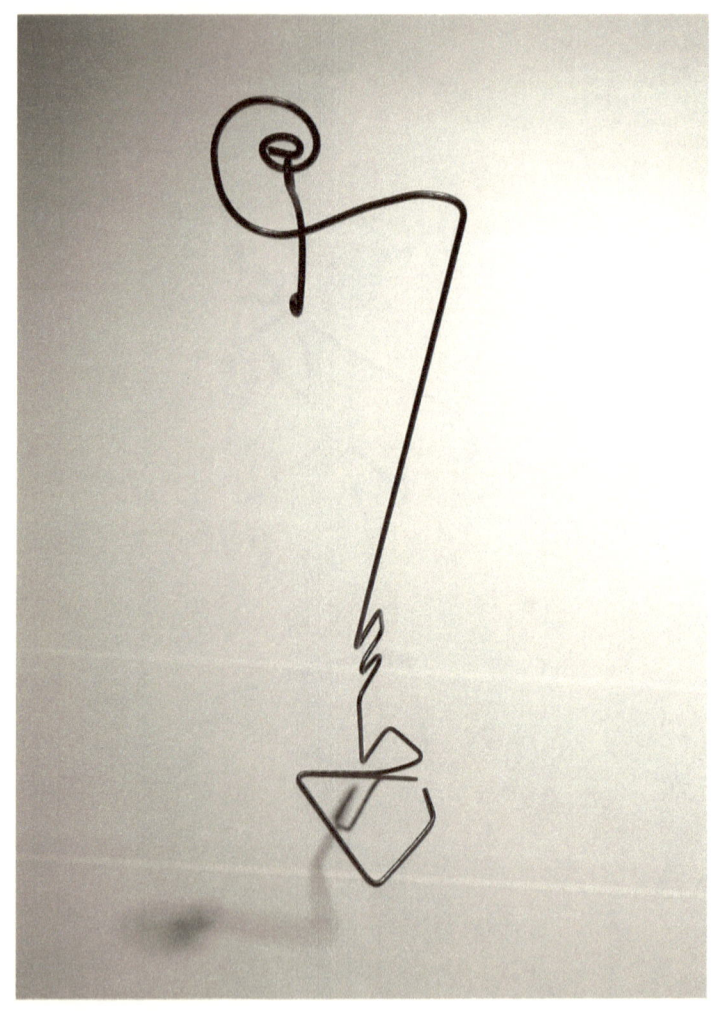

292   Porte-manteau

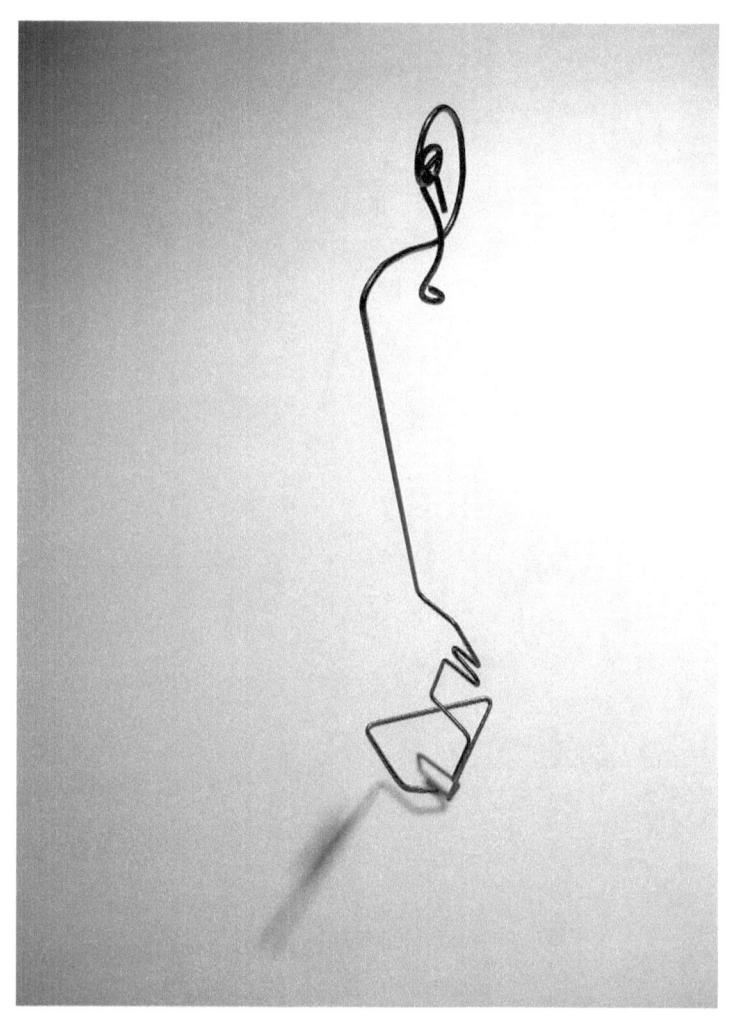

Gilles COLLETTE

293

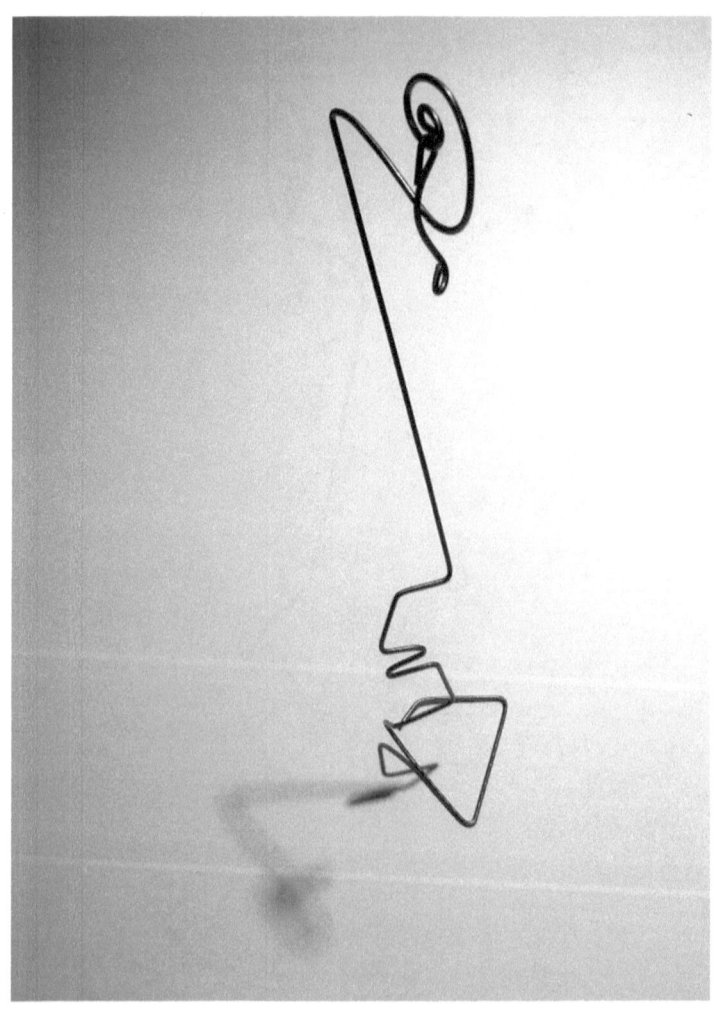

294   Porte-manteau

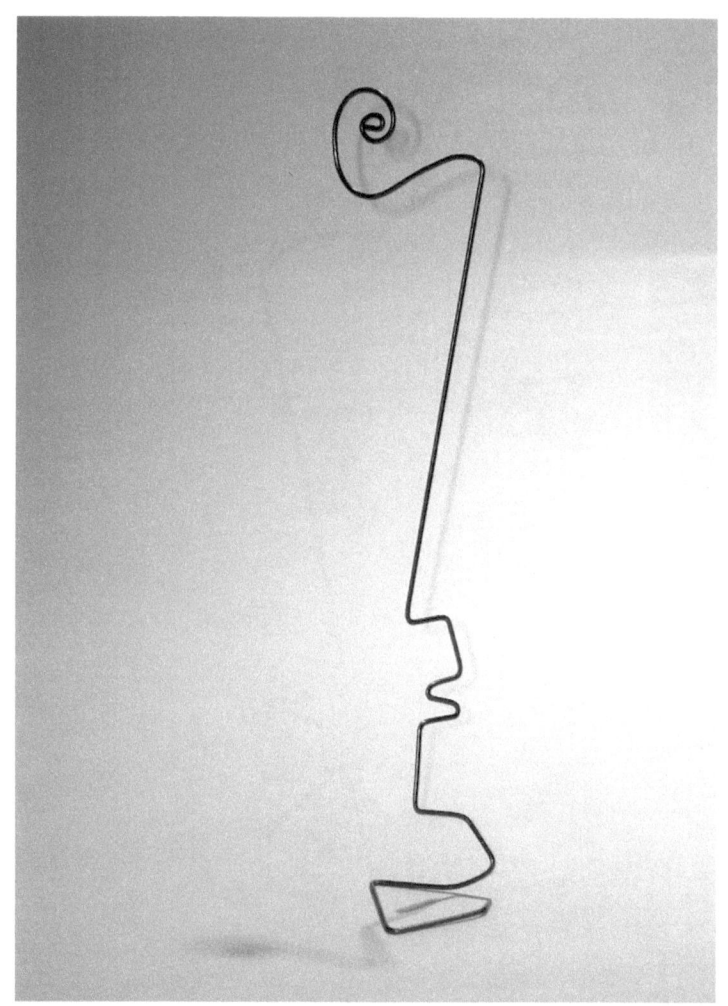

Gilles COLLETTE

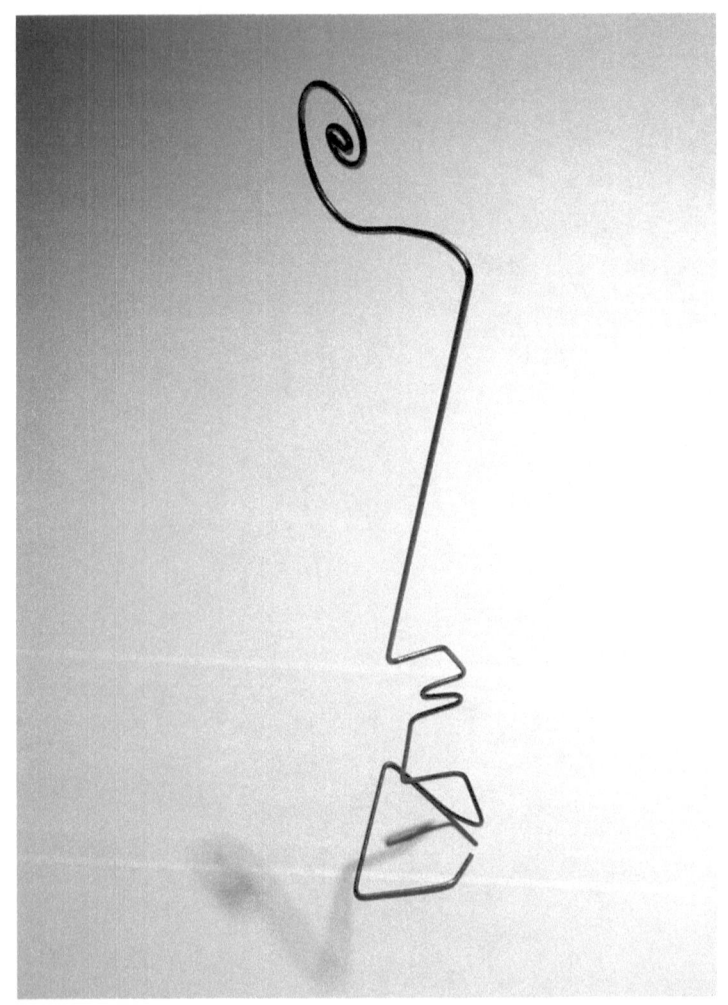

Porte-manteau

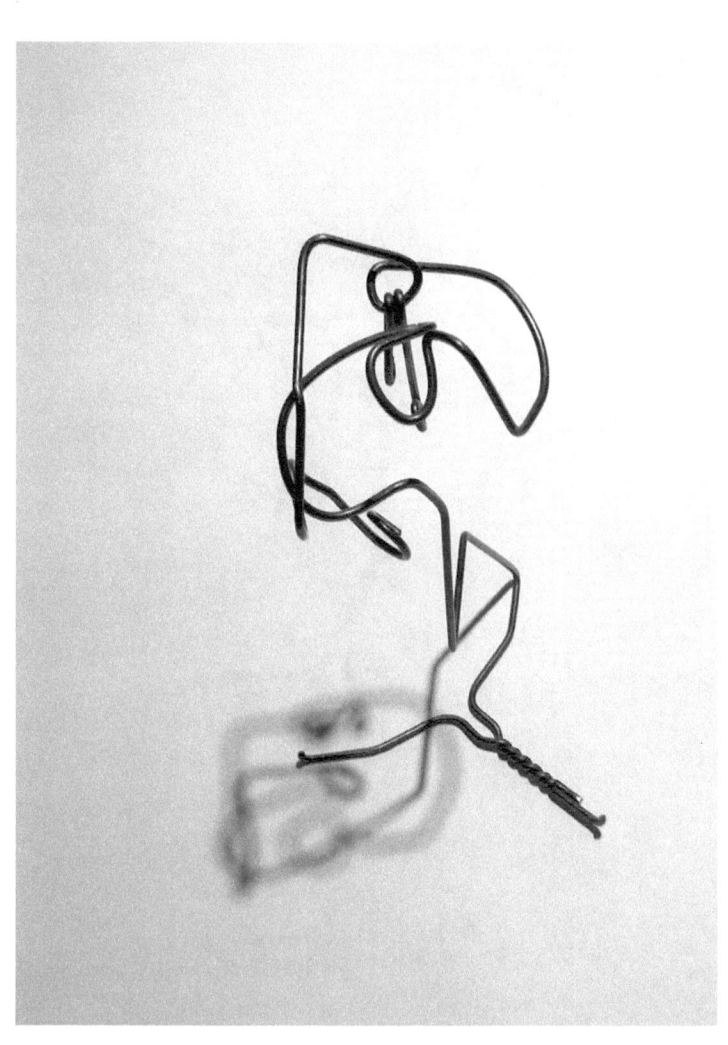

Gilles COLLETTE

297

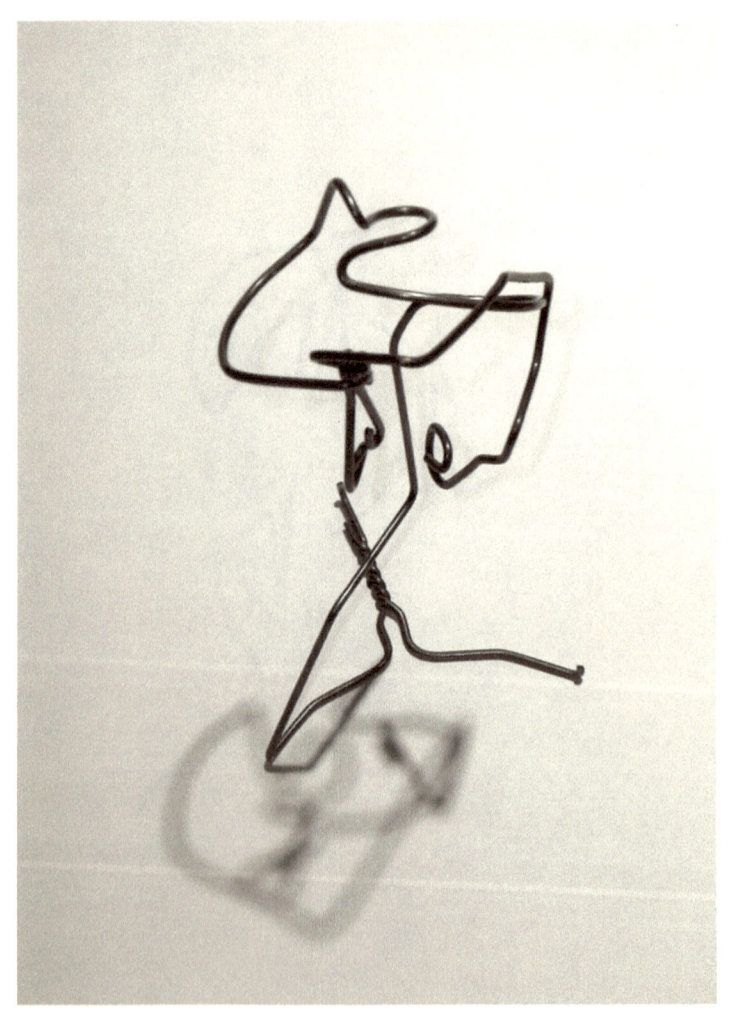

298   Porte-manteau

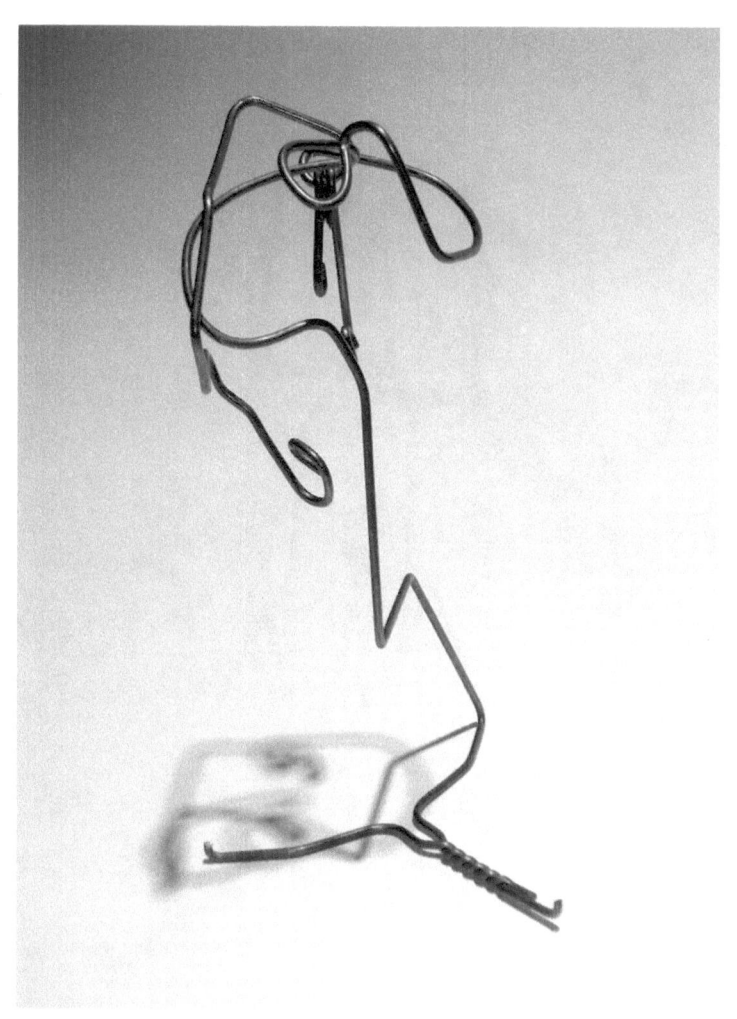

Gilles COLLETTE

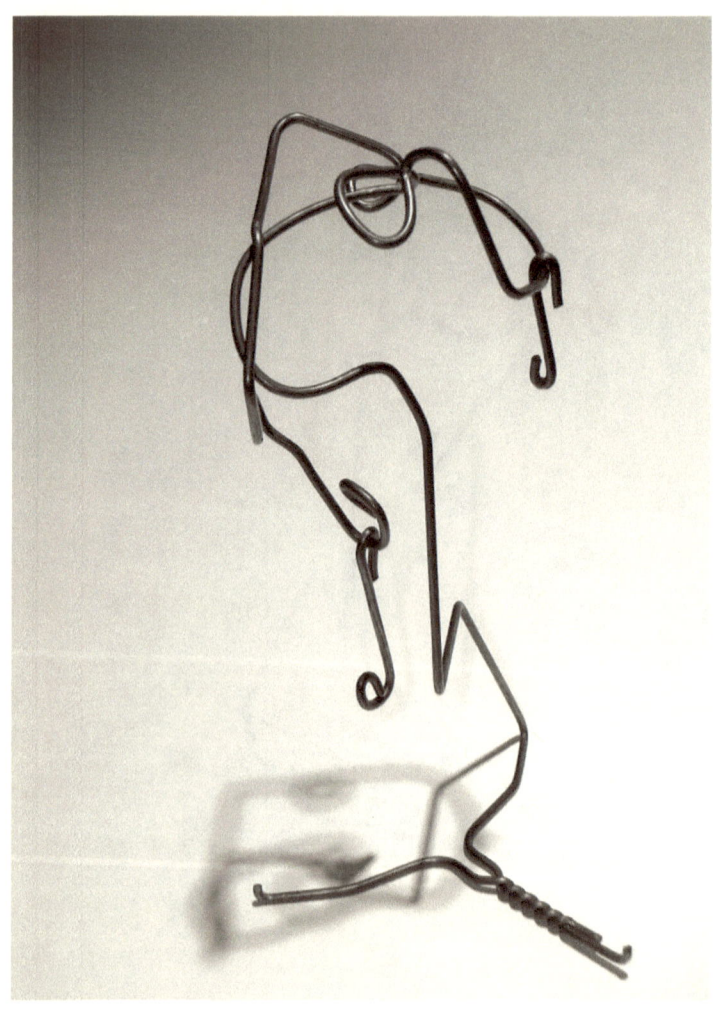

300   Porte-manteau

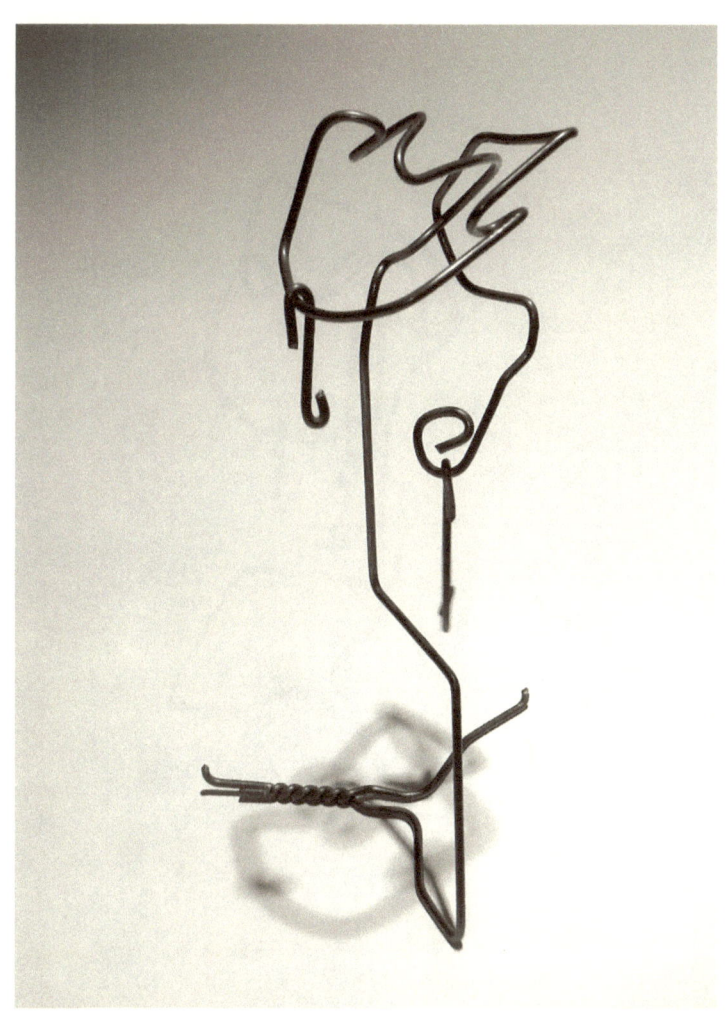

Gilles COLLETTE

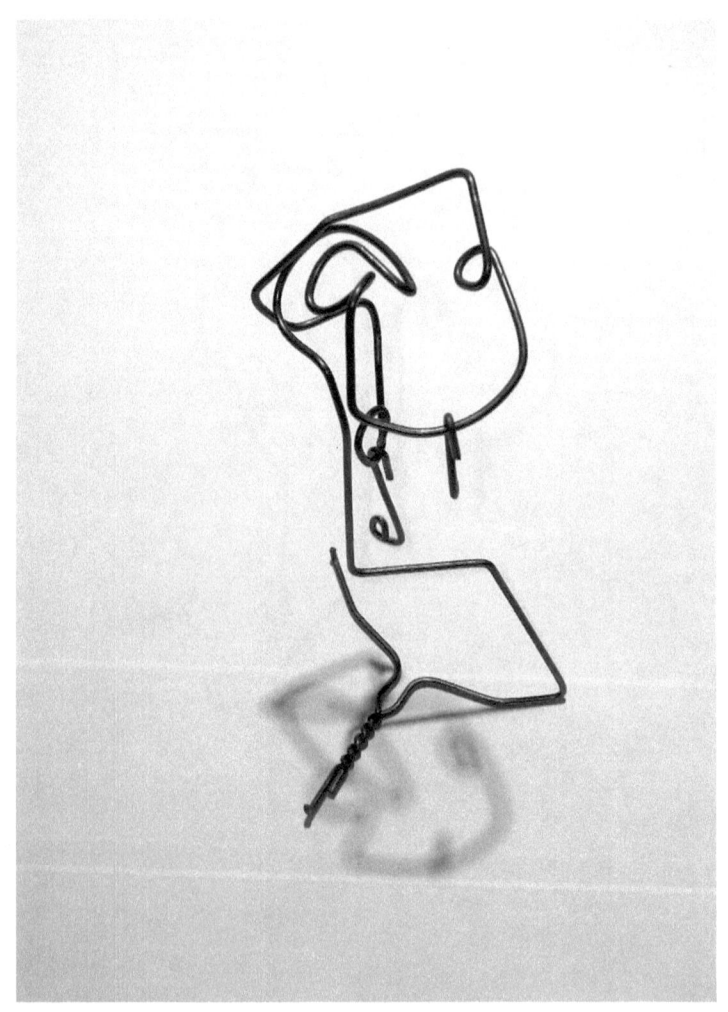

302   Porte-manteau

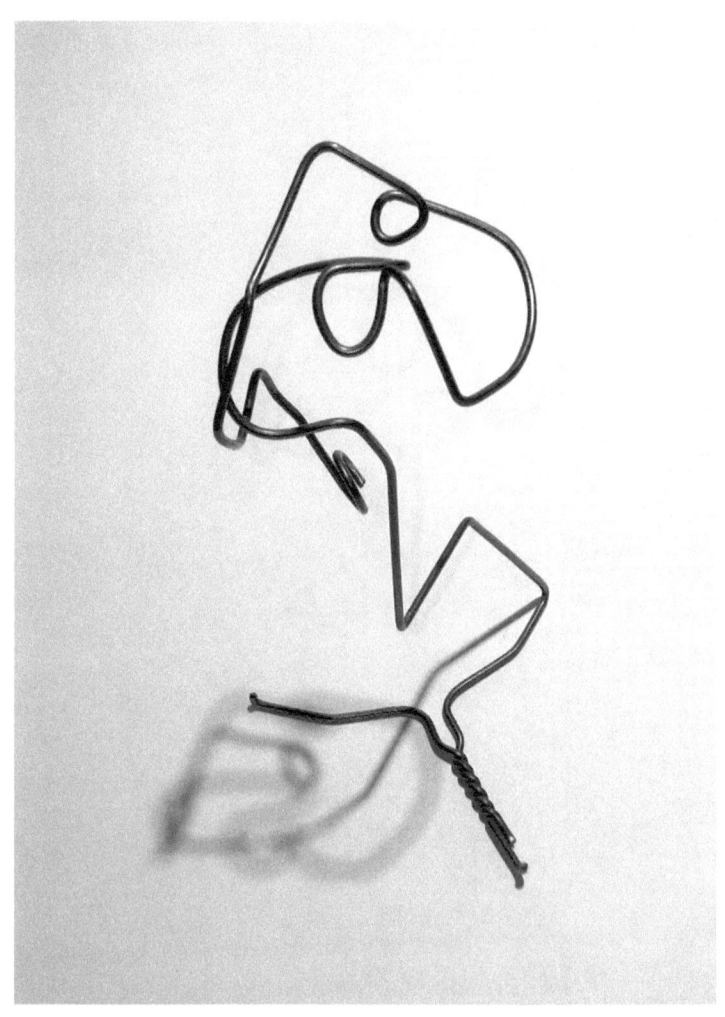

Gilles COLLETTE

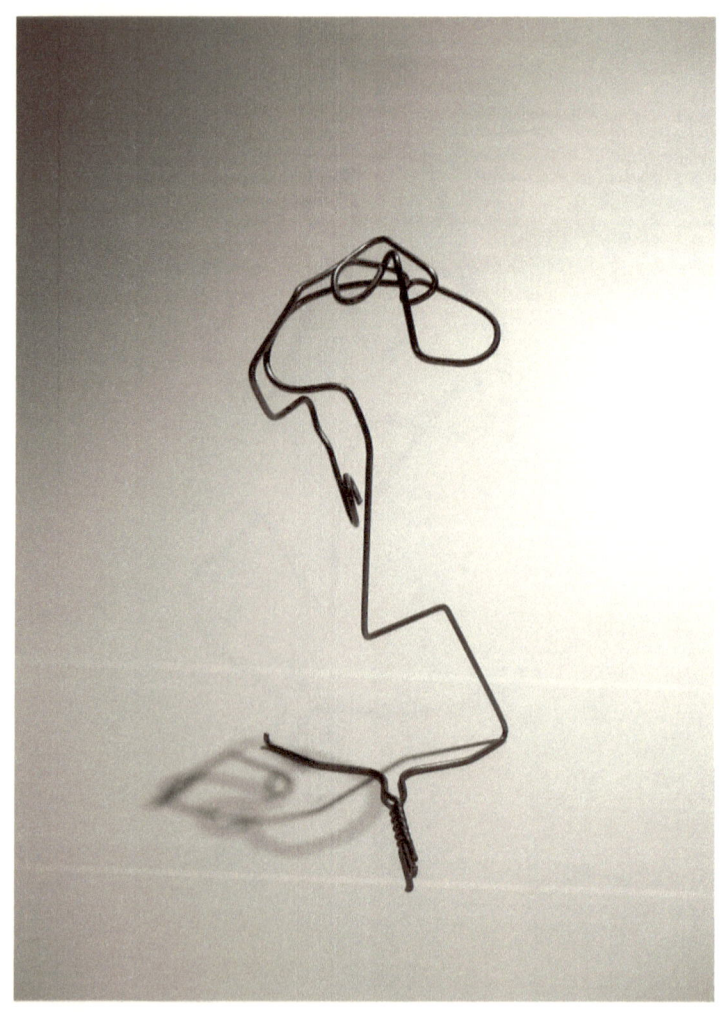

304   Porte-manteau

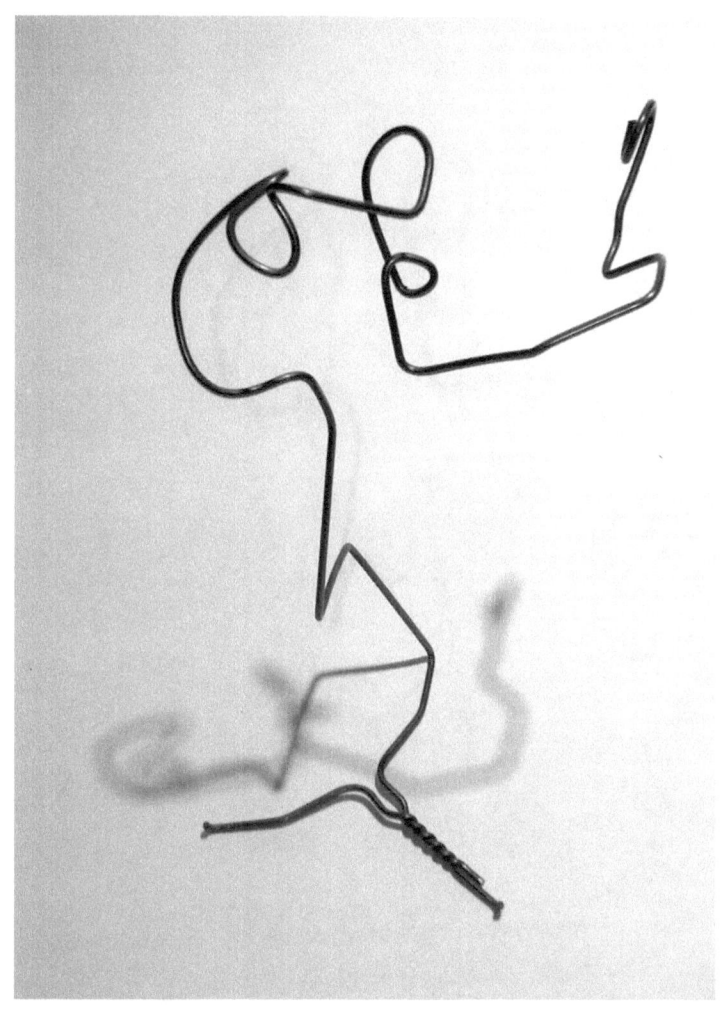

Gilles COLLETTE

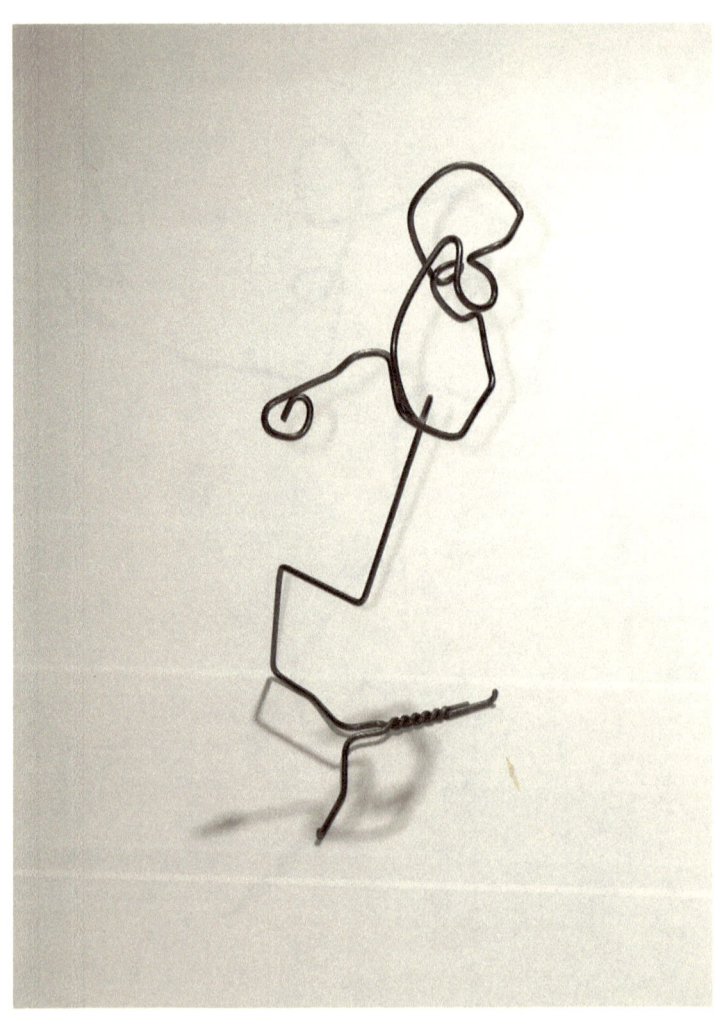

Porte-manteau

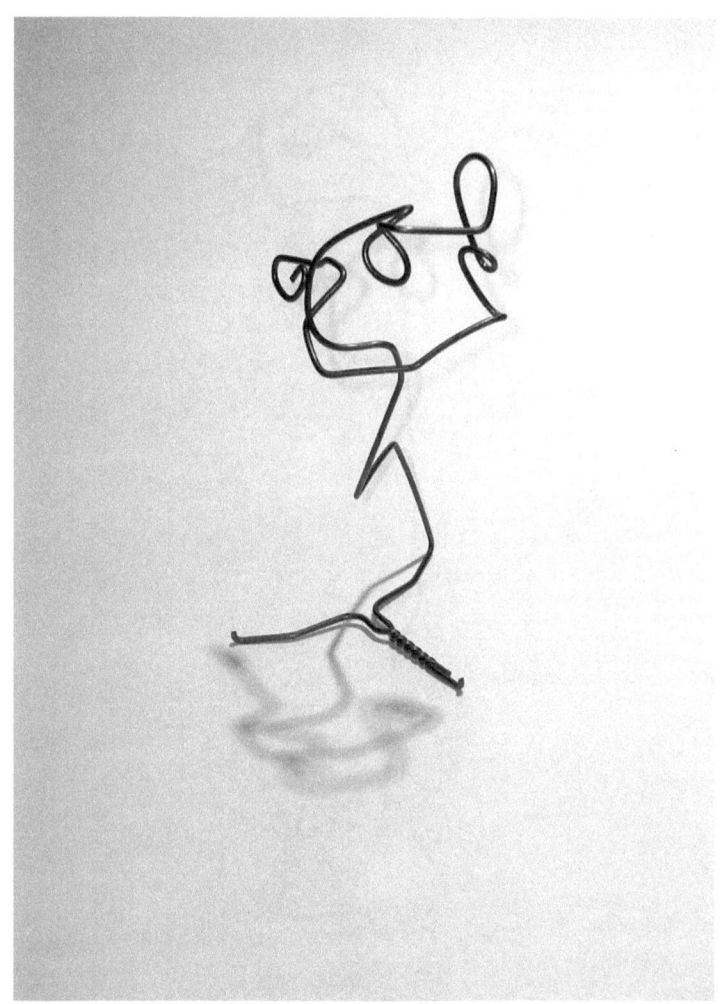

Gilles COLLETTE

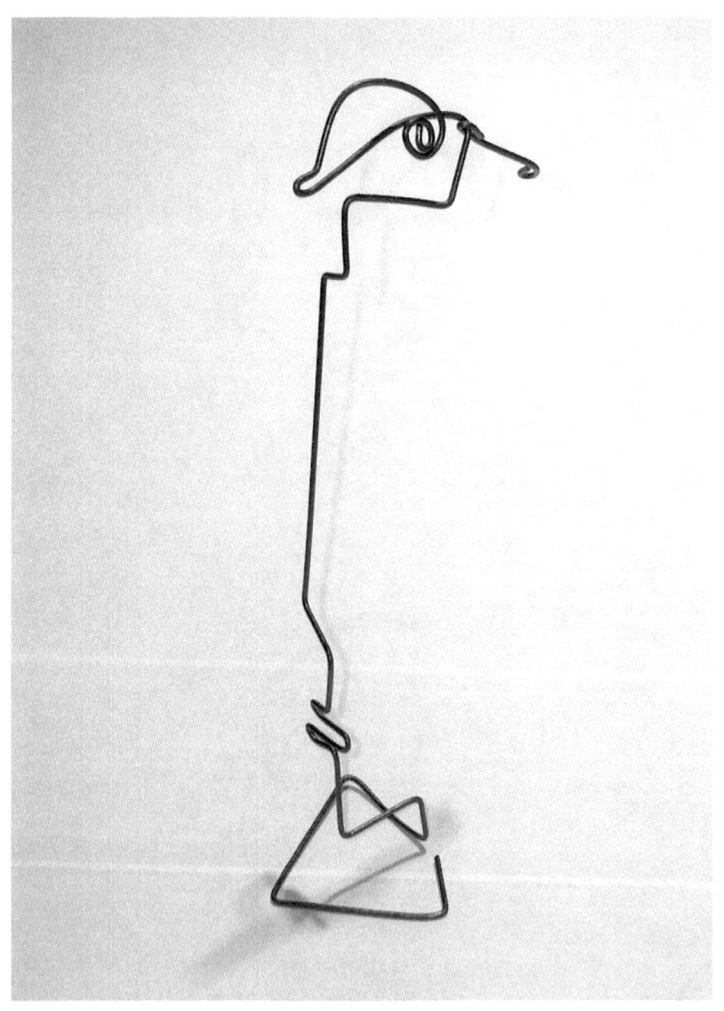

308   Porte-manteau

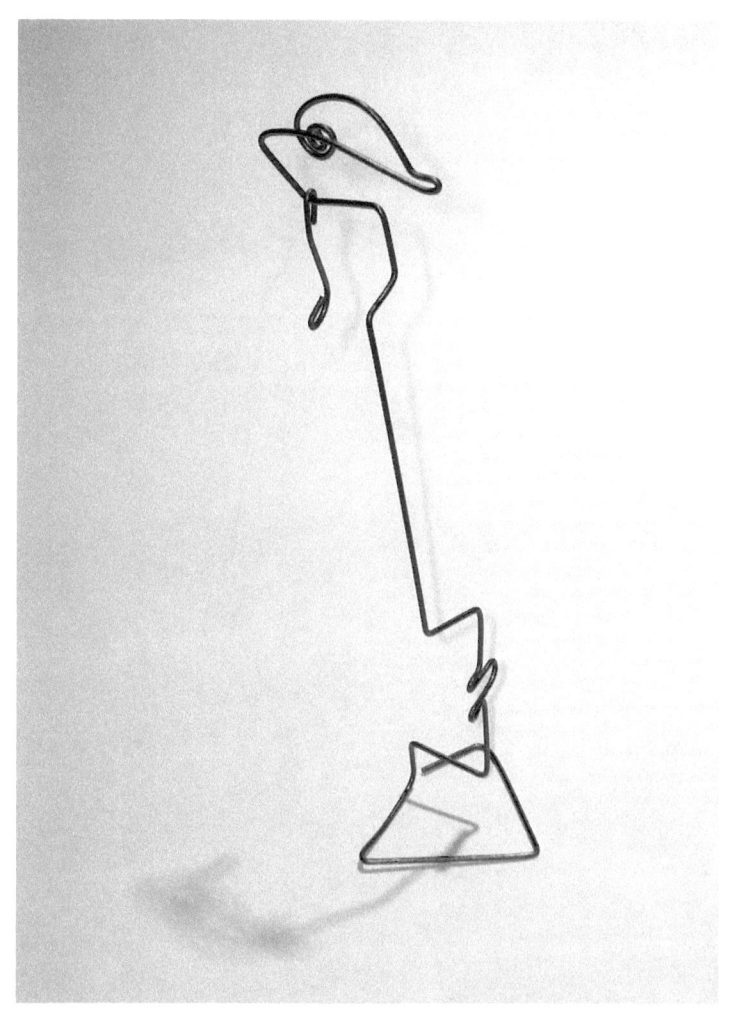

Gilles COLLETTE

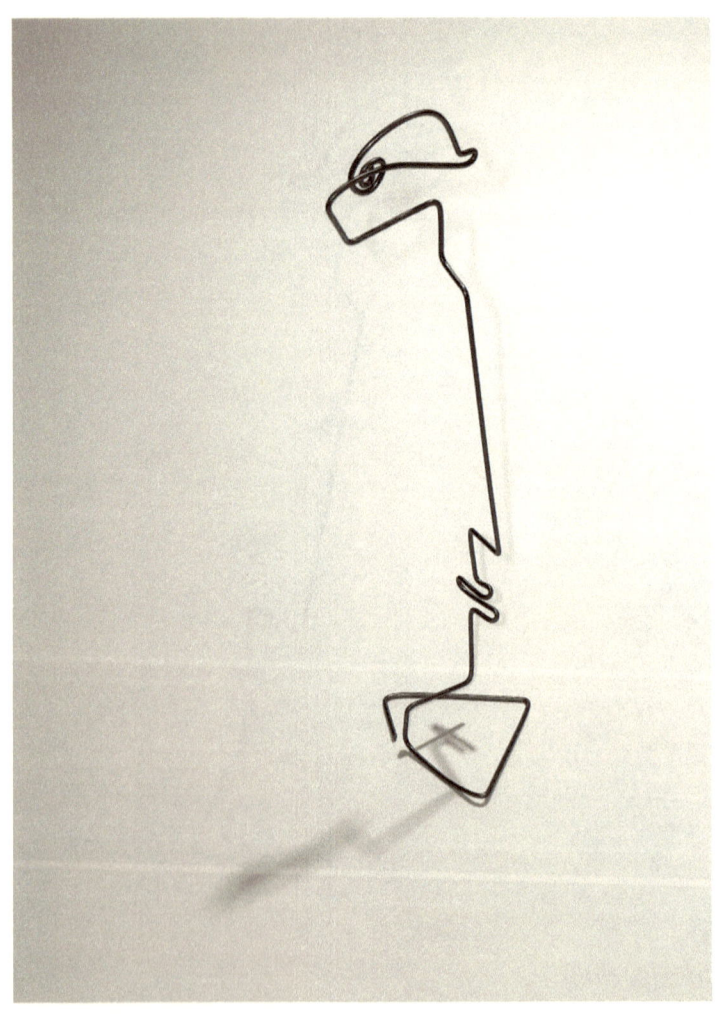

310   Porte-manteau

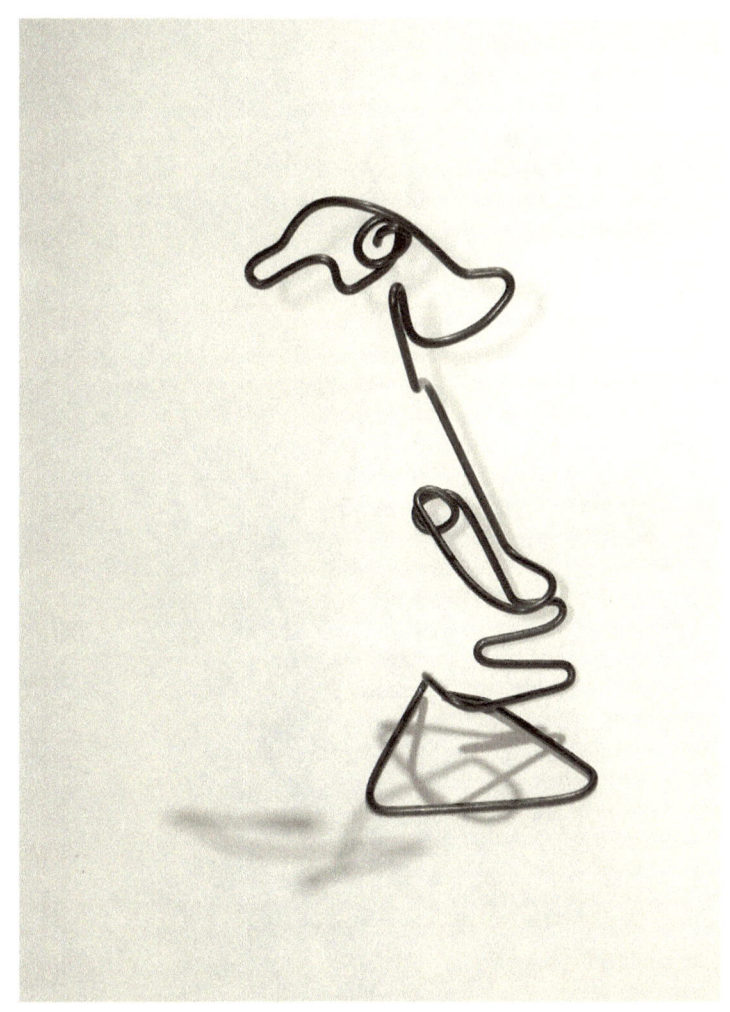

Gilles COLLETTE

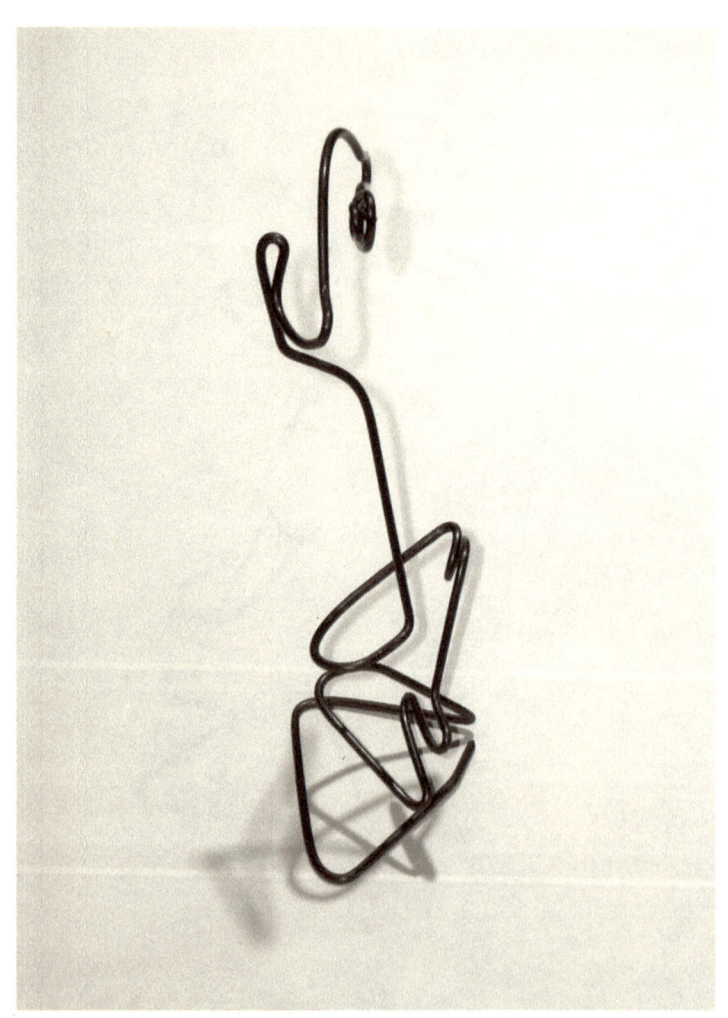

312   Porte-manteau

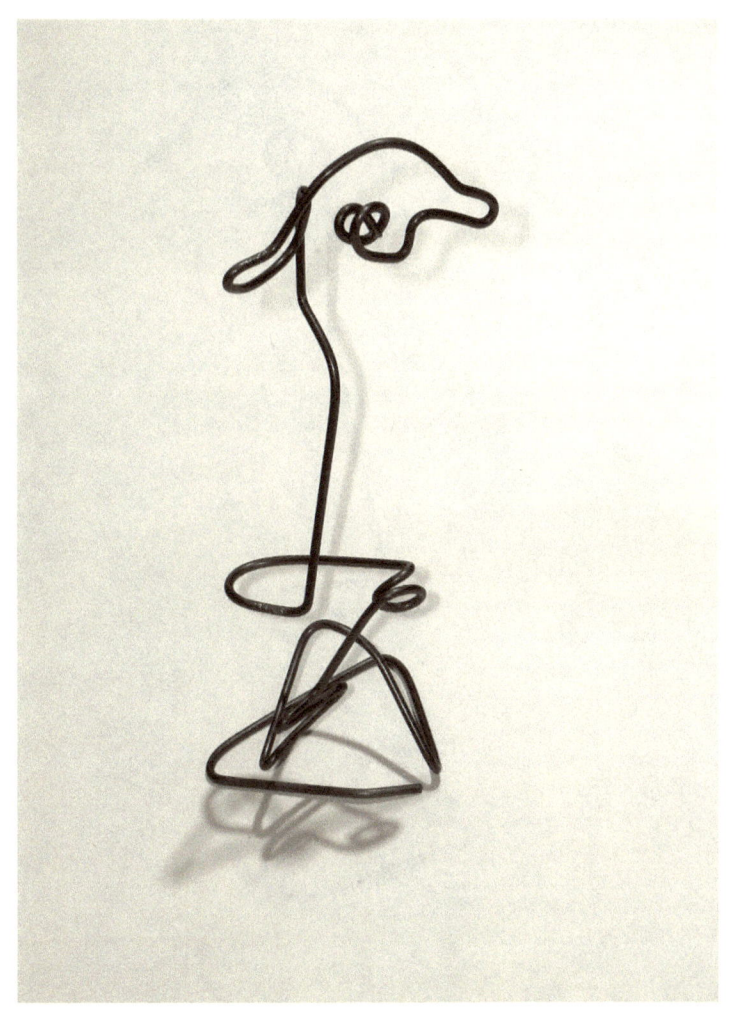

Gilles COLLETTE

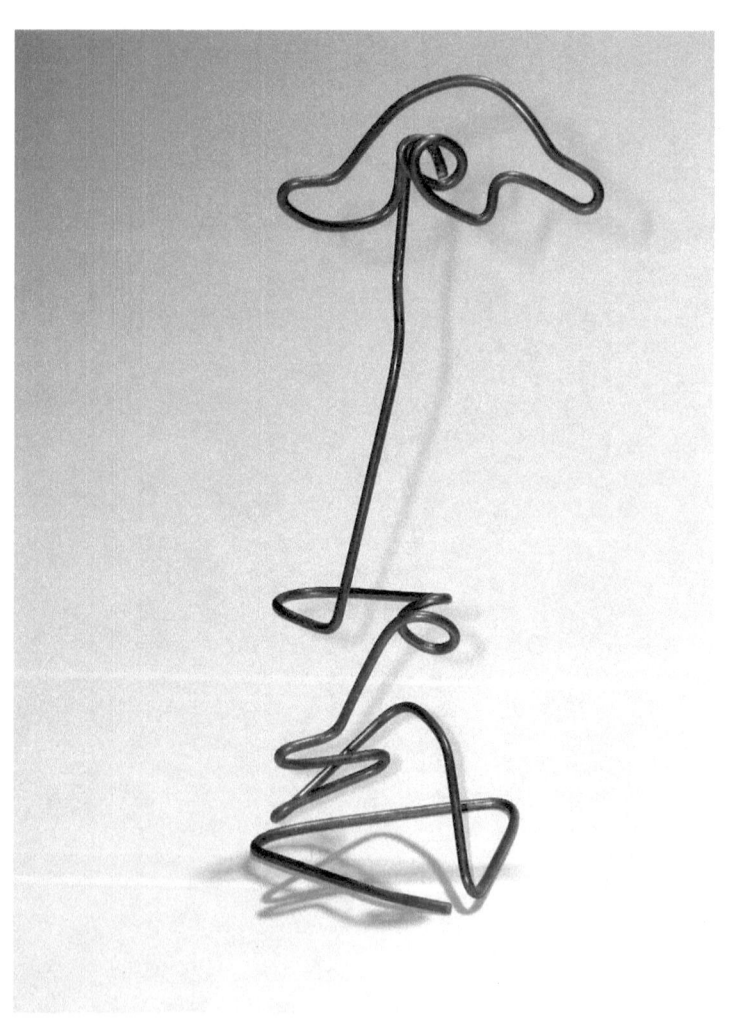

314   Porte-manteau

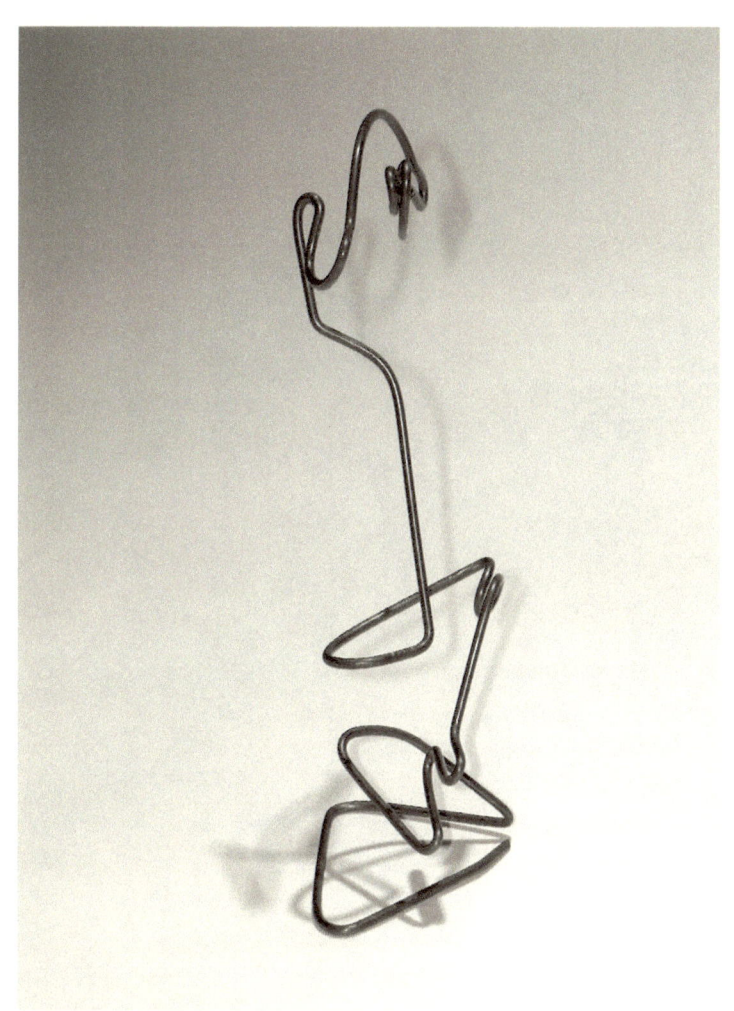

Gilles COLLETTE

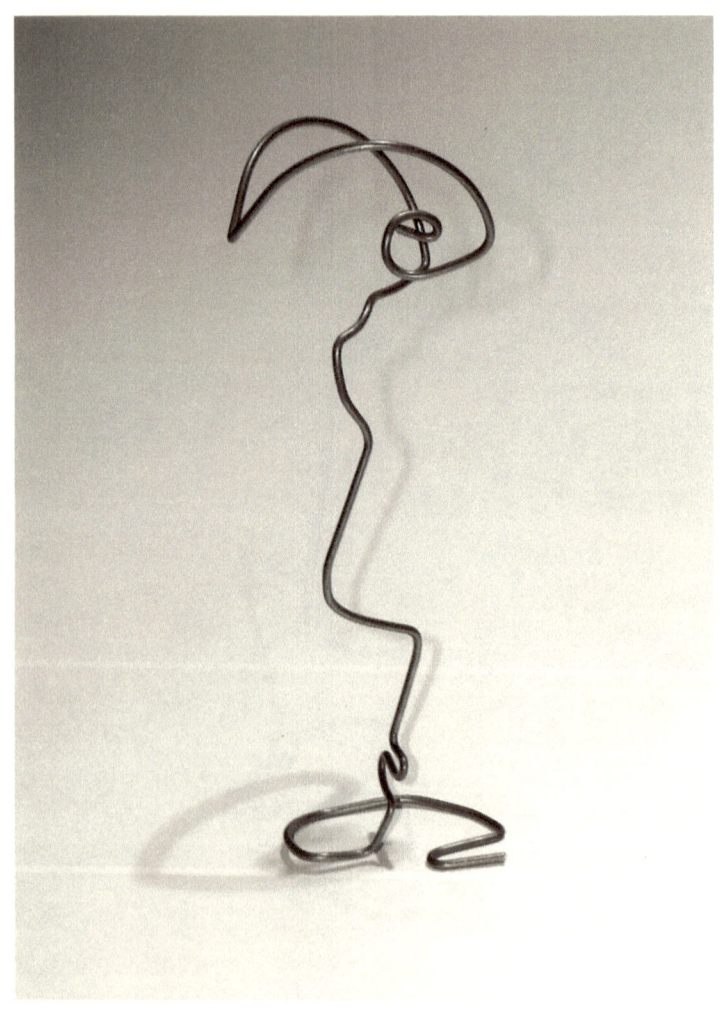

316   Porte-manteau

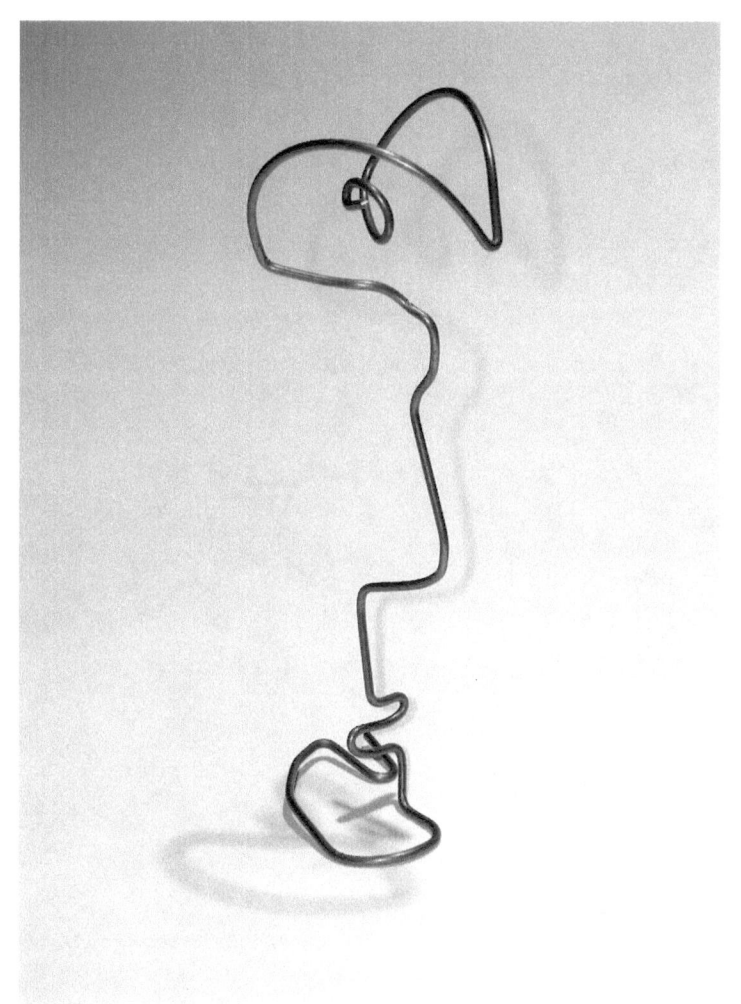

Gilles COLLETTE

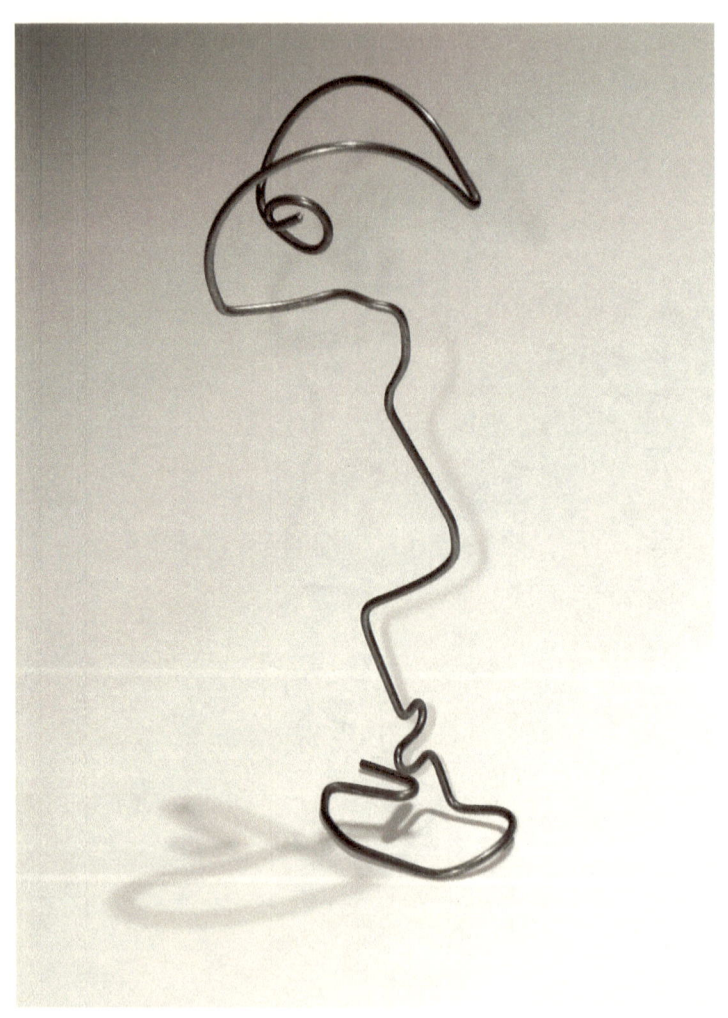

318   Porte-manteau

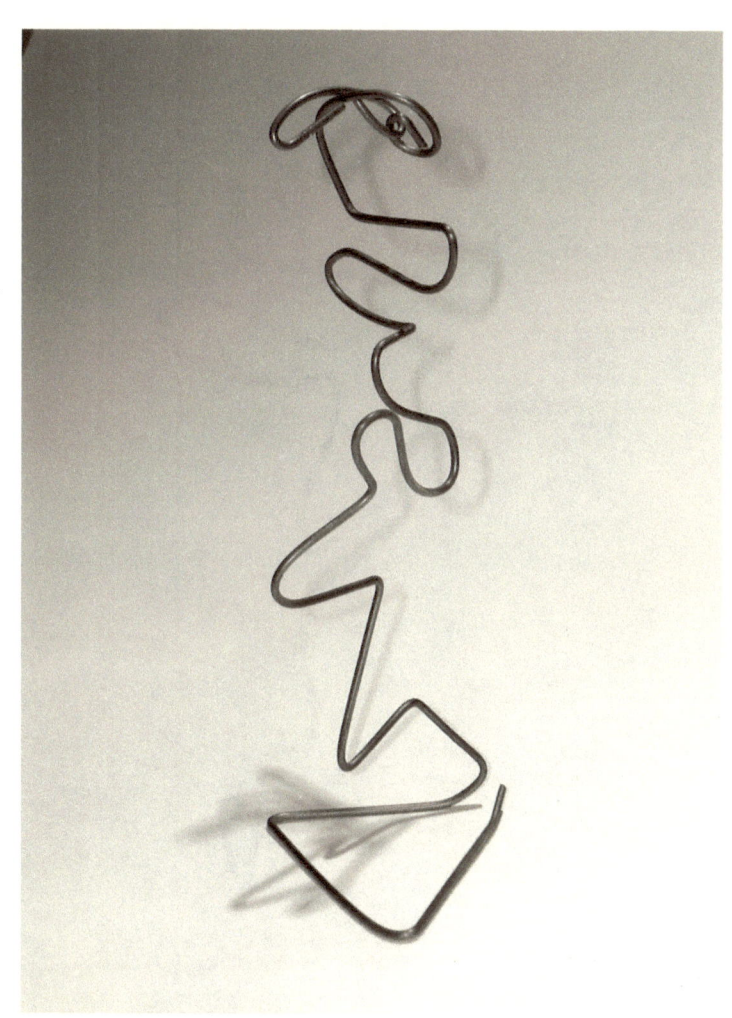

Gilles COLLETTE

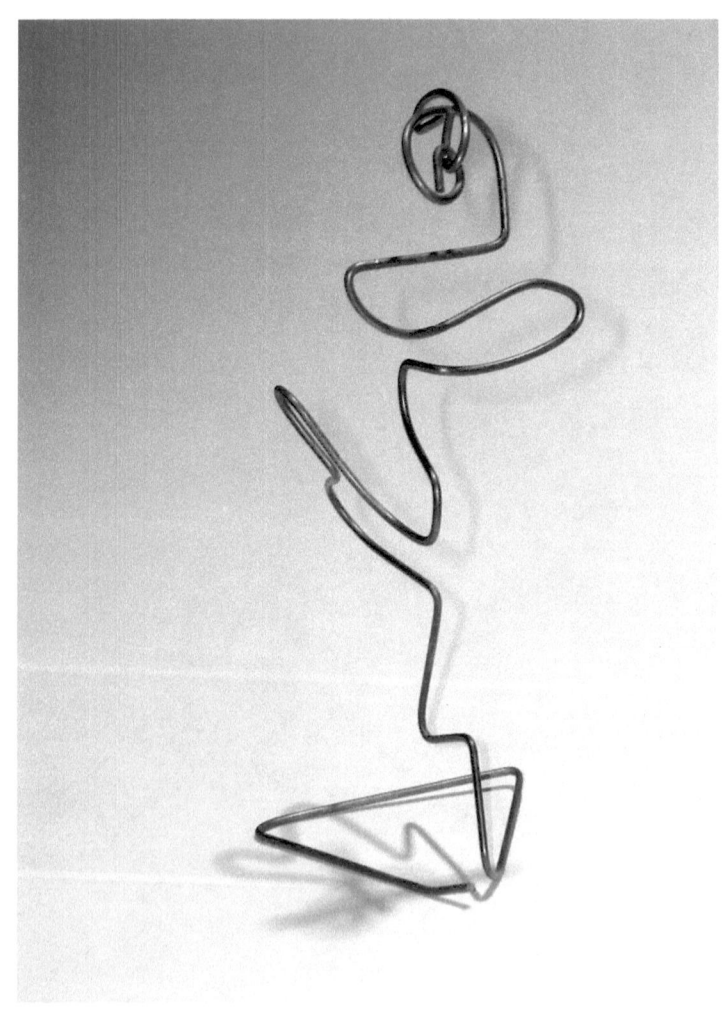

320   Porte-manteau

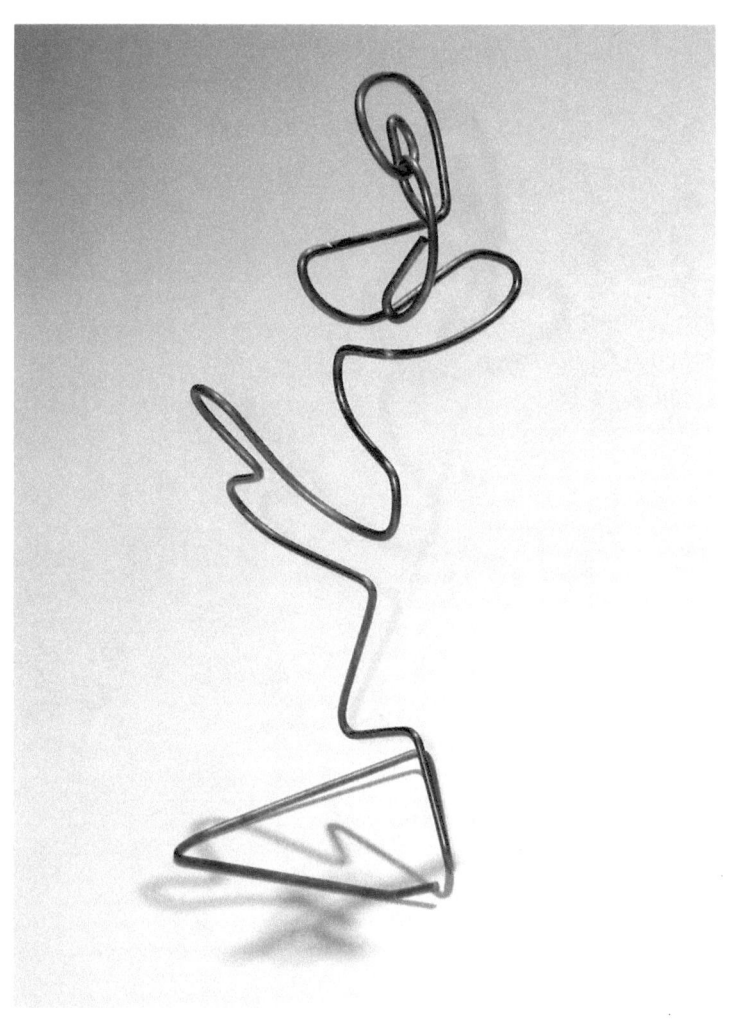

Gilles COLLETTE

321

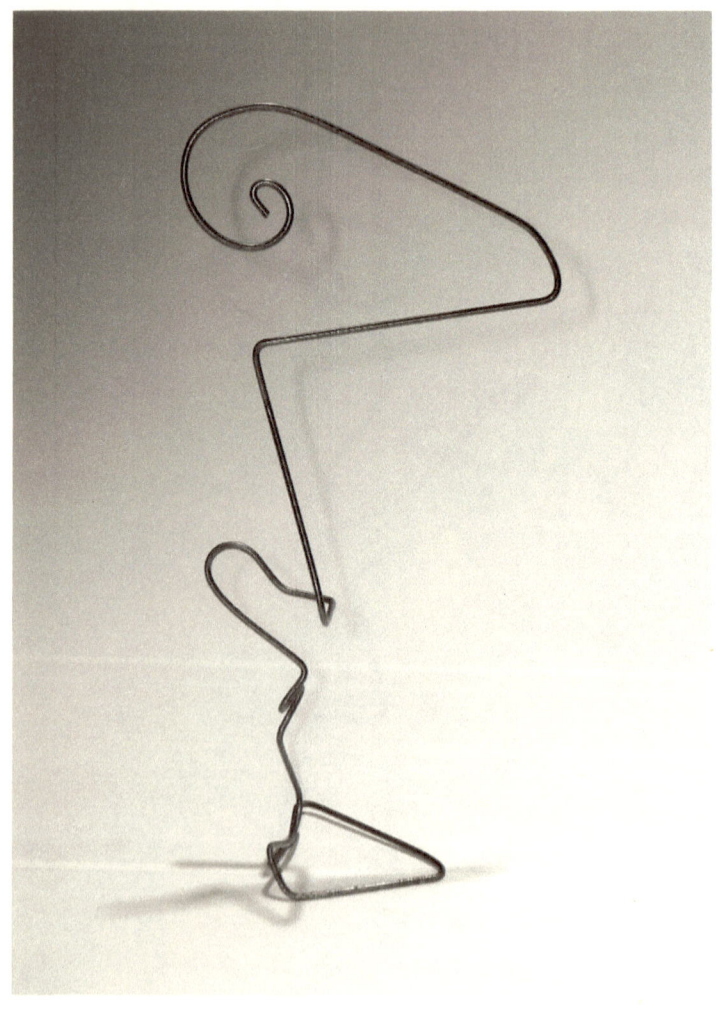

322   Porte-manteau

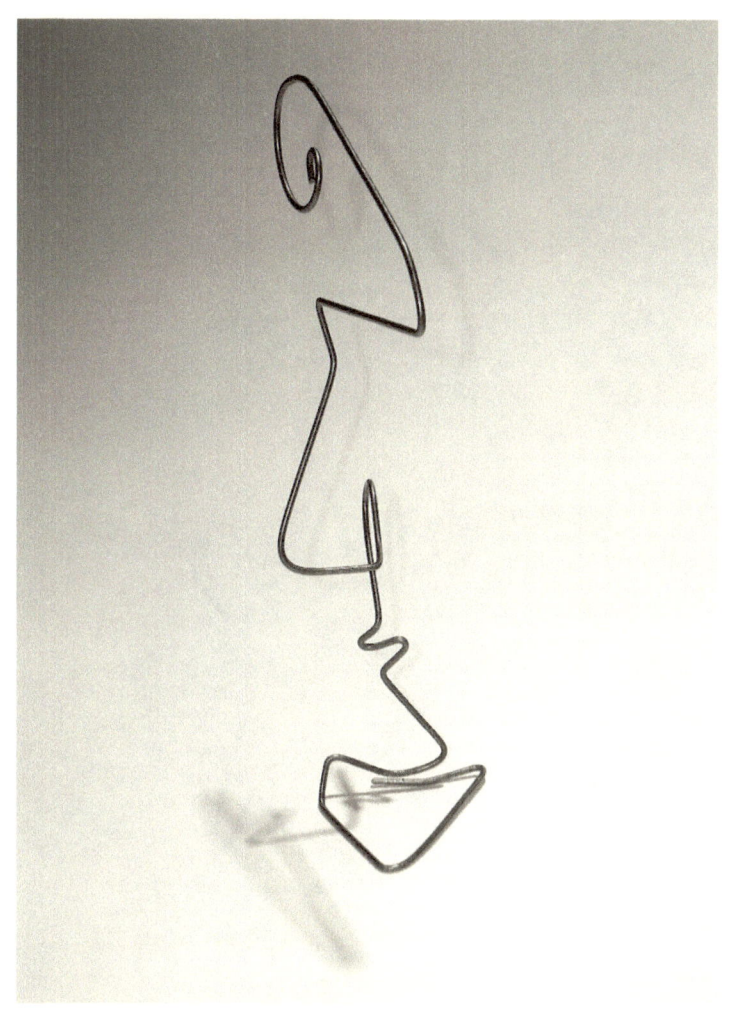

Gilles COLLETTE

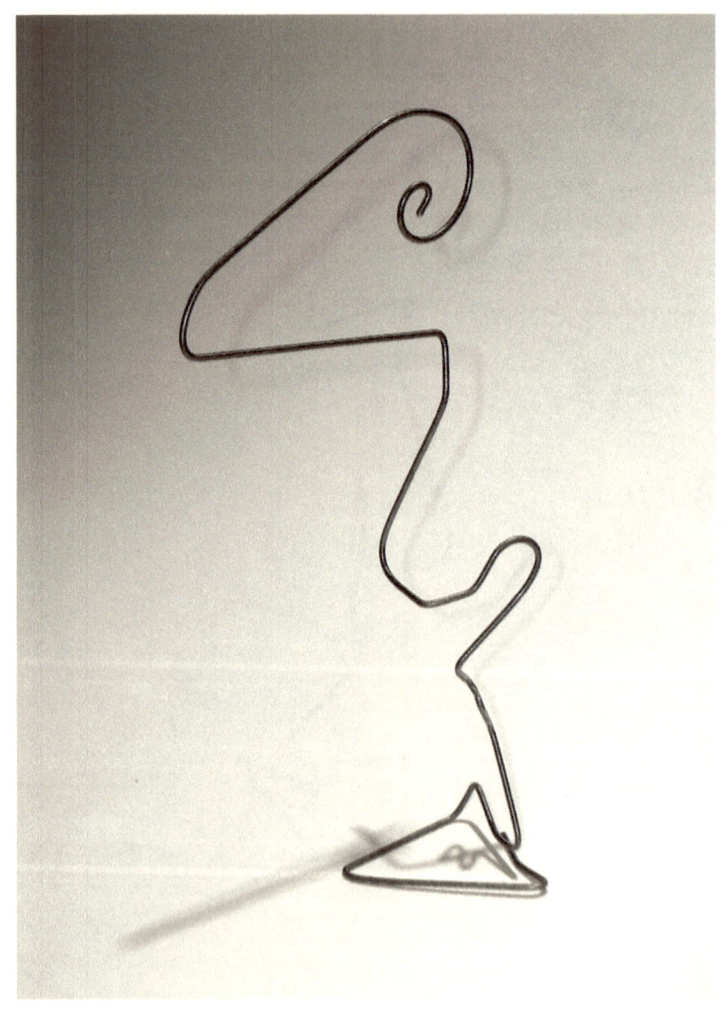

324   Porte-manteau

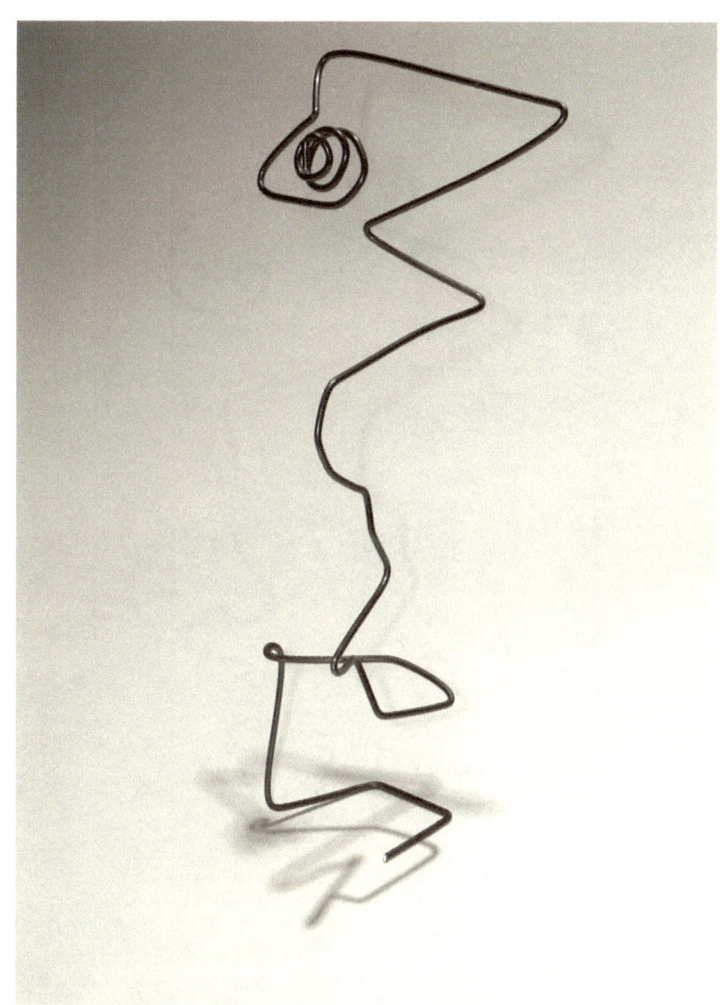

Gilles COLLETTE

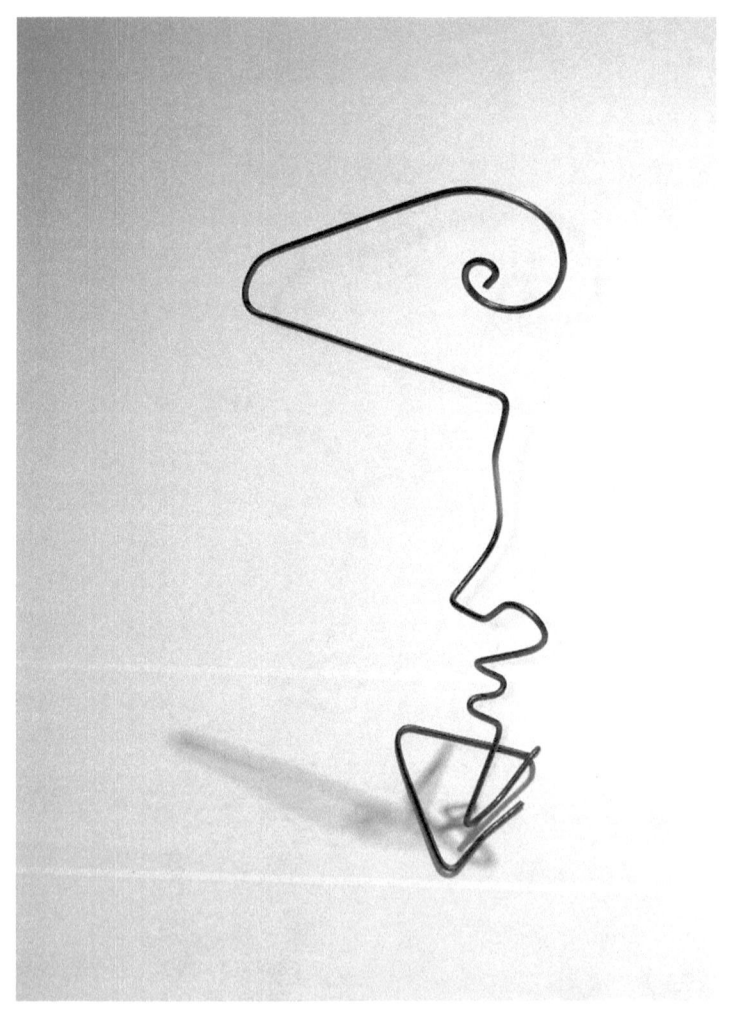

326

Porte-manteau

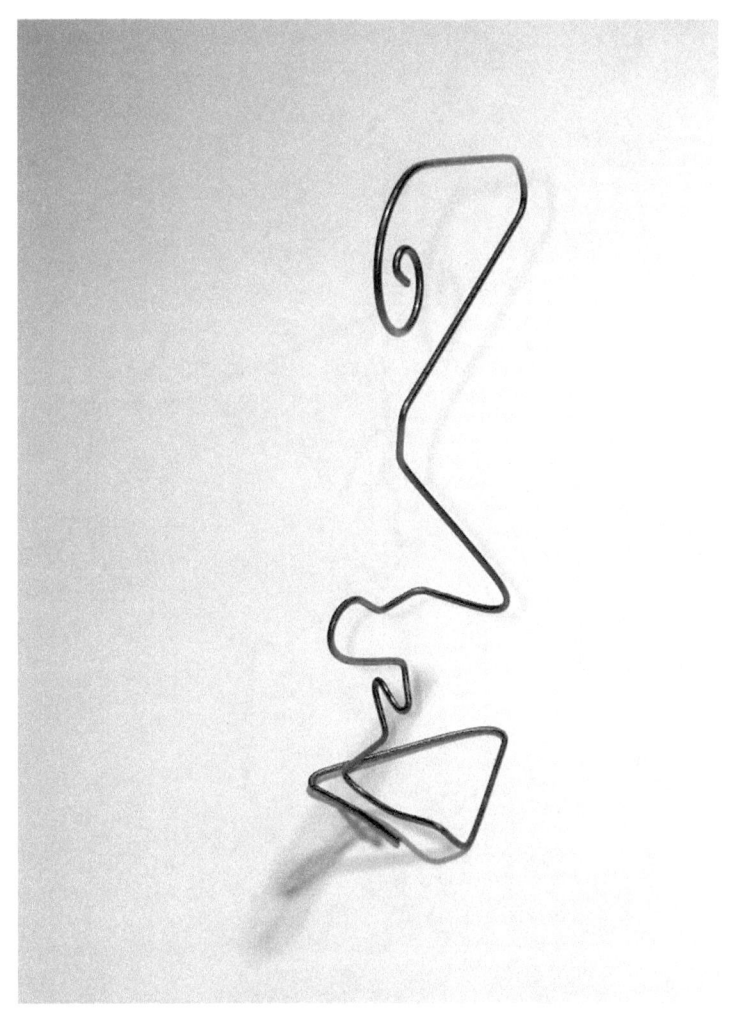

Gilles COLLETTE

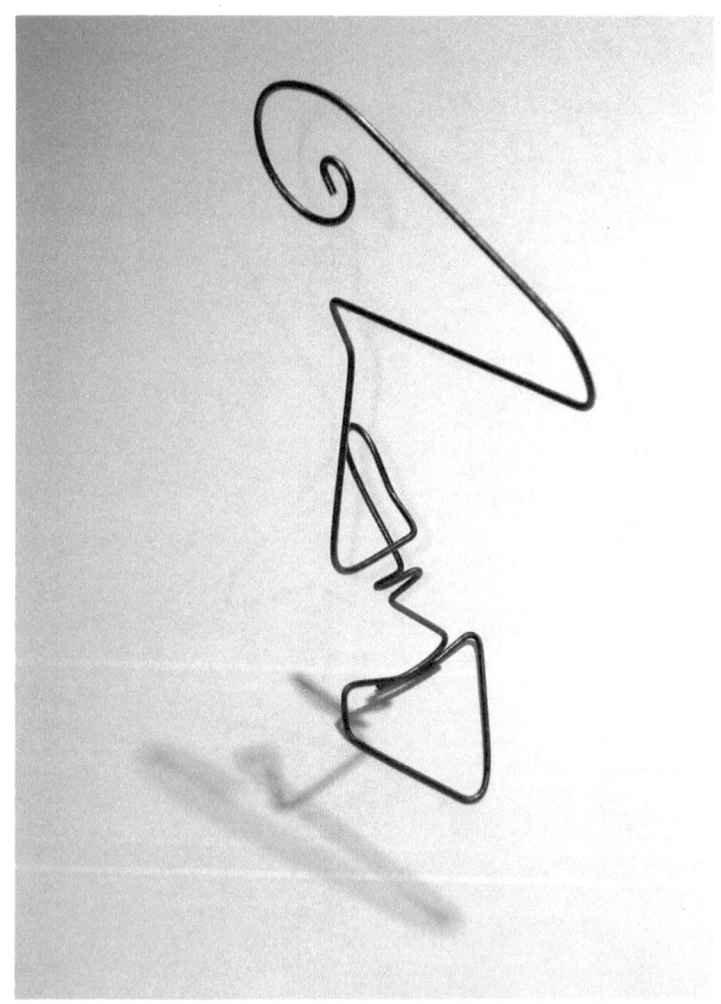

328   Porte-manteau

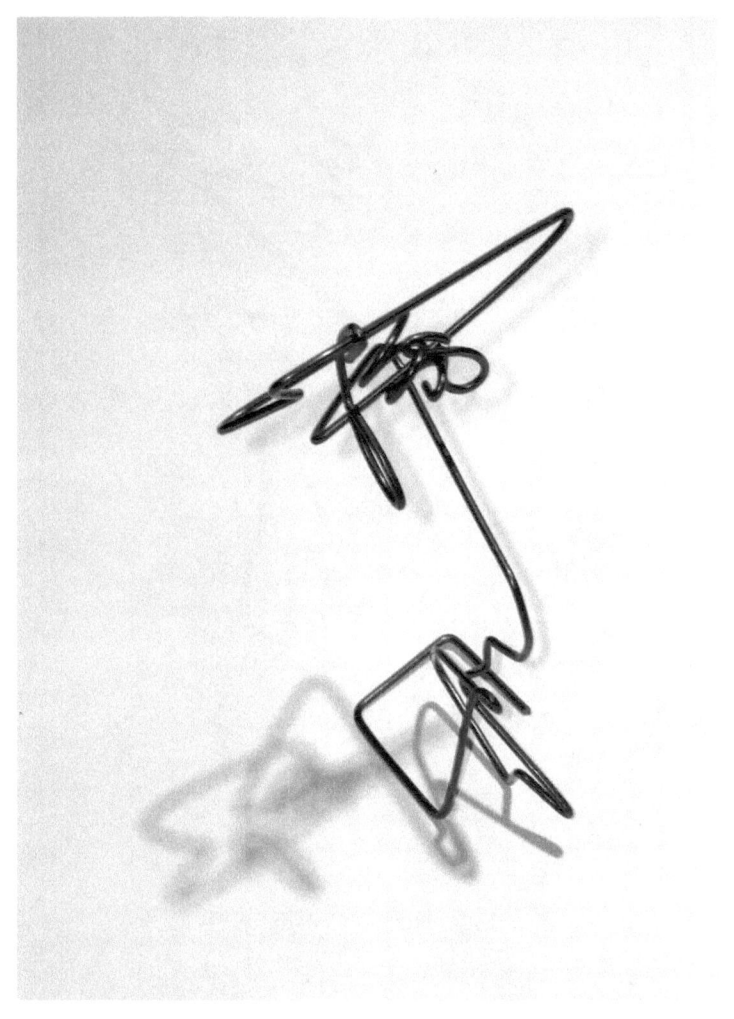

Gilles COLLETTE

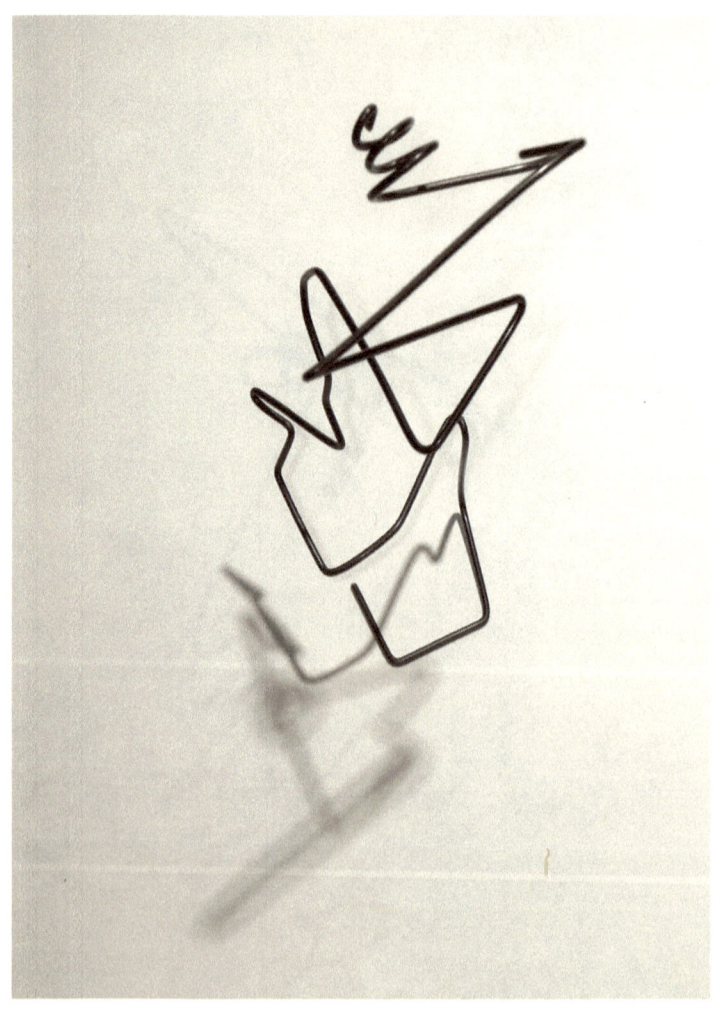

330   Porte-manteau

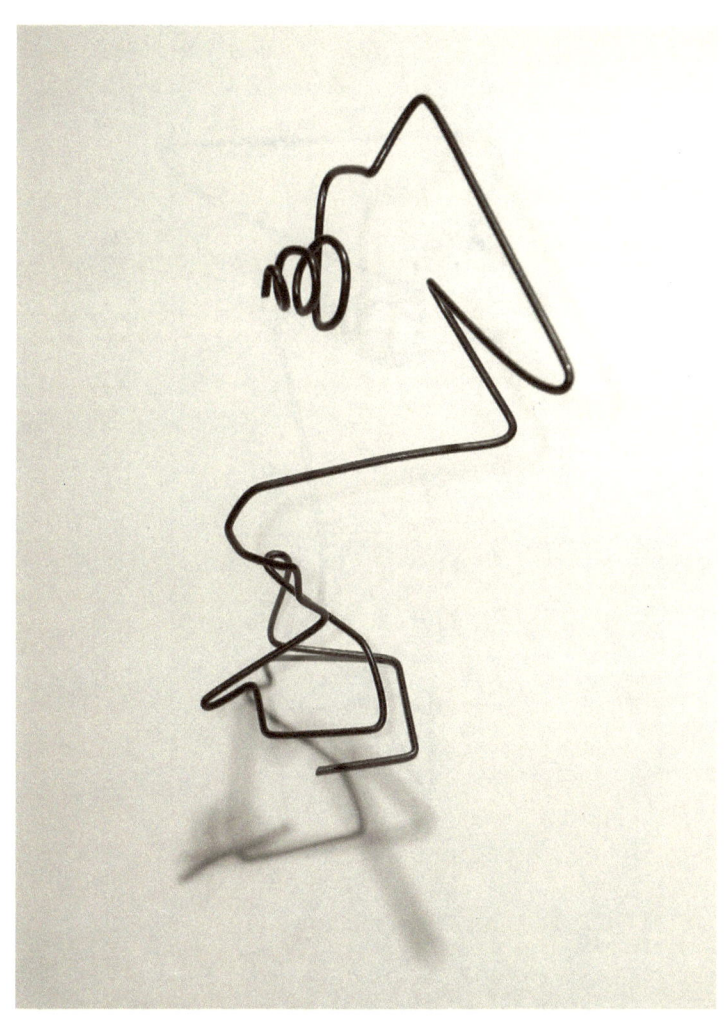

Gilles COLLETTE

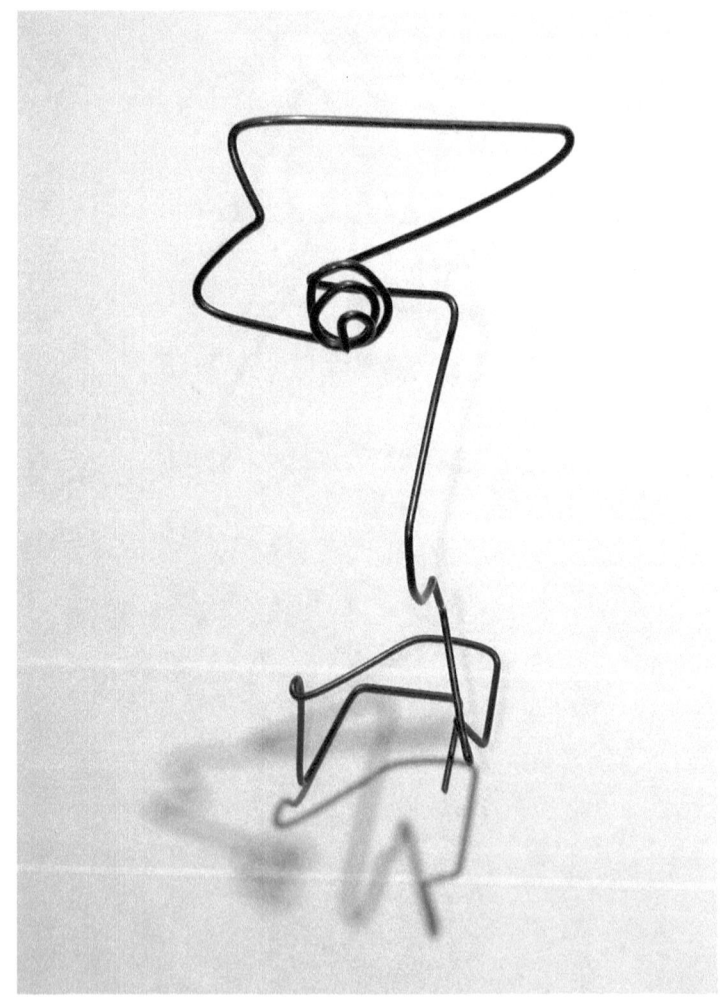

332   Porte-manteau

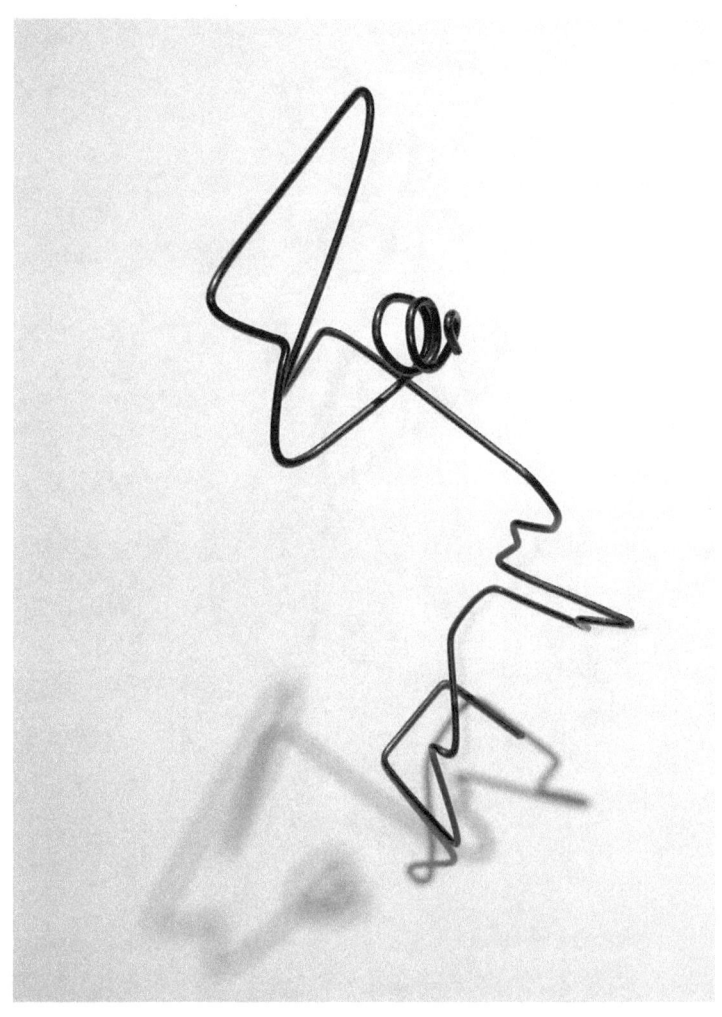

Gilles COLLETTE

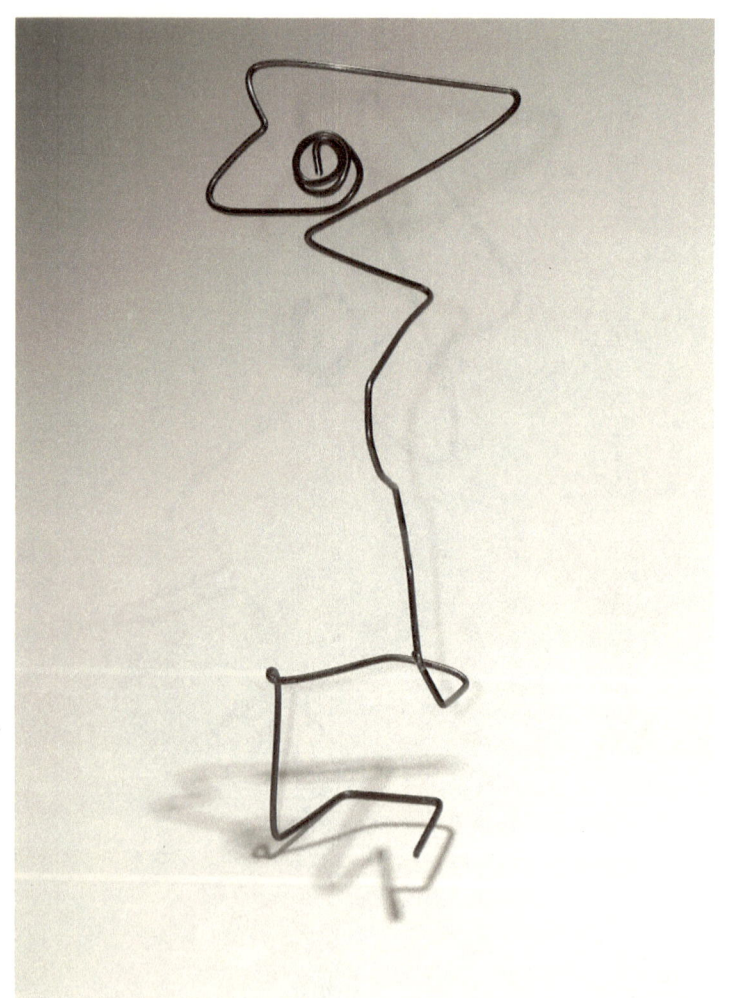

334   Porte-manteau

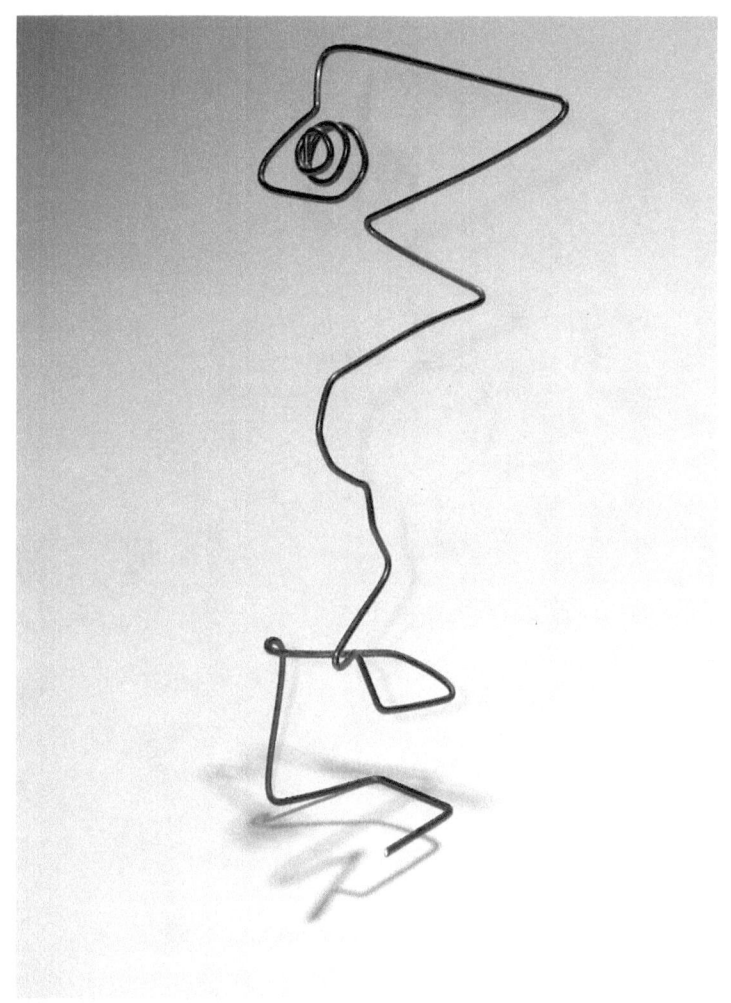

Gilles COLLETTE

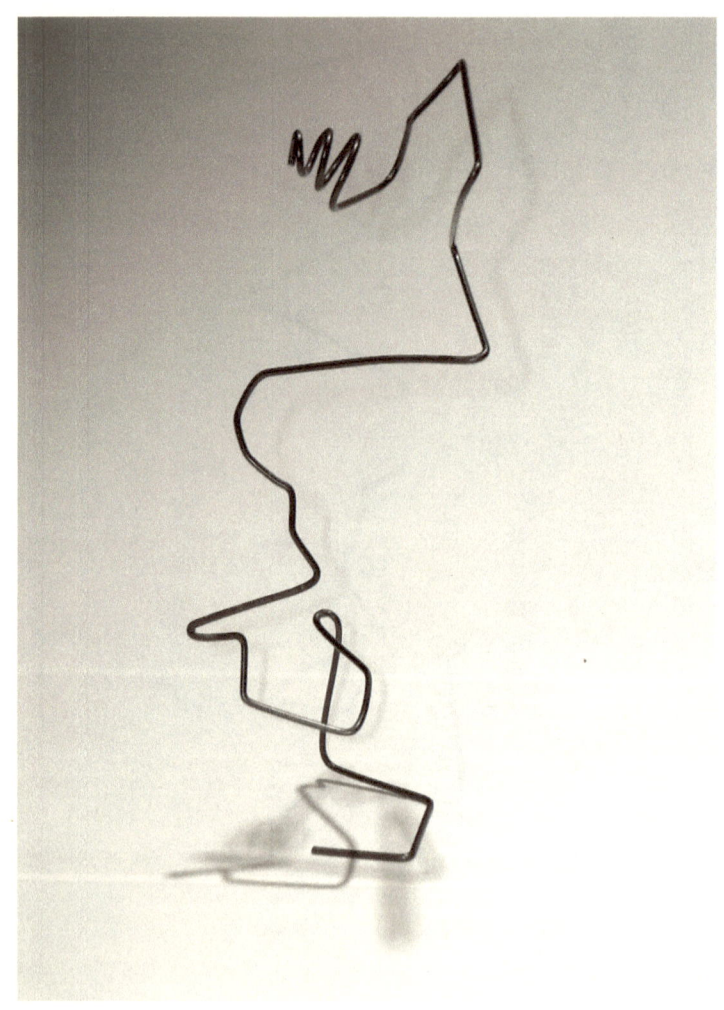

336   Porte-manteau

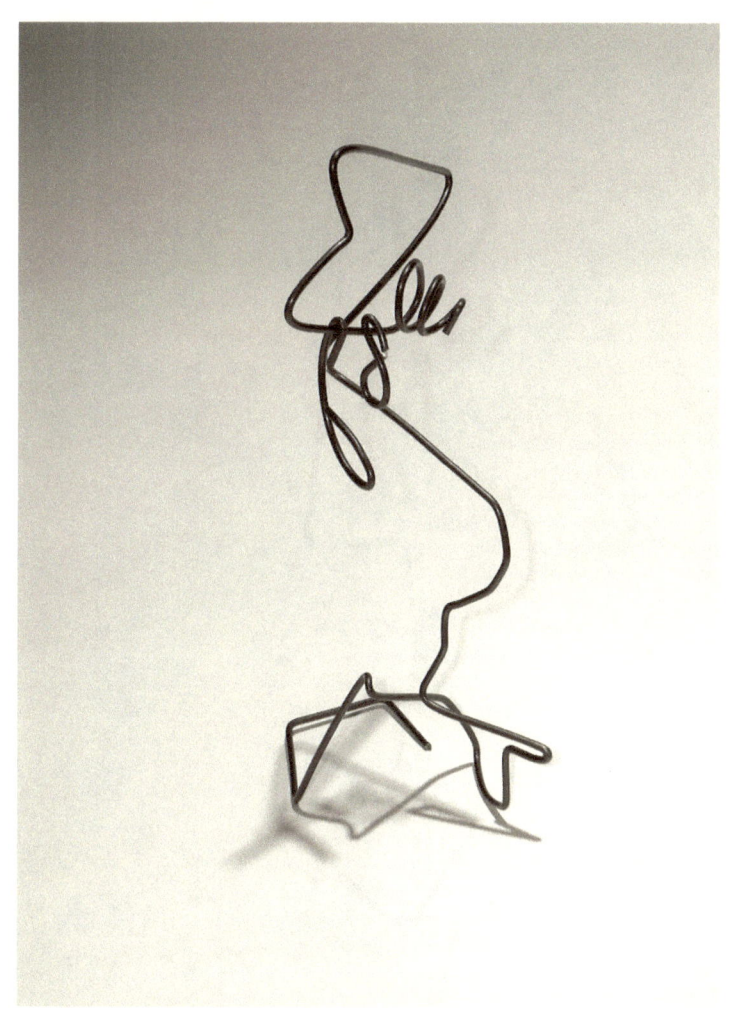

Gilles COLLETTE

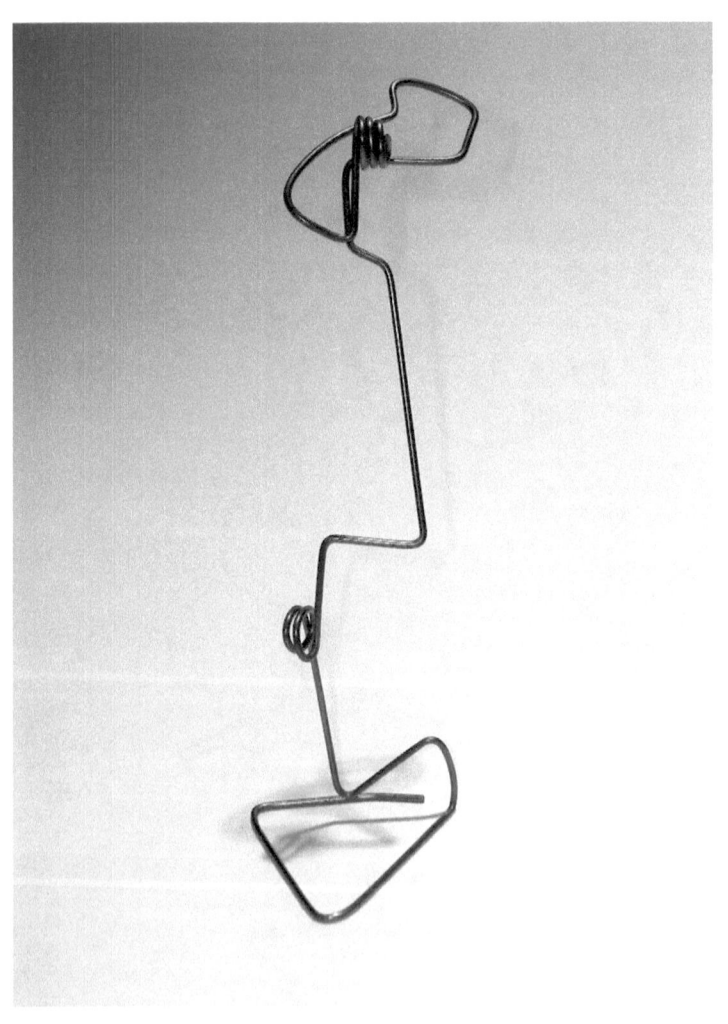

338   Porte-manteau

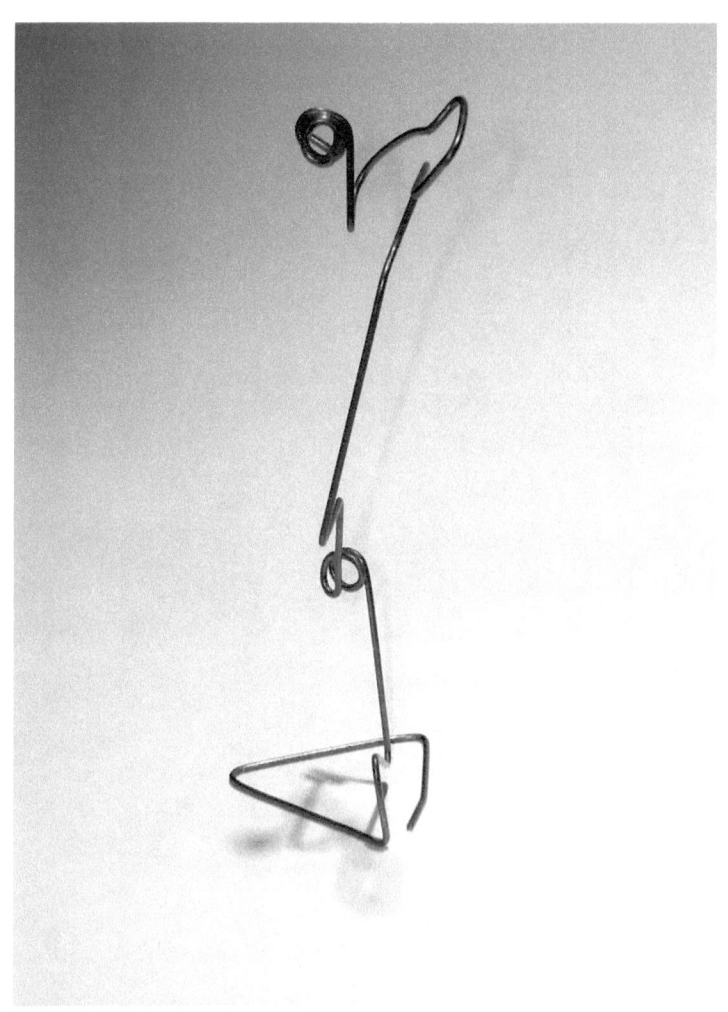

Gilles COLLETTE

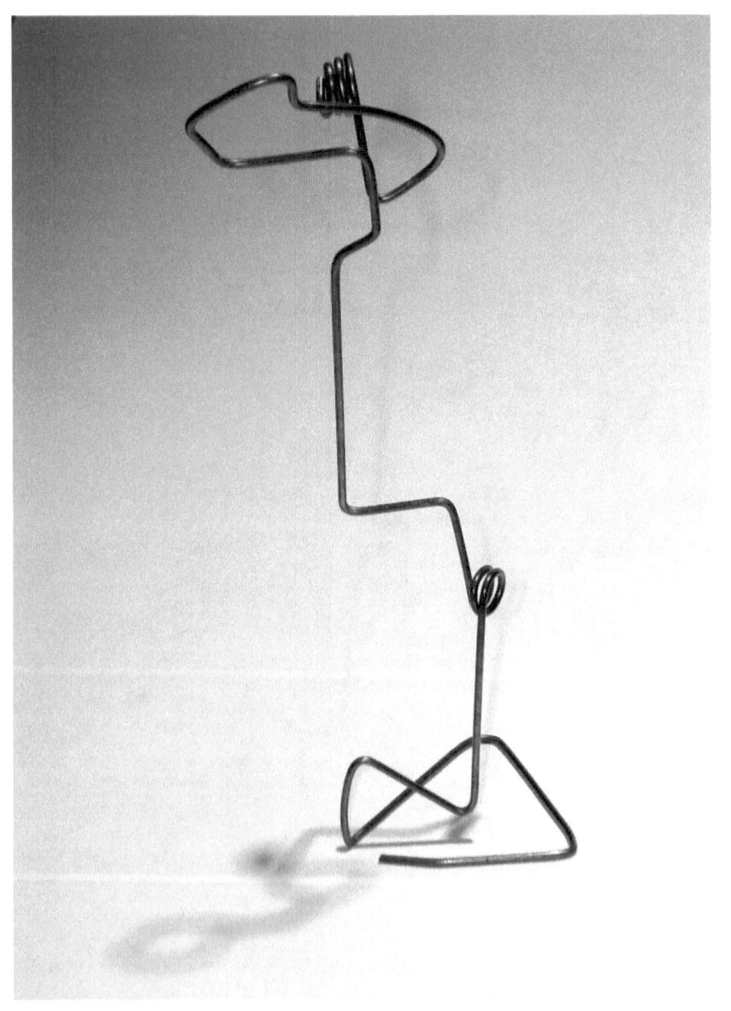

Porte-manteau

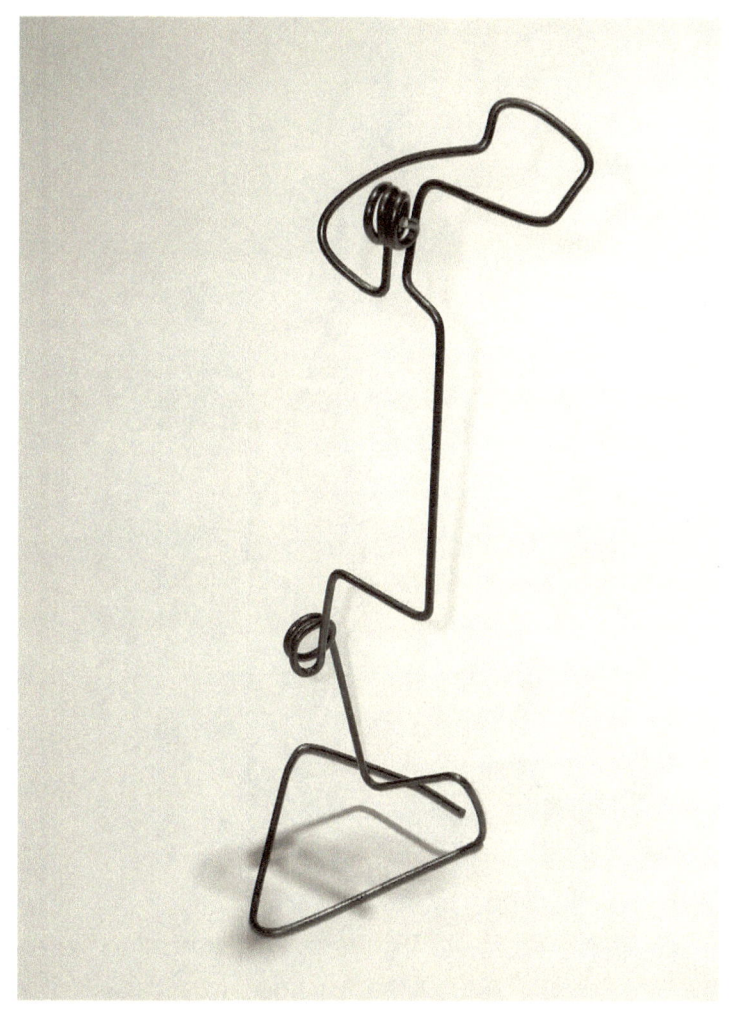

Gilles COLLETTE

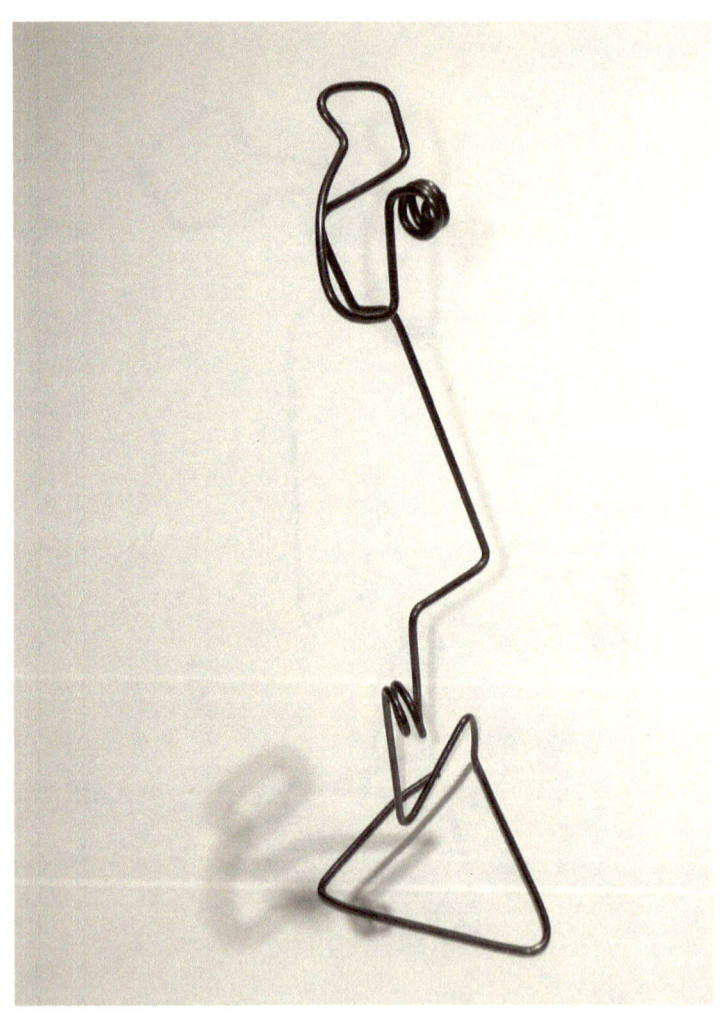

342   Porte-manteau

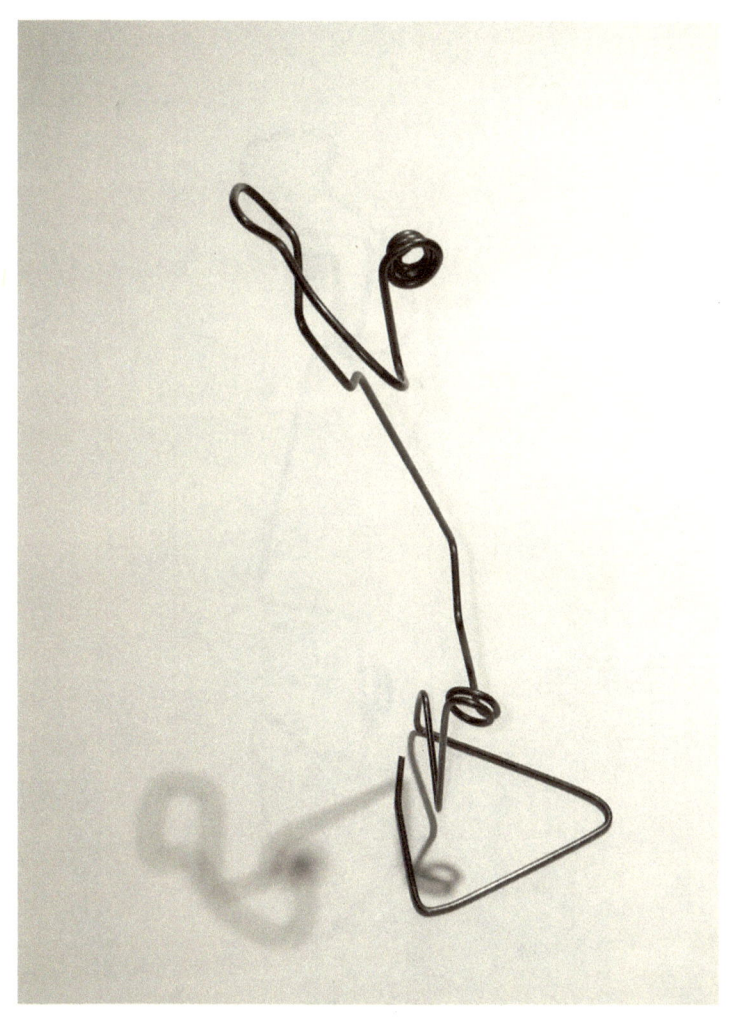

Gilles COLLETTE

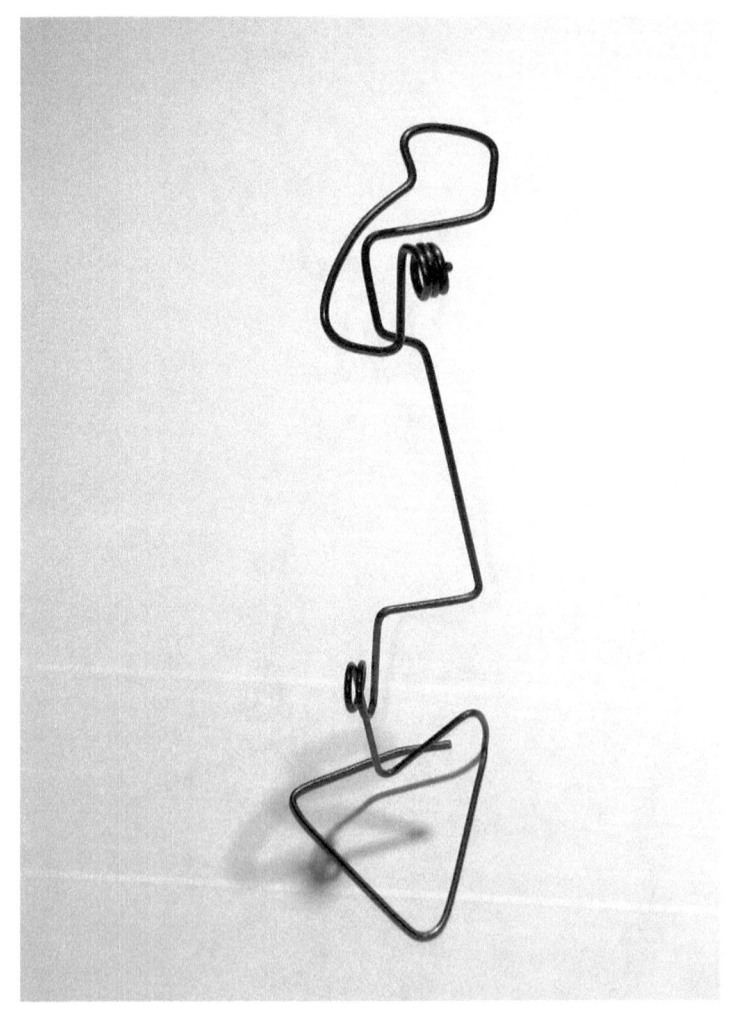

344   Porte-manteau

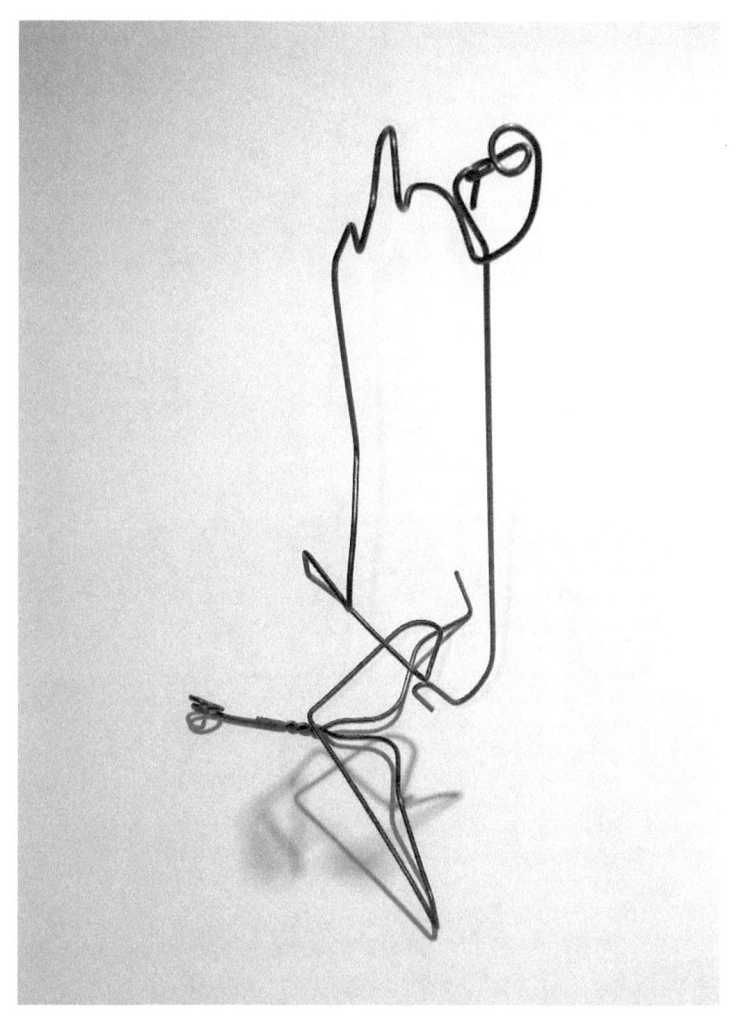

Gilles COLLETTE

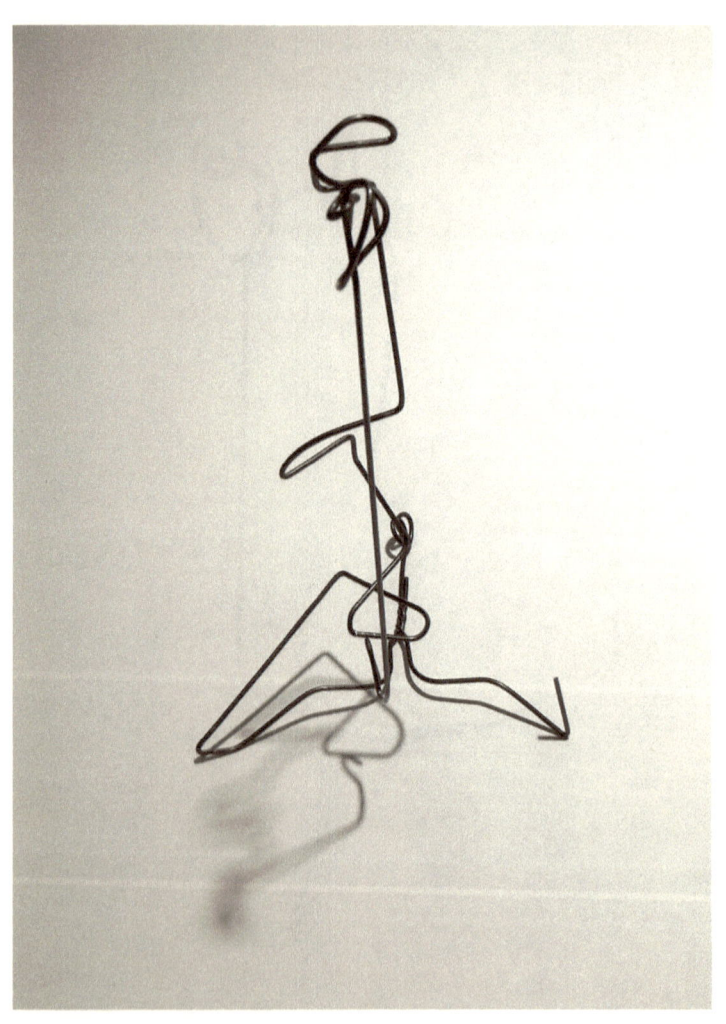

346   Porte-manteau

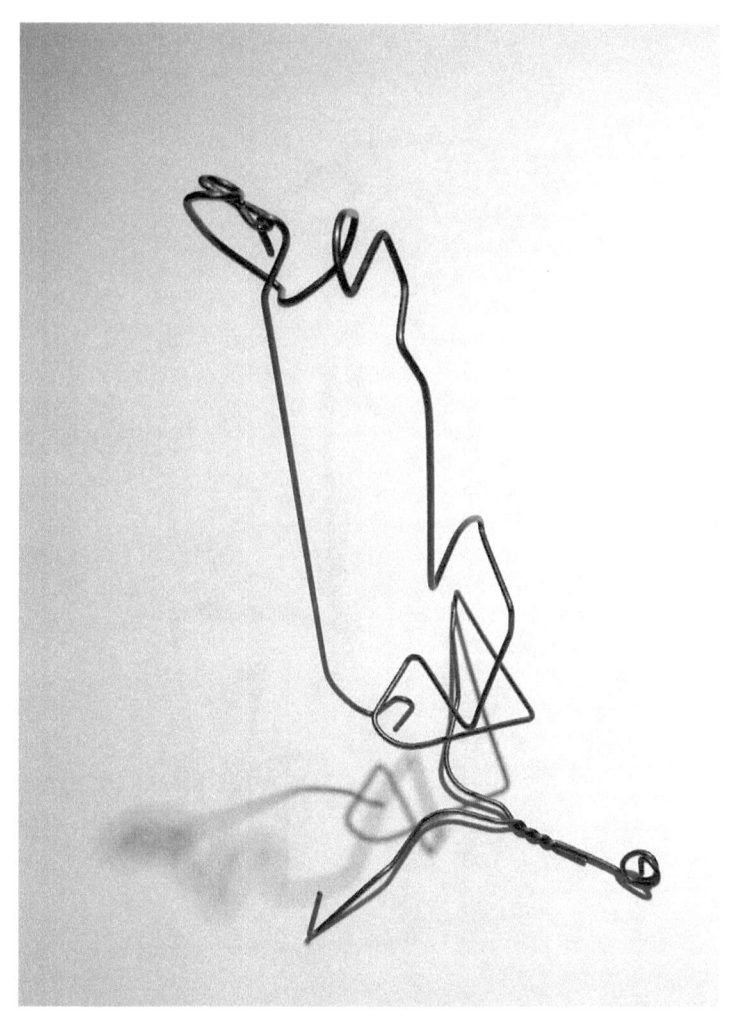

Gilles COLLETTE

347

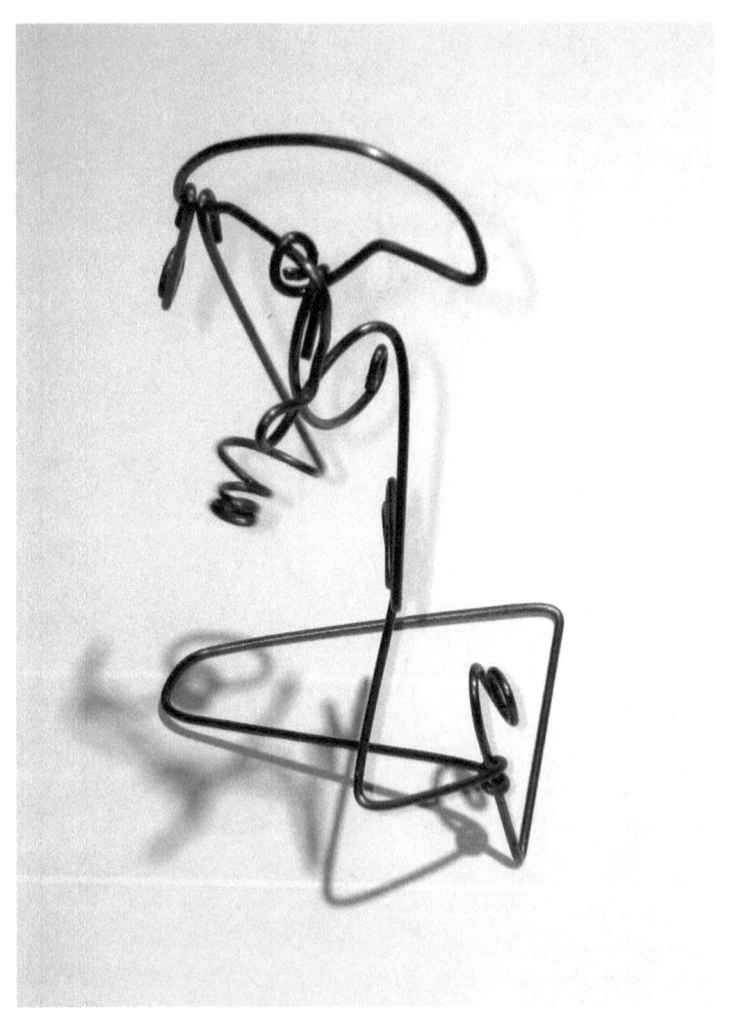

348   Porte-manteau

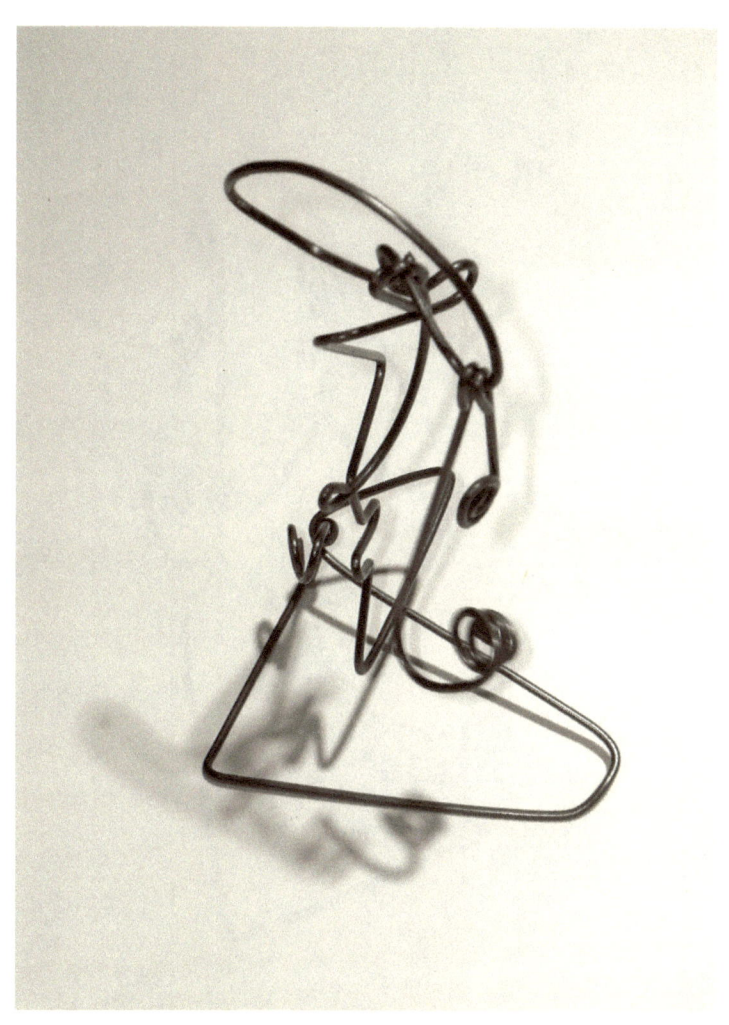

Gilles COLLETTE

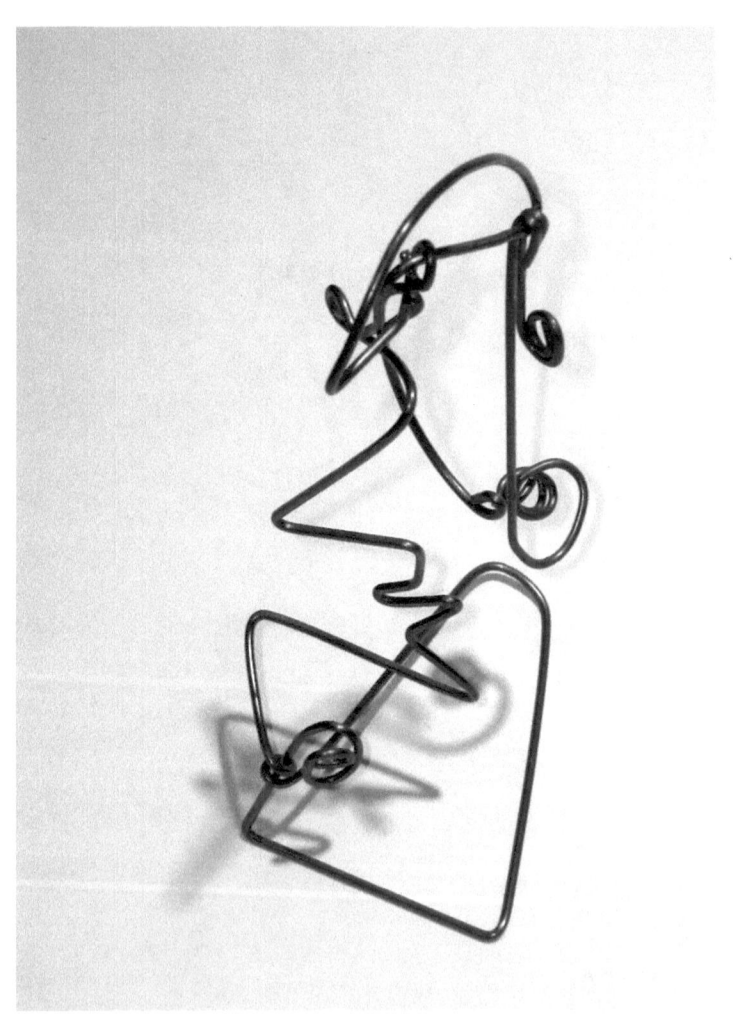

Porte-manteau

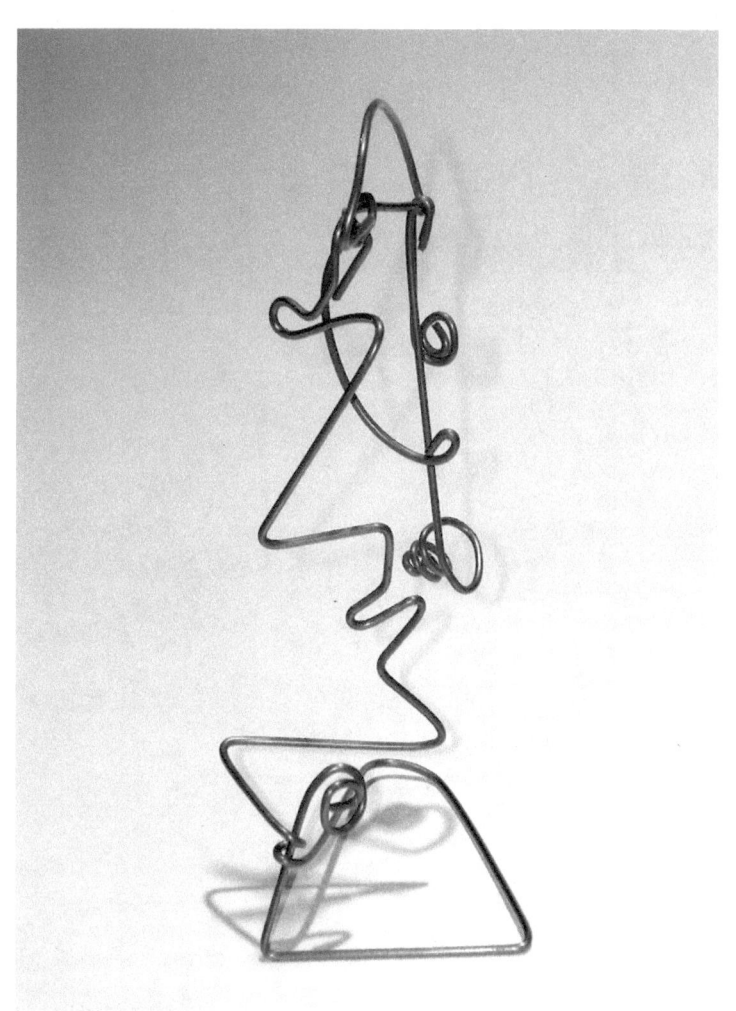

Gilles COLLETTE

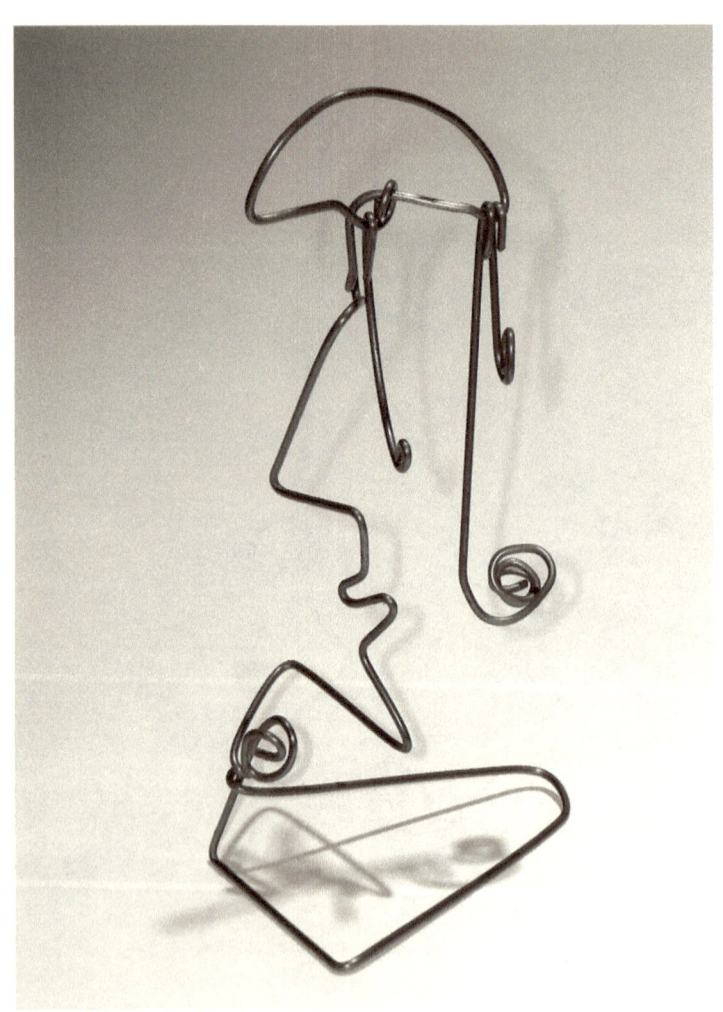

Porte-manteau

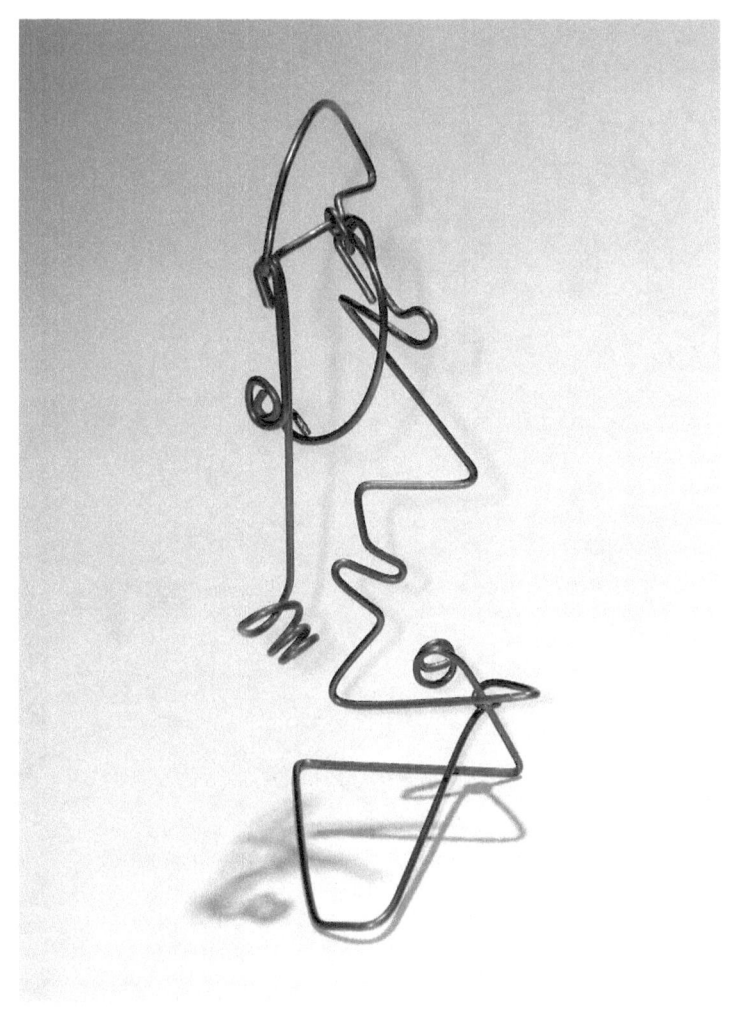

Gilles COLLETTE

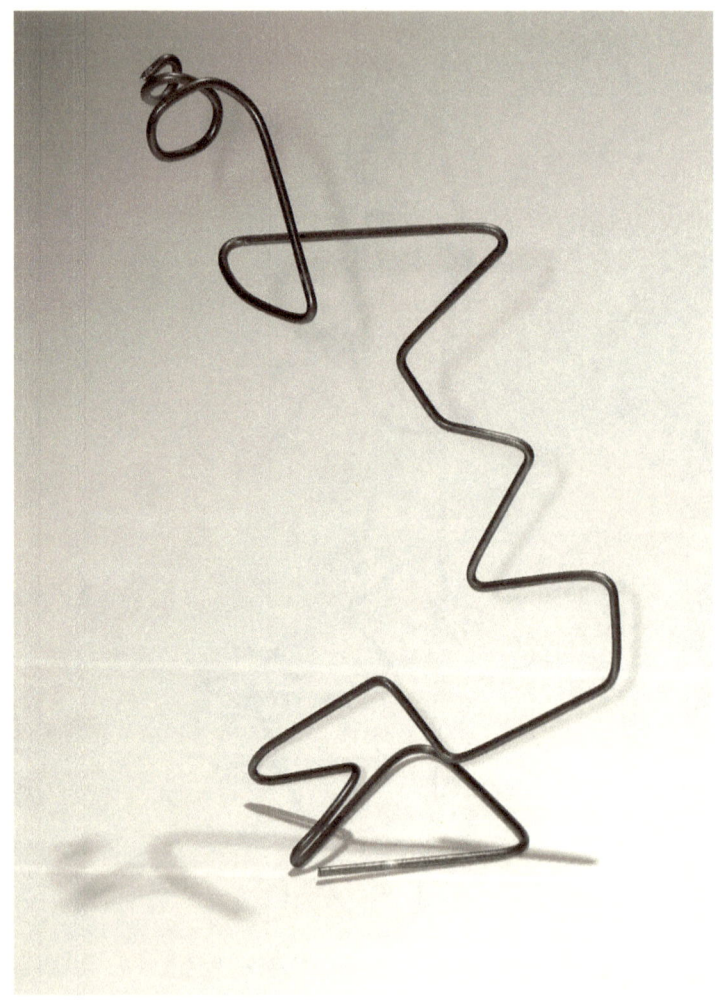

354   Porte-manteau

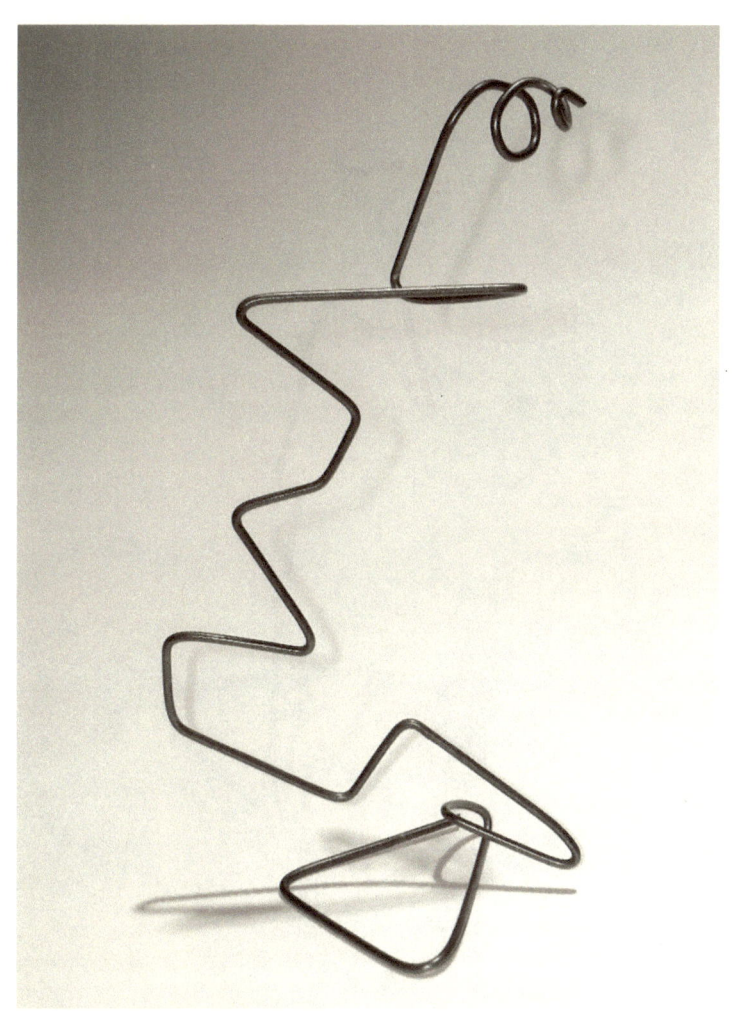

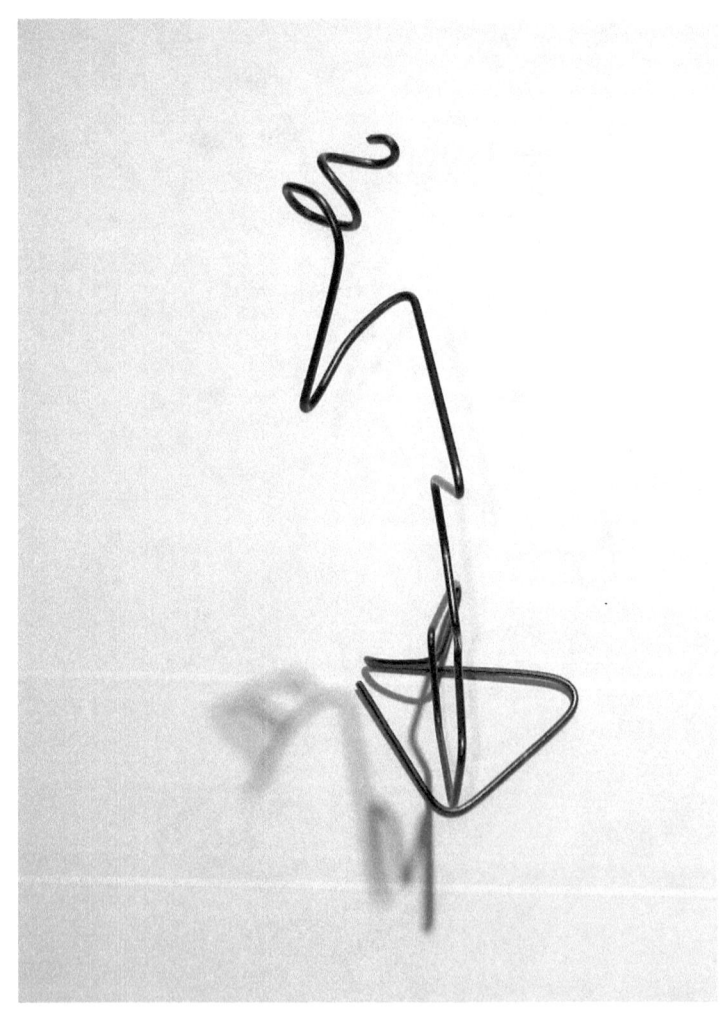

356   Porte-manteau

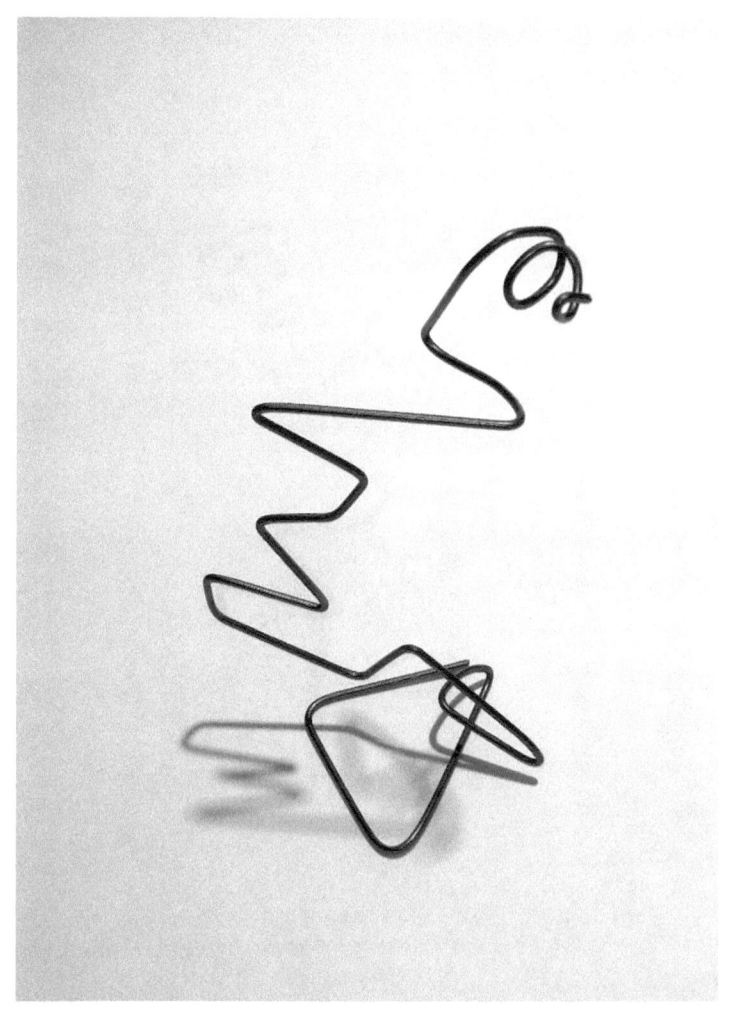

Gilles COLLETTE

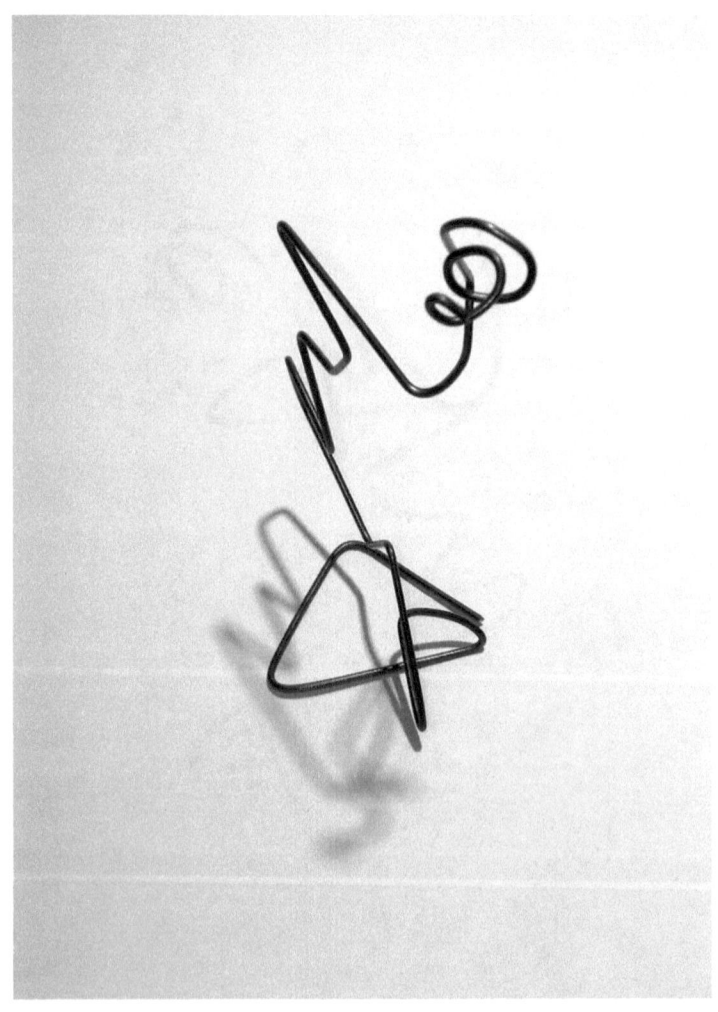

358   Porte-manteau

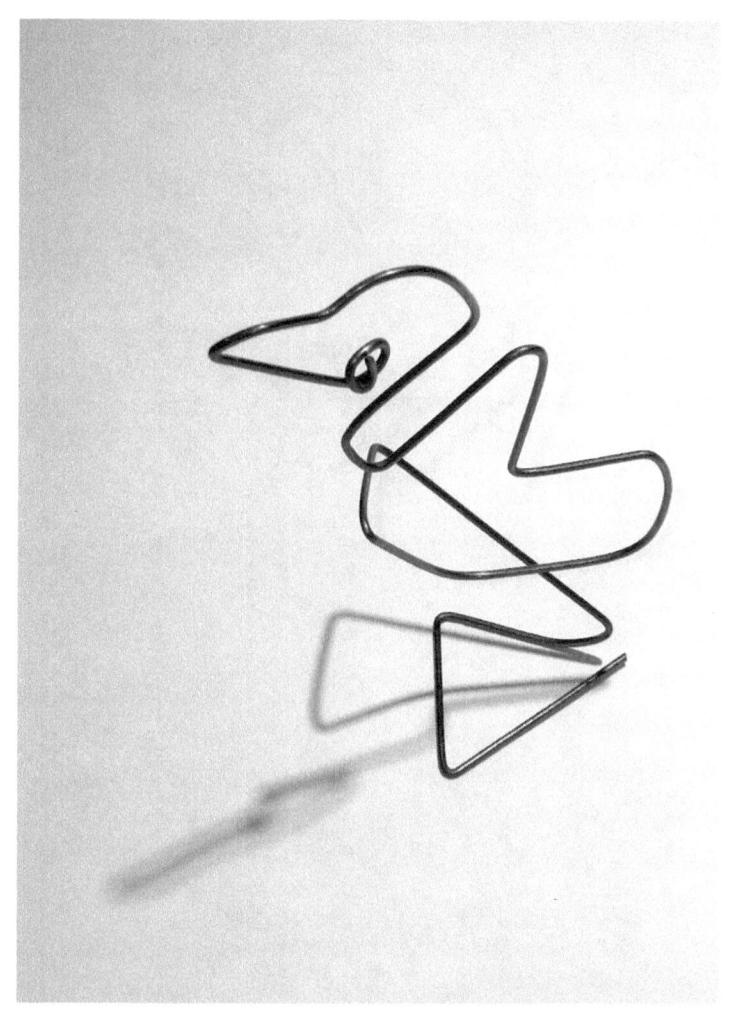

Gilles COLLETTE

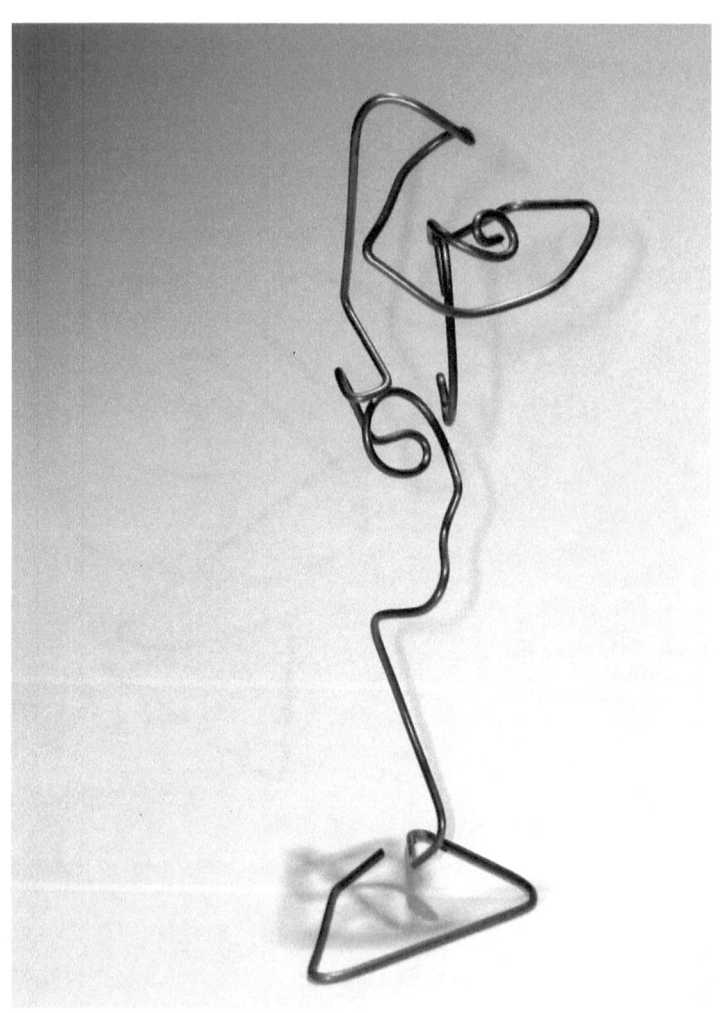

Porte-manteau

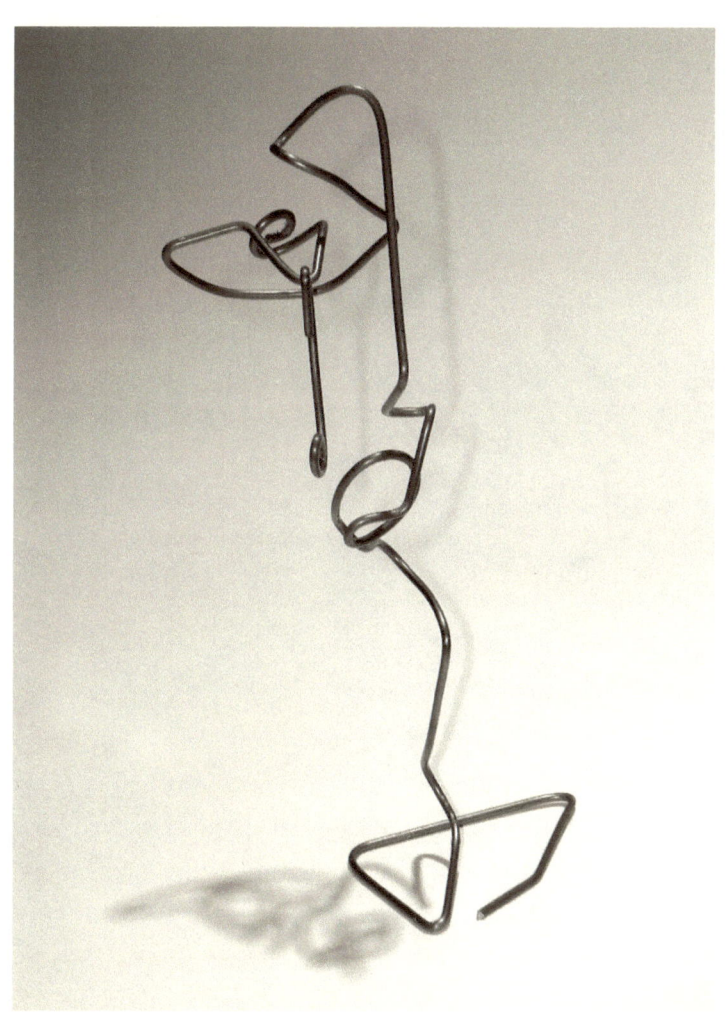

Gilles COLLETTE

www.ingramcontent.com/pod-product-compliance
Lightning Source LLC
Chambersburg PA
CBHW020724180526
45163CB00001B/101